최근 개정된 법률 내용에 의한

국가소송 실무개요

편저 **전덕진**

법문 북스

최근 개정된 법률과 규정에 의한

국가소송 실무개요

편저 **전덕진**

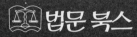

법문 북스

   사회가 빠르게 변화하고 있듯이 우리나라 국민들의 법감정 변화와 시민의식 수준도 점차 향상되고 있다. 또한 과거사 관련 인권침해에 대한 정부와 우리 국민들의 새로운 인식으로 최근 국가배상청구소송이 증가하면서 대법원과 헌법재판소는 민법의 소멸시효를 배제하는 판단을 하기도 했다.

   지난 2020년 6월 9일 대법원은 1950년 울산에서 경찰관과 군인들이 민간인을 학살한 '울산보도연맹사건'의 희생자 유족 등 43명이 국가를 상대로 낸 손해배상청구소송에서 이들의 청구를 기각한 원심을 깨고 5년의 소멸시효 제한 없이 국가가 유족들에게 배상할 책임이 있다는 취지로 사건을 돌려보냈다고 밝혔다.

   1·2심은 원고들의 국가배상 청구권이 소멸시효로 사라졌다고 판단했으나 2심 판결 2주 뒤인 2018년 8월 30일 헌법재판소는 '민간인 집단 희생사건', '중대한 인권침해사건' 등에 대하여는 '불법행위를 한 날로부터 5년' 부분의 소멸시효가 적용돼선 안 된다고 위헌 결정하였고[1], 대법원은 원심을 뒤집고 원고들의 손을 들어주었다.

   일반적으로 국가를 상대로 하는 손해배상청구 소송은 국가로부터 피해를 당한 국민들이 관할 지구, 특별 및 본부심의회에 순차적으로 배상신청을 하여 심의회의 배상결정에 만족하지 못하는 경우에 최종적으

---

[1] [단순위헌, 2014헌바148, 2018.8.30. 민법(1958.2.22. 법률 제471호로 제정된 것) 제766조 제2항 중 '진실·화해를 위한 과거사정리 기본법' 제2조 제1항 제3호, 제4호에 규정된 사건에 적용되는 부분은 헌법에 위반된다.]

로 법원에 소송을 제기하는 종전의 '결정전치주의'가 국가배상법 개정으로 위 심의회에 배상절차를 통하지 않고 바로 법원에 소송을 제기할 수 있게 변경되었는데 그 이유는 국민의 신속한 권리구제를 도모하기 위함이다. 행정기관의 불이익처분에 대하여 행정청을 피고로 행정법원에 제소하는 행정소송과 달리 국가소송은 국가를 피고로 일반 민사법원에 제소하여 일반 민사소송 절차에 따라 진행된다. 따라서 이 책은 국가소송의 당사자로 소송을 진행하고 있는 국민들에게 국가소송 진행절차에 대한 전반적인 내용을 알기 쉽게 설명하여 국가소송에서 유리한 당사자적 소송지위를 선점해 승소할 수 있도록 하는데 도움을 주고 또한 정당한 피해배상을 받는데 유익한 도우미가 되겠다는 것이 주된 목적이다.

저자는 서울고등검찰청에서 국가소송을 담당하는 소송사무 제1과장과 행정소송을 담당하는 소송사무 제2과장의 송무업무 근무경험을 토대로 우리 국민들이 국가나 지방자치단체 소속 공무원의 불법행위나 영조물의 설치나 관리 하자로 피해를 당한 경우에 어떻게 국가소송을 준비하고 대처하여야 하는지를 국가소송의 실무적 관점에서 자세히 알려주는 안내자 내지 지침서로서의 충실한 역할을 할 수 있도록 서술하였다.

또한 중앙행정기관 등 각급 기관에서 국가소송업무를 담당하는 공무원들과 국방부 산하 육군, 해군, 공군 각 부대에서 직접 국가소송 업무를 담당하는 군인이나 군무원들에게 조금이나마 국가소송 업무의 수행에 도움이 되었으면 하는 마음뿐이다.

마지막으로 책을 만드는 과정에 여러 사람의 힘이 들어갔다. 이 책의 전반적인 법률, 판례 검토에 도움을 준 저의 딸 전다솜 변호사, 책의 구성에 아이디어를 내어 준 저의 아내 이상연, 책의 교정을 성실히 맡아

준 경찰관 아들 전대영에게 고마움을 전하고, 이 책을 만드느라 갖은 애를 써주신 법문북스 관계자님, 김현호 사장님께 깊이 감사드린다.

2020년 6월 29일
서울서부지방검찰청 사건과장실에서

著 者 씀

목 차

제1장 국가소송

제1절 국가소송 절차

제2절 민사소송절차

제2장 국가소송의 수행

제1절 소제기 절차

제2절 응소

제3절 소송의 진행

제4절 제1심 종료와 상소심

제5절 문서 작성례

제3장 손해배상소송실무
제1절 개요

제2절 사건유형별 검토

제4장 부동산소송실무
제1절 개요
제2절 사건유형별 검토

제5장 사해행위취소

제1절 개요

제2절 소송사례

부록

제 1 장
국가소송

제1장 국가소송
제1절 국가소송 절차

1 국가소송의 의의

가. 개념

국가소송이란 『국가를 당사자로 하는 소송에 관한 법률』[1]에 의거 '국가를 당사자[2] 또는 참가인으로 하는 소송'을 말한다. 국가가 당사자 또는 참가인으로 하는 소송은 민사본안사건의 소송절차뿐만 아니라 가압류.가처분 신청에 의한 독촉절차, 민사집행절차, 조정 등 비송사건까지도 포함[3]한다.

나. 국가소송의 특수성

국가소송은 사법상의 권리관계를 그 대상으로 한다는 점에서 공법상의 권리관계를 그 대상으로 하는 행정소송과 구별되며, 사법상의 권리관계 중에서 국가가 직접 당사자 또는 참가인이 되는 소송의 경우에 해당한다.

다. 국가의 대표자

국가소송에서 국가의 대표자는 법무부장관이며, 법무부장관은 각급 법원에 계속 중인 국가소송에 관하여 관할 검찰청의 장에게 소송수행자의 지정 및 소송지휘권을 위임하고 있다.[4]

---

1) 국가를 당사자로 하는 소송에 관한 법률(약칭: 국가소송법) 제1조(목적) 이 법은 국가를 당사자 또는 참가인으로 하는 소송 및 행정소송(행정청을 참가인으로 하는 경우를 포함한다. 이하 같다.)에 필요한 사항을 규정함으로써 소송의 효율적인 수행과 소송사무의 적정한 관리를 도모함을 목적으로 한다.
2) 원고 또는 피고를 지칭한다.
3) 국가소송법 제12조(조정사건 등에의 준용) 조정사건, 중재사건, 그 밖의 비송사건에 관하여는 제2조부터 제8조까지의 규정을 준용한다.
4) 국가소송법 제2조(국가의 대표자) 국가를 당사자 또는 참가인으로 하는 소송(이하 "국가소송"이라 한다.)에서는 법무부장관이 국가를 대표한다.

라. 국가소송과 행정소송의 차이

국가소송은 '국가'가 원고나 피고로서 소송당사자가 되고, 법무부의 직원·검사 또는 공익법무관이 소송수행자로 지정되어 국가소송을 수행하는 것이고, 행정소송은 '행정처분을 내린 행정청'이 피고가 되며, 행정청의 장이 그 직원을 소송수행자로 지정하여 행정소송을 수행한다.

마. 인지불첩부 및 불공탁의 특례

대한민국은 국가소송 및 행정소송 절차에서 민사소송 등 인지법 규정의 인지를 첩부하지 아니하며, 국가소송 및 행정소송을 수행할 때 민사소송법 규정의 공탁을 하지 아니한다.5)

바. 적용법규

국가소송은 일반 민사소송의 원리에 따라 기본적으로 민사소송법, 민사집행법 등이 적용되고, 소송수행자의 지정 및 관할 검찰청과의 관계 등은 국가를 당사자로 하는 소송에 관한 법률 및 동법 시행령, 시행규칙이 적용된다.

---

5) 인지 첩부·첨부 및 공탁 제공에 관한 특례법(약칭: 인지첩부법) 제2조(인지 불첩부 및 불첨부) 국가는 국가를 당사자로 하는 소송 및 행정소송 절차에서 「민사소송 등 인지법」에 따른 인지를 붙이지 아니한다. 제3조(불공탁) 국가는 국가를 당사자로 하는 소송 및 행정소송을 수행할 때 「민사소송법」에 따른 공탁을 하지 아니한다.

2 국가소송의 지휘체계

가. 소송수행 일반

검찰청법6)은 검사의 주요 직무와 권한 중 하나로서, 국가소송 및 행정소송의 수행 또는 그 수행에 관한 지휘·감독을 규정하고 있고, 공익법무관에 관한 법률은 공익법무관이 국가소송 등 관련 사무, 즉 국가소송 및 행정소송의 수행 기타 이와 관련된 법률사무에 관하여 지원하는 업무에 종사한다고 규정하고 있다.7) 한편, 법무부 장관은 소송수행자지정권, 소송수행자에 대한 소송지휘권, 소송대리인선임권을 검찰총장, 고등검찰청검사장, 지방검찰청검사장에게 위임할 수 있도록 규정8)되어 있고, 이에 따라 각급 검찰청의 장이 소관 행정청의 장의 의견에 따라 그 행정청 소속의

---

6) 검찰청법 제4조(검사의 직무) ①검사는 공익의 대표자로서 다음 각 호의 직무와 권한이 있다. 1.범죄수사, 공소의 제기 및 그 유지에 필요한 사항 2.범죄수사에 관한 사법경찰관리 지휘·감독 3.법원에 대한 법령의 정당한 적용 청구 4.재판 집행 지휘·감독 5.국가를 당사자 또는 참가인으로 하는 소송과 행정소송 수행 또는 그 수행에 관한 지휘·감독

7) 공익법무관에 관한 법률(약칭:공익법무관법) 제2조(정의) 이 법에서 사용하는 용어의 뜻은 다음과 같다. 1."공익법무관"이란 「병역법」제34조의6제1항에 따라 공익법무관에 편입된 사람으로서 법무부장관에 의하여 임용되어 법률구조업무나 국가소송 등의 사무에 종사하도록 명령을 받은 사람을 말한다. 2."법률구조업무"란 「법률구조법」에 따라 경제적으로 어렵거나 법을 몰라서 법의 보호를 충분히 받지 못하는 사람을 위하여 다음 각 목의 법인이나 기관에서 법률 상담, 소송대리(訴訟代理), 그 밖의 법률 사무에 관하여 지원하는 업무를 말한다. 가.대통령령으로 정하는 법인 나.법무부와 그 소속 기관, 각급 검찰청 3."국가소송 등의 사무"란 국가를 당사자 또는 참가인으로 하는 소송 및 행정소송(행정청을 참가인으로 하는 경우를 포함한다)의 수행과 법률자문업무 등 공공 목적의 업무 수행에 필요한 법률 사무에 관하여 지원하는 업무를 말한다. 4."각급 기관"이란 제2호 가목에 따른 법인 및 같은 호 나목에 따른 기관을 말한다.

8) 국가소송법 제13조(권한의 위임) 법무부장관은 대통령령으로 정하는 바에 따라 제3조,제6조 및 제8조제2항에 따른 권한의 일부를 검찰총장,고등검찰청검사장 또는 지방검찰청검사장에게 위임할 수 있다.

직원을 소송수행자로 지정하고, 그 소송수행자가 각급 검찰청의 장의 지휘를 받아 소송을 수행하고 있다. 소송수행자는 그 소송에 관하여 대리인의 선임외의 모든 재판상의 행위를 할 수 있으나 당해 소송에 관하여 지정권자, 즉 관할 검찰청의 장의 지휘를 받아야 한다.9) 실제, 소송실무상 소송지휘는 관할 검찰청 소속 송무 담당 검사 또는 공익법무관의 지휘를 받는다.10)

나. 소송수행자 준수사항

소송수행자는 국가를 당사자로 하는 소송에 관한 법률 시행규칙 별지 제30호 서식 '소송수행자지정서' 뒷면에 기재된 소송수행자에 대한 지시사항을 이해하고 이를 이행하여야한다.11)

---

9) **국가소송법 제3조(국가소송 수행자의 지정 및 소송대리인의 선임)** ①법무부장관은 법무부의 직원, 각급 검찰청의 검사(이하 "검사"라 한다) 또는 「공익법무관에 관한 법률」에서 정한 공익법무관(이하 "공익법무관"이라 한다)을 지정하여 국가소송을 수행하게 할 수 있다. ②법무부장관은 행정청의 소관사무나 감독사무에 관한 국가소송에서 필요하다고 인정하면 해당 행정청의 장의 의견을 들은 후 행정청의 직원을 지정하여 그 소송을 수행하게 할 수 있다. ③제2항의 지정을 받은 사람은 해당 소송에 관하여 법무부장관의 지휘를 받아야 한다. 제8조(소송총괄관의 임명)①중앙행정기관의 장은 대통령령으로 정하는 바에 따라 법무 및 송무 사무를 담당하는 4급 이상의 소속 직원 중에서 소관 소송사무를 총괄할 소송총괄관 1명을 임명하여야 한다. ②소송총괄관은 소관 소송사무에 관하여 법무부장관의 지휘를 받아야 한다.③소송총괄관은 해당 기관의 소송에 관하여 소송수행자로 지정된 그 기관의 직원을 지휘·감독한다. 제13조(권한의 위임) 법무부장관은 대통령령으로 정하는 바에 따라 제3조, 제6조 및 제8조제2항에 따른 권한의 일부를 검찰총장, 고등검찰청검사장 또는 지방검찰청검사장에게 위임할 수 있다.
국가를 당사자로 하는 소송에 관한 법률 시행령 제2조(권한위임의 한계) 법무부장관은 법제3조 및 법제6조의 규정에 의한 권한을 다음의 구분에 따라 검찰총장, 고등검찰청검사장 및 지방검찰청검사장(이하 "각급 검찰청의 장"이라 한다)에게 위임한다. 그러나 법무부장관을 피고로 하는 법제5조의 소송사건에 관한 권한은 그러하지 아니하다.

10) 국가소송법 제7조(지정대리인의 권한) 제3조제1항·제2항, 제5조제1항 또는 제6조제2항에 따라 법무부장관, 각급 검찰청의 장(제13조에 따라 권한이 위임된 경우만 해당된다) 또는 행정청의 장이 지정한 사람은 그 소송에 관하여 대리인 선임을 제외한 모든 재판상의 행위를 할 수 있다.

11) 국가소송법 시행령 제8조(소송수행자 등의 준수사항) 소송수행자와 소송대리인은 지정서와 위임장에 기재된 지시사항과 주의사항을 준수하여야 한다.

소송수행자에 대한 지시사항12)

소송수행자는 소송에 관하여 아래와 같은 사항이 발생하거나 소송행위를 하는 때에는 사전·사후 보고하고 특별한 위임 또는 지휘를 받아야 한다.

1. 변론 전 및 변론(전심급)단계
   ○ 소를 제기하기 전에는 사전 지휘 요청
   ○ 소장, 준비서면, 답변서를 제출하였거나 송달받았을 때에는 3일 이내에 동 사본을 첨부 보고
   ○ 구두변론이 있었을 때에는 3일 이내에 그 요지를 적시 보고
   ○ 소송 진행 중 상대방이 반소를 제기하였거나 제3자의 소송참가가 있는 때에는 3일 이내에 반소장 사본 또는 소송참가의 취지와 이유를 기재한 서면을 첨부 보고
   ○ 소취하, 조정, 화해, 청구의 포기와 인낙, 「민사소송법」 제80조에 따른 탈퇴 시 사전 지휘 요청
   ○ 상대방의 소취하에 대한 동의(「민사소송법」 제266조 참조) 또는 당사자 쌍방의 2회 불출석으로 소취하 간주되는 경우에도 즉시 신청 여부에 대한 지휘 요청(「민사소송법」 제268조 참조)
   ○ 청구의 변경과 확장(「민사소송법」 제262조 참조), 가압류 및 가처분의 신청 시 사전 지휘 요청
   ○ 소송대리인의 선임 및 해임 시 사전 지휘 요청
   ○ 위임된 사건은 지체 없이 법원에 제기, 신청한 후 3일 이내에 당해 법원의 증명서를 첨부 보고

2. 선고단계
   ○ 판결이 선고되거나 결정, 명령이 내려졌을 때에는 즉시 그 요지를 보고하고, 판결, 결정, 명령이 송달되었을 때에는 그 사본에 송달일자를 명기한 후 3일 이내에 송부
   ○ 항소·상고의 제기와 포기 또는 그 취하, 「민사소송법」 제390조 제1항 단서 및 제425조에 따른 항소 또는 상고를 하지 아니할 취지의 합의 시 사전 지휘 요청
   ○ 조정에 갈음하는 결정에 대한 이의신청의 제기, 포기 또는 취하(「민사조정법」 제34조 참조)시 사전 지휘 요청

○ 상소이유서를 제출하였거나 상소장, 상소이유서 등이 송달되었을 때에는 3일 이내에 동 사본 첨부 보고

3. 확정단계

○ 판결, 결정, 명령이 확정되었을 때에는 5일 이내에 당해 법원의 증명서를 첨부하여 보고하는 동시에 승소 확정된 이행판결에 대하여는 지체 없이 강제집행절차를 취하고, 확인판결, 형성판결, 결정, 명령 등에 대하여는 지체 없이 필요한 사후 절차를 취한 후 그 결과를 보고

○ 확정된 재판에 의하여 국가에서 지출한 소송비용을 상대방이 부담하게 되었을 때에는 지체 없이 법원으로부터 소송비용 확정결정을 받아 그 비용을 회수하도록 조치하고 그 결과를 보고

4. 공통

○ 그 밖에 소송과 관련하여 중요한 사실이 있을 때 또는 의문이 있을 때에는 지체 없이 보고하여 지휘를 받아야 함

다. 보고 및 지휘 일반

소송수행자는 일정한 사항을 검찰청에 보고하여야 하며, 기타 소송에 관하여 중요한 사실이 있을 때 또는 의문이 있을 때에는 지체 없이 보고하여 지휘를 받아야 하고, 특히 사전지휘를 요하는 사항들에 대하여는 반드시 검찰청의 사전지휘를 받아 소송수행을 하여야 하며, 사전지휘 요청사항은 의견서를 작성하여 지휘를 받도록 한다. 변론진행상황 등 각종 소송진행상황의 보고[13]는 『소송진행상황보고(통보)』서식에 의하고, 위 서식에 따라 보고할 사항은 법원에 제출한 각종 서면, 법원으로부터 송달받은 서면, 재판이 있었을 경우 그 요지의 보고 등이다. 또한 판결·결정·명령이 확정되었을 때에는 그

---

12) 국가를 당사자로 하는 소송에 관한 법률 시행규칙(약칭: 국가소송법 시행규칙) 별지 제30호 서식 뒷면에 기재된 소송수행자에 대한 지시사항

13) 국가소송법 시행규칙 제18조(재판결과 보고) 영제10조의 규정에 의한 행정소송의 결과통보 또는 보고는 별지 제32호 서식에 의한다.
국가소송법 시행규칙 제18조의2(소송진행상황의 보고등) ①영제8조의 규정에 의한 소송수행자등의 준수사항중 변론진행상황등 각종 소송진행상황의 보고는 별지 제34호의2서식에 의한다. ②국가패소판결이 선고된 경우에는 별지 제34호의3서식에 의한 상소의견서를 작성하여 즉시 해당검찰청 검사장의 지휘를 받아야 한다.

증명서를 법원에서 발급받아 이를 검찰청에 송부하는데, 이러한 보고를 통하여 국가와 상대방 사이에 어떠한 주장·입증이 있었으며, 재판이 어떤 식으로 진행되었는지를 검찰청에 알려야 검찰청으로서도 적정한 소송지휘를 할 수 있기 때문이다.

┌─────────────────────────────────┐
│   **사전지휘를 받아야 하는 사항**   │
└─────────────────────────────────┘

「소(반소)의 제기 및 취하」, 「상소의 제기·포기 및 취하」, 「재판상 화해, 조정, 청구의 포기 및 인낙」, 「청구의 변경」, 「강제조정결정에 대한 이의의 제기·포기·취하」, 「화해권고결정에 대한 이의의 제기·포기·취하」, 「상대방의 소취하에 대한 동의」, 「소송대리인의 선임 및 해임」, 「가압류·가처분의 신청」, 「이송신청」, 「소송고지(참가) 및 탈퇴」, 「소액사건심판법상 이행권고결정에 대한 이의의 제기·포기·취하 」, 「감정신청」이다.

라. 소송행위의 승인권자

각 소송수행청은 소송물의 가액 즉 소가가 큰 사건은 해당사건의 소송행위를 진행함에 있어서 승인권자의 승인을 받아야 한다. 따라서 각 소송수행청은 ①소가 2억원 이상 5억원 미만에 대하여 고등검찰청 검사장, ②소가 5억원 이상 10억원 미만은 검찰총장, ③소가 10억원 이상은 법무부장관에게 각각 승인권자[14]를 수신자로 하여 관할 검찰청의 장에게 소송행위의 사전승인을 요청하여야 한다.[15] 또한 불변기간이 적용되는 소송행위

──────────────────

14) 국가소송법시행규칙 제11조(소송행위승인) ①영제3조의 규정에 의한 소송물가액과 승인권자는 다음 표와 같다
15) 국가를 당사자로 하는 소송에 관한 법률 시행령(약칭: 국가소송법 시행령) 제3조(수임사건에 대한 제한) 각급 검찰청의 장은 제2조의 규정에 의하여 그 권한에 속하는 소송사건중 법무부령이 정하는 소송물가액이상의 소송사건에 관하여 소의 제기 및 취하, 상소의 포기 및 취하, 화해, 청구의 포기 및 인락, 소송대리인의 선임 및 해임의 소송행위를 하고자 할 때에는 법무부령이 정하는 바에 의하여 그 소송물가액에 따라 법무부장관, 검찰총장 또는 고등검찰청 검사장의 승인을 얻어야 한다.

승인사항에 관하여는 위 승인절차에 소요되는 기간을 감안하여 관할 검찰청의 장에게 가급적 기간 만료 5일 전까지 미리 승인요청을 하도록 한다.

마. 소송수행자 지정 및 변경

관할 검찰청의 장은 검사나 공익법무관을 소송수행자로 지정하거나 소관 행정청의 장의 추천을 받아 수행자를 지정한다. 소제기(또는 신청) 또는 응소할 때에는 '소송수행자 지정서'를, 소송수행 중 소송수행자가 변경되었을 때에는 '소송수행자해임 및 지정서'를 각 관할 검찰청의 장으로부터 교부받아 법원에 제출한다. '소송수행자 지정서'나 '소송수행자해임 및 지정서'는 당해 소송수행자가 대한민국을 위하여 소송을 수행할 권한이 있음을 법원에 대하여 증명하는 서면으로, 이를 교부받으면 반드시 법원에 그 원본을 제출하여야 한다. 가령, 만일 소송수행자 지정서를 제출하지 않은 상태로 기일에 출석하면 소송대리권 없는 자가 출석한 것으로 불출석으로 처리되는 불이익을 입게 된다.

소송물가액	승인권자
2억원이상 5억원미만 사건	고등검찰청 검사장
5억원이상 10억원미만 사건	검찰총장
10억원이상 사건	법무부장관

제2절 민사소송절차

1 민사소송의 기초개념

가. 변론주의

민사소송의 심리방식에 관하여 몇 가지 원칙이 있는데, 그 중 특히 유의할 것으로 변론주의가 있다. 변론주의란 소송자료의 수집·제출의 책임을 당사자에게 맡기는 원칙을 말한다. 그 구체적 내용으로 첫째, 사실의 주장책임, 둘째, 자백의 구속력, 셋째, 직권증거조사의 금지가 있다.

  (1) 사실의 주장책임

    사실의 주장책임이란, 당사자가 변론에서 주장하지 않은 주요사실 즉, 법률효과를 발생시키는 법규의 직접 요건사실을 판결의 기초로 삼을 수 없다는 것이다. 예를 들면, 피고가 소멸시효 항변을 하지 않았음에도 법원이 직권으로 원고가 청구하는 채권의 소멸시효가 완성되었다고 사실인정을 하면 변론주의 위반이다. 따라서 소송수행자로서는 소멸시효의 항변 등 주요사실의 주장을 누락하지 않도록 각별히 유의하여야 한다.

  (2) 자백의 주장책임

    자백의 구속력이란, 당사자가 자백한 사실과 민사소송법 제150조[16]에 의거 자백 간주된 사실, 민사소송법 제288조[17]에 의한 불요증사

---

[16] 민사소송법 제150조(자백간주) ①당사자가 변론에서 상대방이 주장하는 사실을 명백히 다투지 아니한 때에는 그 사실을 자백한 것으로 본다. 다만, 변론 전체의 취지로 보아 그 사실에 대하여 다툰 것으로 인정되는 경우에는 그러하지 아니하다. ②상대방이 주장한 사실에 대하여 알지 못한다고 진술한 때에는 그 사실을 다툰 것으로 추정한다. ③당사자가 변론기일에 출석하지 아니하는 경우에는 제1항의 규정을 준용한다. 다만, 공시송달의 방법으로 기일통지서를 송달받은 당사자가 출석하지 아니한 경우에는 그러하지 아니하다.

[17] 민사소송법 제288조(불요증사실) 법원에서 당사자가 자백한 사실과 현저한 사실은 증명을 필요로 하지 아니한다. 다만, 진실에 어긋나는 자백은

실 등은 증거조사 없이 그대로 판결의 기초로 삼아야 한다는 것이다.

(3) 직권증거조사

실체적 진실을 규명하기 위하여 직권주의가 지배하는 형사소송과 달리 민사소송은 당사자 처분권주의가 지배하므로 당사자로부터 신청을 받아 증거조사의 필요성 유무를 판단하여 조사하므로 당사자가 신청한 증거에 의하여 심증을 얻을 수 없거나, 그 밖에 필요하다고 인정한 때에는 직권으로 증거조사를 할 수 있도록 하고 있다.[18]

나. 신청

민사소송에서 신청이란 당사자의 법원에 대한 일정한 소송행위에 대한 요구라고 할 수 있다. 신청은 그 내용에 따라 소제기, 반소의 제기 등 본안의 신청과 이송신청 등 소송상의 신청으로 나누어 볼 수 있으며, 또한 당사자의 신청권이 인정되는 사항에 관한 신청과 기일변경신청, 변론재개신청 등 법원의 직권발동을 촉구하는 의미의 신청이 있다. 소송진행상 필요한 경우 대한민국이 피고가 된 사건의 소가 부적법한 경우 그 답변서에 본안 전 항변을 기재하는 등 법원의 직권발동을 촉구하는 것도 소송수행자의 임무 중 하나이다.

다. 공격방어방법

본안의 신청을 뒷받침하기 위하여 행하는 일체의 소송자료를 공격방어방법이라고 한다. 즉, 청구를 이유 있게 하기 위하여 제출하는 소송자료를 공격방법, 청구를 배척하기 위하여 제출하는 소송자료를 방어방법이라고 한다. 공격방어방법으로 법률상·사실상의 주장, 부인, 입증이 주된 것이나 그 밖에 증거항변, 개개의 소송행위의 효력·방식의 당부에 관한 주장도 포함된다.

그것이 착오로 말미암은 것임을 증명한 때에는 취소할 수 있다.

18) 민사소송법 제292조(직권에 의한 증거조사) 법원은 당사자가 신청한 증거에 의하여 심증을 얻을 수 없거나, 그 밖에 필요하다고 인정한 때에는 직권으로 증거조사를 할 수 있다.

변론주의에서는 주요사실에 관한 한 변론에서 주장하지 아니하였으면 판결의 기초로 할 수 없기 때문에 당사자의 사실상의 주장에 대하여 상대방의 태도는 부인, 자백, 부지, 침묵으로 나누어 볼 수 있다. 부지는 부인으로 추정되며, 침묵은 변론 전체의 취지로 보아 다툰 것으로 인정될 경우를 제외하고는 자백으로 간주된다.[19] 항변은 피고가 원고의 주장을 배척하기 위하여 적극적으로 방어를 하는 것을 말하는 것으로, 본안전항변과 증거항변 등 소송상의 항변과 본안의 항변이 있다. 소송상의 항변은 법원의 직권발동을 촉구하는 의미밖에 없으므로, 좁은 의미의 항변은 본안의 항변만을 말한다. 본안의 항변은 원고 주장의 권리근거규정과 상반되는 반대규정의 요건사실 주장을 말한다. 항변은 반대규정의 성질에 따라 공서양속의 위반 등 법률행위의 무효사유 등 권리장애사실, 변제, 소멸시효의 완성 등 권리멸각사실, 동시이행의 항변, 정지조건의 미성취 등 권리저지사실 등으로 구분된다. 이러한 본안의 항변은 원고의 주장사실이 진실함을 전제로 이와 별개사실을 주장하는 것임을 주의하여야 한다. 예를 들면, 대여금 청구에 대하여 "금원을 차용한 사실이 없다."고 주장하면 부인이고, "차용한 금원을 변제하였다."고 주장하면 항변이다. 전자의 경우는 원고가 "대여사실을 입증"하여야 하나, 후자의 경우는 피고가 "자백한 이상 대여사실에 대하여는 다툼이 없으므로 피고가 변제사실을 입증"하여야한다. 한편, 항변에 대하여는 재항변이, 재항변에 대해서는 재재항변이 있을 수 있다. 예를 들면, 소멸시효 항변에 대하여 가압류에 의한 시효중단을 주장하는 경우는 재항변이고, 이에 대하여 다시 가압류 해제를 주장하는 경우는 재재항변이다.

---

19) 민사소송법 제150조(자백간주) ①당사자가 변론에서 상대방이 주장하는 사실을 명백히 다투지 아니한 때에는 그 사실을 자백한 것으로 본다. 다만, 변론 전체의 취지로 보아 그 사실에 대하여 다툰 것으로 인정되는 경우에는 그러하지 아니하다. ②상대방이 주장한 사실에 대하여 알지 못한다고 진술한 때에는 그 사실을 다툰 것으로 추정한다.

라. 주장책임과 입증책임

변론주의하에서는 법원은 당사자가 변론에서 주장하지 아니한 주요사실을 판결의 기초로 삼을 수 없는 바, 이와 같이 어느 사실을 주장하지 아니함으로써 당사자가 입는 불이익을 주장책임이라고 한다. 소송수행자로서는 이러한 필요한 주장책임을 다하여야 한다. 입증책임이란 소송상 어느 사실의 존부가 증거에 의하여 확정되지 않은 때에 법원이 당해 사실이 존재하지 않는 것으로 취급하고 법률판단하게 됨으로써 당사자 일방이 받게 되는 불이익을 말한다. 요증사실에 대한 증거과정은 '증거신청→채부결정→증거조사의 실시→심증형성'의 순으로 되는 바, 위 과정에도 불구하고 법원의 심증이 형성되지 않았다면 결국 입증책임에 따라 해결하게 된다. 예를 들면, 국가배상청구에서 원고가 주장하는 바와 같은 공무원의 불법행위가 있었는지 증거조사를 하여도 불분명하면, 그 입증책임이 원고에게 있는 이상, 법원은 원고 패소판결을 선고하게 된다.

마. 기간의 종류와 계산방법

소송법상의 기간은 법률에 의하여 정해진 법정기간과 재판기관이 재판으로 정하는 재판기간이 있다. 법정기간은 다시 불변기간과 통상기간으로 나누는데, 양자의 차이는 전자는 법원이 임의로 신축할 수 없다는 것이다. 불변기간은 법률의 규정에 "불변기간으로 한다."라고 명문으로 규정을 두고 있으며 각종의 상소기간, 이의신청기간들은 보통 불변기간으로 규정되어 있다. 그 밖의 법정기간은 통상기간이다. 불변기간을 도과시키는 행위는 소송수행해태에 해당하므로, 소송수행자는 각종 불변기간에 극히 유념하여 소송수행을 하여야 한다. 재정기간의 경우 이를 준수하기 어려운 부득이한 사유가 있을 경우 이를 소명하여 법원에 그 연장의 신청을 할 수도 있다. 그러나 이는 법원의 직권발동을 촉구하는 의미밖에 없으므로, 법원이 반드시 이를 받아들여 줄 의무가 있는 것은 아니다. 또한 소송법상 기간의 계산은 민법의 일반원칙에 따른다. 따라서 초일이 산입되지 않으며,

기간의 말일이 토요일이거나 공휴일이면 기간은 그 익일로 만료한다. 주의할 것은 공휴일이 기간의 중간에 끼어 있다고 해서 그 만큼 기간이 연장되는 것은 아니라는 점이다. 또한 소송서류의 송달일자는 최초의 수령자가 우체부의 소송서류 특별송달보고서에 송달일시, 장소 및 수령자의 성명을 기재 날인하여 준 날이어서, 특히 토요일 및 공휴일에 당직자가 수령하여 그 익일 문서접수직원에게 인계한 소송서류는 송달일이 잘못 기재될 가능성이 있으므로 소송수행자는 공휴일 다음날로 접수된 소송서류에 대해서는 다시 한번 실제 언제 송달되었는지 확인하여 불변기간을 잘못 기산하는 일이 없도록 하여야 한다. 그리고 어떤 서면을 제출할 기간이 정하여진 경우에 그 준수 여부는 "도달주의"에 따라 판단된다.

바. 기일의 연기, 변경 및 속행

기일개시 후에 그 기일에 아무 소송행위를 하지 아니하고 새로운 기일을 지정하는 것을 기일의 연기라 하고, 그 기일개시 전에 그 지정을 취소하고 새로운 기일을 지정하는 것을 기일의 변경이라 하는데 이는 기일의 연기와 달리 기일을 앞당기는 경우도 포함하는 개념이며, 기일에 소송행위를 하였으나 소송을 계속하기 위하여 다음 기일을 지정하는 것을 기일의 속행이라고 한다. 또한 기일을 추후에 지정하기로 하는 경우를 기일의 추후 지정이라고 한다. 이는 화해권고결정을 할 때나 감정결과가 도착하기를 기다릴 때 흔히 활용한다.

2 소송실무 서면작성 · 제출 방법

가. 소송서면 작성방법

법원에 제출하는 소송상 서면의 일반적인 양식[20]은 아래와 같이 작성, 제출한다.[21]

---

20) 민사소송규칙 제4조(소송서류의 작성방법 등) ①소송서류는 간결한 문장으로 분명하게 작성하여야 한다. ②소송서류는 특별한 사정이 없으면 다음 양식에 따라 세워서 적어야 한다. 1.용지는 A4(가로 210㎜×세로 297㎜) 크기

제목

사건 2020가단1234 구상금
원고 이○○외 2명   →   ①
피고 대한민국(소관: ○○○)

위 사건에 관하여 ②피고 대한민국 소송수행자는 다음과 같이_____
합니다.

다음 ③

1. ④
  가.
2.

첨 부 서 류

1.
1.

2020. 1. . ⑤

② 피고 대한민국
소송수행자 김○○

(인)
서울중앙지방법원 제13민사부 ⑥ 귀중

로 하고, 위로부터 45㎜,왼쪽 및 오른쪽으로부터 각각 20㎜, 아래로부터
30㎜(장수 표시 제외)의 여백을 둔다. 2. 글자크기는 12포인트(가로 4.2㎜×
세로 4.2㎜) 이상으로 하고, 줄간격은 200% 또는 1.5줄 이상으로 한다.
21) 민사소송규칙 제2조(법원에 제출하는 서면의 기재사항) ①당사자 또는 대
리인이 법원에 제출하는 서면에는 특별한 규정이 없으면 다음 각호의 사항
을 적고 당사자 또는 대리인이 기명날인 또는 서명하여야 한다. 1.사건의
표시 2.서면을 제출하는 당사자와 대리인의 이름·주소와 연락처(전화번호·
팩시밀리번호 또는 전자우편주소 등을 말한다. 다음부터 같다) 3.덧붙인
서류의 표시 4.작성한 날짜 5.법원의 표시 ②당사자 또는 대리인이 제출한
서면에 적은 주소 또는 연락처에 변동사항이 없는 때에는 그 이후에 제출
하는 서면에는 주소 또는 연락처를 적지 아니하여도 된다.

①사건의 표시(사건, 원고, 피고)는 특별한 사정이 없는 한 법원의 통지서의 기재대로 하면 정확하다. 다만, 편의상 대한민국의 소관청까지도 표시한다.

여기서 주의할 것은 피고들이 '피고 1. 홍길동 피고 2.대한민국'인 사건에서는 당사자의 표시는 "피고 홍길동 외 1명"이 된다는 것이다. 다만, 검찰청에 보고할 때는 대한민국이 어느 쪽 당사자인지 중요하므로 "피고 대한민국 외 1명"으로 기재한다.

②원고나 피고가 대한민국 1인이면 "원(피)고 소송수행자"라고 기재하고, 원(피)고가 다수이면 "원(피)고 대한민국 소송수행자"라고 기재하여야 정확한 기재라고 할 수 있다.

③도입 문구 다음에 '가운데 정렬'로 쓰는 문구가 있을 때 (예: 청구취지에 대한 답변)에는 '다음'이나 '아래'라는 표기를 할 필요가 없다.

④기술할 내용이 많은 경우 적절하게 문장의 단락을 적절히 나누어 기재하는 것이 소장에 대한 이해나 이미지에도 좋다.

단락구분은 일반 공문서의 항목구분의 방법을 사용하여 "1., 2., 3., 4., ····· 가., 나., 다., 라.··· 1), 2), 3), 4), ··· 가), 나), 다), 라), ··· (1), (2), (3), (4), ··· (가), (나), (다), (라), ··· ①②③④ ··· ㉠㉡㉢㉣ ···"로 순차적으로 항목별로 구분하여 표시한다.

소송서류는 간단명료하여야 하므로 간결한 문장으로 정확하게 의사를 분명하게 표현하도록 노력하여야 한다. 서면을 그렇게 작성하는 것은 주장의 설득력을 간접적으로 높여주는 효과도 있다.

경어체의 문장을 사용하여 작성한다. 즉 개조식으로 쓰지 않도록 한다. 법원에 대하여 말 대신 글로 진술하는 것이기 때문이다.

당사자 외의 사람을 지칭할 때 "소외"나 "신청외"라는 표현은 생략하여도 무방하나 당사자를 지칭할 때는 "000"이라는 당사자 이름만 쓰지 말고 반드시 그 자격을 기재하여 "원고 000"으로 기재하는 것이 적절하다.

⑤소송서류에는 작성일을 기재하여야 하나, 정확히 말하면 이는 작성일이 아니라 제출일이다. 예를 들면 2019.12.1. 작성하여 다음 날 제출한 준비서면은 2019.12.2.자 준비서면이다.

⑥법원의 표시도 법원에서 온 통지서의 기재대로 하면 정확하다. 다만, '민사신청과'같은 표시는 기재하지 않는다.

나. 전자소송 도입 및 전자문서 제출

'민사소송 등에서의 전자문서 이용 등에 관한 법률'[22])이 시행되면서 법원에 전자소송이 도입되었고, 국가는 동법 제11조 제1항 제3호[23]) 및 민사소송 등에서의 전자문서 이용 등에 관한 규칙 제25조[24])에 따라 전자소송

---

22) 민사소송 등에서의 전자문서 이용 등에 관한 법률(약칭: 민소전자문서법) 제1조(목적) 이 법은 민사소송 등에서 전자문서 이용에 대한 기본 원칙과 절차를 규정함으로써 민사소송 등의 정보화를 촉진하고 신속성, 투명성을 높여 국민의 권리 실현에 이바지함을 목적으로 한다.
제2조(정의) 이 법에서 사용하는 용어의 뜻은 다음과 같다. 1."전자문서"란 컴퓨터 등 정보처리능력을 가진 장치에 의하여 전자적인 형태로 작성되거나 변환되어 송신·수신 또는 저장되는 정보를 말한다. 2."전산정보처리시스템"이란 제3조 각 호의 어느 하나에 해당하는 법률에 따른 절차(이하 "민사소송등"이라 한다)에 필요한 전자문서를 작성·제출·송달하거나 관리하는 데에 이용되는 정보처리능력을 가진 전자적 장치 또는 체계로서 법원행정처장이 지정하는 것을 말한다. 3."전자서명"이란 「전자서명법」 제2조제2호에 따른 전자서명(서명자의 실지명의를 확인할 수 있는 것을 말한다)과 「전자정부법」 제2조제9호에 따른 행정전자서명을 말한다. 4."사법전자서명"이란 「전자정부법」 제2조제9호의 행정전자서명으로서 법관·사법보좌관 또는 법원서기관·법원사무관·법원주사·법원주사보(이하 "법원사무관등"이라 한다)가 민사소송등에서 사용하는 것을 말한다.[시행일 : 2020.12.10.]
23) 민사소송 등에서의 전자문서 이용 등에 관한 법률(약칭: 민소전자문서법) 제11조(전자적 송달 또는 통지) ①법원사무관등은 송달이나 통지를 받을 자가 다음 각 호의 어느 하나에 해당하는 경우에는 전산정보처리시스템에 의하여 전자적으로 송달하거나 통지할 수 있다. 1.미리 전산정보처리시스템을 이용한 민사소송등의 진행에 동의한 등록사용자로서 대법원규칙으로 정하는 자인 경우 2.전자문서를 출력한 서면이나 그 밖의 서류를 송달받은 후 등록사용자로서 전산정보처리시스템을 이용한 민사소송등의 진행에 동의한 자인 경우 3.등록사용자가 국가, 지방자치단체, 그 밖에 그에 준하는 자로서 대법원규칙으로 정하는 자인 경우
24) **민사소송 등에서의 전자문서 이용 등에 관한 규칙 제24조(전자적 송달·통**

의무자에 해당되어 법원에 대하여 서류를 제출할 때에는 전자문서로 제출하여야 하며, 그 전자문서 제출 소송서류는 답변서, 준비서면 등이다.

지를 받을 자) ①법 제11조제1항제1호에 따른 전자적 송달 또는 통지를 받을 자는 다음 각 호와 같다. 1.<u>민사소송 등의 개별 사건에 관하여 전자소송 동의를 한 등록사용자</u> 2.1년의 범위에서 일정한 기간을 정하여 그 기간 안에 민사소송 등의 당사자 또는 제3조 각 호의 자가 될 것을 예정하여 전자소송시스템을 이용한 진행에 동의한 등록사용자 3.민사소송 등의 당사자와 소송대리인 및 제3조제1호부터 제4호까지 규정된 자가 「민사소송법」 제184조에 의하여 송달영수인으로 신고한 등록사용자 ②법원사무관등은 전자문서로 작성된 재판서 또는 조서의 송달을 신청한 등록사용자에게 전자소송시스템을 이용하여 전자적인 방법으로 송달할 수 있다. ③ 제1항 제3호의 신고가 있는 경우에 법 제11조제1항의 송달 또는 통지는 그 송달영수인에게 하여야 한다.
민사소송 등에서의 전자문서 이용 등에 관한 규칙 제25조(전자적 송달·통지를 받을 기관 등) ①법 제11조 제1항 제3호에 따른 전자적 송달 또는 통지를 받을 자는 다음 각 호와 같다. <u>1.국가</u> <u>2.지방자치단체</u> 3.행정사건, 특허사건과 관련된 행정청 3의2.가사사건, 비송(과태료 포함)사건과 관련된 검사 3의3.가사사건과 관련된 지방자치단체의 장 3의4. 회생·파산사건의 절차관계인 4.「공공기관의 운영에 관한 법률」에 따라 지정된 공공기관 및 「지방공기업법」에 따라 설립된 지방공사 중 법원행정처장이 지정하여 전자소송홈페이지에 공고하는 기관 ②제1항 각 호의 자는 미리 전자적 송달 또는 통지를 받을 수 있도록 사용자등록을 하여야 한다. ③사용자등록을 하지 않은 제1항 각 호의 자를 상대로 소가 제기된 경우 재판장등은 사용자등록을 할 것을 명할 수 있다.

제2장
국가송무의 수행

제2장 국가송무의 수행
제1절 소제기 절차

1 소 제기(본안)

가. 제소

(1) 개념

국가소송에서 소 제기 즉 제소(提訴)라 함은 국가가 원고로서 적극적으로 권리관계의 이행 또는 확인 등을 법원에 구하는 소송행위를 의미한다.

(2) 소 제기 지휘요청

각 행정청에서 소 제기를 할 필요가 있다고 판단하는 경우에는 사전에 관할 검찰청의 장에게 소제기 요청을 하여 그 지휘를 받아야 한다. 소를 제기할 때에는 소장 초안을 작성하는 한편 가압류 또는 가처분이 필요한 경우에는 가압류, 가처분 신청서 초안도 함께 작성한다. 소장 및 보전처분 신청서의 초안에 소송수행자 추천서를 첨부하여 관할 검찰청에 지휘요청 공문을 송부한다.

나. 법원제출

(1) 소장 제출

소관행정청은 관할 검찰청으로부터 소 제기 승인을 받으면, 소장 등을 완성한 후 소가 산정에 필요한 서면(청구취지와 청구원인만으로 소가를 산정하기 곤란한 부동산소송의 경우에는 개별공시지가확인, 토지대장, 임야대장, 건축물과세대장 등)과 소송수행자지정서, 소장부본, 송달료납부서 등을 첨부하여 관할법원에 제출한다.

(2) 전자소송 인증서 발급과 사용자 등록

민사소송에 『민사소송 등에서의 전자문서 이용 등에 관한 법률』이 시행되면서 법원에 전자소송이 도입되어 국가는 전자소송 의무자에 해당된다.[25] 따라서 소송수행자는 소장을 비롯한 모든 소송서류를 대법원 전자소송 사이트[26]를 통하여 접수해야 하는데 인터넷에서 '대법원 전자소송 사이트(http://ecfs.scourt.go.kr)'를 클릭하면 '전자소송'이란 화면에서 '전자적 제출', '전자적 송달', '전자적 열람', '전자적 납부', '제증명 전자적 발급' 등으로 나타나고, '전자적 제출'란 아랫부분에는 '서류제출'로 '소장 및 필요한 각종 서류를 제출할 수 있습니다.'라는 문구로 표시되어 그 종류를 '민사 서류', '가사 서류', '회생·파산', '특허 서류', '행정 서류', '민사 집행', '비송·과태료', '지급 명령'의 문구가 표시되어 있다. 해당 부분을 클릭하면 다양한 종류의 소송서류를 제출할 수 있도록 구성되어 있다. 먼저, 인터넷으로 쉽고 빠르게 전자소송을 하기 위하여 위 '전자소송' 화면을 자세히 살펴보면 '인증서를 발급받는 방법'이 설명되어 있는데 인증서는 다른 금융인증서와는 달리 '한국정보인증(주)에서 발급받는 인증서'를 사용하도록 되어 있다.

따라서 그곳 '전자소송' 화면 설명대로 한국정보인증(주)의 인터넷 사이트에서 신청을 하고 그곳에서 지시하는 대로 가까운 해당 우체국을 방문하여 위와 같이 공인인증서 신청사실을 말하고 소액의 수수료

---

25) 민사소송 등에서의 전자문서 이용 등에 관한 법률(약칭: 민소전자문서법) 제11조(전자적 송달 또는 통지) ①법원사무관등은 송달이나 통지를 받을 자가 다음 각 호의 어느 하나에 해당하는 경우에는 전산정보처리시스템에 의하여 전자적으로 송달하거나 통지할 수 있다. 1.미리 전산정보처리시스템을 이용한 민사소송등의 진행에 동의한 등록사용자로서 대법원규칙으로 정하는 자인 경우 2.전자문서를 출력한 서면이나 그 밖의 서류를 송달받은 후 등록사용자로서 전산정보처리시스템을 이용한 민사소송등의 진행에 동의한 자인 경우 3.등록사용자가 국가, 지방자치단체, 그 밖에 그에 준하는 자로서 대법원규칙으로 정하는 자인 경우
26) 대법원 전자소송 사이트(http://ecfs.scourt.go.kr)

를 지불하면 해당 우체국에서 '공인인증서비스 신청 접수증'을 받아 한국정보인증 홈페이지 또는 인증서 발급용 안내 이메일 수신을 통하여 인증서 발급절차에 따라 인증서를 발급받아서 전자소송홈페이지에 회원가입을 하여 사용자등록을 하고, 그곳을 통하여 전자소송으로 소송서류를 접수시키고, 송달받는 방법으로 전자소송을 진행하게 된다.

(3) 전자소송 진행방법

대법원 전자소송사이트에 회원가입을 한 후 소장을 제출하는 경우 전자소송사이트를 통하여 소장을 제출하고, 법원의 나의사건 검색을 통하여 사건을 검색하면 당사자가 소장 등 소송서류를 제출한 내용이 표시되어 나타나고 그 소장 등 소송서류를 접수한 것과 상대방 당사자에게 송달한 내용 등이 기록되는 것을 직접 확인하면서 전자소송이 진행되는 상황을 당사자가 검색을 통하여 확인하게 된다. 국가소송은 전자소송을 의무적으로 하도록 되어 있다. 그러나 예외적으로 국가소송인 경우에도 일반서면으로 소장을 법원에 접수할 수 있는데 소장을 법원에 직접 또는 우편으로 접수하게 되면 해당법원에서 '대한민국 법원 전자소송'이라는 표시로 특별송달의 형식으로 우편으로 당사자에게 '전자소송 안내서'와 '석명준비명령' 등의 소송서류를 송달하면서 당사자에게 인증서를 준비하여 대법원 전자소송사이트를 통하여 사용자 등록으로 전자소송을 하도록 안내를 하고 있다.

또한 해당법원에서는 해당 사건에 대한 법원 '전자소송동의 및 인증'란을 서면을 통하여 전자소송이 가능하도록 상세히 안내를 해주게 된다. 전자소송으로 소송서류 제출이 불가능하면 일반서면으로 항소장 등을 제출하는 경우도 가능하다. 이때 법원에서 이렇게 접수한 소송서류는 전자적 문서화시켜 전자소송사이트에 업로드 시켜 당사자가 나의 사건 검색 사이트를 통하여 소송의 진행상황을 확인할 수 있도록 해준다.

(4) 법원의 관할

관할이라 함은 재판권을 행사하는 여러 법원 사이에서 어떤 법원이 어떤 사건을 처리하느냐 하는 재판권의 분담관계를 정해 놓은 것을 말한다. 특히, 토지관할은 소재지를 달리하는 같은 종류의 법원 사이에 재판권의 분담관계를 정한 것으로, 제1심 사건을 어느 지방법원이 담당하여 처리하느냐의 문제이다. 소관 행정청에서 소 제기를 하고자 하는 경우에 그 지휘를 담당할 검찰청은 민사소송법의 규정에 따른 관할 법원에 대응하는 검찰청이다. 전속관할이란 법률에 의하여 직접 정해진 관할 중 고도의 공익적 견지에서 오로지 특정 법원만이 배타적으로 관할권을 갖게 된 경우를 말하며, 전속관할이 있는 사건에 대하여는 보통재판적이나 특별재판적에 관한 규정이 적용되지 아니하고 전속관할 법원에 소를 제기하여야 한다. 전속관할이 정해져있지 않다면, 원칙적으로 보통재판적으로 피고의 주소지, 피고가 법인인 경우 주된 사무소 또는 영업소가 소재한 법원이 관할법원이 된다.[27)]

또한 특별한 사건에 대하여는 피고 주소나 본점이 아닌 곳의 법원에서 토지관할권이 생기도록 특별재판적에 대하여 민사소송법 제7조에서 제24조까지 규정하고 있다. 보통재판적과 특별재판적이 경합하는 경우에는 관할법원 중 어느 곳이나 임의로 선택하여 소 제기를 할 수 있

---

27) **민사소송법 제2조(보통재판적)** 소(訴)는 피고의 보통재판적(普通裁判籍)이 있는 곳의 법원이 관할한다.
민사소송법 제3조(사람의 보통재판적) 사람의 보통재판적은 그의 주소에 따라 정한다. 다만, 대한민국에 주소가 없거나 주소를 알 수 없는 경우에는 거소에 따라 정하고, 거소가 일정하지 아니하거나 거소도 알 수 없으면 마지막 주소에 따라 정한다.
민사소송법제5조(법인 등의 보통재판적) ①법인, 그 밖의 사단 또는 재단의 보통재판적은 이들의 주된 사무소 또는 영업소가 있는 곳에 따라 정하고, 사무소와 영업소가 없는 경우에는 주된 업무담당자의 주소에 따라 정한다. ②제1항의 규정을 외국법인, 그 밖의 사단 또는 재단에 적용하는 경우 보통재판적은 대한민국에 있는 이들의 사무소·영업소 또는 업무담당자의 주소에 따라 정한다.
민사소송법 제6조(국가의 보통재판적) 국가의 보통재판적은 그 소송에서 국가를 대표하는 관청 또는 대법원이 있는 곳으로 한다.

으며, 특별재판적이 보통재판적에 우선하는 것은 아니며, 1개의 소로써 수 개의 청구를 하는 병합청구의 경우에는 1개의 청구에 대한 관할권이 인정되면 본래 그 법원에 관할이 없는 나머지 청구도 관할권이 인정된다. 관할은 소장을 법원에 제출할 때를 기준으로 하여 정해지는데, 이런 점에서 변론종결시를 기준으로 판단하는 다른 소송요건들과는 다른 점이 특징이다. 관할권의 유무는 법원의 직권조사 사항으로 조사결과 관할권이 없는 경우에는 민사소송법 규정에 의하여 소각하 판결이 아니라 관할권이 있는 법원으로 이송결정을 하게 된다.[28]

2 보전처분의 신청

가. 보전처분

(1) 개념

보전처분은 권리 또는 법률관계에 관한 쟁송이 있을 것을 전제로 하여, 이에 대한 판결의 집행을 용이하게 하거나 확정판결이 있을 때까지 손해가 발생하는 것을 방지할 목적으로 일시적으로 현상을 동결하거나 임시적 법률관계를 형성하게 하는 재판을 말한다. 즉, 집행보전 또는 손해방지를 위하여 잠정적 조치를 명하는 재판이다.

좁은 의미의 보전처분은 '민사집행법 제4편 보전처분(제276조 이하)'에 규정된 가압류와 가처분을 가리킨다. 넓은 의미의 보전처분에는 비송사건에서의 보전처분 및 공법상의 보전처분이 포함되지만, 통상 보전처분이라고 하면 가압류·가처분을 가리킨다.

---

28) 민사소송법 제34조(관할위반 또는 재량에 따른 이송) ①법원은 소송의 전부 또는 일부에 대하여 관할권이 없다고 인정하는 경우에는 결정으로 이를 관할법원에 이송한다.

(2) 보전처분의 종류

가) 가압류[29)]

가압류란 금전채권이나 금전으로 환산할 수 있는 채권에 대하여 채무자의 재산을 확보하고 장래의 강제집행을 목적으로 미리 채무자로부터 재산에 대한 처분권을 잠정적으로 빼앗는 집행보전제도를 의미한다. 또한 금전의 지급을 구하는 소송의 경우, 상대방에게 강제집행 할 재산이 없다면 승소하더라도 상대방이 임의로 지급하지 않는 한 실질적으로 금전을 받아낼 길이 없고 모처럼 받아낸 승소판결이 종이조각에 불과하게 되는데, 이러한 사태를 방지하기 위하여 가압류가 필요하다. 신청법원의 관할[30)]은 가압류할 물건이 있는 곳을 관할하는 지방법원이 관할하므로 가압류할 부동산이 소재하고 있는 법원이 관할법원이 되고, 당사자의 월급을 가압류 해 두려면 월급이 입금되는 은행이 소재한 지방법원이 관할이 되고, 대여금을 변제받기 위한 가압류 신청의 경우에는 당사자의 주소지가 관할 법원이 될 수 있으므로 그곳으로 가압류 신청할 수 있으며, 가압류는 본안의 관할법원에서도 신청이 가능하도록 법원의 관할을 규정하고 있다.

나) 다툼의 대상에 관한 가처분

다툼의 대상에 관한 가처분은 종종 '계쟁물에 관한 가처분'이라는 용어를 사용하기도 하지만 가급적 법전상의 용어를 사용하도록 한다. '다툼의 대상에 관한 가처분'이란 채권자가 금전 이외의 특정 물건이나 권리를 대상으로 하는 청구권을 가지고 있을 때 그 강제집행시까지 다툼의 대상이 멸실되거나 처분되는 것을 막기 위하여

---

29) 민사집행법 제276조(가압류의 목적) ①가압류는 금전채권이나 금전으로 환산할 수 있는 채권에 대하여 동산 또는 부동산에 대한 강제집행을 보전하기 위하여 할 수 있다. ②제1항의 채권이 조건이 붙어 있는 것이거나 기한이 차지 아니한 것인 경우에도 가압류를 할 수 있다.

30) 민사집행법 제278조(가압류법원) 가압류는 가압류할 물건이 있는 곳을 관할하는 지방법원이나 본안의 관할법원이 관할한다.

다툼의 대상을 동결시키는 보전처분을 말한다.[31] 또한 특정물과 관련된 소송의 경우, 예컨대 부동산의 소유권이전말소등기를 구하는 소송의 경우에는 소송 중 상대방이 그 부동산을 타인에게 처분하면 현재의 소유자인 그 양수인만이 피고적격이 있고, 일단 소송이 계속된 후 피고를 임의로 바꾸는 것은 허용되지 아니하므로, 종전의 소유자를 상대로 제기한 소는 취하하고 그 부동산의 새로운 명의자를 상대로 다시 소를 제기해야한다.[32] 또한 예컨대 부동산의 소유권이전등기를 구하는 소송의 경우, 상대방이 그 부동산을 타인에게 처분하면, 승소판결을 얻더라도 그 집행이 불가능하거나 매우 곤란하게 된다. 이러한 사태를 방지하기 위하여 다툼의 대상이 되는 특정물의 사실상·법률상 변경을 가져오는 처분을 금지하는 내용의 가처분을 신청하도록 한다.[33]

다) 임시의 지위를 정하기 위한 가처분

임시의 지위를 정하기 위한 가처분은, 당사자 간에 다툼이 있는 법률관계가 있는데 확정판결이 있기까지 현상을 그대로 방치하면 권리자가 현저한 손해를 입게 되거나 손해를 회복하기 어려운 경

---

31) 민사집행법 제300조(가처분의 목적) ①다툼의 대상에 관한 가처분은 현상이 바뀌면 당사자가 권리를 실행하지 못하거나 이를 실행하는 것이 매우 곤란할 염려가 있을 경우에 한다.
32) 대법원 1994.2.25. 선고 93다39225 판결(판결요지)
　가. 등기의무자, 즉 등기부상의 형식상 그 등기에 의하여 권리를 상실하거나 기타 불이익을 받을 자(등기명의인이거나 그 포괄승계인)가 아닌 자를 상대로 한 등기의 말소절차이행을 구하는 소는 당사자적격이 없는 자를 상대로 한 부적법한 소이다.
　나. 부동산의 합유자 중 일부가 사망한 경우 합유자 사이에 특별한 약정이 없는 한 사망한 합유자의 상속인은 합유자로서의 지위를 승계하는 것이 아니므로 해당 부동산은 잔존 합유자가 2인 이상일 경우에는 잔존 합유자의 합유로 귀속되고 잔존 합유자가 1인인 경우에는 잔존 합유자의 단독소유로 귀속된다.
33) 민사집행법 제300조(가처분의 목적) ①다툼의 대상에 관한 가처분은 현상이 바뀌면 당사자가 권리를 실행하지 못하거나 이를 실행하는 것이 매우 곤란할 염려가 있을 경우에 한다.

우에 이용하는 절차이다.[34]따라서 '임시의 지위를 정하기 위한 가처분'은 적극적으로 현상을 변경하여 잠정적이나마 새로운 법률관계를 형성한다는 점에서 가압류나 다툼의 대상에 관한 가처분과 구별된다. 이러한 임시의 지위를 정하기 위한 가처분 중에서 본안판결을 통하여 얻고자 하는 결과와 실질적으로 동일한 내용의 권리·법률관계를 형성하는 것을 단행적 가처분 또는 만족적 가처분이라고 한다. 건물의 인도청구권 있는 자에게 임시로 그 건물점유자의 지위를 부여하는 인도단행가처분이 대표적인 예이다. 그러나 단행적 가처분의 경우에도 보전처분으로 인한 권리자의 지위는 임시적인 것이므로 채무자의 제소명령이 있는 경우에는 본안의 소를 제기하여야 하고, 가처분 신청인이 본안소송에서 패소하면 가처분 집행 전의 상태로 원상회복시켜야 한다.

(3) 보전처분신청서의 작성

  가) 피보전권리의 존재

피보전권리는 본안소송으로써 청구하려는 권리이자 당해 보전처분을 통하여 그 집행을 보전하고자 하는 권리로서, 소장의 청구원인에 대응하는 부분이다. 예를 들면, 본안으로 손해배상을 청구하면서, 장래에 승소할 경우 그 판결의 집행을 보전하기 위하여 상대방의 재산을 가압류하는 경우, 손해배상채권이 피보전권리가 된다. 가압류의 피보전권리는 가압류신청 당시 확정적으로 발생되어 있어야 하는 것은 아니고, 이미 그 발생의 기초가 존재하는 한 조건부 채권이나 장래에 발생할 채권도 가압류의 피보전권리가 될 수 있다.[35] 또한 상대방에 대하여 부동산의 소유권이전등기 청구권을

---

34) 민사집행법 제300조(가처분의 목적) ②가처분은 다툼이 있는 권리관계에 대하여 임시의 지위를 정하기 위하여도 할 수 있다. 이 경우 가처분은 특히 계속하는 권리관계에 끼칠 현저한 손해를 피하거나 급박한 위험을 막기 위하여, 또는 그 밖의 필요한 이유가 있을 경우에 하여야 한다.
35) 대법원 1993.2.12. 선고 92다29801 판결

가지고 있고 이를 소로써 청구하려고 하는데, 소송이 종결되기 전에 상대방이 그 부동산을 타인에게 처분할 가능성이 있는 경우, 위 소유권이전등기청구권을 피보전권리로 하여 그 부동산의 처분금지 가처분을 신청한다. 다툼의 대상에 관한 가처분의 피보전권리는 목적인 다툼의 대상이 명확히 특정되어야 한다.36) 그리고 당사자 이외의 제3자 소유의 물건은 가처분의 대상이 될 수 없다.37)

나) 보전의 필요성

보전의 필요성에 관하여는 가압류의 경우 채무자에게 당해 가압류신청의 목적물 이외에 다른 재산을 발견할 수 없다는 점, 다툼의 대상에 관한 가처분의 경우 채무자가 당해 가처분신청의 목적물을 처분하면 승소하더라도 집행이 곤란하여진다는 점, 임시의 지위를 정하는 가처분의 경우 소송이 종료될 때까지 기다리면 막대한 손해가 발생한다는 점 등을 구체적으로 기재한다. 보전의 필요성이 부정되는 경우는 ①채권자가 이미 보전처분에 의하여 달성하고자 하는 목적 이상으로 보호를 받고 있는 경우38) ②보전처분에 의하여 제거되어야 할 상태가 채권자에 의하여 오랫동안 방임되어 온 경우39) ③채권자가 스스로 보전처분을 필요로 하는 긴급상태를 초래한 경우 ④동일한 사정에 기하여 동일 내용의 보전처분을 신청하는 경우 등이 있다.

---

36) 대법원 1999.5.13. 선고 99마230 판결
37) 대법원 1996.1.26. 선고 95다39410 판결
38) 대법원 1988.11.22. 선고 87다카1671 판결
39) 대법원 1990.11.23. 선고 90다카25246 판결

(4) 보전처분의 집행절차

보전처분의 집행은 확정판결의 집행과는 달리 별도의 집행신청이 필요 없는 경우가 있다. 정확히 말하자면, 관념상으로는 본안소송 판결의 집행과 같이 신청이 필요하지만, 보전처분의 발령법원과 집행법원이 일치하는 경우에는 신속한 집행을 위하여 보전처분 신청시에 그 인용재판에 대한 집행신청도 함께 한 것으로 해석하여 집행에 착수하는 것이다. 예를 들면, 부동산가압류, 부동산처분금지가처분의 경우는 법원이 등기소에 가압류등기를 촉탁하고,[40] 채권가압류의 경우에는 법원이 가압류결정을 제3채무자에게 송달함으로써 집행한다. 그러나 별도의 집행신청이 필요한 경우도 있다. 예를 들면, 유체동산에 대한 가압류, 부동산점유이전금지가처분은 집행관에게 집행을 위임하여야 하고, 저당권으로 담보된 채권을 가압류하는 경우에는 법원사무관 등에게 채권가압류사실을 등기부에 기입하도록 촉탁할 것을 신청하여야 한다.[41] 보전처분의 집행은 채권자에게 재판을 송달한 날로부터 2주일이 지난 때에는 할 수 없다.[42][43] 따라서 별도의 집행신청이 필요한 경우임에도 불구

---

40) 민사집행법 제293조(부동산가압류집행) ①부동산에 대한 가압류의 집행은 가압류재판에 관한 사항을 등기부에 기입하여야 한다. ②제1항의 집행법원은 가압류재판을 한 법원으로 한다. ③가압류등기는 법원사무관등이 촉탁한다.

41) 민사집행법 제228조(저당권이 있는 채권의 압류) ①저당권이 있는 채권을 압류할 경우 채권자는 채권압류사실을 등기부에 기입하여 줄 것을 법원사무관 등에게 신청할 수 있다. 이 신청은 채무자의 승낙 없이 법원에 대한 압류명령의 신청과 함께 할 수 있다. ②법원사무관등은 의무를 지는 부동산 소유자에게 압류명령이 송달된 뒤에 제1항의 신청에 따른 등기를 촉탁하여야 한다.

42) 민사집행법 제292조(집행개시의 요건) ①가압류에 대한 재판이 있은 뒤에 채권자나 채무자의 승계가 이루어진 경우에 가압류의 재판을 집행하려면 집행문을 덧붙여야 한다. ②가압류에 대한 재판의 집행은 채권자에게 재판을 고지한 날부터 2주를 넘긴 때에는 하지 못한다. ③제2항의 집행은 채무자에게 재판을 송달하기 전에도 할 수 있다.

43) 민사집행법 제301조(가압류절차의 준용) 가처분절차에는 가압류절차에 관한 규정을 준용한다. 다만, 아래의 여러 조문과 같이 차이가 나는 경우에는 그러하지 아니하다.

하고 법원의 보전처분이 나온 것만으로 절차가 모두 끝난 것으로 착오하여 위 기간을 도과하는 일이 없도록 주의하여야 한다.

나. 보전처분의 이의

(1) 가압류의 이의신청

보전처분인 법원의 가압류결정에 대하여 이의가 있을 때는 당사자는 부동산가압류신청사건에 대하여 법원의 가압류결정에 대하여 불복한다는 내용의 신청취지와 그 신청이유를 기재한 '가압류이의신청서'를 법원에 제출하여 가압류 이의를 신청할 수 있다. 또한 가압류 이의신청이 받아들여져 가압류취소 판결이 확정되더라도 채무자는 별도로 '집행취소신청'을 하여야 한다.

(2) 가압류(가처분) 집행 취소방법

법원의 가압류결정에 의하여 그 집행이 완료된 이후에 당사자 사이에 원만히 합의한 경우 해당 가압류나 가처분 신청을 전부 취하한다는 내용으로 '부동산가압류 신청취하 및 집행해제 신청서'를 법원에 제출한다.

3 반소

가. 반소제기

(1) 개념

원고가 제기하는 소를 본소라고 하는데 이에 대하여 반소라 함은 소송계속 중에 피고가 원고의 제기한 본소에 대한 청구기각을 구하는 것에 그치지 않고 더 나아가, 그 소송절차를 이용하여 원고에 대하여 제기하는 소이다.[44]

---

44) 민사소송법 제269조(반소) ①피고는 소송절차를 현저히 지연시키지 아니하는 경우에만 변론을 종결할 때까지 본소가 계속된 법원에 반소를 제기

예를 들면, 원고가 국가의 도로 무단점유를 원인으로 부당이득반환청구의 소를 제기한 경우, 국가는 원고의 청구에 대한 방어방법으로 시효취득을 주장하면서, 한 걸음 더 나아가 시효취득을 원인으로 한 소유권이전등기청구의 소를 제기할 수도 있다. 반소의 제기에 의하여 새로운 사건번호가 추가되고, 원고는 반소피고가 되고, 피고는 반소원고가 된다. 사건번호·사건명을 기재할 때에는 '2020가합1122(본소) 부당이득금/2020가합2233(반소) 소유권이전등기'와 같이 기재하고, 당사자의 표시는 '원고(반소피고) 홍길동/피고(반소원고) 임꺽정'과 같이 기재한다. 그 이하에서는 '원고', '피고'로 약칭하여도 가능하다.

(2) 반소의 요건

피고는 소송절차를 현저하게 지연시키지 않는 한, 사실심 변론종결시까지 원고를 상대로 본소의 청구 또는 방어방법과 견련관계를 가지는 청구에 관하여 본소 소송절차에 병합하여 반소를 제기할 수 있다.[45] 특히, 변론준비기일에서 쟁점정리까지 마치고 변론이 시작된 이후에 반소제기를 하는 경우, 특단의 사정이 없으면 본소절차의 현저한 지연에 해당되어 반소요건 미비로 판결로써 반소가 각하될 수 있으므로, 변론준비절차 단계에서 반소제기 여부를 신중하게 검토함이 바람직하다.

할 수 있다. 다만, 소송의 목적이 된 청구가 다른 법원의 관할에 전속되지 아니하고 본소의 청구 또는 방어의 방법과 서로 관련이 있어야 한다. ②본소가 단독사건인 경우에 피고가 반소로 합의사건에 속하는 청구를 한 때에는 법원은 직권 또는 당사자의 신청에 따른 결정으로 본소와 반소를 합의부에 이송하여야 한다. 다만, 반소에 관하여 제30조의 규정에 따른 관할권이 있는 경우에는 그러하지 아니하다.

45) 민사소송법 제269조(반소) ①피고는 소송절차를 현저히 지연시키지 아니하는 경우에만 변론을 종결할 때까지 본소가 계속된 법원에 반소를 제기할 수 있다. 다만, 소송의 목적이 된 청구가 다른 법원의 관할에 전속되지 아니하고 본소의 청구 또는 방어의 방법과 서로 관련이 있어야 한다.

나. 반소의 절차

반소는 본소에 관한 규정을 따르며[46] 소 제기의 일종이므로 사전에 관할검찰청의 지휘를 미리 받아야 한다. 본소가 취하되면 피고는 원고의 동의 없이도 반소를 취하할 수 있고,[47] 항소심에서는 원고의 동의나 응소가 있어야만 반소를 제기할 수 있다.[48]

4 지급명령

(1) 지급명령 개념

지급명령(支給命令)이란 금전 기타 대체물이나 유가증권의 일정한 수량의 지급을 목적으로 하는 청구에 관하여 채권자의 일방적인 신청이 있으면 채무자를 심문하지 아니하고 채무자에게 그 지급을 명하는 재판을 말한다.[49] 이러한 지급명령신청에 의하여 이루어지는 절차를 독촉절차(督促節次)라고 하며 통상의 판결절차보다 간이하고 신속한 절차이다. 지급명령신청도 소 제기에 준하는 것이므로 사전에 지휘를 받아야 한다.

(2) 절차

소송에서는 변론기일을 열어 피고에게 반박의 기회를 준 다음 판결로써 종결하지만, 독촉절차에서는 법원이 채권자(원고)의 지급명령신청서

---

46) 민사소송법 제270조(반소의 절차) 반소는 본소에 관한 규정을 따른다.
47) 민사소송법 제271조(반소의 취하) 본소가 취하된 때에는 피고는 원고의 동의 없이 반소를 취하할 수 있다.
48) 민사소송법 제412조(반소의 제기) ①반소는 상대방의 심급의 이익을 해할 우려가 없는 경우 또는 상대방의 동의를 받은 경우에 제기할 수 있다. ② 상대방이 이의를 제기하지 아니하고 반소의 본안에 관하여 변론을 한 때에는 반소제기에 동의한 것으로 본다.
49) 민사소송법 제462조(적용의 요건) 금전, 그 밖에 대체물(代替物)이나 유가증권의 일정한 수량의 지급을 목적으로 하는 청구에 대하여 법원은 채권자의 신청에 따라 지급명령을 할 수 있다. 다만, 대한민국에서 공시송달 외의 방법으로 송달할 수 있는 경우에 한한다.

만을 보고 타당하다고 판단되면 곧바로 채무자(피고)에게 지급명령을 발령한다. 채무자가 위 지급명령을 송달받은 날로부터 2주일 내에 지급명령에 대한 이의신청을 하지 않으면 지급명령이 확정되어 집행력이 생기므로,[50] 지급명령을 집행권원으로 하여 채무자의 재산에 강제집행을 할 수 있다. 이에 대하여 채무자가 이의신청을 하면 통상소송으로 이행되어 재판이 이루어진다. 따라서 소송으로 이행이 예상되는 때에는 지급명령을 신청할 실익이 없다고 할 것이나, 법률관계가 명백하여 채무자가 이의신청을 하지 않을 것으로 기대된다면, 독촉절차가 통상의 소송에 비하여 인지대·송달료가 저렴하고, 절차가 신속히 종결되므로 독촉절차를 이용하는 것이 소송경제적이다. 지급명령신청도 소 제기의 일종으로 사전에 관할검찰청의 장의 지휘를 받아야 한다.[51]

---

50) 민사소송법 제470조(이의신청의 효력) ①채무자가 지급명령을 송달받은 날부터 2주 이내에 이의신청을 한 때에는 지급명령은 그 범위 안에서 효력을 잃는다. ②제1항의 기간은 불변기간으로 한다.
　　민사소송법 제474조(지급명령의 효력) 지급명령에 대하여 이의신청이 없거나, 이의신청을 취하하거나, 각하결정이 확정된 때에는 지급명령은 확정판결과 같은 효력이 있다.

51) **국가를 당사자로 하는 소송에 관한 법률 시행령 제5조(국가소송의 수행)** ①각급검찰청의 장은 국가소송을 제기하거나 국가소송이 제기된 경우에는 검사 또는 공익법무관을 소송수행자로 지정하여 소송을 수행하게 하여야 한다. 다만, 필요하다고 인정하는 경우에는 당해 행정청의 장의 의견을 들어 당해 행정청의 직원을 소송수행자로 지정하여 검사 또는 공익법무관인 소송수행자와 공동으로 소송을 수행하게 할 수 있다. ②각급 검찰청의 장은 소송물가액이 법무부령이 정하는 금액미만인 민사본안사건 및 민사신청사건에 관하여는 소관행정청의 직원만을 소송수행자로 지정하여 그 지휘를 받아 소송을 수행하게 할 수 있다.
　　국가를 당사자로 하는 소송에 관한 법률 시행규칙 제11조(소송행위승인) ①영제3조의 규정에 의한 소송물가액과 승인권자는 다음 표와 같다.

소송물가액	승인권자
2억원이상 5억원미만 사건	고등검찰청 검사장
5억원이상 10억원미만 사건	검찰총장
10억원이상 사건	법무부장관

②영제3조의 규정에 의한 승인사건의 일부에 대하여 소송행위를 하고자 할 때에는 전체 소송물가액을 기준으로 승인을 얻어야 한다. ③재판상 화해를 할 경우에 소송물의 감정가액이 소가보다 증가될 때에는 전문적 평가기관 또는 금융기관이 정하는 감정가액을 기준으로 영제3조의 규정에

제2절 응소

1 응소절차

가. 응소의 의의

(1) 개념

사인이 국가를 상대로 소를 제기하는 경우 국가가 그 소송의 피고로서 대응하는 것을 응소(應訴)라 하며, 국가소송의 대부분은 이와 같이 국가가 피고로서 응소를 하는 경우가 많이 있다. 국가를 상대로 한 소장이 관할 검찰청에 송달되어 검찰청에서 각 소송수행청에 소송수행자 지정 및 응소지휘를 하게 되면, 소송수행자는 소장 송달시로부터 30일 이내에 실질적인 내용의 답변서를 작성하여 제출하고 변론기일이 지정되면 출석하여야 한다.

(2) 답변서 및 변론준비

청구취지에 대한 답변은 "원고의 청구를 기각한다."는 취지로 작성하고, 청구원인에 대한 답변은 청구원인에 대하여 인정, 부인 또는 항변할 부분을 명백히 하고 그 이유와 근거를 제시하여야 한다. 응소지휘를 받은 소송수행자는 소장부본을 송달받은 날로부터 30일 이내에 답변서를 제출하지 아니하면 원고의 청구원인사실에 대하여 자백한 것으로 보고 법원이 변론 없이 판결할 수 있으므로[52] 답변서 제출기한을 도과하지 않도록 해야 한다.

의한 승인권자의 승인을 얻어야 한다. ④각급 검찰청의 장은 영제3조의 규정에 의한 승인을 요하는 소송행위에 대하여는 지체 없이 의견을 붙여 상급 검찰청의 장을 거쳐 승인권자의 승인을 얻어 처리하여야 한다. ⑤영 제5조제2항의 규정에 의하여 행정청의 직원만이 소송을 수행할 수 있는 사건은 소송물가액이 5천만원미만인 민사본안사건 및 민사신청사건으로 한다. 다만, 이 경우 그 소송수행자가 소의 제기 및 취하, 상소의 제기·포기 및 취하, 화해, 청구의 포기 및 인락, 청구의 변경, 상대방의 소취하에 대한 동의등의 소송행위를 하고자 할 때에는 해당검찰청의 장의 승인을 얻어 처리하여야 한다.

나. 준비절차와 소송대리인 선임

(1) 준비절차

합의사건을 심리하는 법원은 필요하다고 인정하는 때에는 수명법관으로 하여금 소송의 전부나 일부 또는 특정한 쟁점에 대한 변론의 준비절차를 명할 수 있다. 국가소송에서도 변론기일 전에 준비절차 기일이 진행되는 경우가 있다. 준비절차 기일 통지를 받은 경우에는 법원이 지시하는 바에 따라 주장과 쟁점에 대한 증거를 준비서면으로 작성하여 제출하여야 한다. 당사자 일방이 준비절차 기일에 불출석한 때에는 그가 제출한 준비서면에 기재한 사항은 진술한 것으로 간주한다. 그가 다음 기일에도 불출석하거나 준비서면을 제출하지 아니한 때에는 수명법관은 구체적 사정을 참작하여 재량으로 준비절차를 종결할 수 있다. 준비절차가 종결된 후에는 준비절차 조서에 기재되지 아니한 사항은 변론에서 주장하지 못하는 것이 원칙이다. 따라서 준비절차 기일에 주장과 쟁점에 대한 증거제출을 게을리 해서는 안 된다.

(2) 소송대리인의 선임

응소지휘를 받은 사건이 법률적 쟁점이 복잡하거나 전문 법조인의 도움이 필요하다고 판단되는 경우 변호사를 소송대리인으로 선임할 수 있다.53) 소송대리인을 선임하고자 하는 경우에는 사전에 관할 검찰청

---

52) 민사소송법 제257조(변론 없이 하는 판결) ①법원은 피고가 제256조제1항의 답변서를 제출하지 아니한 때에는 청구의 원인이 된 사실을 자백한 것으로 보고 변론 없이 판결할 수 있다. 다만, 직권으로 조사할 사항이 있거나 판결이 선고되기까지 피고가 원고의 청구를 다투는 취지의 답변서를 제출한 경우에는 그러하지 아니하다

53) **국가를 당사자로 하는 소송에 관한 법률 시행령 제3조(수임사건에 대한 제한)** 각급 검찰청의 장은 제2조의 규정에 의하여 그 권한에 속하는 소송사건중 법무부령이 정하는 소송물가액이상의 소송사건에 관하여 소의 제기 및 취하, 상소의 포기 및 취하, 화해, 청구의 포기 및 인락, 소송대리인의 선임 및 해임의 소송행위를 하고자 할 때에는 법무부령이 정하는 바에 의하여 그 소송물가액에 따라 법무부장관, 검찰총장 또는 고등검찰청 검사장의 승인을 얻어야 한다.
제7조(소송수행자의 지정등) ①각급 검찰청의 장은 검사 또는 공익법무관

에 소송대리인을 선임하고자 하는 사유를 기재한 의견서, 소송대리인의 이력서 및 무보수 확약서를 첨부하여 소송대리인 선임승인신청을 하여야 한다.54)소송수행청은 소송대리인을 선임한 경우에도 고유의 소송수행권이 상실되는 것은 아니므로 변론기일 등에 참여하여 소송진행 상황에 대하여 보고를 하여야 하며, 소송수행자와 달리 소송대리인에 대하여는 심급대리의 원칙이 적용되므로55) 심급이 변경될 경우에는 새로운 소송대리인 선임승인신청을 하여야 한다.

을 소송수행자로 지정할 때에는 소속검사(지방검찰청의 경우에는 관하 지청의 검사를 포함한다) 또는 당해 검찰청에 근무하는 공익법무관(지방검찰청의 경우에는 관하 지청에 근무하는 공익법무관을 포함한다)중에서 이를 지정하여야 한다. ②검찰총장과 고등검찰청 검사장은 그 권한에 속하는 소송사건을 수행하기 위하여 필요하다고 인정하는 경우에는 하급검찰청 소속검사 또는 하급검찰청에 근무하는 공익법무관을 소송수행자로 지정할 수 있다. ③각급 검찰청의 장 또는 행정청의 장이 소송수행자를 지정하거나 소송대리인을 선임하는 경우에는 지정서 또는 위임장을, 소송수행자 또는 대리인을 해임하는 경우에는 해임서를 지체 없이 법원에 제출하여야 한다.

54) 국가를 당사자로 하는 소송에 관한 법률 시행령 제7조(소송수행자의 지정 등) ③각급 검찰청의 장 또는 행정청의 장이 소송수행자를 지정하거나 소송대리인을 선임하는 경우에는 지정서 또는 위임장을, 소송수행자 또는 대리인을 해임하는 경우에는 해임서를 지체 없이 법원에 제출하여야 한다. 국가를 당사자로 하는 소송에 관한 법률 시행규칙 제15조(소송대리인 위임장등)영제7조제3항의 규정에 의한 소송대리인 위임장은 별지 제33호 서식에 의하고, 동 규정에 의한 소송수행자 또는 대리인의 해임서는 별지 제34호 서식에 의한다.

55) 국가를 당사자로 하는 소송에 관한 법률 제7조 (지정대리인의 권한)제3조제1항·제2항, 제5조제1항 또는 제6조제2항에 따라 법무부장관, 각급 검찰청의 장(제13조에 따라 권한이 위임된 경우만 해당된다) 또는 행정청의 장이 지정한 사람은 그 소송에 관하여 대리인 선임을 제외한 모든 재판상의 행위를 할 수 있다. 민사소송법 제90조(소송대리권의 범위) ①소송대리인은 위임을 받은 사건에 대하여 반소(反訴)·참가·강제집행·가압류·가처분에 관한 소송행위 등 일체의 소송행위와 변제(辨濟)의 영수를 할 수 있다. ② 소송대리인은 다음 각 호의 사항에 대하여는 특별한 권한을 따로 받아야 한다. 1.반소의 제기 2.소의 취하, 화해, 청구의 포기·인낙 또는 제80조의 규정에 따른 탈퇴 3.상소의 제기 또는 취하 4. 대리인의 선임

가. 소송참가 개념

소송참가라 함은 타인 간에 계속 중인 소송에, 제3의 이해관계인이 자신의 법률상 지위를 보호하기 위하여 개입하여 소송행위를 하는 것을 말한다. 국가소송에서 국가가 원고나 피고가 아닌 참가인으로 소송에 참가하는 것은 현재 계속 중인 타인 간의 소송에 제3자로서 국가의 이익을 옹호하기 위하여 관여하는 것을 의미한다. 소송참가에는 그 소송의 참가 형태에 따라 다양하게 분류하는데 보조참가, 독립당사자참가, 공동소송참가, 공동소송적 보조참가, 승계참가, 인수참가, 추심소송참가 등이 있고, 그 반대의 소송참가 형태로는 소송탈퇴가 있다. 실무상 자주 등장하는 형태는 어느 한쪽 당사자의 승소보조자의 지위에서 참가하는 보조참가와 종전의 당사자와 동등한 지위에서 참가하는 당사자참가가 있다. 보조참가는 다시 단순히 법률상의 이해관계를 갖는 자가 참가하는 통상의 보조참가와 판결의 효력은 받으나 당사자적격이 없는 자가 참가하는 공동소송적 보조참가로 구분되고, 당사자참가는 참가하는 제3자와 종전의 당사자가 대립견제 관계에 있는 독립당사자참가와 연합관계에 있는 공동소송참가로 구분된다.

나. 소송참가 종류

(1) 독립당사자참가

독립당사자참가란 타인간의 소송계속 중에 원·피고 쌍방 또는 그 중 일방을 상대방으로 하여 원·피고간의 청구와 관련된 자기의 청구에 대하여 한꺼번에 함께 심판을 구하기 위하여 그 소송절차에 참가하는 것이다. 독립당사자 참가[56)]에는 소송목적의 전부나 일부가 자신에게 귀

---

56) 민사소송법 제79조(독립당사자참가) ①소송목적의 전부나 일부가 자기의 권리라고 주장하거나, 소송결과에 따라 권리가 침해된다고 주장하는 제3자는 당사자의 양 쪽 또는 한 쪽을 상대방으로 하여 당사자로서 소송에 참가할 수 있다. ②제1항의 경우에는 제67조 및 제72조의 규정을 준용한다.

속되는 권리임을 주장하는 '권리주장참가'와 소송의 결과에 의하여 권리의 침해를 받을 것을 주장하는 '사해방지참가'의 두 가지 종류가 있다. 권리주장참가는 소송의 목적의 전부나 일부가 자기의 권리임을 주장하며 참가하는 것을 말하며, 참가인이 원고의 본소청구와 양립되지 않는 권리 또는 그에 우선할 수 있는 권리를 주장할 것을 요한다.

권리참가의 예를 들면, 임차인이 토지소유자를 대위하여 건물철거 및 토지인도를 청구함에 대하여, 토지소유자가 임대차계약의 해제를 이유로 이를 자신에게 이행할 것을 청구하는 경우, 원고가 소유권에 기하여 피고에게 건물명도를 청구함에 대하여, 제3자가 원고에게 소유권의 확인을 구하고, 피고에게 임료를 청구하는 경우, 원고가 매매계약 무효를 이유로 소유권이전등기말소를 청구함에 대하여, 피고로부터 이미 소유권을 양수받은 자가 원고에게 소유권이전등기청구권존재 확인을 구하고, 피고에게 소유권이전등기를 청구하는 경우를 들 수 있다. '사해방지참가'란 제3자가 소송의 결과에 의하여 권리의 침해를 받을 것을 주장하며 참가하는 것을 말하며, 권리주장참가와 달리 참가인의 청구가 원고의 본소청구와 양립이 가능하더라도 상관없다. 사해방지참가의 예를 들면 원고가 피고에게 대물변제를 원인으로 소유권이전등기청구를 하자 제3자가 원고에게 위 대물변제계약이 사해행위임을 이유로 취소를 구하면서 피고에게는 대여금청구를 하는 경우가 있다. 또한 독립당사자참가는 사실상 소제기와 같은 것으로 소제기에 준하여 관할 검찰청의 지휘를 받아야 한다.

(2) 공동소송참가

공동소송참가[57]란 소송계속 중에 당사자 간의 판결의 효력을 받는 제3자가 원고 또는 피고의 공동소송인으로서 참가하는 것을 말한다. 공

---

57) 민사소송법 제83조(공동소송참가) ①소송목적이 한 쪽 당사자와 제3자에게 합일적으로 확정되어야 할 경우 그 제3자는 공동소송인으로 소송에 참가할 수 있다. ②제1항의 경우에는 제72조의 규정을 준용한다.

동소송참가는 참가인이 당사자로서 소송수행을 할 수 있다는 점에서 단순히 보조참가인으로서 참가하는 공동소송적 보조참가와 구별된다.

(3) 보조참가

보조참가58)란 타인 간의 소송계속 중 소송의 결과에 대하여 법률상의 이해관계 있는 제3자가 당사자 일방의 승소를 보조하기 위하여 그 소송에 참가하는 것을 말한다. 이러한 보조참가는 단순히 법률상의 이해관계를 갖는 자가 참가하는 통상의 보조참가와 판결의 효력은 받으나 당사자적격이 없는 자가 참가하는 공동소송적 보조참가59)로 구분된다. 법률상의 이해관계라 함은 판결의 기판력이 미치는 관계는 물론이고 판결에 의하여 사법상 또는 공법상의 법률관계에 법률상 영향을 미치는 관계를 포함한다. 보조참가인은 당사자가 아니므로 판결의 기판력이나 집행력은 미치지 아니하나 피참가인이 패소하고 나서 뒤에 피참가인이 참가인 상대의 2차 소송을 하는 경우 피참가인에 대한 관계에서 참가인은 판결의 주문 및 판결이유 중 사실인정이나 법률판단에 대하여 부당하다고 주장할 수 없는 참가적 효력60)을 받는다. 일반적으로는 소송의 일방 당사자로부터 소송고지를 받아 자신에게 불리한 참가적 효력이 미치는 것을 방지하기 위하여 보조참가를 하는 경우가 많다. 보조참가 신청은 참가의 취지와 이유를 명시하여, 참가인으로서 할 수 있는 소송행위와 동시에 할 수 있다. 참가인은 참가하는 때의 소송정도에 따라 피참가인의 소송행위와 저촉되지 않는 한, 공격, 방

---

58) 민사소송법 제71조(보조참가) 소송결과에 이해관계가 있는 제3자는 한 쪽 당사자를 돕기 위하여 법원에 계속 중인 소송에 참가할 수 있다. 다만, 소송절차를 현저하게 지연시키는 경우에는 그러하지 아니하다.

59) 민사소송법 제78조(공동소송적 보조참가) 재판의 효력이 참가인에게도 미치는 경우에는 그 참가인과 피참가인에 대하여 제67조 및 제69조를 준용한다.

60) 민사소송법 제77조(참가인에 대한 재판의 효력) 재판은 다음 각 호 가운데 어느 하나에 해당하지 아니하면 참가인에게도 그 효력이 미친다. 1.제76조의 규정에 따라 참가인이 소송행위를 할 수 없거나, 그 소송행위가 효력을 가지지 아니하는 때 2.피참가인이 참가인의 소송행위를 방해한 때 3.피참가인이 참가인이 할 수 없는 소송행위를 고의나 과실로 하지 아니한 때

어, 이의, 상소 기타 일체의 행위를 할 수 있다. 피참가인이 패소한 경우에 참가인은 불가피한 경우를 제외하고는 피참가인과의 관계에 있어서 판결주문은 물론, 판결이유 중 사실인정이나 법률판단의 효력을 받게 된다. 이를 '참가적 효력'이라 한다.

보조참가를 할 때에도 소 제기와 마찬가지로 사전에 관할 검찰청의 지휘를 받아야 하고, 보조참가인은 피참가인을 보조하는 지위에 있으므로 피참가인에게 불리한 행위나 피참가인의 행위와 어긋나는 행위를 하여서는 안 된다.[61] 당사자와 동일한 입장에서 적극적인 소송행위로 국가에 불리한 참가적 효력이 미치지 않도록 해야 한다.

(4) 소송고지

소송고지란 소송계속 중에 당사자가 소송참가를 할 이해관계 있는 제3자에 대하여 일정한 방식에 따라서 소송계속의 사실을 통지함으로써 제3자에게 소송에 참가하여 그 이익을 옹호할 기회를 주고 당사자가 패소한 경우에 그 소송의 판결에서 인정된 법률판단이나 사실인정에 기하여 제3자에게 법률상 책임을 물을 수 있는 것을 말한다.[62] 소송고지는 피고지자에게 소송에 참가하여 이익을 옹호할 기회를 주고 아울러 피고지자에게 소송에 참가한 것과 마찬가지로 판결의 참가적 효력이 미치도록 할 수 있다[63]는 점에서 주된 실익이 있다. 소송고지를 받은 피고지자가 참가하느냐의 여부는 피고지자의 자유이나 고지자가 패

---

61) 민사소송법 제76조(참가인의 소송행위) ①참가인은 소송에 관하여 공격·방어·이의·상소, 그 밖의 모든 소송행위를 할 수 있다. 다만, 참가할 때의 소송의 진행정도에 따라 할 수 없는 소송행위는 그러하지 아니하다. ②참가인의 소송행위가 피참가인의 소송행위에 어긋나는 경우에는 그 참가인의 소송행위는 효력을 가지지 아니한다.
62) 민사소송법 제84조(소송고지의 요건) ①소송이 법원에 계속된 때에는 당사자는 참가할 수 있는 제3자에게 소송고지(訴訟告知)를 할 수 있다. ②소송고지를 받은 사람은 다시 소송고지를 할 수 있다.
63) 민사소송법 제86조(소송고지의 효과) 소송고지를 받은 사람이 참가하지 아니한 경우라도 제77조의 규정을 적용할 때에는 참가할 수 있었을 때에 참가한 것으로 본다.

소한 경우 소송고지에 의하여 참가할 수 있을 때에 참가한 것과 마찬가지로 참가적 효력을 받는다. 국가가 당사자인 소송에서 종국적인 패소의 책임을 물을 제3자가 있는 경우 소송수행자는 관할검찰청의 지휘를 받아 적극적으로 소송고지를 하여 참가적 효력이 미치도록 하여야 하며, 소관 행정청이 소송고지를 받은 경우에는 즉시 관할 검찰청에 보고하여 소송참가 여부에 대한 지휘를 받도록 하여야 한다. 국가가 타인 간에 소송계속 중인 일방 당사자로부터 소송고지를 받은 경우에는 관할 검찰청에서 소관 행정청을 지정하고 소송참가 여부에 대한 의견을 듣고서 소송참가 여부를 결정한다. 소송고지를 받은 경우에는 보조참가를 하지 않더라도 보조참가 할 때와 같은 참가적 효력이 미치므로 보조참가 여부를 적극적으로 검토하여야 하고, 보조참가를 하지 않더라도 판결선고 등 소송의 동향을 예의주시하여 국가에 불리한 참가적 효력이 미치는 판결이 확정되지 않도록 유의하여야 한다.

제3절 소송의 진행

1 소장부본의 접수

각급 검찰청 내지 행정청이 국가소송·행정소송의 제기 사실을 알게 된 계기는 대부분 소장부본의 송달을 통해서이다. 이 경우 검찰청 내지 행정청은 '국가소송사건처리부', '행정소송사건처리부'에 이를 등재하게 되는데, 실제 각 부처에서 정해진 소송총괄관이나 법무담당관, 송무부 등의 부서에서 처리한다.

2 소송수행안내문

소장부본과 동시에 법원에서 소송수행안내문을 함께 송달해 주는데 그 내용은 각종 서식 기재시 주의사항, 소송수행자 지정, 서증 제출시 주의사항, 답변서·준비서면의 제출기한 등이 있다. 소송수행안내문을 주의 깊게 읽고 가능한 이를 준수하는 것이 소송에 유리하며, 특히 답변서는 소장 부본을 받은 날로부터 30일 이내에 제출하여야 하고[64], 이를 어길 경우 변론 없이 판결을 받는 불이익을 받을 수 있으므로[65] 반드시 제출기한을 준수하도록 하여 의제 자백으로 패소하는 일이 없도록 주의하여야 한다.

---

[64] 제256조(답변서의 제출의무) ①피고가 원고의 청구를 다투는 경우에는 소장의 부본을 송달받은 날부터 30일 이내에 답변서를 제출하여야 한다. 다만, 피고가 공시송달의 방법에 따라 소장의 부본을 송달받은 경우에는 그러하지 아니하다. ②법원은 소장의 부본을 송달할 때에 제1항의 취지를 피고에게 알려야 한다. ③법원은 답변서의 부본을 원고에게 송달하여야 한다. ④답변서에는 준비서면에 관한 규정을 준용한다.

[65] 제257조(변론 없이 하는 판결) ①법원은 피고가 제256조 제1항의 답변서를 제출하지 아니한 때에는 청구의 원인이 된 사실을 자백한 것으로 보고 변론 없이 판결할 수 있다. 다만, 직권으로 조사할 사항이 있거나 판결이 선고되기까지 피고가 원고의 청구를 다투는 취지의 답변서를 제출한 경우에는 그러하지 아니하다. ②피고가 청구의 원인이 된 사실을 모두 자백하는 취지의 답변서를 제출하고 따로 항변을 하지 아니한 때에는 제1항의 규정을 준용한다. ③법원은 피고에게 소장의 부본을 송달할 때에 제1항 및 제2항의 규정에 따라 변론 없이 판결을 선고할 기일을 함께 통지할 수 있다.

3 소송수행자지정

가. 소송수행자 지정

소송수행자란 당해 행정소송에서 복대리인의 선임을 제외한 모든 재판상의 행위를 할 수 있는 자로서 당해 행정청의 소속직원 또는 상급 행정청의 직원을 소송수행자로 지정할 수 있다. 소송수행자는 직접 재판에 출석하여 진행하는 사람이므로 직접 재판에 출석할 수 있는 사람, 사실관계를 가장 잘 파악하고 있는 사람을 소송수행자로 3~4명을 지정하여야 하며, 소송수행자가 전보 등으로 해임사유가 발생하면 지체 없이 법원에 해임서를 제출하여야 한다. 소송수행자 지정은 국가를 당사자로 하는 소송에 관한 법률 시행규칙에 각 규정된 서식에 의거 제출한다.

나. 소송대리인의 선임

소송이 소송수행자만으로 수행하기 어려운 법률문제와 관련이 있는 경우에는 변호사를 소송대리인으로 선임하며 이때에는 위임장을 법원에 제출하여야 한다.

4 답변서와 준비서면

가. 소장 및 쟁점 검토

소송수행자는 첫째, 행정심판, 이의신청 등 필요적 전심절차가 있는 경우 그 절차를 거쳤는지 여부 둘째, 원·피고 적격은 구비되었는지 여부 셋째, 제소기간 도과여부 등 본안전 항변사항을 검토하여야 한다. 또한 소장 기재 청구취지와 청구원인을 철저히 분석하여 쟁점을 파악하고 해당 법률 및 법리, 판례 등을 검토하여야 한다.

나. 답변서 작성

(1) 의의

답변서는 피고인 국가나 행정청이 원고의 청구취지 및 청구이유에 대하여 피고의 신청과 답변을 기재한 최초의 준비서면이라고 할 수 있다. 국가나 행정청인 피고가 원고의 청구를 다투는 경우에는 원고의 소장 내용에 대한 반박한다는 내용의 주장사실을 논리정연하게 작성하여 법원에 답변서를 제출할 의무가 있다. 피고의 답변서는 원고의 수에 1통을 더하여 법원에 제출하고 답변서를 제출하였을 때에는 3일 이내에 답변서 사본을 첨부하여 이를 관할 검찰청에 소송진행상황을 보고하여야 한다. 답변서66)는 원고의 소 제기에 대하여 피고의 답변을 기재한 최초의 준비서면으로 피고가 소장을 송달받은 날로부터 30일 이내에 답변서를 제출하지 아니하면 민사소송법 제257조 제1항67)에 의하여 원고의 청구원인 사실을 모두 인정하는 것으로 보고 변론 없이 원고 승소판결이 선고될 수 있다.

(2) 실질적 기재사항

(가) 청구취지에 대한 답변

청구취지는 원고가 소로써 바라는 권리보호의 형식과 법률효과를 적은 소의 결론 부분을 말한다. 이에 대한 답변은 본안전의 신청과 본안의 신청이 있다.

---

66) 민사소송법 제256조(답변서의 제출의무) ①피고가 원고의 청구를 다투는 경우에는 소장의 부본을 송달받은 날부터 30일 이내에 답변서를 제출하여야 한다. 다만, 피고가 공시송달의 방법에 따라 소장의 부본을 송달받은 경우에는 그러하지 아니하다. ②법원은 소장의 부본을 송달할 때에 제1항의 취지를 피고에게 알려야 한다. ③법원은 답변서의 부본을 원고에게 송달하여야 한다. ④답변서에는 준비서면에 관한 규정을 준용한다.
67) 민사소송법 제257조(변론 없이 하는 판결) ①법원은 피고가 제256조 제1항의 답변서를 제출하지 아니한 때에는 청구의 원인이 된 사실을 자백한 것으로 보고 변론 없이 판결할 수 있다. 다만, 직권으로 조사할 사항이 있거나 판결이 선고되기까지 피고가 원고의 청구를 다투는 취지의 답변서를 제출한 경우에는 그러하지 아니하다.

- 관할위반 등을 주장하며 소송이송을 구하는 신청의 경우

 ① 관할위반에 기한 이송(행정소송법제7조, 민사소송법제34조)

 ② 심판의 편의를 위한 이송(행정소송법 제10조 제2항, 민사소송법제34조)

 - 소 각하의 신청은 제기된 소송에 소송요건의 흠결이 있으면 소 각하의 신청, 즉, "이 사건 소를 각하한다."라는 판결을 구하는 바 아래와 같은 경우에 소각하 신청을 할 수 있다.

 ① 원고가 필요적 전심절차를 거치지 않은 경우

 ② 원·피고가 적격이 구비되지 않은 경우

 ③ 제소기간을 도과한 경우 등

본안의 신청

- 청구기각의 신청

 원고의 청구가 이유 없을 경우 피고는 청구취지에 대한 답변으로 "원고의 청구를 기각한다."라는 판결을 구함

- 소송비용부담의 신청

 피고가 원고 청구기각의 신청을 하는 경우 부수적으로 "소송비용은 원고의 부담으로 한다."라는 판결을 구함

(나) 청구원인에 대한 답변

청구원인은 소장기재의 원고 주장에 대한 구체적이고 실질적인 답변을 기재해야 한다. 국가소송의 손해배상사건의 경우에는 손해가 발생하게 된 원인 등을 기재하여야 하며, 행정소송의 조세, 부담금, 과징금 등의 부과처분에 관한 사건에서는 그 부과경위와 계산의 근거를 명백히 하여야 한다. 행정심판을 거친 후 원고가 재결서에 나타나지 않은 새로운 주장을 하고 있을 경우 반드시 이에 대한 의견을 표명해야 한다. 원고의 주장을 전부 부인한다는 식으로 또는 원고의 주장, 입증을 보아가며 차후에 답변하겠다는 식으로 형식적인 답변서를 작성하여서는 아니 된다.

(다) 참고사항

원고의 전력이 처분의 정당성을 인정하는 자료가 되는 사건의 경우에는 반드시 과거 법령위반으로 인하여 제재나 처벌을 받은 전력에 관한 주장을 하고, 이에 관한 자료를 첨부하여야 한다. 또한 관련 행정법령이 복잡하거나 변천이 많았던 경우에는 당해 사건에 적용할 법령의 내용을 기재하고, 특히 예규, 통첩, 조례 등은 법원에 비치되어 있지 아니한 경우가 보통이므로 그 내용을 복사하여 서증 또는 참고자료로 제출하여야 한다. 특히, 관련법령 개정이 많은 경우 처분 당시 적용하였던 법령을 기재하여야 한다.

(3) 형식적 기재사항

법원에 제출하는 답변서에는 페이지를 기재하고, 작성자가 페이지 사이에 간인과 문서의 말미에 기명날인을 하여야 한다.

(4) 서증과 자료 등 첨부

답변서에는 처분의 적법성을 뒷받침할 만한 서증, 참고자료 등을 첨부하여 제출하여야 하며, 행정심판절차에 제출되었던 자료는 그대로 제출하면 된다. 만약 사실조회, 검증, 감정, 문서등본 송부촉탁 등을 신청할 계획이 있으면 답변서와 함께 제출하는 것이 좋으며, 도시계획관련 사건의 경우에는 현장검증이 유용한 증거방법이 되고 있다.

(5) 답변서 작성시 유의사항

국가소송의 경우는 단기 및 장기 시효소멸 주장, 손해배상에 대한 면책사유 등을 기재하고, 행정소송의 경우 전심관계, 피고적격, 제소기간 등 본안전 항변사항을 우선적으로 검토하고, 처분의 경위 내지 근거를 완벽하게 이해한 후 행정처분이 적법하다는 주장, 입증책임의 원칙에 따라 처분의 경위, 처분의 근거 법령, 적법성 등의 순서로 따라 기재하고, 상대방의 주장사실에 대한 반박을 논리적으로 전개하며, 사건번호 및 해당 재판부표시, 날인, 간인을 빠뜨리지 말 것.

다. 준비서면 작성

(1) 의의

준비서면은 당사자가 변론에서 진술하고자 하는 사항을 미리 기재하여 법원에 제출하는 서면이다. 따라서 준비서면은 변론의 준비를 위한 서면이라고 할 수 있다. 준비서면에 해당 여부는 그 내용에 의해 정해지는 것이고, 서면의 제목으로 정하여지는 것은 아니다. 석명준비명령, 문서제출명령 등에 응하여 제출한 준비서면은 그러한 법원의 명령에 응하여 제출하는 것임을 서면에 명시하도록 한다. 준비서면 서두에 자신이 반박하고자 하는 상대방의 주장을 적시하는 것은 좋으나 상대방 준비서면의 내용을 그대로 옮겨 적다시피 하는 것은 부적절하므로, 요령 있게 요약하여 적시하도록 하는 것이 좋다. 특정 서증 기타 증거를 인용하여 특정 사실을 주장할 경우 이를 적당한 방법으로 준비서면 본문에서 인용하여 법원의 심리를 용이하게 하는 것도 준비서면 작성의 요령 중 하나이다. 당사자는 필요한 경우 재판장에게 상대방에 대하여 설명을 요구하여 줄 것을 요청할 수도 있고 이는 별도의 서면으로 할 수도 있으나 준비서면에 의하여 그 내용을 기재할 수도 있다. 또한 법원에 답변서를 제출한 이후에도 원고의 주장에 대하여 필요한 경우 이를 반박하거나 대응하는 내용의 준비서면을 제출할 수 있다. 준비서면은 법정의 변론 예고에 해당하므로 준비서면을 제출한 것만으로는 그 재판의 소송의 증거자료가 되지 못하므로 소송의 증거자료로 되기 위해서는 법정 변론에서 진술이 필요하다. 따라서 실무적으로 재판정에서 준비서면의 모든 내용을 진술할 필요는 없으나 "이미 제출한 '2020년 3월 20일자 준비서면'을 진술합니다."라는 변론이 반드시 필요하고, 진술이전에 당사자가 이를 철회 또는 변경도 가능하다.

(2) 준비서면의 기재사항[68]

준비서면에는 당사자의 성명·명칭, 대리인의 성명, 사건의 표시, 공격 또는 방어의 방법, 상대방의 청구와 원고가 자기의 청구를 이유 있게 하기 위하여 제출하는 일체의 재판자료인 공격방법이나 피고가 원고의 청구를 배척하기 위하여 제출하는 일체의 재판자료인 방어방법에 대한 진술, 부속서류의 표시, 연·월·일, 법원의 표시 등을 각 기재하고, 작성자인 당사자 또는 대리인이 이에 서명, 날인을 하도록 민사소송법에서 규정하고 있다.

(3) 작성상 참고사항

답변서와 준비서면에는 피고 주장을 뒷받침할 만한 서증, 참고자료를 첨부하여 제출하고, 참고자료는 표지와 내용 그리고 출처부분을 함께 제출하여야 한다. 준비서면 등은 먼저 법률용어를 충분히 이해한 후 재판부나 원고 또는 피고가 용이하게 이해할 수 있도록 작성되어야 하며, 구체적인 쟁점위주로 작성하여 쟁점부분을 부각시키면서 재판부와 당사자를 논리적으로 설득시킬 수 있도록 작성되어야 한다.

---

68) 민사소송법 제274조(준비서면의 기재사항) ①준비서면에는 다음 각 호의 사항을 적고, 당사자 또는 대리인이 기명날인 또는 서명한다. 1.당사자의 성명·명칭 또는 상호와 주소 2.대리인의 성명과 주소 3.사건의 표시 4. 공격 또는 방어의 방법 5.상대방의 청구와 공격 또는 방어의 방법에 대한 진술 6.덧붙인 서류의 표시 7.작성한 날짜 8.법원의 표시 ②제1항 제4호 및 제5호의 사항에 대하여는 사실상 주장을 증명하기 위한 증거방법과 상대방의 증거방법에 대한 의견을 함께 적어야 한다.

(4) 효과

민사소송법 제148조[69])에 의하여 당사자가 변론기일에 출석하지 못하더라도 상대방이 출석하여 변론할 경우에는 제출한 준비서면에 기재된 사항은 진술한 것으로 간주되며, 상대방이 불출석한 경우에도 준비서면에 기재한 사항은 그대로 진술할 수 있으므로 그 결과 상대방은 그 사실을 자백한 것으로 간주당할 수 있다.

5 쟁점정리 기일의 진행

가. 진행방식

보통 법정이 아닌 준비절차실에서 진행되며, 재판장이 당사자들의 주장 요지를 묻고 불명확한 경우 석명을 하며 쟁점을 정리하고 증거에 대한 채부를 하는 방식으로 진행되고, 쟁점이 정리되었으면 변론기일을 잡아 고지하게 된다.

나. 증거의 제출과 서증인부

준비절차기일 이전에 증인신문 이외의 모든 증거신청 및 증거자료의 제

---

69) **민사소송법 제148조(한 쪽 당사자가 출석하지 아니한 경우)** ①원고 또는 피고가 변론기일에 출석하지 아니하거나, 출석하고서도 본안에 관하여 변론하지 아니한 때에는 그가 제출한 소장·답변서, 그 밖의 준비서면에 적혀 있는 사항을 진술한 것으로 보고 출석한 상대방에게 변론을 명할 수 있다. ②제1항의 규정에 따라 당사자가 진술한 것으로 보는 답변서, 그 밖의 준비서면에 청구의 포기 또는 인낙의 의사표시가 적혀 있고 공증사무소의 인증을 받은 때에는 그 취지에 따라 청구의 포기 또는 인낙이 성립된 것으로 본다. ③제1항의 규정에 따라 당사자가 진술한 것으로 보는 답변서, 그 밖의 준비서면에 화해의 의사표시가 적혀 있고 공증사무소의 인증을 받은 경우에, 상대방 당사자가 변론기일에 출석하여 그 화해의 의사표시를 받아들인 때에는 화해가 성립된 것으로 본다.
동법 제286조(준용규정) 변론준비절차에는 제135조 내지 제138조, 제140조, 제142조 내지 제151조, 제225조 내지 제232조, 제268조 및 제278조의 규정을 준용한다.

출이 완료되어야 하며, 만약 증거자료의 제출이 이루어지지 않는 경우 실기한 공격방어방법으로 간주되어 유리한 증거라 하더라도 더 이상 제출할 수 없게 될 수가 있다. 상대방이 제출한 서증에 대하여는 진정성립과 입증자료로서 적합한지에 대한 인부를 하여야 하므로 준비절차기일에 서증인부에 대한 준비를 하고 가야 한다.

다. 기일의 변경

준비절차기일의 변경은 특별한 사유가 없으면 허가되므로 준비가 부족하거나 다른 중요한 업무관계로 출석이 불가능할 경우 기일의 변경을 재판부에 구하면 되며, 이 경우 미리 상대방과 협의하여 그 동의를 받는 것이 좋다. 재판부표시, 날인, 간인을 빠뜨리지 말 것.

6 변론기일의 진행

가. 변론기일의 진행

변론기일에는 준비절차기일을 통하여 미리 쟁점이 정리되었으므로 증인신문 등의 증거조사를 하게 된다. 이때는 제출하지 못한 증거자료를 제출하기도 하고, 새로이 준비서면을 제출하기도 하며, 재판장이나 상대방으로부터 석명을 요구받거나 입증을 촉구당하는 경우도 있다. 변론기일은 1회를 원칙으로 하나, 실무상 3~4회 진행되는 경우가 많으며, 이때 보통 2~4주 정도의 기간을 두고 다음 기일이 잡히는데 당해 기일에 출석이 곤란한 사유가 있거나 준비를 위하여 시간이 더 필요한 경우에는 재판장에게 즉시 이유를 고지하고 기일을 다른 일자로 하여 줄 것을 신청할 수 있다.

나. 구술변론 시행방식

법관의 면전에서 주장과 반박을 통하여 다툼이 있는 사항을 정리하고 이에 대한 주장과 입증을 집중하여 심리한다. 또 시차제 기일지정으로 기일 당 10건 내외의 사건이 지정되고, 소요시간 등을 고려하여 변론을 준비한다. 또한 집중심리와 구술주의 실현을 위하여 불가피한 사정이 있는 경우를 제외하고 기일변경이 불허되며, 주요증거에 대해 당사자의 설명 및 의견을 듣고, 영상자료가 제출된 경우에는 파워포인트를 이용하는 등 다양한 증거조사방법 활용된다. 기존의 장문단답식에서 개별적으로 구체적인 상황에 대한 단문장답식 신문방식, 대립하는 증인에 대한 대질신문 등으로 증인신문방식의 개선과 구술 변론을 통해 얻어진 생생한 기억과 심증이 남아있는 동안에 재판부의 합의와 판결문 작성, 가급적 빠른 시일 내 판결 선고로 진행된다. 당사자의 진술부분은 '변론준비기일결과 진술'과 같은 형식적 진술이 아닌 변론준비기일에서 확정된 쟁점에 대한 실질적 변론상정이 되도록 하고, 증거조사의 결과는 개별적인 상정은 필요 없으나, 주요 증거에 대하여 충분히 의견진술의 기회가 주어진다. 추가 증거조사와 당사자의 최종 의견 진술기회를 부여하는데, 당사자의 변론행위 즉, 주장 및 입증행위를 종결하는 것이 변론의 종결이다. 통상 실무상 '결심'이라고 하는데 일반적인 경우 재판장이 원고나 소송수행자에게 "더 이상 제출할 주장이나 증거가 없느냐"고 물은 다음 당사자들이 "더 이상 제출할 증거나 주장이 없다"고 하면 변론을 종결하고 판결 선고 기일을 고지한다. 변론 종결 후 더 이상 주장이나 증거를 제출하지 못하므로 변론이 종결된 후 판결 선고 기일 전에 새로운 증거나 주장사유를 발견한 때에는 바로 변론 재개의 신청을 하여야 한다. 변론재개의 신청이 있다고 하여 반드시 법원이 변론을 재개하는 결정을 하는 것은 아니다. 따라서 변론재개신청을 할 때에는 주장사실을 요약하는 준비서면이나 증거를 첨부하여 제출하여야 할 것이다.

7 증거제출과 증거조사

가. 증인의 신청 및 신문

(1) 증인신청서의 제출

쟁점정리기일 이전에 증인의 신청이 이루어져야 하나, 실무상 변론기일에서도 증인신청이 이루어지고 있다. 증인신문사항은 법원에 제출하여야 하며, 원고의 반대신문준비를 위하여 피고측 증인의 주신문 사항은 여유 있는 기간을 두고 미리 상대방에게 송부해야 한다.

(2) 증인신청서의 기재사항

증인신청서에는 ①사건번호 ②당사자명 ③증인의 인적사항(증인의 성명, 주소, 전화번호 등) ④증인신문사항 ⑤작성 연월일을 기재하고 ⑥ 증인신청인이 기명날인 하여야 한다.

(3) 신문사항의 작성요령

증인신문사항은 증인신청서에 별지로 첨부하는 것이 일반적이며, 구체적으로 간결하게 기재하여야 한다. 신문사항은 가급적 쟁점사항에 관하여만 작성하고, 집중심리제를 채택한 법원에서는 재판장이 신문사항의 길이를 보고 신문에 필요한 시간을 계산하여 시차제 기일지정을 하고 있으므로 이를 위하여 증인신청서는 반드시 준비절차 종결 이전에 제출하여야 한다. 증인신문사항의 첫머리에는 그 증인에 의하여 증명할 요증사실 및 그 사항과 증인과의 관련성을 명시하여야 한다. 증인신문사항은 짧은 질문에 대하여 증인이 자신의 체험을 서술식으로 진술할 수 있도록 쟁점 중심으로 작성하여야 한다. 유도신문, 의견이나 추측을 묻는 신문, 증명할 사항과 관련이 없는 신문, 중복되는 신문, 한꺼번에 여러 사항을 신문하는 복합신문, 증인을 모욕하거나 곤혹스럽게 하는 신문 등은 제한 또는 금지된다.

(4) 증인신문의 방식

증인은 신청한 당사자가 먼저 주신문을 하고 그 다음에 반대당사자가 반대신문을 하는 순서로 진행하며, 재판장은 필요시 언제든지 개입신문을 할 수 있다. 주신문은 원칙적으로 신문사항에 기재된 대로 신문을 하고, 반대신문은 주신문의 애매·모호·모순되는 점을 명확히 하거나, 증인 또는 증언의 신빙성을 탄핵하기 위하여 필요한 사항만을 신문하여야 한다. 주신문에 포함되지 아니한 사항을 신문하고자 할 때에 그 질문할 사항이 기존 증인신청서에 적힌 사항과 거의 같고 1, 2항의 추가에 그칠 경우에는 바로 재판장에게 양해를 구하고 추가하여 질문할 수 있지만, 증인신청서에 적힌 것과 완전히 다른 새로운 사항일 경우에는 그 증인을 새로이 신청하여 주신문을 하여야 하고 반대신문을 하여서는 아니 된다. 또한 상대방의 반대신문에서 밝혀진 사실 중 한두 가지는 그 자리에서 반박할 필요가 있는 경우가 대부분이므로 상대방 반대신문에서 밝혀진 사실들을 잘 메모하고 있다가 재판장의 양해를 구하여 한두 가지 정도 반대신문과 관련한 재주신문을 하는 것도 필요하다. 필요한 경우 신문사항에 포함되지 않은 신문도 가능하나 상대방의 반대신문권 보장 등을 위하여 증인신문사항에 기재된 사항에서 크게 변경되지 않는 범위 내에서 신문하는 것이 좋은 방법이다.

(5) 증인여비의 예납

증인신청을 함에 있어서는 그 신청서 접수와 아울러 그 증인의 왕복에 필요한 증인여비를 법원에서 지정한 은행에 예납하여야 하며 증인여비를 예납하지 아니한 증인은 법원에서 소환할 수 없고, 따라서 증인신문이 진행되지 못하는 경우가 많다.

(6) 반대신문사항의 제출

원고측 증인의 주 신문사항을 검토한 후 반대신문이 필요할 경우에는 신문사항을 미리 작성하여 재판당일까지 제출하여야 한다. 간단한 반대신문만을 할 경우에는 따라 신문사항을 제출할 필요가 없다.

나. 증거서류의 제출과 인부

(1) 서증

서증은 '문서를 열람하여 그에 기재된 의미 내용을 증거자료로 요증사실을 증명하려는 증거방법'을 말하나, 실무상 증거로 제출하는 문서를 통상 '서증'이라고 부른다. 당해 사건에 관한 자신의 주장을 담은 준비서면은 서증으로 제출하여서는 아니 되나, 다른 사건에서 또는 제소전에 교환된 문서는 증거로 제출될 수 있다. 법령이나 판례는 원칙적으로 증거로 될 수 없으므로 법령이나 판례의 사본에 서증번호를 붙여서 제출해서는 아니 되며, 이들 문서는 참고자료로 제출하면 되나, 널리 알려지지 아니한 규정, 통첩, 예규, 조례와 같은 것은 증거로 제출하는 수도 있다. 증거서류 제출시에는 상대방 당사자수에 1을 더한 수(재판부 및 상대방용)의 사본을 함께 제출하여야 하며, 증거서류 사본을 제출하는 경우 원본대조필 또는 위 사본임을 스탬프로 찍고 확인자의 기명날인을 한 후 제출하여야 한다.

(2) 제출방법과 시기

표지와 내용으로 구성되어 있는 서증은 그 출처를 알 수 있도록 표지, 내용 및 출처 부분을 함께 제출해야 한다. 판결문이나 등기부등본과 같은 단일 문서는 그 전부를 제출해야 하고 필요한 일부분만을 제출하여서는 아니되나, 책자일 경우에는 표지, 목차, 그 발행연도 부분, 내용 중 입증취지에 관계되는 부분만을 발췌하여 제출하면 된다. 원고가 제출한 서증은 피고가 이를 중복하여 제출할 필요는 없으며, 피고측의 서증은 가급적이면 제1회 기일이전에 제출하여야 하나, 그 후라도 원고의 주장을 보아가며 추가할 필요가 있는 서증은 다시 제출하면 된다. 서증은 법원용과 상대방용 사본을 따로 만들어서 제출해야하고, 재판부의 요구가 있으면 그 원본을 법원에 제출해야 하며, 상대방용 서증부본은 기일전에 미리 상대방에게 송부함으로써 최초기일 이전에 인부를 받을 수 있도록 하여야 한다.

(3) 번호부여

서증에는 일련번호를 붙여서 제출하는 것이 관행으로 되어 있고 이 서증번호는 판결에서 그대로 인용되며, 원고가 제출하는 것은 '갑'호증으로, 피고가 제출하는 것은 '을'호증으로, 독립당사자참가인이 제출하는 것은 '병'호증으로 표시한다. 따라서 피고의 서증은 을 1호증, 을 2호증의 1, 2, 을 3호증의 1, 2, 3 등으로 표시하며, 번호는 서면에서 증거를 언급한 순서에 따라 번호를 붙이면 된다.

(4) 서증인부

상대방이 서증으로 제출한 문서에 대하여 진정성립과 입증자료로서 적합성 여부에 대한 인정 또는 부인 등의 당사자가 의견을 제기하는 것을 말한다. 상대방이 제출한 서증에 대하여는 인부로 의견진술을 하여야 하며, 피고가 그 성립의 진정을 인정하는 원고제출의 문서는 특별한 사정이 없는 한 법원에서 그 내용을 믿고 판단의 자료로 사용하게 되며, 상대방이 부지나 부인으로 다투는 서증은 그 제출자가 진정성립을 인정할 증인 등 다른 자료를 제출하지 아니하면 증거능력이 없어 이를 증거로 쓸 수 없다. 인부의 방식으로는 '갑 1호증은 성립인정, 갑 2호증은 부지', '인영부분은 인정하나 위조, 변조되었다는 등의 증거항변', '성립은 인정하나 그 기재 중 일부는 원고나 제3자에 의하여 함부로 기입된 것' 등으로 인부를 하면 된다. 최근 법원에서는 중요문서에 한하여 인부를 요구하고 나머지는 변론의 전취지를 통하여 판단하는 것으로 방침을 전환하여 시행되고 있다.

(가) 성립인정

상대방 제출의 문서가 위조된 것이 아니고 그 작성명의인에 의하여 진정하게 작성된 것이라고 인정할 때는 성립인정이라 하고, 다만 원고 주장의 의도로 작성된 것이 아니라고 할 때는 '성립인정, 취지부인'이라고 한다.

(나) 부지와 부인

상대방이 제출한 그 문서의 진정성립 여부를 자신이 알 수 없을 때는 부지라 하고, 위조, 변조되어 진정하게 성립된 것이 아니라고 생각할 때는 부인이라고 한다.

(다) 인영부분 인정과 공성부분 인정

상대방이 제출한 그 문서의 성립여부는 모르겠으나 그곳에 찍힌 도장의 인영은 그 작성명의인의 것이 맞다고 생각할 때는 인영부분 인정이라고 하며, 공문서와 사문서가 결합되어 있는 문서 중 공문서 부분의 성립만 인정할 때는 공성부분만 인정한다고 진술한다.

(라) 인부서의 제출

변론기일 또는 준비절차기일 이전에 원고 측의 서증 부본을 수령한 경우에는 기일전에 답변서와 함께 이에 대한 인부내용을 서면으로 작성하는데 이를 '인부서'라고 하며, 미리 인부서를 법원에 제출하고 원고 측에게도 전달하는 것이 신속히 절차를 진행하고 기록상의 증거인부란에도 잘못 등재될 가능성을 방지할 수 있어서 좋다. 그러나 소송수행자가 서증에 번호 붙이기, 서증목록 작성하기, 서증 인부표 작성하기에 익숙하지 아니한 경우에는 이를 서면으로 하지 아니하여도 되는데, 준비절차기일이나 변론기일에 수명법관이나 재판장의 도움을 받아 법정에서 구두로 하면 된다.

(5) 문서제출명령과 문서등본 송부촉탁

문서제출명령은 증거가 될 문서의 소지자가 그 제출의무를 부담하고 있는 경우에 그 문서를 소지한 상대방 또는 제3자에게 그 문서를 제출하도록 명령하는 것을 말하고, 문서송부촉탁은 제출의무가 없는 문서 소지자에게 그 문서의 임의제출을 구하기 위하여 하는 서증신청방법을 말한다. 문서송부촉탁은 재판문서나 수사기록의 등본을 증거로 제출해야 할 경우에 재판부에 사건명, 사건번호, 피고인 또는 피의자명, 기록 보관 기관명을 기재하여 그 등본 송부촉탁신청을 한 다음 재판부의 증거결정과 함께 송부촉탁이 이루어지면 기록이 보관되어 있는 법원이나 검찰청의 해당 부서로 찾아가서 복사비용 등을 납부하고 필요한 부분의 등본을 발급받을 수 있다. 송부된 문서는 당연히 그 사건에서 증거자료로 되는 것이 아니고 신청인이 그 중에서 필요한 것을 서증으로 제출할 수 있을 뿐이다.

(6) 서증조사(법원외의 서증조사) 신청

제3자가 소지하는 문서를 문서제출명령이나 문서송부촉탁 등에 의하여 서증으로 신청할 수 없거나 신청하기 어려운 사정이 있는 때에는 법원에 그 문서가 소재하는 장소에서 서증을 조사할 것을 신청하는 것을 말한다.

다. 사실조회의 신청

(1) 신청서 제출

사실조회란 법원이 공무소, 학교, 회사 등 공사단체에 대하여 특정사항의 사실에 관한 보고를 구하게 하는 절차로서 민사소송법 제294조[70]에는 조사의 촉탁이라고 규정되어 있고, 소송실무상 사실조회라고 한다. 사실조회를 신청할 경우에는 신청서 원본과 함께 조회사항을 A4용지에 기재하여 제출하여야 한다.

(2) 결과의 원용

사실조회회보가 도착한 경우 법원에서는 보통 변론기일에 사실조회가 도착하였음을 알리면서 이를 원용할지 여부를 묻게 된다. 사실조회결과를 확인한 뒤에는 이것이 행정청에 이익이 될 경우에는 이를 변론기일에 구두나 준비서면의 제출 등으로 이를 원용하여야 하나, 만약 사실조회회보 결과에 의문이 있거나 사실 조회한 사항 중 핵심사항이 빠졌을 때는 사실조회를 원용하지 말고 그 이유를 재판장에게 고지한 뒤 다시 사실조회를 신청하고 다시 온 사실조회의 내용을 보고 원용하면 된다.

---

70) 민사소송법 제294조(조사의 촉탁) 법원은 공공기관·학교, 그 밖의 단체·개인 또는 외국의 공공기관에게 그 업무에 속하는 사항에 관하여 필요한 조사 또는 보관중인 문서의 등본·사본의 송부를 촉탁할 수 있다.

라. 검증·감정의 신청

(1) 신청서 제출

검증이란 법관이 그 오관의 작용에 의하여 직접적으로 사물의 성상, 현상을 검사하여 그 결과를 증거자료로 하는 증거조사를 말하고, 감정이란 특별한 학식, 경험을 가진 전문가의 판단을 소송상 보고시켜 법관의 판단능력을 보충하는 증거조사를 말한다. 소송실무상 검증만을 신청하는 경우는 드물고, 검증과 감정이 함께 신청되는 경우가 많다. 검증을 신청할 때는 검증하고자 하는 대상과 확인할 사항을 기재한 신청서를 제출하고, 검증현장에서 주장할 사항도 미리 준비하여 제출하면 검증에서 작성되는 검증조서에 그대로 등재할 수 있다.

(2) 비용의 예납

검증은 대부분 법원이외의 지역에 법관의 출장이 필요하기 때문에 검증을 신청한 쪽에서 출장여비를 예납하여야 하고, 감정의 경우는 감정신청에 따른 감정료를 예납하여야 하는데, 신체감정신청을 할 경우에는 감정료를 감정신청서와 함께 납부하여야 한다.

(3) 결과의 원용과 재감정신청

감정결과가 도착하면 이를 이익으로 원용할 것인지 여부를 변론기일에서 진술하여야 하는데 이를 반드시 변론기일에서 원용할 필요는 없으나, 검증조서가 작성되면 이를 검토하여 피고 행정청에 이익이 되는 사유가 있으면 적극적으로 준비서면에 원용하는 등의 노력이 필요하다. 상대방의 감정신청의 결과가 행정청에 불리하게 되어 있을 때 재감정신청을 하여야 할 필요가 있으므로 상대방의 감정결과가 도착하면 확인한 후 이의가 있을 때는 재판부에 재감정신청을 하여야 한다.

마. 그 외의 증거조사 방법

(1) 증거보전신청

증거보전신청은 소송이 아직 법원에 계속되기 이전이나 계속 중이라도 증거조사를 할 정도로 소가 진행되지 않고 있을 때 본안절차와는 별도로 법원에 신청하여 그 증거를 미리 조사하여 두는 제도로 주로 증인이 사망 또는 해외이주 등의 사유가 있을 때 신청한다.

(2) 당사자 신문

당사자 본인 신문은 서증, 증인신문 등 다른 증거방법에 의하여 법원이 심증을 얻지 못한 경우에 한해 직권 또는 당사자의 신청에 의하여 허용되는 보충적 증거조사 방법으로 증인신문의 경우와 같이 반대신문 사항을 작성하여 반대신문을 하면 된다.

제4절 제1심 종료와 상소심

1 소송의 종료

소 제기에 의하여 시작된 제1심 소송은 법원의 종국판결이나 소의 취하, 재판상화해, 강제조정, 청구의 포기·인락 등에 의하여 종료된다.

가. 판결선고

(1) 소송 진행상황보고

소송수행자는 판결 선고기일에 참석하여 그 결과 확인 후 이를 검찰청에 보고한다.[71]

(2) 국가승소의 경우

소송수행자는 법원으로부터 판결문 정본을 송달받으면 판결문 사본을 첨부하여 검찰청에 소송 진행상황을 보고 해야 한다. 판결문 송달 후 2주일이 지나면 원심법원에 판결확정여부를 확인한 후, 확정된 경우에는 판결확정증명이나 대법원사이트에서 판결결과화면 등 판결확정사실을 알 수 있는 서류를 첨부하여 소송종결보고를 하여야 한다. 상대방이 항소를 제기한 경우 원심법원으로부터 항소제기증명원을 교부받아 검찰청에 송부하고, 부대항소여부를 검토해야 한다.[72] 부대항소의 필요가 있다고 판단되는 경우 사전에 검찰청의 지휘를 받아 항소심 변론이 종결되기 전까지 부대항소장을 제출해야 한다. 피항소인인 국가는

---

71) 국가를 당사자로 하는 소송에 관한 법률 시행규칙 제18조의2(소송진행상황의 보고등) ①영제8조의 규정에 의한 소송수행자등의 준수사항중 변론진행상황등 각종 소송진행상황의 보고는 별지 제34호의2서식에 의한다. ②국가패소판결이 선고된 경우에는 별지 제34호의3서식에 의한 상소의견서를 작성하여 즉시 해당검찰청 검사장의 지휘를 받아야 한다.
72) 민사소송법 제403조(부대항소) 피항소인은 항소권이 소멸된 뒤에도 변론이 종결될 때까지 부대항소(附帶抗訴)를 할 수 있다.

항소권을 포기하였거나 항소기간이 도과되었더라도 부대항소를 제기할수 있으나 부대항소는 상대방의 항소에 의존하는 것이기 때문에 주된항소의 취하 또는 부적법각하에 의하여 그 효력을 잃게 된다.[73]

(3) 국가패소의 경우

항소여부결정 및 항소제기 : 법원으로부터 패소판결문을 송달받은 경우소송수행자는 판결문정본에 접수일자를 명기한 후 3일 내에 항소여부에대한 의견을 첨부하여 검찰청에 보고하여야 한다. 검찰청의 항소제기지휘가 있는 경우에는 판결문을 송달받은 날로부터 2주일 내에 소송수행자지정서 등을 첨부하여 항소장을 원심법원에 제출하여야 한다.[74]가집행선고판결 선고 시 국가가 상소를 제기한다 하더라도 원고의 청구가있으면 국가는 이를 지급하여야 한다. 따라서 가집행을 선고한 원심판결이 부당하여 상소심에서 번복될 만한 사정이 있다고 판단될 때에는가집행정지신청여부에 대한 의견서를 첨부하여 관할검찰청에 지휘를 요청하고 승인이 있는 경우 판결이 확정될 때까지 가집행을 정지하여 줄것을 신청하는 가집행정지신청을 하여야 한다.[75] [76]

---

73) 민사소송법 제404조(부대항소의 종속성) 부대항소는 항소가 취하되거나부적법하여 각하된 때에는 그 효력을 잃는다. 다만, 항소기간 이내에 한부대항소는 독립된 항소로 본다.
74) 국가를 당사자로 하는 소송에 관한 법률 시행규칙 제18조의2(소송진행상황의 보고등) ①영제8조의 규정에 의한 소송수행자등의 준수사항중 변론진행상황등 각종 소송진행상황의 보고는 별지 제34호의2서식에 의한다.②국가패소판결이 선고된 경우에는 별지 제34호의3서식에 의한 상소의견서를 작성하여 즉시 해당검찰청 검사장의 지휘를 받아야 한다. 제19조(국가소송사건의 상소절차와 기록의 송부) ①지방검찰청 검사장 및 고등검찰청검사장은 국가소송에 관한 해당심급의 판결·결정 또는 명령에 불복하여상소·항고 또는 재항고를 제기한 경우에는 그 사건기록에 불복이유서 또는 상소이유서를 첨부하여 2주일 이내에 이를 별지 제35호서식에 의하여해당검찰청의 장에게 송부하여야 한다. 다만, 상고를 제기하는 경우에는사건기록을 송부하지 아니하고 별지 제35호의2서식에 의한 상고심계속사건보고서와 별지 제35호의3서식에 의한 사건표만을 검찰총장에게 송부하고, 대법원판결이 선고된 경우에는 대법원판결사본을 첨부하여 별지 제35호의4서식에 의한 재판결과보고서를 검찰총장에게 송부한다. ②제1항의사건기록을 송부받은 검찰청의 장은 소송수행자를 지정하거나 소송대리인을 선임한 후 그 지정서 또는 위임장을 법원에 제출하여야 한다.

나. 소의 취하

(1) 이의

소의 취하란 원고가 제기한 소의 전부 또는 일부를 철회하는 법원에 대한 단독적 소송행위를 말하고 소취하에 의하여 소송계속은 소급적으로 소멸되고 소송은 종료된다.[77] 소취하의 시기는 판결확정 전까지 가능하며 상소심에서도 소의 취하는 허용되나 재소금지의 제재가 따른다. 피고가 준비서면을 제출하였거나 변론준비기일이나 변론기일에서 변론한 이후에는 상대방의 동의를 얻어야 효력이 발생한다.[78] 소가 취하되면 처음부터 소송계속이 없었던 것으로 되고 소를 취하하기에 앞서 행해진 판결도 당연히 실효하게 된다.[79] 다만 판결 이후에 원고의 소취하권의 남용을 방지하기 위하여 본안에 대한 종국판결이 있은 후

---

75) 민사소송법 제501조(상소제기 또는 변경의 소제기로 말미암은 집행정지) 가집행의 선고가 붙은 판결에 대하여 상소를 한 경우 또는 정기금의 지급을 명한 확정판결에 대하여 제252조제1항의 규정에 따른 소를 제기한 경우에는 제500조의 규정을 준용한다.

76) 민사소송법 제500조(재심 또는 상소의 추후보완신청으로 말미암은 집행정지) ①재심 또는 제173조에 따른 상소의 추후보완신청이 있는 경우에 불복하는 이유로 내세운 사유가 법률상 정당한 이유가 있다고 인정되고, 사실에 대한 소명이 있는 때에는 법원은 당사자의 신청에 따라 담보를 제공하게 하거나 담보를 제공하지 아니하게 하고 강제집행을 일시정지하도록 명할 수 있으며, 담보를 제공하게 하고 강제집행을 실시하도록 명하거나 실시한 강제처분을 취소하도록 명할 수 있다.②담보없이 하는 강제집행의 정지는 그 집행으로 말미암아 보상할 수 없는 손해가 생기는 것을 소명한 때에만 한다.③제1항 및 제2항의 재판은 변론없이 할 수 있으며, 이 재판에 대하여는 불복할 수 없다.④상소의 추후보완신청의 경우에 소송기록이 원심법원에 있으면 그 법원이 제1항 및 제2항의 재판을 한다.

77) 민사소송법 제267조(소취하의 효과) ①취하된 부분에 대하여는 소가 처음부터 계속되지 아니한 것으로 본다. ②본안에 대한 종국판결이 있은 뒤에 소를 취하한 사람은 같은 소를 제기하지 못한다.

78) 민사소송법 제266조(소의 취하) ①소는 판결이 확정될 때까지 그 전부나 일부를 취하할 수 있다.②소의 취하는 상대방이 본안에 관하여 준비서면을 제출하거나 변론준비기일에서 진술하거나 변론을 한 뒤에는 상대방의 동의를 받아야 효력을 가진다. ③소의 취하는 서면으로 하여야 한다. 다만, 변론 또는 변론준비기일에서 말로 할 수 있다.

79) 민사소송법 제267조(소취하의 효과) ①취하된 부분에 대하여는 소가 처음부터 계속되지 아니한 것으로 본다.

소를 취하하면 동일한 소를 제기하지 못하도록 규정[80]하고 있으며, 이러한 재소금지원칙에 위반하여 소제기가 이루어진 경우에는 판결로써 소를 각하한다.

(2) 국가원고사건의 경우

국가원고사건의 경우 국가가 소취하를 하려면 사전에 반드시 관할검찰청의 승인 또는 지휘를 받아야 한다. 소취하에 있어서 '내심의 의사에 반한 것', '착오나 사기, 강박' 등 하자있는 의사표시에 의한 것이라도 취소가 불가능하다는 것이 대법원의 입장[81]이므로 소취하는 신중할 것이 필요하다.

(3) 국가피고사건의 경우

소송수행자가 소취하서를 송달받거나 기일에 출석하여 상대방이 소취하 한 사실을 알게 된 경우 그때로부터 2주일 내에 이의를 제기하지 않으면 소취하에 동의한 것으로 본다.[82] 따라서 소취하 사실을 알게 되면 신속히 소취하 동의여부에 대한 의견서를 작성하여 관할 검찰청

---

80) 민사소송법 제267조(소취하의 효과) ②본안에 대한 종국판결이 있은 뒤에 소를 취하한 사람은 같은 소를 제기하지 못한다.
81) 대법원 1997.6.27. 선고 97다6124 판결 [조합원지위부존재확인]【판결요지】소의 취하는 원고가 제기한 소를 철회하여 소송계속을 소멸시키는 원고의 법원에 대한 소송행위이고 소송행위는 일반 사법상의 행위와는 달리 내심의 의사보다 그 표시를 기준으로 하여 그 효력 유무를 판정할 수밖에 없는 것인바, 원고들 소송대리인으로부터 원고 중 1인에 대한 소 취하를 지시받은 사무원은 원고들 소송대리인의 표시기관에 해당되어 그의 착오는 원고들 소송대리인의 착오로 보아야 하므로, 그 사무원의 착오로 원고들 소송대리인의 의사에 반하여 원고들 전원의 소를 취하하였다 하더라도 이를 무효라 볼 수는 없고, 적법한 소 취하의 서면이 제출된 이상 그 서면이 상대방에게 송달되기 전·후를 묻지 않고 원고는 이를 임의로 철회할 수 없다. 종합법률정보 판례)
82) 제266조(소의 취하) ⑥소취하의 서면이 송달된 날부터 2주 이내에 상대방이 이의를 제기하지 아니한 경우에는 소취하에 동의한 것으로 본다. 제3항 단서의 경우에 있어서, 상대방이 기일에 출석한 경우에는 소를 취하한 날부터, 상대방이 기일에 출석하지 아니한 경우에는 제5항의 등본이 송달된 날부터 2주 이내에 상대방이 이의를 제기하지 아니하는 때에도 또한 같다.

에 요청하고, 소취하부동의의 지휘가 있는 경우에는 2주일 이내 소취하부동의서를 법원에 제출하고 법원으로부터 소취하부동의증명원을 발급받아 관할 검찰청에 송부하며, 소취하동의 지휘가 있는 경우에는 소송종결보고를 하여야 한다.

원고 측의 소취하에 대한 동의여부를 결정함에 있어서 첫째, 1심 법원이나 판사를 변경하기 위한 경우 등 원고 측에서 소취하 후 다시 재소할 가능성이 있는 경우 둘째, 재판 중 국가승소가능성이 확실하고 장래 분쟁의 소지를 없애기 위하여 확정판결을 받아 둘 필요가 있는 경우 셋째, 유사한 다른 사건에 대하여 본 사건이 영향을 미칠 우려가 있는 경우 넷째, 원고 측에서 여러 개의 소송을 제기 후 그 일부에 대해서만 소취하 하는 경우에는 국가로서는 부동의할 필요가 있는 것으로 '재소가능성'을 판단하여 '동의' 또는 '부동의'를 결정할 필요가 있다.

다. 소송상 화해·조정

(1) 소송상 화해와 화해권고결정

소송상 화해는 소송계속 중 당사자 쌍방이 분쟁대상인 권리관계에 대한 주장을 서로 양보하여 소송을 종료시키기로 하는 합의를 말한다. 이러한 당사자간의 화해의 진술이 있는 경우 변론조서에 그 내용을 기재하여야 하며, 별도로 화해조서를 작성하여야 한다.[83] 소송상 화해는 확정판결과 동일한 효력[84]이 있으므로 소송수행자가 화해를 하기 위해

---

83) 민사소송규칙 제31조(화해 등 조서의 작성방식) 화해 또는 청구의 포기·인낙이 있는 경우에 그 기일의 조서에는 화해 또는 청구의 포기·인낙이 있다는 취지만을 적고, 별도의 용지에 법제153조에 규정된 사항과 화해조항 또는 청구의 포기·인낙의 취지 및 청구의 취지와 원인을 적은 화해 또는 청구의 포기·인낙의 조서를 따로 작성하여야 한다. 다만, 소액사건심판법 제2조제1항의 소액사건에서는 특히 필요하다고 인정하는 경우 외에는 청구의 원인을 적지 아니한다.

84) 민사소송법 제220조(화해, 청구의 포기·인낙조서의 효력) 화해, 청구의 포기·인낙을 변론조서·변론준비기일조서에 적은 때에는 그 조서는 확정판결과 같은 효력을 가진다

서는 반드시 사전에 관할검찰청의 승인 또는 지휘를 받아야 한다. 법원
은 소송이 계속 중인 사건에 대하여 직권으로 당사자의 이익, 그 밖의
모든 사정을 참작하여 공평한 해결을 위한 화해권고결정을 할 수 있
다.85) 화해권고결정에 대하여 그 결정서 정본을 송달받은 날로부터 2
주일 이내에 이의를 제기하지 아니하면 소송상 화해와 같은 효력을 가
진다.86) 따라서 법원으로부터 화해권고결정을 송달받으면 3일 이내에
화해권고결정에 대한 이의제기 여부에 관한 의견서를 작성하여 공문으
로 관할 검찰청에 보고하고 이의신청 여부에 관한 지휘를 받아야 한다.

(2) 조정

조정은 법관이나 조정위원회가 개입하여 당사자간의 분쟁을 화해로 이
끄는 절차로서 조정이 성립되면 소송상의 화해와 동일한 효력을 가진
다. 조정은 법원의 직권으로 이루어지는 강제조정과 당사자간의 합의
에 의한 임의조정의 두 가지 방법이 있다. 임의조정은 당사자의 합의
를 전제로 조정위원회가 개입하여 진행하는 것으로 소송수행자는 조정
기일 전에 반드시 관할 검찰청의 사전승인 또는 지휘를 받아야 한다.
강제조정 또는 조정에 갈음하는 결정은 법관이 직권으로 당사자의 이
익 기타 모든 사정을 고려하여 사건의 공평한 해결을 위하여 내리는
결정을 말한다.87) 강제조정정본이 송달된 날로부터 2주일 이내에 이의

---

85) 민사소송법 제225조(결정에 의한 화해권고) ①법원·수명법관 또는 수탁판
사는 소송에 계속중인 사건에 대하여 직권으로 당사자의 이익, 그 밖의
모든 사정을 참작하여 청구의 취지에 어긋나지 아니하는 범위안에서 사건
의 공평한 해결을 위한 화해권고결정(和解勸告決定)을 할 수 있다.

86) 민사소송법 제231조(화해권고결정의 효력) 화해권고결정은 다음 각호 가
운데 어느 하나에 해당하면 재판상 화해와 같은 효력을 가진다. 1. 제226
조제1항의 기간 이내에 이의신청이 없는 때 민사소송법 제226조(결정에
대한 이의신청) ①당사자는 제225조의 결정에 대하여 그 조서 또는 결정
서의 정본을 송달받은 날부터 2주 이내에 이의를 신청할 수 있다. 다만,
그 정본이 송달되기 전에도 이의를 신청할 수 있다.②제1항의 기간은 불
변기간으로 한다.

87) 민사조정법 제30조(조정을 갈음하는 결정) 조정담당판사는 합의가 성립되
지 아니한 사건 또는 당사자 사이에 성립된 합의의 내용이 적당하지 아니

를 신청하지 않으면 소송상화해와 동일한 효력이 있다. 따라서 소송수
행자는 강제조정조서 정본이 송달되면 즉시 이의신청여부에 관한 의견
서와 조정조서 정본을 관할 검찰청에 송부하고 이의제기여부를 지휘
받아야 한다. 실무상 임의조정의 경우 상대방의 의사를 모르는 상태에
서 어느 선까지 양보할 수 있을 것인지에 대하여 사전지휘를 받기 곤
란할 경우가 많으므로 소송수행자는 조정기일에 제시된 조정안에 대해
서 구체적으로 협의하되, 임의로 조정에 응하여서는 안되고 경우에 따
라 조정에 갈음하는 결정을 담당 법관에게 요청함이 바람직할 수 있다.

라. 청구의 포기·인락

청구의 포기란 변론 또는 변론준비기일에서 원고가 자신의 청구가 이유
없음을 자인하는 법원에 대한 의사표시인 소송행위이고, 청구의 인락이란
피고가 원고의 청구가 이유 있어 그 청구를 받아들이겠다고 자인하는 의
사표시인 소송행위를 말한다. 청구의 포기 또는 인락이 있는 경우 그 날로
부터 1주일 이내에 조서정본을 당사자에게 송달하여야 하며,[88] 포기조서
는 청구기각의 확정판결과 동일한 효력이 있다.[89]따라서 소송수행자가 청
구의 포기 또는 인락을 하는 경우 반드시 사전에 검찰청의 승인 또는 지
휘를 받아야 한다.

하다고 인정한 사건에 관하여 상당한 이유가 없으면 직권으로 당사자의
이익이나 그 밖의 모든 사정을 고려하여 신청인의 신청 취지에 반하지 아
니하는 한도에서 사건의 공평한 해결을 위한 결정을 하여야 한다.
[88] 민사소송규칙 제56조(화해 등 조서정본의 송달) 법원사무관등은 화해 또는
청구의 포기·인낙이 있는 날부터 1주 안에 그 조서의 정본을 당사자에게
송달하여야 한다.
[89] 민사소송법 제220조(화해, 청구의 포기·인낙조서의 효력) 화해, 청구의 포
기·인낙을 변론조서·변론준비기일조서에 적은 때에는 그 조서는 확정판결
과 같은 효력을 가진다.

마. 기간

(1) 기간의 종류와 계산

법률에 의하여 기간이 정해져 있는 경우를 법정기간이라고 하고, 법원이 정하는 기간을 재정기간이라고 한다. 법정기간 중 법률이 "불변기간으로 한다."고 규정하고 있는 경우가 불변기간이며, 그 밖의 기간이 통상기간이다. 불변기간은 대체로 재판에 불복신청기간으로서, 강제조정에 대한 이의신청기간, 화해권고결정에 대한 이의신청기간, 항소·상고 제기기간 등이 대표적인 불변기간이다. 기간의 계산은 민법에 의하므로[90] 초일불산입을 원칙으로 한다.[91] 기간의 말일이 토요일, 일요일 또는 공휴일에 해당한 때에는 그 익일로 만료된다.[92] 당사자가 기간중에 해야 할 소정의 소송행위를 하지 않고 그 기간을 도과한 기간의 불준수는 소송해태에 해당되므로 유의하여야 하나, 불변기간의 경우 천재지변에 의하여 우편물의 송달이 지연되었거나 소송의 처음부터 공시송달이 된 경우 등 당사자가 책임질 수 없는 사유로 말미암아 기간을 준수하지 못한 경우에는 그 장애사유가 없어진 날로부터 2주일 이내에 추후보완을 할 수 있다.[93]

---

90) 민사소송법 제170조(기간의 계산) 기간의 계산은 민법에 따른다.
91) 민법 제157조(기간의 기산점) 기간을 일, 주, 월 또는 연으로 정한 때에는 기간의 초일은 산입하지 아니한다. 그러나 그 기간이 오전 영시로부터 시작하는 때에는 그러하지 아니하다.
92) 민법 제161조(공휴일 등과 기간의 만료점) 기간의 말일이 토요일 또는 공휴일에 해당한 때에는 기간은 그 익일로 만료한다.
93) 민사소송법 제173조(소송행위의 추후보완) ①당사자가 책임질 수 없는 사유로 말미암아 불변기간을 지킬 수 없었던 경우에는 그 사유가 없어진 날부터 2주 이내에 게을리 한 소송행위를 보완할 수 있다. 다만, 그 사유가 없어질 당시 외국에 있던 당사자에 대하여는 이 기간을 30일로 한다.

(2) 법정기간표

순위	소송행위	처리기간	근거법	비고
1	소취하 부동의서 제출	취하서 송달일로부터 2주일	민소법 제266조제6항	통상 기간
2	2회 불출석후 기일지정신청서 제출	취하서 송달일로부터 2주일	민소법 제268조제2항	"
3	답변서 제출의무	소장부본 송달일로부터 30일	민소법 제256조	"
4	상고이유서 제출	기록접수 통지일로부터 20일	민소법 제427조	"
5	상고이유에 대한답변서 제출	상고이유서부본 수령일로부터 10일	민소법 제428조	"
6	소송상화해 및 조정에 대한 불복	조서등본 송달일로부터 2주일	민소법 제388조	불변 기간
7	상소제기	판결문송달일로부터 2주일	민소법 제396조, 제425조	"
8	즉시항고, 특별항고	재판고지일로부터 1주일	민소법 제444조, 제449조	"
9	재심의 소 제기	재심의 사유를 안날로부터 30일	민소법 제456조	"
10	지급명령에 대한 이의신청	지급명령송달일로부터 2주일	민소법 제470조	"
11	제권판결에대한 불복의 소제기	판결이 있음을 안날로부터 1월	민소법 제491조	"

바. 소멸시효

손해배상청구권의 소멸시효가 완성된 경우에는 국가배상청구권이 시효로 인하여 소멸하므로 소송 진행 이전에 소멸시효가 완성되었는지 여부를 반드시 확인해 보아야 한다. 불법행위로 인한 손해배상청구권은 민법 제766조 제1항의 소멸시효가 적용[94]되므로 손해 및 가해자를 안 날로부터 3년간, 불법행위가 있은 날로부터 10년간 이를 행사하지 않으면 소멸하게 된다. 한편, 국가재정법은 국가의 금전 급부 청구권에 관한 소멸시효에 관하여 규정하고 있는데, 위 법 제96조에 의하면 불법행위 있은 날로부터 5년이 지나면 손해배상청구권의 시효가 완성된다.[95] 위 두 법의 규정을 종합하여 보면 손해배상청구권은 손해 및 가해자를 안 날로부터 3년, 불법행위 있은 날로부터 5년이 지나면 시효가 완성된다.

(1) 단기 소멸시효의 기산점 : 손해 및 가해자를 안 날

여기서 '손해 및 가해자를 안 날'이란 손해의 발생, 위법한 가해행위의 존재, 가해행위와 손해의 발생 사이에 상당인과관계가 있다는 사실 등 불법행위의 요건사실에 대하여 현실적이고도 구체적으로 인식하였을 때를 의미하고, 피해자 등이 언제 불법행위 요건사실을 현실적이고도 구체적으로 인식하였다고 볼 것인지는 케이스 별로 여러 객관적인 사정을 참작하고 손해배상청구가 사실상 가능하게 된 상황을 합리적으로 고려하여 인정하게 된다.[96]

---

94) 민법 제766조(손해배상청구권의 소멸시효) ①불법행위로 인한 손해배상의 청구권은 피해자나 그 법정대리인이 그 손해 및 가해자를 안 날로부터 3년간 이를 행사하지 아니하면 시효로 인하여 소멸한다.②불법행위를 한 날로부터 10년을 경과한 때에도 전항과 같다.

95) 국가재정법 제96조(금전채권·채무의 소멸시효) ①금전의 급부를 목적으로 하는 국가의 권리로서 시효에 관하여 다른 법률에 규정이 없는 것은 5년 동안 행사하지 아니하면 시효로 인하여 소멸한다.②국가에 대한 권리로서 금전의 급부를 목적으로 하는 것도 또한 제1항과 같다.③금전의 급부를 목적으로 하는 국가의 권리의 경우 소멸시효의 중단·정지 그 밖의 사항에 관하여 다른 법률의 규정이 없는 때에는 「민법」의 규정을 적용한다. 국가에 대한 권리로서 금전의 급부를 목적으로 하는 것도 또한 같다.④법령의 규정에 따라 국가가 행하는 납입의 고지는 시효중단의 효력이 있다.

96) 대법원 2014.9.4. 선고 2013다215843 판결.

(2) 장기 소멸시효의 기산점 : 불법행위를 안 날

불법행위에 기한 손해배상청구권에서 민법 제766조 제2항에 의한 소멸시효의 기산점이 되는 '불법행위를 한 날'이란 가해행위가 있었던 날이 아니라 현실적으로 손해의 결과가 발생한 날을 의미하지만, 그 손해의 결과 발생이 현실적인 것으로 되었다면 그 소멸시효는 피해자가 손해의 결과 발생을 알았거나 예상할 수 있는가 여부에 관계없이 가해행위로 인한 손해가 현실적인 것으로 되었다고 볼 수 있는 때로부터 진행한다.[97]

(3) 불법행위로 인한 과거사 사건의 손해배상청구의 소멸시효[98]

소멸시효를 이유로 한 항변권의 행사도 민법의 대원칙인 신의성실의 원칙과 권리남용금지의 원칙의 지배를 받는 것이어서 채무자가 소멸시효 완성 후 시효를 원용하지 아니할 것 같은 태도를 보여 권리자로 하여금 이를 신뢰하게 하였고, 채무자가 그로부터 권리행사를 기대할 수 있는 상당한 기간 내에 자신의 권리를 행사하였다면, 채무자가 소멸시효 완성을 주장하는 것은 신의성실 원칙에 반하는 권리남용으로 허용될 수 없다. 과거사 사건에서 불법행위를 원인으로 한 손해배상청구권은 손해 및 가해자를 안 날로부터 3년간 행사하지 아니하면 시효로 인하여 소멸하지만[99], 과거사정리위원회로부터 진실규명결정을 받은 피해자 등은 특별한 사정이 없는 한 진실규명결정이 있었던 때에 손해 및 가해자를 알았다고 봄이

---

97) 대법원 2005.5.13. 선고 2004다71881 판결.
98) 대법원 2013.5.16. 선고 2012다202819 판결, 대법원 2013.12.12. 선고 2013다201844 판결, 대법원 2014.1.16. 선고 2013다205341 판결,
99) 민법 제766조 제1항 제766조(손해배상청구권의 소멸시효) ①불법행위로 인한 손해배상의 청구권은 피해자나 그 법정대리인이 그 손해 및 가해자를 안 날로부터 3년간 이를 행사하지 아니하면 시효로 인하여 소멸한다. ②불법행위를 한 날로부터 10년을 경과한 때에도 전항과 같다. [단순위헌, 2014헌바148, 2018.8.30. 민법(1958.2.22. 법률 제471호로 제정된 것) 제766조 제2항 중 '진실·화해를 위한 과거사정리 기본법' 제2조 제1항 제3호, 제4호에 규정된 사건에 적용되는 부분은 헌법에 위반된다.

상당하므로[100]), 그때부터 3년이 경과하여야 위 단기소멸시효가 완성된다 할 것이다. 국가가 과거사정리법의 제정을 통하여 수십 년 전의 역사적 사실관계를 다시 규명하고 피해자 및 유족에 대한 피해회복을 위한 조치를 취하겠다고 선언하면서도 그 실행방법에 대해서는 아무런 제한을 두지 아니한 이상, 이는 특별한 사정이 없는 한 그 피해자 등이 국가배상청구의 방법으로 손해배상을 구하는 사법적 구제방법을 취하는 것도 궁극적으로는 수용하겠다는 취지를 담아 선언한 것이라고 볼 수밖에 없고, 거기에서 파생된 법적 의미에는 구체적인 소송사건에서 새삼 소멸시효를 주장함으로써 배상을 거부하지는 않겠다는 의사를 표명한 취지가 내포되어 있다고 할 것이다. '진도군 민간인 희생 국가배상청구' 사건은 정리위원회의 결정을 토대로 위자료를 청구하는 비교적 단순한 사건인데도 불구하고 이 사건 진실규명결정일로부터 2년 10개월이 경과한 2012. 2. 14에 제기되기는 하였지만, 진실규명결정 이후 단기소멸시효의 기간 경과 직전까지 피고의 입법적 조치를 기다린 것이 상당하다고 볼 만한 매우 특수한 사정이 있었다 할 것이고, 이를 감안하면 원고들은 피고 대한민국의 소멸시효 항변을 배제할 만한 상당한 기간 내에 권리행사를 한 것으로 봄이 상당하다.

2 상소심 절차

가. 항소심 절차

항소심도 사실심의 성격을 지니고 있으므로 제1심 절차와 같이 진행되지만, 항소심은 제1심 판결 후에 그 판결의 위법을 다투는 소송이므로 주로 논의가 제1심 판결의 사실인정과 법률적용에 어떠한 문제가 있었느냐

---

100) 대법원 2012.4.26. 선고 2012다4091 판결

에 집중된다. 소송수행자는 관할 법원에 대응하는 검찰청의 지휘를 받아야
하므로, 항소심의 경우 항소심 법원에 대응하는 고등검찰청의 지휘를 받아
야 한다.[101]

나. 항소장 제출

항소장은 판결문을 송달받은 날로부터 2주일 이내 원심(1심)법원에 제출하
여야 하며, 항소장의 내용에 당사자 표시는 항소인과 피항소인, 제1심 판결의
표시에는 제1심 법원명, 사건번호, 사건명, 선고일자, 주문 그리고 항소취지
란에는 "1.원심 판결을 취소하고, 원고의 청구를 기각한다. 2.소송비용은 모
두 원고의 부담으로 한다. 라는 판결을 구합니다."라고 기재하고, 항소이유란
에는 항소이유를 기재하기도 하지만 보통 추후 제출하겠다는 내용으로 기재

---

101) 국가를 당사자로 하는 소송에 관한 법률 제3조(국가소송 수행자의 지정
및 소송대리인의 선임) ①법무부장관은 법무부의 직원, 각급 검찰청의 검
사(이하 "검사"라 한다) 또는 「공익법무관에 관한 법률」에서 정한 공익법
무관(이하 "공익법무관"이라 한다)을 지정하여 국가소송을 수행하게 할
수 있다.②법무부장관은 행정청의 소관사무나 감독사무에 관한 국가소송
에서 필요하다고 인정하면 해당 행정청의 장의 의견을 들은 후 행정청의
직원을 지정하여 그 소송을 수행하게 할 수 있다. ③제2항의 지정을 받은
사람은 해당 소송에 관하여 법무부장관의 지휘를 받아야 한다. 제6조 (행
정청의 장에 대한 법무부장관의 지휘 등) ①행정소송을 수행할 때 행정청
의 장은 법무부장관의 지휘를 받아야 한다. 제2조(권한위임의 한계) 법무
부장관은 법제3조 및 법제6조의 규정에 의한 권한을 다음의 구분에 따라
검찰총장, 고등검찰청검사장 및 지방검찰청검사장(이하 "각급 검찰청의 장"
이라 한다)에게 위임한다. 그러나 법무부장관을 피고로 하는 법제5조의 소
송사건에 관한 권한은 그러하지 아니하다.

수임자	수임의 한계
검찰총장	대법원에 계속중인 법 제2조·법 제5조 및 법 제12조의 사건
그들검찰청검사장	관할구역을 같이 하는 고등법원에 계속중인 법 제2조 법 제5조 및 법 제12조의 사건과 당해 고등검찰청 소재지에 있는 특허 법원·행정법원·지방법원 또는 그 지원에 관할권이 있는 법 제 2조·법 제5조 및 법 제12조의 사건
고등검찰청 소재지외의 지방검찰청 검사장	관할구역을 같이하는 지방법원 또는 그 지원에 관할권이 있는 법 제2조·법 제5조 및 법 제12조의 사건

한다. 항소이유서는 항소인의 주장을 입증할 새로운 공격방어방법과 증거를 제출하는데 주력하여야 한다.

다. 상고심 절차

상고심의 경우는 고등법원에 상고장을 제출할 이후 대법원으로부터 소송기록접수 통지서가 송달되면 20일 이내에 상고이유서를 작성하여 대법원에 제출하여야 102)하며, 상고심은 항소심 판결에 영향을 미친 헌법·법률·명령·규칙의 위반이 있음을 이유로 한 경우에 한하여 대법원에 상고할 수 있으므로 상고심은 법률심으로 사실관계에 대한 당부는 판단하지 않는 것이 원칙이다. 그러나 대법원은 '사실오인', '심리미진' 등 하급심 법원의 사실 판단에 대하여서도 심리를 하고 있으므로 제출된 증거 등에 대한 원심법원의 판단의 적법에 관하여서는 적극적으로 다투어야 할 필요도 있다. 상고이유서를 기간 내에 제출하지 아니한 경우 변론 없이 기각된다.103) 또한 상고심에서의 절차는 제1심이나 항소심과 달리 구두의 변론 없이 상고이유서에 의해서만 서면으로 심리하므로 적법한 상고제기이유104)를 상고이유서에 자세하게 기재하여야 한다.

---

102) 민사소송법 제427조(상고이유서 제출) 상고장에 상고이유를 적지 아니한 때에 상고인은 제426조의 통지를 받은 날부터 20일 이내에 상고이유서를 제출하여야 한다.
103) 민사소송법 제429조(상고이유서를 제출하지 아니함으로 말미암은 상고기각) 상고인이 제427조의 규정을 어기어 상고이유서를 제출하지 아니한 때에는 상고법원은 변론 없이 판결로 상고를 기각하여야 한다. 다만, 직권으로 조사하여야 할 사유가 있는 때에는 그러하지 아니하다.
104) 민사소송법 제423조(상고이유) 상고는 판결에 영향을 미친 헌법·법률·명령 또는 규칙의 위반이 있다는 것을 이유로 드는 때에만 할 수 있다. 민사소송법 제424조(절대적 상고이유)
①판결에 다음 각호 가운데 어느 하나의 사유가 있는 때에는 상고에 정당한 이유가 있는 것으로 한다.
- 법률에 따라 판결법원을 구성하지 아니한 때
- 법률에 따라 판결에 관여할 수 없는 판사가 판결에 관여한 때
- 전속관할에 관한 규정에 어긋난 때
- 법정대리권·소송대리권 또는 대리인의 소송행위에 대한 특별한 권한의 수여에 흠이 있는 때
- 변론을 공개하는 규정에 어긋난 때

라. 상고장 제출

상고장은 항소심과 같이 판결문을 송달받은 날로부터 2주일 이내에 원심법원(2심)에 항소장과 같은 방식으로 기재하여 제출하면 되고, 상고이유서는 상고기록접수통지서 송달일을 기준으로 20일 이내에 제출한다.

- 판결의 이유를 밝히지 아니하거나 이유에 모순이 있는 때
②제60조 또는 제97조의 규정에 따라 추인한 때에는 제1항제4호의 규정을 적용하지 아니한다.
상고심절차에 관한 특례법 제4조 (심리의 불속행)
①대법원은 상고이유에 관한 주장이 다음 각 호의 어느 하나의 사유를 포함하지 아니한다고 인정하면 더 나아가 심리(審理)를 하지 아니하고 판결로 상고를 기각(棄却)한다.
 - 원심판결(原審判決)이 헌법에 위반되거나, 헌법을 부당하게 해석하는 경우
 - 원심판결이 명령·규칙 또는 처분의 법률위반 여부에 대하여 부당하게 판단한 경우
 - 원심판결이 법률·명령·규칙 또는 처분에 대하여 대법원 판례와 상반되게 해석한 경우
 - 법률·명령·규칙 또는 처분에 대한 해석에 관하여 대법원 판례가 없거나 대법원 판례를 변경할 필요가 있는 경우
 - 제1호부터 제4호까지의 규정 외에 중대한 법령위반에 관한 사항이 있는 경우
 - 「민사소송법」제424조제1항제1호부터 제5호까지에 규정된 사유가 있는 경우
②가압류 및 가처분에 관한 판결에 대하여는 상고이유에 관한 주장이 제1항제1호부터 제3호까지에 규정된 사유를 포함하지 아니한다고 인정되는 경우 제1항의 예에 따른다.
③상고이유에 관한 주장이 제1항 각 호의 사유(가압류 및 가처분에 관한 판결의 경우에는 제1항제1호부터 제3호까지에 규정된 사유)를 포함하는 경우에도 다음 각 호의 어느 하나에 해당할 때에는 제1항의 예에 따른다.
 - 그 주장 자체로 보아 이유가 없는 때
 - 원심판결과 관계가 없거나 원심판결에 영향을 미치지 아니하는 때

판결이 확정된 경우에 소송수행자는 관할 검찰청의 지휘를 받아 판결의 내용에 따라 임의변제의 독촉, 강제집행절차의 진행, 소송비용회수 등의 조치를 취하여야 한다.

가. 집행권원 이첩 받은 경우

국가원고사건에서 국가승소판결이 확정된 경우 제1심 대응 검찰청의 검사장은 집행권원을 소관행정청의 장에게 이첩하게 된다.[105] 소송수행자는 소유권이전등기절차이행 판결일 경우에는 관할 등기소에 등기신청을 하여야 하고, 금원지급 판결일 경우에는 채무자에게 임의변제를 독촉하며, 채무자가 임의변제를 하지 않을 경우 검찰의 지휘에 따라 강제집행에 필요한 절차를 진행하여야 한다.

나. 소송비용회수

(1) 소송비용액 회수

소송이 국가의 일부 또는 전부 승소로 종결된 경우 그 소송을 위하여 검찰청에서 실질적으로 송달료, 감정료, 변호사비용 등은 소송비용액 확정신청절차를 통하여 회수되어야 한다.[106]

---

105) 국가를 당사자로 하는 소송에 관한 법률 시행령 제11조(집행권원 이첩 및 집행) ①제1심 해당 고등검찰청 또는 지방검찰청 검사장은 국가소송에 관하여 집행권원을 받은 때에는 지체없이 이를 소관행정청의 장에게 이첩하여야 한다.
106) 민사소송법 제109조(변호사의 보수와 소송비용) ①소송을 대리한 변호사에게 당사자가 지급하였거나 지급할 보수는 대법원규칙이 정하는 금액의 범위안에서 소송비용으로 인정한다. ②제1항의 소송비용을 계산할 때에는 여러 변호사가 소송을 대리하였더라도 한 변호사가 대리한 것으로 본다. 민사소송법 제110조(소송비용액의 확정결정) ①소송비용의 부담을 정하는 재판에서 그 액수가 정하여지지 아니한 경우에 제1심 법원은 그 재판이 확정되거나, 소송비용부담의 재판이 집행력을 갖게 된 후에 당사자의 신청을 받아 결정으로 그 소송비용액을 확정한다. ②제1항의 확정

(2) 소송비용액 확정신청

판결문 주문에서 소송비용의 부담비율만을 정하고 있으므로 소송비용의 구체적 액수를 정하기 위해 재판이 확정된 뒤 제1심 수소법원에 별도로 소송비용액 확정신청을 하여야 한다.107) 소송비용액 확정신청 시에는 비용계산서 및 상대방에게 송달하여야 할 계산서 등본과 비용액의 소명에 필요한 서면을 제출하여야 한다.108)국가승소사건에 대하여 소송비용액 확정신청을 하는 경우에도 사전에 신청제기에 대한 관할 검찰청의 지휘를 받아야 한다.

(3) 소송비용액 확정결정에 대한 조치사항

법원의 소송비용액 확정결정에 이의가 있는 경우 7일 이내에 즉시항고를 제기할 수 있으며,109) 특히 국가가 패소하여 상대방이 소송비용액 확정신청을 한 경우에는 법원의 결정에 대한 즉시항고 여부에 대하여 관할 검찰청의 지휘를 받아야 한다. 또한 법원으로부터 소송비용액확정결정이 확정되면 소송수행자는 상대방에게 소송비용액의 임의 변제를 촉구하고, 불응 시 강제집행절차에 따라 소송비용을 회수한다.

결정을 신청할 때에는 비용계산서, 그 등본과 비용액을 소명하는 데 필요한 서면을 제출하여야 한다. ③제1항의 결정에 대하여는 즉시항고를 할 수 있다.

107) 민사소송규칙 제18조(소송비용액의 확정을 구하는 신청의 방식) 법제110조제1항, 법제113조제1항 또는 법제114조제1항의 규정에 따른 신청은 서면으로 하여야 한다.

108) 민사소송법 110조(소송비용액의 확정결정) ②제1항의 확정결정을 신청할 때에는 비용계산서, 그 등본과 비용액을 소명하는 데 필요한 서면을 제출하여야 한다.

109) 민사소송법 제110조(소송비용액의 확정결정) ③제1항의 결정에 대하여는 즉시항고를 할 수 있다.

4 구상권 행사

공무원의 직무상 불법행위로 인해 국가가 피해자에게 손해배상을 한 경우, 국가는 해당 공무원에게 고의나 중대한 과실이 있으면 국가가 지급한 손해배상금을 구상할 수 있다.[110]

가. 구상권행사 요건

(1) 공무원의 직무상 의무 위반

행위의 외관상 공무원이 직무행위로 보여질 때에는 실질적으로 직무행위인 여부나 행위자의 주관적 의사에 관계없이 국가배상법 제2조의 직무행위에 해당한다.

(2) 고의 또는 중대한 과실로 인한 법령위반

공무원의 직무상 의무 위반에 있어 고의 또는 중과실이 인정되어야 하는데, 대법원은 공무원의 중과실이라 함은 공무원에게 통상 요구되는 정도의 상당한 주의를 하지 않더라도 조금만 주의를 한다면 손쉽게 위법, 유해한 결과를 예견할 수 있는 경우임에도 만연히 이를 간과함과 같은 거의 고의에 가까운 현저한 주의를 결여한 상태를 의미한다는 입장이다.[111]

---

110) 국가배상법 제2조(배상책임) ①국가나 지방자치단체는 공무원 또는 공무를 위탁받은 사인(이하 "공무원"이라 한다)이 직무를 집행하면서 고의 또는 과실로 법령을 위반하여 타인에게 손해를 입히거나, 「자동차손해배상보장법」에 따라 손해배상의 책임이 있을 때에는 이 법에 따라 그 손해를 배상하여야 한다. 다만, 군인·군무원·경찰공무원 또는 예비군대원이 전투·훈련 등 직무 집행과 관련하여 전사(戰死)·순직(殉職)하거나 공상(公傷)을 입은 경우에 본인이나 그 유족이 다른 법령에 따라 재해보상금·유족연금·상이연금 등의 보상을 지급받을 수 있을 때에는 이 법 및 「민법」에 따른 손해배상을 청구할 수 없다. ②제1항 본문의 경우에 공무원에게 고의 또는 중대한 과실이 있으면 국가나 지방자치단체는 그 공무원에게 구상(求償)할 수 있다.
111) 대법원 2003.2.11. 선고 2002다65929 판결 【판결요지】[1]국가배상법 제2조 제2항에 의하면, 공무원의 직무상의 위법행위로 인하여 국가 또는

80   제2장 국가송무의 수행

나. 절차 및 범위

공무원의 직무상 불법행위를 이유로 한 손해배상청구 소송에서 국가 패소판결이 확정되면 관할검찰청은 소관 행정청의 장에게 구상권행사 여부에 대한 의견을 조회하고, 그 의견조회에 의하여 가해공무원의 고의·중과실 유무, 집행가능성 등을 면밀히 검토하여 구상권행사의 당부에 관한 의견을 적시하여 검찰청에 제출하여야 한다. 관할검찰청 구상권행사심의위원회 등을 통하여 구상권행사를 지휘하게 되면 소관행정청의 장은 불법행위를 한 해당공무원에게 임의변제를 촉구하고, 이에 불응하면 검찰청의 지휘를 받아 구상금청구소송을 제기하여야 한다. 다만 구상권 행사의 범위는 국가 등은 당해 공무원의 직무내용, 당해 불법행위의 상황, 손해발생에 대한 당해 공무원의 기여정도, 당해 공무원의 평소 근무태도, 불법행위의 예방이나 손실분산에 관한 국가 또는 지방자치단체의 배려의 정도 등 제반

지방자치단체의 손해배상책임이 인정된 경우 그 위법행위가 고의 또는 중대한 과실에 기한 경우에는 국가 또는 지방자치단체는 당해 공무원에 대하여 구상할 수 있다 할 것이나, 이 경우 공무원의 중과실이라 함은 공무원에게 통상 요구되는 정도의 상당한 주의를 하지 않더라도 약간의 주의를 한다면 손쉽게 위법, 유해한 결과를 예견할 수 있는 경우임에도 만연히 이를 간과함과 같은 거의 고의에 가까운 현저한 주의를 결여한 상태를 의미한다. [2]집행관으로 하여금 임대차관계의 확인을 위하여 경매목적물 소재지에 주민등록 전입신고된 세대주 전원에 대하여 주민등록 등·초본을 발급받도록 하고 임차인 본인 및 그 가족들의 전·출입 상황을 현황조사보고서에 기재하도록 한 송무예규가 제정되어 시행된 것은 현황조사 이후로서 그 전에는 위와 같은 현황조사 방법과 정도에 관한 구체적인 기준이 마련되어 있지 않았던 점, 세대주가 가족들과 함께 거주하는 경우에도 사정상 다른 가족들은 주민등록을 달리하는 사례가 적지 아니하며, 한 가족이 같은 주소지에 전입신고를 하면서 세대를 합가하지 아니하고 별도의 세대로 주민등록을 하는 경우는 이례에 속하는 것으로 보이는 점 등의 사정에 <u>공무원의 공무집행의 안정성을 확보하기 위해 고의·중과실의 경우에만 공무원 개인이 책임을 지도록 한 국가배상법의 취지와 중과실에 관한 법리를 종합하여 보면, 현황조사를 함에 있어 집행관에게 비록 정확하고 충실한 현황조사를 하지 못한 직무상의 과실이 있다 하더라도, 그것이 집행관이 현황조사를 함에 있어 기울여야 할 통상의 주의의무를 현저하게 결여한 중대한 과실에 해당한다고 보기는 어렵다</u>고 한 사례.

사정을 참작하여 손해의 공평한 분담이라는 견지에서 신의칙상 상당하다고 인정되는 한도 내에서만 당해 공무원에 대하여 구상권을 행사할 수 있다는 것이 대법원의 입장이다.[112]

5 재심

가. 의의

재심이라 함은 확정된 종국판결로 끝난 소송사건에 대하여 당사자의 신청으로 변론을 재개하고 그 내용인 소나 상소에 관하여 새로이 심판하는 절차이다. 기판력이 있는 종국판결의 효력은 법적안정성의 입장에서 원칙적으로 움직일 수 없도록 하여야 하는 것이 이상적이지만 간과할 수 없는 소송절차의 하자나 판단의 기초자료에 중요한 흠결이 있는 경우에는 그것을 고치는 것이 구체적 타당성의 요구에 부응한다 할 것이다. 민사소송법은 재심의 소를 제기할 수 있는 사유를 제한적으로 열거하고 있으므로 재심사유에 해당하는 경우에 재심의 소를 제기할 수 있다.[113]

---

112) 대법원 1991.5.10. 선고 91다6764 판결【판결요지】가.등기공무원이 신청에 따라 등기부에 2번 근저당설정등기를 등재함에 있어 근저당권설정자 갑을 근저당권자로 착오등재한 것이 등기공무원으로서의 주의의무를 현저히 결여한 중과실에 해당된다고 본 사례 나.위 "가"항의 착오등재 후 위 2번 근저당권설정등기가 갑이 근저당권자인 것처럼 말소신청하여 말소되고 그 후 1번 근저당권자의 신청에 의하여 진행된 임의경매절차에서 2번 근저당권자가 되어야 할 을이 배당받지 못하게 된 손해와 등기공무원의 위 착오등재행위 사이에 상당인과관계가 있다고 본 사례 다. 국가 또는 지방자치단체의 산하 공무원이 그 직무를 집행함에 당하여 중대한 과실로 인하여 법령에 위반하여 타인에게 손해를 가함으로써 국가 또는 지방자치단체가 손해배상책임을 부담하고, 그 결과로 손해를 입게 된 경우에는 국가 등은 당해 공무원의 직무내용, 당해 불법행위의 상황, 손해발생에 대한 당해 공무원의 기여정도, 당해 공무원의 평소 근무태도, 불법행위의 예방이나 손실분산에 관한 국가 또는 지방자치단체의 배려의 정도 등 제반사정을 참작하여 손해의 공평한 분담이라는 견지에서 신의칙상 상당하다고 인정되는 한도 내에서만 당해 공무원에 대하여 구상권을 행사할 수 있다고 봄이 상당하다.

나. 재심 소제기의 효과

소장의 제출로 재심의 소를 제기하면 그 재심사유에 관하여 기간준수의 효력만 생기고 그 확정력과 집행력은 상실당하지 않으므로, 집행을 정지시키려 하거나 집행상태를 유지하려고 하는 때에는 따로 강제집행정지 또는 가처분을 신청하여야 한다.

다. 재심사유 발견 시 유의사항

패소 확정된 사건에 있어서도 문서위조, 위증 등 가벌행위를 이유로 민사소송법 제451조 제1항에 의거 재심을 제기하여 다툴 필요성이 있는 때

---

113) 민사소송법 제451조(재심사유)
　①다음 각호 가운데 어느 하나에 해당하면 확정된 종국판결에 대하여 재심의 소를 제기할 수 있다. 다만, 당사자가 상소에 의하여 그 사유를 주장하였거나, 이를 알고도 주장하지 아니한 때에는 그러하지 아니하다.
　　- 법률에 따라 판결법원을 구성하지 아니한 때
　　- 법률상 그 재판에 관여할 수 없는 법관이 관여한 때
　　- 법정대리권·소송대리권 또는 대리인이 소송행위를 하는 데에 필요한 권한의 수여에 흠이 있는 때. 다만, 제60조 또는 제97조의 규정에 따라 추인한 때에는 그러하지 아니하다.
　　- 재판에 관여한 법관이 그 사건에 관하여 직무에 관한 죄를 범한 때
　　- 형사상 처벌을 받을 다른 사람의 행위로 말미암아 자백을 하였거나 판결에 영향을 미칠 공격 또는 방어방법의 제출에 방해를 받은 때
　　- 판결의 증거가 된 문서, 그 밖의 물건이 위조되거나 변조된 것인 때
　　- 증인·감정인·통역인의 거짓 진술 또는 당사자신문에 따른 당사자나 법정대리인의 거짓 진술이 판결의 증거가 된 때
　　- 판결의 기초가 된 민사나 형사의 판결, 그 밖의 재판 또는 행정처분이 다른 재판이나 행정처분에 따라 바뀐 때
　　- 판결에 영향을 미칠 중요한 사항에 관하여 판단을 누락한 때
　　- 재심을 제기할 판결이 전에 선고한 확정판결에 어긋나는 때
　　- 당사자가 상대방의 주소 또는 거소를 알고 있었음에도 있는 곳을 잘 모른다고 하거나 주소나 거소를 거짓으로 하여 소를 제기한 때
　②제1항제4호 내지 제7호의 경우에는 처벌받을 행위에 대하여 유죄의 판결이나 과태료부과의 재판이 확정된 때 또는 증거부족 외의 이유로 유죄의 확정판결이나 과태료부과의 확정재판을 할 수 없을 때에만 재심의 소를 제기할 수 있다.
　③항소심에서 사건에 대하여 본안판결을 하였을 때에는 제1심 판결에 대하여 재심의 소를 제기하지 못한다.

에는 소송수행청에서 그 가벌행위의 재판과정을 철저히 파악하여 재판확정 즉시 국가소송의 관할 검찰청 송무담당 검사의 지휘를 받아 재심의 소를 제기함으로써 재심 제기기간[114][115]을 도과시키지 말아야 한다.

6 소송수행해태

가. 의의

소송수행해태란 소송수행자가 소송행위를 함에 있어서 직무상 태만이나 과실, 착오 등으로 인하여 소송수행자의 준수사항을 위반하는 것이다.

나. 유형

(1) 상소기간·상고이유서 제출기간 등 불변기간 및 법정기간 등의 기산일인 판결문 송달일자의 착오로 인한 경우
(2) 휴가기간·인사이동기간 업무인수인계의 미비 또는 누락으로 인한 경우
(3) 법원의 변론기일연기허가를 받지 아니하고 변론에 불출석한 경우
(4) 소송서류의 불성실 작성·증거신청 또는 법리주장 소홀 등 불성실한 소송수행을 한 경우
(5) 각종 소송행위에 있어 검찰청의 지휘 또는 승인 건의를 해태한 경우 등

다. 보고 및 징계처분

소송수행 해태 사례가 발생한 경우 소송수행자 중 5급 이상인 직원은 경위서 작성하여 검찰청에 출두하여 보고하여야 하고, 해당 검찰청의 장은 지체없이 법무부 장관에게 보고하고 소송총괄관에게 통보하여야 한다.[116]

---

114) 민사소송법 제456조(재심제기의 기간) ①재심의 소는 당사자가 판결이 확정된 뒤 재심의 사유를 안 날부터 30일 이내에 제기하여야 한다. ②제1항의 기간은 불변기간으로 한다. ③판결이 확정된 뒤 5년이 지난 때에는 재심의 소를 제기하지 못한다. ④재심의 사유가 판결이 확정된 뒤에 생긴 때에는 제3항의 기간은 그 사유가 발생한 날부터 계산한다.
115) 민사소송법 제457조(재심제기의 기간) 대리권의 흠 또는 제451조제1항제10호에 규정한 사항을 이유로 들어 제기하는 재심의 소에는 제456조의 규정을 적용하지 아니한다.

제5절 문서작성례

1 별지 서식

국가를 당사자로 하는 소송에 관한 법률 시행규칙 제4조 제5항에서 "사건기록의 표지는 사건의 내용에 따라 별지 제1호 서식 내지 별지 제4호 서식에 의하고, 색인목록은 별지 제5호 서식에 의하며, 소송진행상황표는 별지 제5호의2서식에 의하고, 증거목록은 별지 제5호의3서식에 의한다." 라고 규정하는 등 각종 서식으로 별지 제1호 서식 "[별표 제1호 서식]국가·행정소송의 심급별로 작성·비치하는 부책의 종류"에서 별지 제50호 서식 "[별지 제50호 서식]행정소송공동수행사건유형별 처리현황"까지 각종 보고양식을 동 시행규칙에서 정하고 있으므로 시행규칙에 규정된 서식에 의하여 각종 보고 등을 하여야 된다.

2 각종 양식 예시

⊙ 이행권고결정에 대한 이의신청

　1) 3,000만원이하의 금전지급을 구하는 사건을 소액사건[117]이라 하고,

---

116) 국가를 당사자로 하는 소송에 관한 법률 시행령 제14조(소송수행해태) ①각급 검찰청의 장은 그가 지정한 소송수행자 또는 그가 지휘하는 사건의 소송수행자가 소송해태행위를 한 때에는 지체없이 법무부장관에게 보고하고, 소송총괄관에게 통보하여야 한다. ②소송총괄관은 제1항의 규정에 의한 통보를 받은 때에는 소속행정청의 장에게 당해 소송수행자의 징계를 건의할 수 있다.

117) 소액사건심판법 제2조(적용범위등) ①이 법은 지방법원 및 지방법원지원의 관할사건중 대법원규칙으로 정하는 민사사건(이하 "少額事件"이라 한다)에 적용한다.
소액사건심판규칙 제1조의2(소액사건의 범위) 법 제2조제1항에 따른 소액사건은 제소한 때의 소송목적의 값이 3,000만원을 초과하지 아니하는

법원은 소액사건이 제기되었을 때 특별한 사정이 없으면 원고가 낸 소장부본을 첨부하여 피고에게 원고의 청구취지대로 의무이행할 것을 권고하는 취지의 결정을 하는데 이를 이행권고결정이라고 한다.118) 피고가 이행권고결정의 송달을 받은 날로부터 2주 이내에 이의신청을 하지 아니하면 이행권고결정은 확정판결과 같은 효력을 가지고 2주의 기간은 불변기간이다.119) 따라서 소송수행청에서는 이행권고결정을 검찰청으로부터 송부를 받으면 지체 없이 그 요지를 보고하고, 3일 이내에 이행권고결정서를 검찰청에 송부하여야 한다. 이의신청여부에 대한 지휘건의서를 7일 이내에 검찰청에 송부하여 검찰청으로부터 이의신청여부에 대한 지휘를 받아 송달일로부터 2주 이내에 이의신청서가 법원에 접수되도록 하여야 할 것이다.

2) 이행권고결정에 대한 이의신청서는 이행권고결정에 불복한다는 취지만 기재하면 되고, 구체적인 답변내용을 기재할 필요는 없다. 소송수행자 지정서가 제출되지 않은 경우에는 소송수행자 지정서도 함께 첨부하여 제출하여야 하며, 제출부수는 이의신청서 1부 및 상대방 수만큼의 부본을 제출한다.

금전 기타 대체물이나 유가증권의 일정한 수량의 지급을 목적으로 하는 제1심의 민사사건으로 한다.

118) 소액사건심판법 제5조의3(결정에 의한 이행권고) ①법원은 소가 제기된 경우에 결정으로 소장부본이나 제소조서등본을 첨부하여 피고에게 청구취지대로 이행할 것을 권고할 수 있다. 다만, 다음 각호 가운데 어느 하나에 해당하는 때에는 그러하지 아니하다. 1.독촉절차 또는 조정절차에서 소송절차로 이행된 때 2.청구취지나 청구원인이 불명한 때 3.그 밖에 이행권고를 하기에 적절하지 아니하다고 인정하는 때

119) 소액사건심판법 제5조의4(이행권고결정에 대한 이의신청) ①피고는 이행권고결정서의 등본을 송달받은 날부터 2주일내에 서면으로 이의신청을 할 수 있다. 다만, 그 등본이 송달되기 전에도 이의신청을 할 수 있다. ②제1항의 기간은 불변기간으로 한다.

이행권고결정에 대한 이의신청서

사　건　　2020가소 ○○○ 구상금

원　고　　○○화재해상보험 주식회사(대표이사 ○○○)

　　　　　서울특별시 종로구 광화문 56길 32, 1동 1304호

　　　　　전화번호 02-706-8656, 팩스번호(02)-3270-4555

피　고　　대한민국

　　　　　법률상 대표자 법무부장관 추미애

　　　　　소송수행자 ○○○

　위 사건에 관하여 피고는 2020.3.20. 이행권고결정을 송달 받았으나, 이에 불복하므로 이의신청을 합니다.

(구체적인 답변서는 추후 제출하겠습니다)

첨　부　서　류

　　1. 이의신청서 소장부본　　　　　1통
　　1. 소송수행자 지정서　　　　　　1통

2020. 3. .

피고 소송수행자 ○○○

○○지방법원 민사 제15단독(소액)　귀중

[서식] 이의신청서

이의신청서

사　건　　2020가합2340 소유권이전등기
원　고　　○○○
피　고　　대한민국

　위 당사자간 귀원 2020가합2340 소유권이전등기 사건에 관하여 피고는
2020.3.20. 조정에 갈음하는 결정조서(또는 화해권고결정)를 송달받았으나
위 결정에 대하여 이의신청을 합니다.

2020. 3. .

피고　　대 한 민 국

소송수행자　○　○　○

○○지방법원 제○민사부 귀중

변론재개신청

사 건   2020가합○○○○ 소유권이전등기
원 고   ○○○
피 고   대한민국

위 사건에 관하여 피고 소송수행자는 다음과 같이 변론재개를 신청합니다.

- 다 음 -

위 사건은 2020.3.20. 변론 종결되었으나, 위 변론종결 당일에야 원고로부터 준비서면을 송달받아 이에 대하여 제대로 답변하지 못한 상태에서 변론이 종결되었는바, 변론 종결 이후 원고에게 보상한 증거를 발견하였으므로 변론을 재개하여 주시기 바랍니다.

2020. 3. .
피고   대 한 민 국
소송수행자 ○ ○ ○

○○지방법원 제○민사부 귀중

소취하부동의서

사 건   2020가합1234 소유권이전등기
원 고   ○○○
피 고   대한민국

  위 사건에 관하여 피고는 2020.3.20. 원고가 제출한 소취하서 부본을 송달받았으나 원고의 소취하에 부동의합니다.

2020. 3. .
피고   대 한 민 국
소송수행자 ○ ○ ○

○○지방법원 제○민사부 귀중

[서식] 국가배상소송 소장

소   장

원 고   ○ ○ ○(740211-*******)

서울특별시 광진구 광나루로56길32, 211동 1004호(구의동, 현대@)

전화번호 02-706-****, 010-****-7442

팩스번호(02)-3270-****, 이메일 주소: jdj1234@hanmail.net

피 고   대한민국

법률상 대표자 법무부장관 ○ ○ ○

소관청 ○○지방경찰청

손해배상(기)청구의 소

청 구 취 지

1. 피고는 원고에게 금50,000,000원 및 이에 대하여 2018. 6. 25.부터 이 사건 소장 부본 송달일까지는 연5%, 그 다음날부터 다 갚는 날까지 연 12%의 각 비율로 계산한 돈을 지급하라.
2. 소송비용은 피고가 부담한다.
3. 제1항은 가집행할 수 있다.

라는 판결을 구합니다.

청 구 원 인

1. 원고는 2020.3.31. 02:00경 서울시 마포구 공덕동 소재 하나빌딩 부근 에서 술에 취한 소외 ○○○(남.35세)으로부터 구타당한 피해자입니다.
2. 그 무렵 폭력사건 신고를 접하고 출동한 마포기동대 소속 소외 ○○○ 경장이 사건현장으로 출동하여 사건관계자들을 확인하고 원고에게 폭력 혐의 피의자로 조사하기 위하여 그곳 부근에 위치한 종로경찰서로 수갑 으로 묶어서 강제력으로 연행하였습니다.

3. 소외 ○○○는 서울지방경찰청 소속 ○○기동대 소속 경찰관으로 피해자인 원고에게 강제력을 행사하기 이전에 형사피의자로서 '미란다원칙'을 고지하지 않고 피의자로 취급하고 강제력을 행사하여 전치 2주간의 치료를 요하는 손목부위에 상처가 발생하였습니다.

4. 따라서 위 사건은 피고의 불법행위로 발생한 원고의 정신적 고통과 신체적 침해에 대한 치료비와 위자료 등을 지급받기 위하여 이건 청구에 이른 것입니다.

입 증 방 법

1. 갑제1호증   상해진단서
2. 갑제2호증   약제비 확인서

첨 부 서 류

1. 소장부본   1통
1. 납부서   1통

2020. ○. ○○

위 원고   ○ ○ ○ (인)

○○지방법원 귀중

소 장

원 고   ○ ○ ○

서울특별시 광진구 광나루로56길32, 215동 394호(구의동, 현대@)

전화번호 02-706-8656, 010-9575-7442

팩스번호(02)-3270-4555, 이메일 주소: jdj1234@hanmail.net

피 고   구리시

대표자 시장 ○ ○ ○

경기도 구리시 아차산로 439

소유권 확인의 소

청 구 취 지

1. 별지목록 기재 부동산이 원고의 소유임을 확인한다.
2. 소송비용은 피고가 부담한다.

라는 판결을 구합니다.

청 구 원 인

1. 별지 목록기재 부동산의 종전 토지는 구리시 교문동 123-10 대지 150평
   이었는데 소외 서울시에 의하여 1990.10.26일자로 환지처분 됨으로써
   구리시 교문동 123-29 대지 130평으로 환지확정 되었는바, 위 종전 토
   지의 원소유자이었던 소외 ○○○이 1957.6.28. 및 1960.8.10 두 번에
   걸쳐 각 약 1/2씩 위 토지를 소외 ○○○에게 매도하고, 소외 ○○○ 다
   시 원고에게 위 토지 전부를 금 3천만원에 매도하여 원고는 위 토지에
   대한 소유권을 넘겨받았습니다.
2. 그런데 그 무렵 위 토지를 비롯한 교문동 등 지역에 피고가 토지구획정
   리사업을 시행중에 있었는데, 위 토지에 대하여는 소외 ○○○이 소유자

복구를 하지 못한 상태에서 소외 ○○○, 원고의 순으로 전전 매매된 것이라 원고가 소유권이전등기를 필하지 못하고 있던 중 위 토지는 이건 토지로의 환지가 확정되었습니다.

3. 한편 원고는 환지처분확정이전에 위 토지구획정리사업을 담당하는 피고에 대하여 이러 차례 자신이 종전토지인 교문동 123-10의 진정한 소유자임을 밝히고 환지되는 토지에 대하여 바로 자신의 이름으로 소유권등기가 되도록 하여줄 것을 요구하였는바, 위 피고는 1980년부터 이 건 토지에 대하여 원고에게 과세를 하고, 1996년 9월에는 원고로부터 청산금 5,200,000원을 수령하고서도 토지대장상에 소유명의가 피고 앞으로 되어 있다는 이유로 원고 명의의 소유권 등기를 하여 주지 않고 있으므로 이에 원고는 피고에 대하여 이 건 토지의 소유권이 원고에게 있다는 확인을 구하기 위하여 이건 청구에 이른 것입니다.

입 증 방 법

1. 갑제1호증   토지대장등본
2. 갑제2호증   폐쇄지적공부등본
3. 갑제3호증   지적도등본

첨 부 서 류

1. 소장부본   1통
1. 납부서   1통

2020. ○. ○○.
위 원고 ○○○ (인)

○○○지방법원 귀중

[서식] 청구취지 예시

첫째, 대여금 또는 손해배상 등 금원청구사건
1. 피고는 원고에게 50,000,000원 및 이에 대한 2015.6.10.부터 이 사건 소장
   부본 송달일까지는 연5%의, 그 다음날부터 다 갚는 날까지는 연 12%의 각
   비율에 의한 금원을 지급하라.
2. 소송비용은 피고가 부담한다.
3. 제1항은 가집행할 수 있다.

둘째, 소유권 이전등기·말소 등 청구사건
1. 원고에게
   가. 피고 이순신은 별지목록 기재 부동산에 관하여 의정부지방법원 구리등기
       소 1999.3.11. 접수 제3020호로 한 소유권이전등기의 말소등기절차를,
   나. 피고 이성계는 위 부동산에 관하여 1999.2.2.자 매매를 원인으로 한 소
       유권이전등기절차를 각 이행하라.
2. 소송비용은 피고가 부담한다.
※ 말소,이전등기 등 의사진술을 명령하는 재판의 경우에는 가집행 선고를 하지
   아니한다.

셋째, 동산인도 청구
1. 피고는 원고에게 별지목록 기재 동산을 인도하라.
2. 소송비용은 피고가 부담한다.
3. 제1항은 가집행할 수 있다.

넷째, 건물명도청구
1. 피고는 원고에게 별지목록 기재 부동산을 명도하고, 1,000,000원 및 이에 대
   한 이 사건 소장부본 송달 다음날부터 다 갚는 날까지 연12%의 비율에 의한
   금원과 2010.10.1.부터 위 부동산을 명도하는 날까지 월500,000원의 비율에
   의한 금원을 지급하라.
2. 소송비용은 피고가 부담한다.
3. 제1항은 가집행할 수 있다.

[서식] 당사자표시정정신청서

당 사 자 표 시 정 정 신 청 서

사건번호 2020가합(가단, 가소, 나) ○○○호 양수금

원   고   ○○○

피   고   (주)회사 ○○

위 사건에 관하여 피고회사는 2020.3.26. 그 상호를 변경하였으므로 소장
중 피고의 표시를 다음과 같이 정정하여 주시기 바랍니다.

아 래

피고『(주)회사 ○○ 』를 『△△주식회사』로 정정함.

2020. ○. ○○.

위 원고 ○○○ (인)

○○지방법원 귀중

[서식] 답변서

1) 답변서 제출에서 소액사건이 아닌 일반 민사소송의 경우 소장 부본을 송달받은 후 30일 이내에 답변서를 제출하여야한다.

그러나 답변서 제출기한은 이행권고결정에 대한 이의신청기간과는 달리 불변기간은 아니므로 제출기한을 지키지 않아도 이행권고결정과 같은 불변기간 미준수의 불이익은 받지 않는다.

그러나 답변서 제출을 미루다 보면 무변론 판결선고기일이 지정되고, 판결선고기일 통지서가 검찰청에 송달될 수도 있다. 검찰청에서 소송수행청을 잘못 지정한 경우, 소장 부본이 검찰청에 반송된 후 다시 새로운 소송수행청으로 송부되는 동안 답변서 제출기한이 경과되는 경우가 있을 수 있다.무변론 판결선고기일이 지정되더라도 선고기일 이전에 답변서를 제출하면 판결선고기일 지정이 취소되고 일반 소송절차로 돌아가게된다. 너무 늦게 소장 부본을 받아 선고기일 이전에 도저히 답변서를 제출하기 힘든 상황이면 답변서 제출이 늦어지게 된 사정을 설명하는 '변론재개신청서'를 작성하여 제출하면 특별한 사정이 없으면 무변론 판결선고기일은 취소된다.

2) 청구취지에 대한 답변

가) 청구기각 판결을 구한다는 답변을 하는 것이 보통임
   1. 원고의 청구를 기각한다.
   2. 소송비용은 원고의 부담으로 한다.
   라는 판결을 구합니다.

나) 부동산 소송(소유권확인의 소 등)에서는 확인의 이익이 없다는 이유 등으로 소가 부적법하다는 항변을 한 경우가 많은데, 이 경우 위 항변이 받아들여지이 않을 경우에 대비해서 청구기각판결을 구하는 경우가 대부분이므로 다음과 같이 청구취지에 대한 답변을 한다.
   <주위적으로>
   1. 이 사건 소를 각하한다.
   2. 소송비용은 원고의 부담으로 한다.
   〈예비적으로〉
   1. 원고의 청구를 기각한다.
   2. 소송비용은 원고의 부담으로 한다.
   라는 판결을 구합니다.

답 변 서

사　건　2020가단 1234

원　고　홍 ○ ○

피　고　대한민국

　　　　　법률상 대표자 법무부장관 ○ ○ ○

　　　　　소송수행자 ○ ○ ○

위 사건에 관하여 피고 소송수행자는 다음과 같이 답변합니다.

청구취지에 대한 답변

1. 원고의 청구를 기각한다.
2. 소송비용은 원고의 부담으로 한다.

라는 판결을 구합니다.

청구원인에 대한 답변

1. 다툼없는 사실

　　피고는 이 사건 부동산에 관하여 피고 국가 명의로 소유권보존등기가 경료된 사실은 다툼이 없으나 나머지 원고의 주장사실은 모두 부인합니다.

2. 사정명의인과 원고의 선조의 동일성 부존재

　　피고는 이 사건 부동산의 토지조사부 상 소유자인 김 ○○와 원고의 선조 망 김○○가 동일인이라고 주장하나, 원고의 선조의 호적등본 및 제적등본상 주소와 토지조사부상 사정명의인의 주소는 서로 다르므로 동일인이라 할 수 없습니다.

3. 적법한 국유화 절차

　　또한 이 사건 부동산에 관하여 국가가 무주부동산 등의 공고를 거쳐 국유로 등기한 것이고(을 제1호증 무주부동산 공고 참조), 원고 또는 원고의 선조들은 장기간 이 사건 부동산에 관하여 권리를 행사하지 않았던 점을 고려하면 이 사건 부동산은 적법하게 국유화되었다고 할 것입니다.

4. 결론

따라서 원고의 청구는 기각되어야 할 것입니다.

입 증 방 법

1. 을제1호증(무주부동산공고)   1부
1. 을제2호증(부동산등기부등본)   1부
1. 을제3호증의 1(준용하천고시)   1부

첨 부 서 류

1. 위 입증방법   각 2부
1. 답변서 부본   1부
1. 소송수행자지정서   1부

2020. ○. ○○

피고   대 한 민 국

소송수행자 ○ ○ ○

○○○지방법원 민사 제○단독 귀중

[서식] 답변서

답 변 서

원 　고　홍길동
피 　고　대한민국
　　　　　법률상 대표자 법무부장관 ○ ○ ○
　　　　　소송수행자 ○ ○ ○

위 사건에 관하여 피고 소송수행자는 다음과 같이 답변합니다.

청구취지에 대한 답변

1. 원고의 청구를 기각한다.
2. 소송비용은 원고의 부담으로 한다.
라는 판결을 구합니다.

청구원인에 대한 답변

1. 원고 주장사실의 요지
　　원고가 구하는 이 사건 청구원인의 요지는, "이 사건 토지가 원고의 부 소
　　외 망 정○○이 일정시 사정받은 토지인데, 원고가 위 토지를 단독상속하
　　였으므로, 피고 대한민국이 원고에게 위 토지에 관한 소유권보존등기의 말
　　소등기절차를 이행할 의무가 있다."는 것입니다.
2. 원고의 피상속인 전○○과 위 토지의 사정명의인인 소외 전○○이 동일
　　인인지 여부
3. 적법·유효한 등기
4. 이 사건 토지의 현황
　　따라서 이 사건 토지들은 앞에서 살펴본 바와 같이 하천법에 의하여 국
　　가에 귀속된 토지라 할 것이므로 원고의 청구는 기각되어야 할 것입니다.

입 증 방 법

1. 을제1호증(소유권보존등기촉탁서)   1통
1. 참고자료(관계법령발췌)   1통
1. 을제2호증(공유재산 실태조사표)   1통
1. 을제3호증의 1(준용하천고시)   1통
1.   〃   2(준용하천의 명칭과 구간)   1통
1. 을제4호증(한국하천일람)   1통

첨 부 서 류

1. 위 입증방법   각 1통
1. 소송위임장   1통

2020. ○. ○○.

피고 소송수행자 ○ ○ ○

○○○지방법원 제5단독 귀중

[서식] 답변서

답 변 서

원고   ○○○
피고   구리시장

위 당사자간의 의정부지방법원 2020구합1234호 국토이용계획변경결정처분 등 취소청구의 소에 관하여 피고의 소송수행자는 다음과 같이 답변합니다.

청구취지에 대한 답변

1. 원고의 이 사건 청구를 모두 기각한다.
2. 소송비용은 원고의 부담으로 한다.

청구원인에 대한 답변

1. 국토이용계획 등 변경 설정
   가. 경기도에서는 토지개발 필요성의 증대로 인하여 구리시 교문리 일원 450,000평방미터의 준농림지역을 준도시지역으로 변경하기 위하여 2013.5.20. 및 2015.11.22. 주민공람공고를 한 후 2016.5.23. 경기도 고시 제2118-20호로 국토이용계획변경계획 및 개발계획을 수립했고 이어 구리시에서 2016.11.2. 구리시고시 제2118-60호로 개발계획변경을 수립했습니다.
   나. 위와 같이 토지이용계획 변경에 의하면 위 450,000평방미터의 준농림지가 단독주택용지 65,000평방미터, 공동주택용지 110,137평방미터, 근린생활시설용지 7,000평방미터, 공원 및 녹지 179,923평방미터, 도로용지 87940평방미터로 되었습니다.
   다. 이에 따라 구리시 교문리 ○○○외 67필지 121,328평방미터 지상에 소외 ○○건설(주)외 3개사의 시행으로 29개동 총 2,135세대의 공동주택건설사업계획이 승인되었는데 공사기간은 2017.6.부터 2018.12.까지였습니다.

2. 원고 주장에 대하여

가. 원고는 위와 같은 도로계획을 변경한 것이 ○○건설(주)에서 건설하는 아파트 상가 일부가 도로로 편입되자 이를 구제해 주기 위하여 도로계획을 변경했다고 주장하나 근거가 없습니다. 문제가 된 아파트 상가는 ○○건설과는 전혀 상관이 없는 업체인 (주)○○건설이 건축한 것입니다. 따라서 도로계획을 위와 같이 변경한다고 하여 ○○건설(주)에 어떤 이익도 없습니다.

나. 원고는 위와 같이 도로계획을 변경하는 것이 교통사고발생위험성 및 교차로 구간의 병목현상을 증가시킨다고 주장하나 근거 없는 주장입니다. 오히려 기존 도로계획보다 시야가 넓어 교통사고 위험성이 적어지고 교차로 면적 증가로 교통체증도 감소될 것입니다.

다. 원고가 건축허가를 얻어 건축공사를 하려고 준비하던 중 위와 같이 국토이용계획 등의 변경으로 원고가 건축을 계획했던 부분 일부가 도로로 편입되도록 됨으로써 원고에게 불측의 손해가 발생되게 되었던 것은 사실이나 이는 국토를 효율적으로 이용하기 위한 계획의 변경으로 인하여 어쩔 수 없는 일이었습니다. 그렇다고 하여 국토이용개발계획 등을 근본적으로 무효화시켜야 한다는 원고 주장은 무리입니다.

라. 피고 구리시장은 원고가 건축공사에 착수하기 전에 변경된 계획에 따라 설계변경을 하여야만 더 큰 피해를 입지 않을 것이기 때문에 건축공사중지처분을 내렸습니다. 만일 원고가 종전 설계대로 도로계획선에 저촉하여 건축공사를 하여 건물이 들어설 경우 그 건물 일부를 철거해야 한다는 결과가 되기 때문입니다.

3. 이상에서 본 바와 같이 피고측의 국토이용개발계획등의 변경 등은 공공복리를 위한 필요에 의하여 적법한 절차에 따라 이루어진 것들일 뿐 원고 주장과 같이 어떤 흠이 있는 것이 아니므로 이의 취소를 구하는 원고의 이 사건 청구는 이유 없습니다.

2020. ○. ○○

피고들 소송수행자 지방사무관 ○○○ (인)

지방주사 ○○○ (인)

○○○지방법원 귀중

[서식] 준비서면

1) 답변서 작성 이후의 소송진행

   답변서가 제출되면 법원에서는 '…까지 준비서면과 증거를 제출하라'는 준비명령과 함께 답변서 부본을 원고에게 송달함. 이후 원고가 아무런 서면을 제출하지 않으면 변론준비기일 또는 변론기일이 지정되고, 원고가 준비서면을 제출하면 다시 법원에서는 피고에게 준비명령과 함께 준비서면 부본을 피고에게 송달함.

   약 2회에 걸친 서면공방(소장-답변서-원고측 준비서면-피고측 준비서면)이 이루어지면 변론준비기일 또는 변론기일이 지정되는 게 보통임.

2) 준비서면 작성요령

   시각적 효과 : 가급적 항목마다 제목을 붙여서 주장하고자 하는 바를 분명히 하는 게 바람직하다. 간혹 항목이 나누어져 있지 않거나 항목마다 칸을 띄우지 않아 빡빡하게 작성된 준비서면이 있는데, 이런 준비서면은 판사가 피고측에게 어떤 주장을 하는지 쉽게 파악할 수 없게 하기 때문에 올바른 준비서면의 작성방법이라고 할 수 없다.

   원고측의 주장을 반박하는 경우: 원고측의 소장 또는 준비서면에서의 주장을 반박하는 경우 반박하고자 하는 상대방의 주장 요지를 두세줄 정도 요약한 후 피고측의 입장을 전개해 나가는 것이 좋다.

준 비 서 면

사　　건　2020가단 ○○ 19000호 소유권이전등기

원　　고　○○○

피　　고　대한민국

　　　　　　법률상대표자 법무부 장관 ○○○

위 사건에 관하여 피고의 소송수행자는 다음과 같이 변론을 준비합니다.

다　　음

1. 원고들이 이 사건 임야를 점유하고 있는지 여부
2. 자주 점유인지 여부
3. 이 사건 임야는 행정재산이라는 점
4. 결 론

입 증 방 법

　　1. 을제7호증(사실확인서)　　　　　　　　　　　　1통

2019. 10.　　.

피고 소송수행자 ○ ○ ○

○○○지방법원 민사 제2단독 귀중

[서식] 준비서면

준 비 서 면

사　　건 2020가합 19000호 손실보상 등
원　　고 ○○○
피　　고 경기도

　위 당사자간의 의정부지방법원 2018가합19000호 손실보상등청구의 소에 관하여 피고 경기도는 다음과 같이 변론을 준비합니다.

다　　음

1. 이 사건 각 부동산은 자연발생적으로 하천부지로 사용되고 있던 상태에서 1995.12.25. 지방2급 하천으로 지정되었던 것이지 피고 경기도가 하천공사를 시행하여 새로이 준용하천 또는 지방2급 하천이 된 것이 아닙니다.
2. 원래부터 하천의 유수지나 제외지로 있던 토지는 그 후 준용하천 또는 지방2급 하천의 지정이나 하천관리청의 하천공사로 인하여 어떤 손해를 입었다고 볼 수 없는 것으로서 하천법 제74조 소정의 손실보상대상이 아닌 것입니다.

2019. 10.　　.
피고 경기도지사 ○○○

○○○지방법원 민사 12부 귀중

[서식] 증인신청서

증 인 신 청 서 양 식(증인진술방식)

1. 사건번호: ○○지방법원 2020 가단 ○○○○호
2. 증인의 표시

성명		직업	
주민등록번호			
주소			
전화번호	자택	사무실	휴대폰
원·피고와의 관 계			

3. 증인이 이 사건에 관여하거나 그 내용을 알게 된 경위
4. 신문할 사항의 개요
　　①
　　②
5. 기타참고사항

2020. ○. ○○.

피고 소송수행자 ○○○ (인)

○○지방법원 민사 제○○부 귀중

[서식] 증인진술서

증 인 진 술 서

사　　건　서울중앙지방법원　2020가단 ○○○○호 소유권이전등기
원　　고　○○○
피　　고　○○○

진술인(증인)의 인적사항

이　름: △△△(630911-*******)
주　소: 서울특별시 마포구 마포대로 174(공덕동), 1302호 212동(푸르지오@)
전화번호: 02-4610-0000(휴대폰 010-1234-0000)

1. 진술인은 2001년경 친한 친구로부터 피고를 소개받았고, 진술인의 사업 상 돈이 필요한 경우가 많아서 금전을 차용하는 관계로 매우 친한 사이 가 되었습니다.
2. 그러던 중 피고가 2003년 2월경부터 자신의 처 명의로 소유하고 있던 마포구 공덕동 소재 푸르지오 아파트 212동 1202호를 매도하려고 한다 면서 진술인에게 주변 지인들에게 매입희망자를 소개하여 달라고 부탁 하였습니다.
3. 진술인은 2003년 6월경 피고로부터 차용한 차용금의 이자를 변제하려고 피고의 집에 갔다가 그곳에서 원고를 처음 보게 되었고, 그날 원고와 피고 는 그곳에서 위 아파트 매매에 관하여 이야기를 하고 있었던 것으로 기억 하고 있으며, 매매계약서 작성하는 것은 직접 목격하지 못하였습니다.
4. 진술인은 그 후 피고로부터 전화로 위 아파트를 피고에게 매도하였다고 하는 이야기를 듣게 되었습니다. 그런데 그 후 1개월 정도 지난 다음에 시내 커피숍에서 피고를 우연히 만났는데 피고가 저에게 원고가 위 아 파트를 매입할 수 없게 되었다고 하면서 원고가 자신에게 계약금을 반 환하여 달라고 사정하여 하는 수 없이 그 계약금 중 2분의 1 금액만 반 환하고, 서로 위 아파트 계약은 없던 행위로 하기로 하였다는 말을 들 었고, 그 후 원고를 만난 사실이 없었습니다.

5. 이상의 진술은 모두 진실임이 틀림없고, 위 진술서에 기재한 사항의 신문을 위하여 법원이 출석요구를 하는 때에는 법정에 출석하여 증언할 것을 서약합니다.

2020. ○. ○○.

진술인 ○○○ (인)

증 인 신 청 서(증인신문방식)

사 건 ○○지방법원 2020가단 ○○○○호 소유권이전등기

원 고 ○○○

피 고 ○○○외 10

  위 당사자간의 소유권이전등기 청구사건에 관하여 원고 소송대리인은 주장사실을 입증하기 위하여 다음과 같이 증거를 신청합니다.

- 다 음 -

1. 증인의 표시

   성명 △△△

   주소 서울특별시 마포구 마포대로 174(공덕동), 1302호 212동(푸르지오@)

2. 증인신문사항

   별지와 같음

2020. ○○. ○○.

원고 소송대리인

변호사 □□□ (인)

○○○지방법원 민사22부 귀중

(서울중앙지방법원 2020가단 ○○○○호)

"별지"

증인 △△△ 신문사항

1. 증인은 토평동 주민으로서 원고와 이웃에 거주하는 관계이며, 2000.경
   부터 5년간 통장직에 종사한 사실이 있으므로 이 사건 토지에 대하여
   잘 알고 있지요.
2. 토평동은 오래전부터 마을입구 부근 천방둑을 중심으로 뒤쪽으로 자연
   스럽게 마을이 형성되었지요.
3. 토평동 주민들은 천방둑 물을 이용하여 농사를 지었으며, 그 천방둑의
   물만으로는 농사를 짓는데 충분한 물공급이 어려웠지요.
4. 주민들은 한 마을 주민이자 농지를 많이 소유하고 있던 ○○○로부터
   위 천방둑 주변에 있던 토평리 12-7. 5,120평을 매수하여 그 부분까지
   천방둑으로 확대하려고 했지요.
5. 위 토지를 매입하고 천방둑을 확대하려고 할 당시 주민들은 증인을 포
   함하여 모두 45세대였고, 그 세대 전부가 위 천방둑의 물을 이용하여
   농사를 짓는 상황이었지요.
6. 위 토지를 매수자금은 주민들로부터 조금씩 모아서 마련한 돈과 마을
   공동작업으로 저축한 마을공동자금이었지요.
7. 추가로 자금여력이 있는 마을 유지분들이 기부금 형식으로 추가 자금을
   부담한 것이지요.

                        .

                        .

                        .

30. 기타사항

[서식] 증인여비포기서

증인여비포기서

사　　건 서울중앙지방법원　2020가단 ○○○○호 소유권이전등기

원　　고 ○○○

피　　고 ○○○외 10

　위 사건에 관하여 증인은 2020.1.20. 15:00에 제417호 법정에서 증인으로 출석하여 선서하고 증인신문을 마쳤는바 이에 대한 증인여비 일체를 포기합니다.

2020. ○. ○○.

원고 증인 ○○○

○○지방법원 민사 22부 귀중

[서식] 문서등본부촉탁신청서

문서등본송부촉탁신청서

사　　건 서울중앙지방법원　2020가단 ○○○○호 손해배상
원　　고　○○○외 2
피　　고　○○○

　위 사건에 관하여 원고들 소송대리인은 다음과 같이 문서등본 송부촉탁을 신청합니다.

- 다　음 -

1. 문서송부 촉탁할 곳
　서울중앙지방검찰청 기록관리과
2. 문서송부 촉탁할 서류
　위 청에 보관중인 2010형제 17342 교통사고처리특례법위반 피고인
　○○○(610210-1691011)에 대한 수사기록일체

2020. ○. ○○.
원고들　소송대리인
변호사　○○○(인)

○○○지방법원 민사 22부 귀중

사 실 조 회 신 청 서

사   건   서울중앙지방법원 2020가단 ○○○○호 소유권이전등기말소등기
             절차이행 등
원   고   ○○○
피   고   ○○○외 3

 위 사건에 관하여 원고들 소송대리인은 다음과 같이 사실조회를 신청합니다.

◇ 다 음 -

1. 사실조회 할 곳
   서울시 성동구○동 소재 성동세무서
2. 사실조회 할 사항
   별지와 같음

2020. ○. ○○.
피고 소송대리인
변호사   ○○○(인)

서울중앙지방법원 민사 22부 귀중

"별지"

- 조 회 사 항 -

가. 인적사항

   성　　　　명: ○○○

   주민등록번호: 610911-*******

   주　　　　소: 서울시 광진구 구의동 611. ○○아파트 215동 1204호

나. 위 사람의 최근 3년간 납세내역

현 장 검 증 신 청 서

사　　건　서울중앙지방법원 2020가단 ○○○○호 공사대금
원　　고　○○○
피　　고　○○○

　위 사건에 관하여 원고들 소송대리인은 다음과 같이 현장검증을 신청합니다.

- 다 음 -

1. 검증의 목적
　원고가 피고와 이 사건 건물의 건축공사 계약을 체결할 당시 피고에게
　똑같이 시공해주겠다고 말하면서 제시했던 건물과 피고의 건물과의 현
　상을 비교하기 위하여
2. 검증의 목적물
　서울시 종로구 ○○○ 소재 건물(건물소유권자 박○○) 및 주변 사항
3. 검증할 사항
　위 검증의 목적과 같음

2020. ○. ○○.
피고　소송대리인
변호사　○○○(인)

서울중앙지방법원 민사 22부 귀중

현 장 검 증 및 감 정 신 청 서

사　건 의정부지방법원 2020가단 ○○○○호 토지인도 등
원　고 ○○○
피　고 ○○○

위 사건에 관하여 원고 소송대리인은 다음과 같이 현장검증·감정을 신청
합니다.

– 다 음 –

1. 검증 및 감정의 목적
   피고는 원고의 소유인 구리시 교문리 309-1 전3,000㎡ 중 약 2,565㎡
   를 과수원 부지와 무허가 주택 2동의 부지, 농막 부지 등으로 사용하고
   있는 바,
   가. 원고 소유의 위 토지가 피고에 의해 위와 같이 무단점유사용 되고
       있는 현황을 도면 및 목록에 표시하고,
   나. 피고 점유부분에 관하여 2010.4.1.부터 현재까지 월 임료액을 밝히
       기 위하여
2. 검증 및 감정의 목적물
   구리시 교문리 409-2. 전 3,823평방미터 및 주변사항
3. 검증 및 감정할 사항
   위 검증, 감정의 목적과 같음

2020. ○. ○○.

원고　소송대리인

변호사　○○○ (인)

의정부지방법원 민사 12부 귀중

[서식] 감정신청서(무인)

무 인 감 정 신 청 서

사   건   의정부지방법원 2020가단 ○○○○호 전세보증금 등

원   고   ○○○

피   고   ○○○

위 사건에 관하여 원고 소송대리인은 다음과 같이 무인감정을 신청합니다.

- 다 음 -

1. 감정의 목적

   원고가 제출한 갑제2호증 전세계약서에 인영된 무인이 피고의 무인인지 여부를 가려, 위 전세계약서가 진정하게 성립된 것인지를 밝히고자 함.

2. 감정의 목적물

   갑제2호증 전세계약서상 피고 이름 옆의 무인

3. 감정할 사항

   위 감정의 목적과 같음

2020. 2. ○○.

원고   소송대리인

변호사   ○○○ (인)

의정부지방법원 민사 12부 귀중

신 체 감 정 신 청 서

사　　　건 의정부지방법원 2020가단 ○○○○호 손해배상청구

원　　　고 홍○○외 2

피　　　고 장○○

　위 사건에 관하여 원고 소송대리인은 다음과 같이 무인감정을 신청합니다.

- ◇다 음 -

1. 피감정인의 표시

　　성 명　이○○

　　성 별　남

　　생년월일 1963.6.19. 생

　　주소 구리시 교문리 166-1.(전화: 010-9575-1234, 031-627-1406)

　　　　　　　　　　　(연락처: 031-121-7722 변호사 ○○○법률사무소)

2. 신체감정촉탁법원

　　귀원이 촉탁 의뢰한 병원의 정형외과, 신경외과

3. 피감정인은 2020.5.17. 교통사고를 당하여 좌측 제4수지 근위지골골절, 요추부염좌 등의 상해를 입었는바, 피감정인이 입은 위 상해에 대하여 신체장애의 정도, 치료액, 향후치료비의 필요 여부 등을 산출하기 위하여 전문의료기관의 판단을 구합니다.

4. 감정사항

　　가. 피감정인의 병력

　　나. 피감정인의 현증상

　　다. 피감정인의 2020.5.17. 교통사고에서 입은 상해에 관하여,

　　　　(1) 치료가 종결되었는지 여부

　　　　(2) 향후 치료가 필요하다면 그 치료의 내용과 치료기간 및 소요치료예상액

   (3) 피감정인에게 특별히 개호인을 붙일 필요가 있는지 여부, 있다면,

     ㉮개호의 기간

     ㉯개호인의 업무내용

     ㉰개호인의 비용

   (4) 피감정인이 특별히 보조구를 필요로 할 때에는 보조구의 소요

     개수와 개당 수명 및 그 단가

   (5) 위의 상해가 피감정인의 평균수명에 영향이 있는지의 여부, 있

     다면 예상되는 여명의 단축기간

   (6) 치료(예상되는 경우 포함) 종결상태를 기준으로 하여 피감정인

     에게 육체적 노동능력의 감퇴가 예상되는지의 여부

   (7) 노동능력감퇴가 예상되는 경우에 피감정인이 자동차운전기사 및

     도시, 농촌일용노동자로 종사할 수 있는지의 여부, 있다면 각

     그 노동능력 상실의 정도

5. 기타사항

첨 부 서 류

   1. 진단서   1부

   2. 신청서부본   1부

2020. 2. ○○.

원고 소송대리인

변호사 ○○○ (인)

의정부지방법원 민사 12부 귀중

문 서 제 출 명 령 신 청 서

사　　건 의정부지방법원 2020가단 ○○○○호 퇴직금 등 청구
원　　고 홍○○외 20
피　　고 ○○항공(주)

　위 사건에 관하여 원고들 소송대리인은 다음과 같이 문서제출명령을 신청합니다.

– 다 음 –

1. 문서의 표시
　　원고들에 대한 각 2006.10.부터 퇴직시까지 급여대장 및 급여지급내역서, 체불임금내역서, 근무일지(작업일지 포함), 복리후생비 지급내역, 선물비 (교통비, 중식대,피복비,가족수당,소모품비,하계휴가비, 귀향비 등), 특근신청서, 2006, 2007, 2008 각 단체협약서 및 부속협정서, 연·월차수당 지급내역서, 연·월차반납에 대한 동의서, 성과급지급내역서, 상여금 지급내역서, 상여금 반납에 대한 동의서, 장기근속자 포상금 지급내역 등.
2. 입증취지
　　피고는 원고들에 대한 통상임금 계산시 통상임금에 포함시켜야 할 일부 수당을 누락시켰고 또한 통상임금 계산방법을 잘못하여 통상임금이 적게 산출되는 바람에 통상임금을 토대로 산출한 각종 수당들이 적어졌음은 물론 그 결과 퇴직금도 적어진 결과가 된 사실을 입증코자 함.
3. 문서의 소지자
　　상법 제33조에 의하면 상인인 피고는 위 각 서류들을 5년 내지 10년간 보존하여야 함으로 현재 피고가 위 각 서류들을 보관하고 있다고 할 것임

2020. ○. ○○.
원고들　소송대리인
변호사　○○○ (인)

의정부지방법원 민사 12부 귀중

[서식] 항소장

항 소 장

항 소 인(피고) 대한민국
           법률상대표자 법무부장관 ○○○
           소송수행자 ○○○
피 항 소 인   김○○
           경기도 구리시 아차산로 ○○○

위 당사자간 의정부지방법원 2020가합○○○ 손해배상(기) 청구사건에 관하여 같은 법원이 2020.3.20. 피고 패소판결을 선고하였으나, 피고는 이에 불복하므로 항소를 제기합니다.

원 판 결 의 표 시

1. 피고는 원고에게 10,000,000원 및 이에 대하여 2018.12.1.부터 2020.1.10. 까지는 연 5%, 그 다음 날부터 다 갚는 날까지는 연 12%의 각 비율에 의한 금원을 지급하라.
2. 소송비용은 피고의 부담으로 한다.
3. 제1항은 가집행할 수 있다.

항소취지

1. 원판결을 취소한다.
2. 원고의 청구를 기각한다.
3. 소송비용은 1, 2심 모두 원고의 부담으로 한다.
라는 판결을 구합니다.

불복의 범위

항소인(피고)는 위 판결에 전부 불복합니다.

항 소 이 유

추후 제출하고자 합니다.

첨 부 서 류

1. 송달료납부서	1부
1. 항소장 부본	1부

2020. ○. ○○.

항소인(피고) 대 한 민 국

소송수행자 ○○○ (인)

의정부지방법원 귀중

상 고 장

상 고 인(피고)   대한민국
　　　　　　　　법률상대표자 법무부장관 ○○○
　　　　　　　　소송수행자　○○○

피상고인(원고)   김○○
　　　　　　　　서울시 서대문구 연희동 ○○○

　위 당사자간 의정부지방법원 2020나 ○○○ 손해배상(기) 청구사건에 관하여 같은 법원에서 2020.2.1. 상고인(피고) 패소판결을 선고하였으나, 피고는 이에 불복하므로 이에 상고를 제기합니다.(피고는 위 판결정본을 2020.2.12. 송달받았습니다.)

원 판 결 의 표 시

1. 원심판결은 다음과 같이 변경한다.
　가. 피고는 원고에게 금2,000,000원을 지급하라.
　나. 원고의 나머지 청구를 기각한다.
2. 소송비용은 제1,2심 합하여 5분의 1은 원고의, 나머지는 피고의 부담으로 한다.
3. 제1항은 가집행할 수 있다.

상 고 취 지

원판결 중 피고 패소부분을 파기하고, 이 사건을 대구고등법원으로 환송한다.
라는 판결을 구합니다.

상 고 이 유

추후 제출하고자 합니다.

첨 부 서 류

  1. 송달료납부서   1부
  1. 상고장 부본   1부

2020. 3. ○○.

상고인(피고) 대 한 민 국

소송수행자 ○○○ (인)

대법원 귀중

[서식] 답변서

답 변 서

사 건 2020다1234 소유권이전등기
원 고(상 고 인)   김 ○ ○
피 고(피상고인)   대한민국

  위 사건에 관하여 피고(피상고인) 대한민국 소송수행자는 아래와 같이 답변합니다.

상고취지에 대한 답변

1. 원고의 상고를 기각한다.
2. 상고비용은 원고가 부담한다.
라는 판결을 구합니다.

상고이유에 대한 답변

 원고의 상고이유는 상고심절차에관한특례법 제4조 제1항 각호의 사유에 해당되지 아니하므로 상고를 기각하여 주시기 바랍니다.

2020. 3. ○○.
피고(피상고인) 대한민국
소송수행자 ○ ○ ○

대법원 제○부 귀중

제3장
손해배상소송실무

제3장 손해배상소송실무
제1절 개요

1 개념

가. 손해배상소송 개념

(1) 손해배상소송의 의의

국가를 상대로 손해배상청구를 하는 소송은 국가 또는 지방자치단체의 공무원이 직무상 불법행위로 타인에게 손해를 가한 경우 또는 국가 또는 지방자치단체가 관리하는 영조물의 하자로 인하여 타인에게 손해를 발생케 한 경우 사인이 국가배상법에 근거하여 손해배상을 청구하는 소송이다. 국가를 상대로 하는 소송에서 손해배상책임의 발생에 대한 입증책임은 원고인 상대방에게 있다. 따라서 불법행위의 피해자인 원고가 관련 공무원의 고의·과실, 위법성, 손해발생, 인과관계 등의 입증이 필요하고 위 요건들이 모두 입증되어야 국가의 손해배상 책임이 인정된다. 피고인 국가로서는 위 책임요소 중 어떤 것에 중점을 두어 방어를 할 것인가를 염두에 두고 원고의 약점을 공략해 소송수행을 하는 것이 효율적이라고 할 것이고, 피고인 개인으로서는 위와 반대로 공격·방어 전략을 세워 소송을 진행시키는 것이 승소하여 손해배상을 받는데 더 유리할 것이다.

(2) 적용법률

헌법에서는 국가와 공공단체의 배상책임을 규정하고 있으나 국가배상법에서는 국가와 지방자치단체의 배상책임만을 규정하고 있다. 국가배상법은 일반법인 민법의 제3편 제5장 불법행위법에 관한 특별법이다.[120] 따라서 국가가 피고로 되는 손해배상사건의 경우 국가배상법의 규정이 우선 적용된다. 그 외에 국가배상법 등의 특별법 규정 이외 부분은 민법이 보충적으로 적용되며, 대표적인 유형은 불법행위에 의한 손해배상청구권을 '손해 및 가해자를 안 날로부터' 3년간 행사하지 않으면 시효로 소멸되도록 하는 것을 들 수 있다.[121] 또한 금전의 급부를 목적으로 하는 국가의 채권 또는 국가에 대한 채권은 5년의 소멸시효[122]가 적용되므로, 불법행위가 있은 날로부터 10년을 경과하면 소멸하는 민법상의 손해배상청구권[123]과는 달리, 국가배상청구권은 '불법행위일로부터' 5년간 행사하지 아니하면 시효로 소멸하게 된다.

(3) 공공단체의 배상책임의 법적 근거

공공단체의 공무수행 중 가해진 손해에 대하여 민법을 적용할 것인가 아니면 국가배상법을 적용할 것인가가 문제되는데 이에 대하여 민법상 손해배상청구설, 국가배상법유추적용설, 국가배상법적용설이 있으나 대법원은 공공단체의 공행정작용을 수행하는 중 손해를 발생시킨 경우 기본적으로 공공단체에게 민법 제750조의 불법행위로 인한 배상책임[124] 또는 민법 제758조의 공작물의 책임[125]을 인정하고 있다.

나. 손해배상소송 요건

(1) 배상책임의 요건

(가) 국가배상법 제2조에 의한 국가배상책임이 성립하기 위해서는 ①공무원이 직무를 집행하면서 타인에게 손해를 입혔을 것, ②공무원의

---

120) 대법원 1972.10.10. 선고 69다701; 1971.4.6, 70다2955 판결.
121) 민법 제766조(손해배상청구권의 소멸시효) ①불법행위로 인한 손해배상의 청구권은 피해자나 그 법정대리인이 그 손해 및 가해자를 안 날로부터 3년간 이를 행사하지 아니하면 시효로 인하여 소멸한다.
122) 국가재정법 제96조 제1항, 제2항
123) 민법 제766조 ②불법행위를 한 날로부터 10년을 경과한 때에도 전항과 같다.
124) 대법원 2001.2.9. 선고 99다55434 판결에서 "고속도로 소음으로 양돈농가 폐업의 피해에 대한 한국도로공사의 불법행위로 인한 손해에 대하여 민법제750조의 불법행위로 인한 배상책임을 인정했다."
125) 블랙아이스 사고 등 고속도로의 관리상 하자로 인한 한국도로공사의 배상책임에 민법제758조의 배상책임을 인정한다.

가해행위는 고의 또는 과실로 법령에 위반하여 행하여 졌을 것, ③손해가 발생하였고, 공무원의 불법한 가해행위와 손해 사이에 상당인과관계가 있을 것이 요구된다.

1) 공무원

국가배상책임은 국가의 행위로 볼 수 있는 작용에 의해 발생한 손해를 국가가 배상하도록 하는데 그 의의가 있는 것이므로, 국가배상상법 제2조의 공무원은 '넓은 의미의 공무원'을 의미한다. 즉 국가공무원법이나 지방공무원법상의 공무원의 신분을 가진 자뿐만 아니라, 공무수탁사인이나 조세의 원천징수자 등 널리 공무를 위탁받아 실질적으로 공무에 종사하는 자를 포함한다.

대법원은 동원훈련 중 향토예비군[126], 미군에 파견된 카투사 운전병[127], 서울특별시 청소차량 운전수[128] 등도 국가배상법상의 공무원에 해당한다고 보았고, 행정기관이 실질적으로 공무를 수행하는 경우 국가배상법상의 공무원으로 보았다.[129]

2) 직무행위

국가배상책임이 성립되기 위해서는 공무원의 직무행위일 것을 요한다. 그 행위에는 권력작용은 물론 관리작용도 포함되나[130] 단순히 행정주체가 사경제주체로 하는 활동은 그 손해배상의 책임에 민법이 적용되어 제외된다.[131] 직무행위는 공무원의 직무 집행행위이거나 그와 밀접한 관계에 있는 행위를 포함하고, 이는 작위뿐만 아니라 부작위도 포함된다.[132]

---

126) 대법원 1970.5.26. 선고 70다471 판결
127) 대법원 1969.2.18. 선고 68다2346 판결
128) 대법원 1980.9.24. 선고 80다1051 판결
129) 대법원 2003.11.14. 선고 2002다55304 판결에서 "구 수산청장으로부터 뱀장어 수출추천 업무를 위탁받은 <u>수산업협동조합이 수출제한조치를 취할 당시 국내 뱀장어 양식용 종묘의 부족으로 종묘확보에 지장을 초래할 우려가 있다고 판단하여 추천업무를 행하지 않은 것이 공무원으로서 타인에게 손해를 가한 때에 해당</u>"
130) 대법원 1980.9.24. 선고 80다1051 판결
131) 대법원 1969.4.22. 선고 68다2225 판결

3) 직무관련성

공무원의 불법행위에 의한 국가책임은 공무원의 가해행위가 직무
집행행위인 경우뿐만 아니라 그 자체는 직무집행행위가 아니더라
도 직무와 일정한 관련이 있는 경우, 즉 '직무를 집행하면서' 행
하여진 경우에 인정된다. 종래의 통설은 '직무를 집행하면서'의
판단에 있어 외형설을 취하고 있다[133]. 외형설은 직무집행행위뿐
만 아니라 실질적으로 직무집행행위가 아니더라도 외형상 직무행
위로 보여 질 때에는 '직무를 집행하면서 행한 행위'로 본다. 그
러나 공무원의 가해행위와 직무와의 사이의 직무관련은 '실질적·
객관적 직무관련'과 엄격한 의미의 '외형상 직무관련'을 포함하는
것으로 보는 것이 타당하다. 대법원은 외형설만을 취한 견해도
있고,[134] 실질적 직무관련을 취한 견해도 있으며,[135]외형설과
동시에 실질적 직무관련을 취한 견해가 있으나 둘 중 어느 하
나에만 해당하면 직무관련성을 인정하고 있다고 보아야 한다.

4) 고의 또는 과실

국가배상법 제2조는 공무원의 고의 또는 과실을 요건으로 하고

132) 대법원 1993.12.12. 선고 91다43466 판결
133) 대법원 2005.1.14. 선고 2004다26805 판결 : 국가배상법 제2조 제1항의
'직무를 집행함에 당하여'라 함은 직접 공무원의 직무집행행위이거나 그
와 밀접한 관련이 있는 행위를 포함하고, 이를 판단함에 있어서는 행위
자체의 외관을 객관적으로 관찰하여 공무원의 직무행위로 보여 질 때에
는 비록 그것이 실질적으로 직무행위가 아니거나 또는 행위자로서는 주
관적으로 공무집행의 의사가 없었다고 하더라도 그 행위는 공무원이 '직
무를 집행함에 당하여' 한 것으로 보아야 한다.
134) 대법원 1971.3.23. 선고 70다2986 판결 : 사고차량이 군용차량이고 운전
자가 군인임이 외관상 뚜렷한 이상, 실제 공무집행에 속하는 것이 아니
라 하더라도 공무수행 중의 행위로 보아야 한다.
135) 대법원 1994.5.27. 선고 94다6741 판결 : 육군중사가 훈련에 대비하여
개인 소유의 오토바이를 운전하여 사전정찰차 훈련지역 일대를 돌아보고
귀대하던 중 교통사고를 일으킨 경우에 비록 개인소유의 오토바이를 운
전한 경우라 하더라도 실질적, 객관적으로 위 운전행위는 그에게 부여된
훈련지역의 사전정찰업무를 수행하기 위한 직무와 밀접한 관련이 있다고
보아 국가배상법 제2조 소정의 직무집행행위에 해당한다고 보아 실질적
직무관련성을 인정하였다.

과실이란 당해 직무를 담당하는 평균적 공무원이 통상 갖추어야 할 주의의무를 다하지 못한 것을 의미한다. 여기서 공무원이 법령해석을 잘못하여 위법한 행정처분을 한 경우에 과실을 인정할 수 있는지가 문제될 수 있는데 대법원은 행정규칙에 따른 처분을 한 경우나, 법령이 문언자체로 명백하지 않아 학설과 판례가 귀일된 바 없는 등의 특별한 사정이 있는 경우에는 공무원이 관계법령에 따라 일반적인 경험칙상의 해석에 근거해 행정처분을 하였다면 과실을 부정하고 있다.[136]

또한 위법한 직무행위로 인한 국가배상청구에서는 공무원의 고의, 과실을 원고가 입증하여야 하나 사경제주체로서의 국가기관 등의 채무불이행 책임을 묻는 경우[137]에는 채무불이행자인 국가가 고의, 과실이 없음을 입증하여야 한다는 점을 유의하여야 한다.

5) 위법성

국가배상법 제2조는 '법령을 위반'할 것을 요건으로 하고 있고, 법령에는 명문의 규정뿐만 아니라 신의성실, 공서양속 위반 등이 포함된다.[138] 부작위의 위법성이 인정되기 위해서는, 행정청의 작위의무 및 관련 법규의 해석상 사익보호성이 인정되어야 가능하다. 또한 국가 등이 하지 않은 행위가 기속행위인 경우뿐만 아니라, 재량행위인 경우에도 구체적인 상황에 비추어 재량권이 영으로 수축되는 경우에는 작위의무가 인정되고, 이러한 재량행위를 규정한 법령의 취지가 공익 일반뿐만 아니라 사익도 보호하려는 것으로 인정되는 경우에는 행정청의 부작위는 위법한 것이 되고, 국가 등의 손해배상책임이 인정되게 된다.[139] 원고가 수입의 통관과정에서 물품매도확약

---

136) 대법원 1981.8.25. 선고 80다1598 판결
137) 조달물품 납품계약 등 사경제주체로서 당사자 간의 계약불이행 손해배상책임 등 단순한 물품, 용역계약상의 불이행책임 관련소송을 의미.
138) 대법원 2005.6.9. 선고 2005다8774 판결
139) 2014.4.16. 진도 해상에서 발생한 세월호 참사에서 당시 해경이 침몰한

서 또는 계약서를 제출하지 않았다는 이유로 타이어 수입의 통관을 보류한 사안에서 세관공무원이 관련 규정에 따른 적절한 법률검토 없이 이를 통관보류처분을 한 것은 위법하고 이로 인하여 위 물품이 통관되지 않음으로서 원고가 경제적 손실을 입었다고 주장하여 국가를 상대로 손해배상청구를 한 사안에서[140] 대법원은[141] 선례가 확립되기 전의 관련 법규에 대한 해석은 공무원의 고유권한이고, 성실한 평균적 공무원이 어느 한 설에 근거하여 이에 따라 처분을 하였더라도 이를 공무원의 과실이라고 할 수 없다고 보고 있다. 또한 대법원은[142] 원고가 법령 해석이 모호한 경우 다른 기관에도 문의를 하고 이러한 사정을 행정기관에 고지하지 아니한 이상 피고의 과실은 원고에 의하여 유발된 과실이라고 보고 있다. 이때 국가는 처분 당시의 근거자료와 당사자 본인신문을 통하여 원고에 의하여 유발된 과실이라는 점을 입증하여야 한다.

(나) 국가배상법 제5조의 영조물의 설치 및 관리의 하자로 인한 손해배상청구
  1) 도로·하천 기타 공공의 영조물
    공공의 영조물이란 행정주체가 공익목적을 달성하기 위해 제공한 유체물을 말하고, 공공의 영조물에는 인공공물과 하천 등의 자연공물이 포함되고, 도로 등 일반 공중의 사용에 제공되는 공공용물과, 관공서 등 행정주체 자신의 사용에 제공되는 공용물을 포함하는 것으로 해석한다.

세월호 승객의 인명 구조의무해태 등과 관련하여 손해배상책임을 인정하는 경우와 같이 공무원이 선박안전법이나 유선 및 도선업법에 규정된 직무상 의무를 위반하여 허위의 선박검사 합격증서를 발행하고 아무런 조치 없이 계속 운항하게 함으로써 화재가 발생한 사안에서, 위 법의 각 규정은 공공의 안전 외에 일반인의 인명과 재화의 안전보장도 그 목적으로 하는 것이라고 보고 국가배상책임을 인정하였다.
140) 행정소송을 제기하여 항고소송에서 원고가 승소판결을 받아 행정처분이 취소된 사건에서 행정처분의 위법성을 근거로 한 국가를 상대로 손해배상청구
141) 대법원 2001.12.28. 선고 2001다67416 판결
142) 대법원 2000.1.21. 선고 99다50538 판결

2) 설치 또는 관리의 하자

영조물의 '설치 또는 관리의 하자'가 무엇을 의미하는가에 관하여 학설은 객관설, 주관설, 절충설로 나뉘어 있다. 이 중 객관설의 영조물의 설치 또는 관리상의 하자란 '영조물이 통상 갖추어야 할 물적 안전성의 결여'를 의미한다. 대법원도 국가배상법 제5조 제1항에 정해진 영조물의 설치 또는 관리의 하자라 함은 영조물이 그 용도에 따라 통상 갖추어야 할 안전성을 갖추지 못한 상태에 있음을 말한다고 보았다.[143] 따라서 공공시설의 구조, 용법, 장소적 환경 및 이용현황 등 제반사정을 고려하여 구체적, 개별적으로 판단하여야 한다. 대법원은 군대막사 붕괴사고 사건,[144] 지방자치단체의 도로 노면 결빙 사고 사건에서[145] 영조

143) 대법원 2007.10.26. 선고 2005다51235: 국가배상법 제5조 제1항에 정해진 영조물의 설치 또는 관리의 하자라 함은 영조물이 그 용도에 따라 통상 갖추어야 할 안전성을 갖추지 못한 상태에 있음을 말하는 것이며, 다만 영조물이 완전무결한 상태에 있지 아니하고 그 기능상 어떠한 결함이 있다는 것만으로 영조물의 설치 또는 관리에 하자가 있다고 할 수 없고, 위와 같은 안전성의 구비 여부를 판단함에 있어서는 당해 영조물의 용도, 그 설치장소의 현황 및 이용 상황 등 제반 사정을 종합적으로 고려하여 설치·관리자가 그 영조물의 위험성에 비례하여 사회통념상 일반적으로 요구되는 정도의 방호조치의무를 다하였는지 여부를 그 기준으로 삼아야 할 것이며, 만일 객관적으로 보아 시간적·장소적으로 영조물의 기능상 결함으로 인한 손해발생의 예견가능성과 회피가능성이 없는 경우, 즉 그 영조물의 결함이 영조물의 설치·관리자의 관리행위가 미칠 수 없는 상황 아래에 있는 경우임이 입증되는 경우라면 영조물의 설치·관리상의 하자를 인정할 수 없다고 할 것이다.
144) 대법원 1967.2.21. 선고 66다1723 판결
145) 대법원 1992.9.22. 선고 92다30139 판결 : 이 사건 사고가 난 도로는 편도 2차선의 자동차전용도로이고 사고지점 오른쪽에 있는 높이 7 내지 8미터의 축대 위에 인가가 밀집되어 있던 그 인가에서 흘러내려 온 생활오수 등이 얼어붙으면서 위 도로 2차선에 폭 약 4미터, 길이 약 50미터의 빙판이 형성되어 있었는데도 피고가 미리 위 인가에서 생활오수가 도로에 흘러내리지 않도록 배수시설을 갖추든가, 기온의 강하에 따른 도로의 상태를 점검하여 빙판이 생기지 아니하도록 조치를 취하고 빙판이 생기더라도 곧 이를 제거하거나 모래를 뿌리고 위험표지판을 세워 그 도로를 통행하는 운전자에게 주의를 환기시키는 등의 의무가 있다 할 것인데 이러한 조치를 취하지 아니한 위 도로의 설치, 관리상의 하자로 인하여

물의 설치 또는 관리의 하자로 보고 국가의 손해배상책임을 인정하였다.

3) 손해의 발생 및 인과관계

공공영조물의 하자로 인하여 손해가 발생하여야 하고, 그 하자와 손해발생 사이에 상당인과관계를 필요로 한다. 따라서 손해가 천재지변 등 불가항력적으로 발생한 경우에는 면책사유에 해당될 수 있다.146) 또한 대법원은 예산부족의 재정여건은 국가책임의 면책사유로 인정하지 않았다.147)

(2) 공무원 개인의 책임

(가) 국가에 대한 구상책임

공무원에게 고의 또는 중과실이 있는 경우 국가는 그 공무원에게 구상할 수 있는 근거를 국가배상법 제2조 제2항에 규정하고 있으므로 손해배상책임을 이행한 국가는 당해 직무를 집행한 공무원에게 고의 또는 중과실이 있을 경우에 한하여 구상권을 행사할 수 있다. 대법원은 공탁법 등의 규정에 위배하여 확정판결에 해당하지 않는 가집행선고부 판결을 첨부하였음에 불과한 자에 대하여 공탁금 출급인가를 한 경우148)와 근저당권설정자를 근저당권자로 착오 등재한 경우에149) 공무원의 고의.중과실을 인정하였다. 그러나 유치원생이 교사의 인솔 없이 귀가하던 중 교통사고로 사망한 사안에서, 담임교사가 평소 교통안전교육 등 일정한 조치를 취하였다면 유치원 교사로서 중과실은 없다고 한 경우150)와 임의경매절차 진행 중현

이 사건 사고가 발생하였다고 판단하였는바 기록에 비추어 원심의 판단은 수긍이 되고 거기에 지적하는 바와 같은 법리의 오해나 채증법칙 위배, 심리미진의 위법이 없다.
146) 대법원 1993.6.8. 선고 93다11678 판결
147) 대법원 1967.2.21. 선고 66다1723 판결
148) 대법원 1968.7.23. 선고 68다1139 판결
149) 대법원 1991.5.10. 선고 91다6764 판결
150) 대법원 1996.8.23. 선고 96다19833 판결

황조사명령을 받은 집행관이 임차인과 그 처자가 동거하고 있는 사실을 확인하고도 임차인 단독세대로 된 주민등록만을 조사하고 먼저 전입신고를 한 가족들의 별도 주민등록여부를 조사하지 않아 근저당권보다 앞선 임차권에 의해 경락인이 임차보증금 상당액의 손해를 입은 사안에서, 당시 시행되던 송무예규에 현황조사 방법 등에 관한 구체적인 기준이 마련되어 있지 않은 점, 한 가족이 같은 주소지에서 세대를 합가하지 아니하고 별도 세대로 주민등록을 하는 경우는 이례에 속하는 점 등을 이유로 집행관의 중과실을 부정하였다.[151]

손해배상소송에서 공무원에 대한 구상권 행사를 위하여 실무 차원에서는 보통 종국판결 후 판결문을 수령하여 가해 공무원의 소재를 파악한 후 소속기관에 재산상황 등과 구상권 행사에 대한 의견을 조회한 결과를 참고하여 자체적으로 구상심의회를 개최하여 가해 공무원에 대한 구상권을 판단하게 된다. 그리고 구상대상자의 확보는 일단 판결문상에 책임자의 성명이 나타나 있는 경우를 우선으로 하므로 손해배상 사건의 재판과정에서 서면을 작성하는 경우 담당 공무원의 성명이 밝혀질 수 있도록 작성하고, 과실 여부가 문제되는 경우 증인신문을 하여 담당자의 고의 또는 과실 형태가 밝혀질 수 있도록 소송을 진행해야한다.

(나) 피해자에 대한 손해배상책임

"국가배상책임이 인정되는 경우에도 공무원 자신의 책임은 면제되지 아니한다."는 헌법 제29조 제1항 단서의 근거 규정으로 피해자는 국가 등뿐만 아니라 불법행위를 한 공무원 개인을 상대로 민사상의 손해배상청구를 할 수도 있는 것으로 해석될 수 있다.

---

151) 대법원 2003.2.11. 선고 2002다65929 판결 : 부동산 경매에서 집행관이 임대차관계의 현황을 조사함에 있어 주민등록상 단독 세대주인 임차인이 그 가족과 함께 거주하고 있음에도 가족의 주민등록 관계를 조사하지 아니한 것이 국가배상법 제2조 제2항 소정의 '중과실'에 해당하지 않는다고 한 사례

그러나 국가배상법은 공무원의 불법행위에 대하여 국가 등이 책임을 지고, 공무원에게 고의·중과실이 있을 때에만 구상할 수 있다고 규정하여, 공무원 자신은 피해자에게 손해배상책임을 지지 않음을 전제로 하고 있는 것으로 해석될 수 있다. 대법원은 공무원에게 고의.중과실이 있는 경우에는 그 공무원 개인의 책임이지만 피해자 구제의 차원에서 국가 등도 배상책임을 부담하는 것이므로 공무원과 국가 등이 함께 연대책임을 지지만, 공무원에게 경과실이 있을 뿐인 때에는 그 행위는 국가 등의 기관으로서의 행위이므로 그로 인한 배상책임은 국가 등에게만 귀속되고, 공무원 개인은 피해자에게 불법행위 책임을 지지 않는다고 밝힌 바 있다.152)

(5) 이중배상 금지

(가) 국가배상청구의 금지

군인·군무원·경찰공무원·향토예비군대원이 전투·훈련 등 직무집행과 관련하여 전사·순직 또는 공상을 입은 경우에 본인 또는 그 유족이 다른 법령의 규정에 의하여 재해보상금·유족연금·상이연금 등의 보상을 지급받을 수 있을 때에는 국가배상법 및 민법 규정에 의한 손해배상을 청구할 수 없다.153)

(나) 국가의 구상책임의 제한

우리 헌법 제29조 제2항에서 "군인·군무원·경찰공무원 기타 법률이

---

152) 대법원 1996.2.15.선고 95다38677 판결 : [다수의견] 공무원이 직무수행 중 불법행위로 타인에게 손해를 입힌 경우에 국가 등이 국가배상책임을 부담하는 외에 공무원 개인도 고의 또는 중과실이 있는 경우에는 불법행위로 인한 손해배상책임을 진다고 할 것이지만, 공무원에게 경과실뿐인 경우에는 공무원 개인은 손해배상책임을 부담하지 아니한다고 해석하는 것이 헌법 제29조 제1항 본문과 단서 및 국가배상법 제2조의 입법취지에 조화되는 올바른 해석이다. [별개의견] 공무원의 직무상 경과실로 인한 불법행위의 경우에도 공무원 개인의 피해자에 대한 손해배상책임은 면제되지 아니한다고 해석하는 것이, 우리 헌법의 관계 규정의 연혁에 비추어 그 명문에 충실한 것일 뿐만 아니라 헌법의 기본권보장 정신과 법치주의의 이념에도 부응하는 해석이다
153) 국가배상법 제2조 제1항 단서, 헌법 제29조 제2항

정하는 자가 전투·훈련 등 직무집행과 관련하여 받은 손해에 대하여는 법률이 정하는 보상 외에 국가 등에게 공무원의 직무상 불법행위로 인한 배상은 청구할 수 없다."고 규정, 군인 등이 피해자인 경우 국가배상청구권을 헌법으로 제한하고 있으며, 국가배상법 제2조 제1항 단서도 같은 내용의 규정을 두고 있다. 개인이 운전한 차량과 경찰공무원이 운전한 차량의 충돌로 군인이 사고로 피해를 입게 된 경우로 공무원과 개인이 공동불법행위자로서 피해자인 군인 등에게 손해배상 책임을 지는 경우, 개인이 이를 전액 배상한 후에 국가를 상대로 구상권을 행사할 수 있는지 여부가 문제될 수 있다. 피해자가 민간인이라면, 불법행위자 개인의 피해자에 대한 민법상의 손해배상 채무와 국가의 피해자에 대한 국가배상채무는 민법 제760조 제1항에 의거 부진정연대채무관계[154]에 있으므로 개인은 피해자에게 손해를 배상한 후 국가를 상대로 민법 제425조 제1항에 의하여 구상권을 행사할 수 있는 반면, 피해자가 군인 등이라면 위 규정에 따라 국가배상청구권이 부정되는 결과 구상권도 행사할 수 없다고 해석될 수 있다. 대법원은 과거에 위 규정의 문언에 충실하여 위와 같은 경우 구상권을 전면적으로 부정하였다. 그러나 이는 피해자가 군인 등에 해당하는가 여부라는 우연한 사정에 의하

---

154) 부진정연대채무 : 민법은 연대채무를 한 가지만 규정하고 있다. 그러나 통설, 판례는 민법이 정하고 있지 않은 연대채무 즉 부진정연대채무도 인정하고 있다. 통설에 의하면, 부진정연대채무는 '수인의 채무자가 동일한 내용의 급부에 관하여 각각 독립하여 전부급부의무를 부담하고, 그 중 1인의 전부급부가 있으면 모든 채무자의 채무가 소멸하는 다수당사자의 채무로서, 민법의 연대채무가 아닌 것'이라고 한다. 그런데 이는 실질적, 경제적으로는 하나인 전부급부에 관하여 여러 사람이 채무를 부담하는 경우를 부진정연대채무라는 개념으로 이해하는 데 지나지 않는다. 부진정연대채무의 예로는 피용자의 불법행위에 있어서 피용자가 지는 배상의무와 사용자의 배상의무(민법 756조), 법인의 불법행위에 있어서 법인의 책임과 이사 기타 대표자 자신의 책임(민법 35조)를 들 수 있다. 그리고 통설, 판례는 공동불법행위에 대하여 민법이 제760조에서 공동불법행위자로 하여금 '연대하여' 배상하도록 규정하고 있음에도 불구하고, 부진정연대채무가 성립한다고 한다.

여 피해자에게 손해를 배상한 개인이 국가에 대해 구상권을 행사할 수 있는지 여부가 바뀐다는 불합리한 결과를 초래할 수밖에 없다. 따라서 대법원은 국가배상법 제2조 제1항 단서에 대한 헌법재판소의 한정위헌 결정이 있은 후 판례를 변경하여[155], 연대채무관계 법리의 예외적인 경우로서 불법행위자 개인은 피해자인 군인 등에 대하여 전액을 배상할 책임이 있는 것이 아니라, 국가 등이 내부적인 관계에서 부담하여야 할 부분을 제외한 나머지 자신의 부담부분에 한하여만 손해배상의무를 부담하고, 자신의 부담부분을 넘어서 피해자인 군인 등에게 배상한 부분은 국가 등에 대하여는 구상을 청구할 수 없다고 하였다.[156]

---

155) 헌법재판소 1994.12.29. 93헌바21 결정
156) 대법원 2001.2.15. 선고 96다42420 판결〈전원합의체 판결〉: [다수의견] 헌법 제29조 제2항, 국가배상법 제2조 제1항 단서의 입법 취지를 관철하기 위하여는, 국가배상법 제2조 제1항 단서가 적용되는 공무원의 직무상 불법행위로 인하여 직무집행과 관련하여 피해를 입은 군인 등에 대하여 위 불법행위에 관련된 일반국민(법인을 포함한다. 이하 '민간인'이라 한다.)이 공동불법행위책임, 사용자책임, 자동차운행자책임 등에 의하여 그 손해를 자신의 귀책부분을 넘어서 배상한 경우에도, 국가 등은 피해 군인 등에 대한 국가배상책임을 면할 뿐만 아니라, 나아가 민간인에 대한 국가의 귀책비율에 따른 구상의무도 부담하지 않는다고 하여야 할 것이다. 그러나 위와 같은 경우, 민간인은 여전히 공동불법행위자 등이라는 이유로 피해 군인 등의 손해 전부를 배상할 책임을 부담하도록 하면서 국가 등에 대하여는 귀책비율에 따른 구상을 청구할 수 없도록 한다면, 공무원의 직무활동으로 빚어지는 이익의 귀속주체인 국가 등과 민간인과의 관계에서 원래는 국가 등이 부담하여야 할 손해까지 민간인이 부담하는 부당한 결과가 될 것이고(가해 공무원에게 경과실이 있는 경우에는 그 공무원은 손해배상책임을 부담하지 아니하므로 민간인으로서는 자신이 손해발생에 기여한 귀책부분을 넘는 손해까지 종국적으로 부담하는 불이익을 받게 될 것이고, 가해 공무원에게 고의 또는 중과실이 있는 경우에도 그 무자력 위험을 사용관계에 있는 국가 등이 부담하는 것이 아니라 오히려 민간인이 감수하게 되는 결과가 된다.), 이는 위 헌법과 국가배상법의 규정에 의하여도 정당화될 수 없다고 할 것이다. 이러한 부당한 결과를 방지하면서 위 헌법 및 국가배상법 규정의 입법 취지를 관철하기 위하여는, 피해 군인 등은 위 헌법 및 국가배상법 규정에 의하여 국가 등에 대한 배상청구권을 상실한 대신에 자신의 과실 유무나 그 정도와 관계없이 무자력의 위험부담이 없는 확실한 국가보상의 혜택을 받을 수 있는 지위에 있게 되는 특별한 이익을 누리고 있음에 반하여 민간

개인의 손해배상 채무를 민법 제760조 제1항에 의한 연대채무에서 민법 제408조에 의한 분할채무로 변경한 것이라 할 수 있고, 만약, 가해자인 개인과 경찰공무원의 과실비율이 4 : 6이고 손해액이 1,000만원이라면, 피해자가 개인인 경우에는 가해자인 개인은 피해자가 손해배상을 청구하면 100%(금액: 1,000만원)전액을 배상할 책임이 있고, 경찰공무원 또는 국가 등에게 60%(금액: 600만원)를 구상할 수 있다. 그러나 변경된 대법원 판례에 의하면, 피해자가 군인 등인 경우에는 가해자인 개인은 피해자에게 40%(금액: 400만원)를 배상할 책임이 있다는 것이다.

2 소송수행 중 착안사항

가. 정확한 사실관계 파악

국가소송 사건 중 손해배상 사건은 그 어느 사건보다도 정확한 사실관계의 파악이 매우 중요하다. 소송 진행 중 가장 간과하기 쉬우나 가장 기본적인 것은 정확한 사실관계의 파악에 있으므로 사실관계를 정확하게 파악할 수 있도록 하여야 한다. 국가소송실무상 국가 측 행위의 존부나 손해발생 여부 및 그 액수 등에 관하여 원고 측이 부정확한 입증자료를 제출하는 경우가 많이 있다. 이 경우 사실관계에 대한 정확한 이해를 바탕으로 원고의 입증이 부족한 부분을 탄핵함으로서 법리적 판단에 들어가기 전에 사실

인으로서는 손해 전부를 배상할 의무를 부담하면서도 국가 등에 대한 구상권을 행사할 수 없다고 한다면 부당하게 권리침해를 당하게 되는 결과가 되는 것과 같은 각 당사자의 이해관계의 실질을 고려하여, 위와 같은 경우에는 <u>공동불법행위자 등이 부진정연대채무자로서 각자 피해자의 손해 전부를 배상할 의무를 부담하는 공동불법행위의 일반적인 경우와 달리 예외적으로 민간인은 피해 군인 등에 대하여 그 손해 중 국가 등이 민간인에 대한 구상의무를 부담한다면 그 내부적인 관계에서 부담하여야 할 부분을 제외한 나머지 자신의 부담부분에 한하여 손해배상의무를 부담하고,</u> 한편 국가 등에 대하여는 그 귀책부분의 구상을 청구할 수 없다고 해석함이 상당하다 할 것이고, 이러한 해석이 손해의 공평·타당한 부담을 그 지도원리로 하는 손해배상제도의 이상에도 맞는다 할 것이다.

판단 단계에서 원고 측 주장을 적극적으로 배척시킬 수 있는 것이다. 공공기관의 경우 보존기관이 만료되어 관련기록이 폐기되었거나 부처 간 협의 미숙, 복잡한 기록송부 절차 등으로 인해 소송방어에 유리한 사실관계를 밝혀내기 위한 자료를 확보하는데 어려움이 많이 있다. 그러나 부처 간 소통을 통하여 협력을 증진하고 재판 진행단계에서 사실조회 신청, 문서송부 촉탁신청 등을 통하여 소송방어에 유리한 자료를 최대한 재판부에 제출하여야 한다.

나. 관련 법령의 정확한 해석

사실관계 파악이 끝나면 법리적 측면에서 고려할 부분은 먼저, 국가 측 행위의 위법성 여부가 중요하므로 원고가 위법행위라고 주장하는 관계공무원의 처분이나 행위의 근거 법령을 찾아내어 해석과 적용범위에 대해 면밀한 분석과 검토가 필요하다. 관련 예규나 법령집 외에 법제처에서 운영하는 국가법령정보센터, 대법원의 판례 검색창을 통해 관련 법령 전문과 대법원 판례 등을 조회할 수 있으며, 국가법령정보센터 사이트는 연혁법령·재개정 이유 등을 모두 반영하고 있으므로 사용방법을 숙지해 유용하게 활용하면 소송수행에 큰 도움이 될 수 있다.

다. 담당 공무원의 고의·과실 존재여부 판단의 중요성

손해배상 소송에서 가장 중요한 것 담당 공무원의 고의·과실의 존재를 다투는 것으로 아무리 발생된 손해가 크다 하더라도 담당 공무원의 고의·과실이 입증되지 않는다면 원고 측의 청구는 기각될 것이기 때문이다. 따라서 평소 담당 공무원이 성실하게 직무를 수행했음을 입증해야 하고, 정확한 사실관계 파악을 바탕으로 내규·관행·당해 공무원의 성실성 등을 부각시켜 당해 손해의 발생이 공무원의 책임을 벗어난 불가항력에 의하여 발생한 것임을 강력히 주장하고 입증해야할 것이다. 또한 담당 공무원의 고의·과실 여하는 그에 대한 구상권 행사 결정에 있어 핵심적인 중요한 요소가 되므로 더욱 더 소송진행 단계에서 이에 대한 정확한 파악이 중요하다.

라. 소멸시효

일반 민법상의 장기소멸시효 기간은 10년이나 국가에 대한 채권·채무의 소멸시효는 국가재정법 제96조 제1항에 의하여 5년으로 단기이기 때문에 실제 손해배상소송에서 소멸시효 항변으로 원고에 대한 소멸시효의 완성의 효과로 국가가 승소하는 사례가 많으므로 소멸시효 항변은 소송실무상 매우 중요한 사항이다. 소멸시효의 경우 그 기산점을 언제로 보느냐에 관하여 당사자 간의 다툼이 많이 발생하고 있으나 국가 측에 유리한 소멸시효 항변을 인정받기 위해서 '불법행위가 있은 날'이나 '원고가 손해 및 가해자를 안 날' 등에 관한 정확한 사실관계를 파악하는 것이 소송실무상 매우 중요하다.

마. 과실상계 및 손익상계

소송실무상 손해배상 사건은 어느 한쪽 당사자의 주장이 모두 인용되는 경우보다 배상 액수가 문제되는 경우가 많이 있으므로 손해의 발생에 원고나 피고 측 의 과실이 개입되어 손해가 더욱 확대된 경우에는 과실상계를 주장·입증하여야 할 것이다. 또한 원고가 국가배상심의위원회로부터 배상금을 일부 지급받은 경우나 보험금 등을 통하여 보상을 받을 가능성이 있다면 관련 보상기관에 적극적인 사실조회를 통하여 확인하여야 할 것이고, 손익상계를 주장·입증하여 손해배상액의 감경이 반영되도록 하여야 한다.

제2절 사건유형별 검토

1 수사기관 직무관련 손해배상

가. 검사직무관련

(1) 일반론

원고가 구속수사를 받다가 무혐의처분을 받는 경우, 또 체포영장에 의하여 체포되어 수사를 받다가 무혐의처분을 받은 경우 그리고 무고한 시민이 구속 기소되어 법원 재판에서 무죄판결을 선고받은 경우[157] 등 수사기관에 의한 체포나 구속이 불법구금이고, 수사 내지는 기소가 위법하다고 주장하며 손해배상을 청구하는 경우, 자백강요, 가혹행위 등 수사과정에서의 위법성을 주장하거나 자신의 진술을 무시하거나 위조된 증거에 기초하여 수사하였다는 등의 이유로 편파수사를 주장하면서

---

[157] 화성연쇄살인사건 보도에 따르면, 경기남부지방경찰청 관계자는 "화성 8차 사건과 초등생 실종사건 당시 사건을 지휘한 담당 수사관을 직무유기 등 혐의로 입건하는 방안에 대해 논의 중"이라고 말했다. 화성 8차 사건의 피해자 박모(당시 13세)양은 1988년 9월 16일 경기 화성군(현재 화성시) 태안읍 진안리 소재 집에서 성폭행당한 뒤 살해된 채 발견됐다. 경찰은 이듬해 7월 윤모(52)씨를 강간살인 혐의로 검거했고, 윤씨는 무기징역을 선고받아 20년간 복역한 뒤 2009년 출소했다. 그러나 최근 화성 연쇄살인 사건의 피의자로 특정된 이○○는 8차 사건을 포함한 10건의 화성사건이 모두 자신의 소행이라고 자백했다. 이에 윤씨는 <u>과거 수사관들로부터 가혹행위를 당해 허위자백을 했다고 주장하며 재심을 청구한 상황이다.</u> 초등생 실종사건은 1989년 당시 초등학교 2학년이던 김모(8)양이 실종된 사건으로, 사건 발생 5개월 뒤 김양의 옷가지 등 의류품만 발견됐었다. 이 사건은 그동안 실종사건으로 남아있었으나, 최근 이○○가 자신의 소행이라고 주장하면서 살인사건으로 전환됐다. 당시 경찰은 이 초등생의 유류품이 발견됐는데도 이를 가족에게 알리지 않았다. 또한 강력사건으로 볼 의심이 충분한데도 실종사건으로 사건을 축소·은폐한 것 아니냐는 의혹에 휩싸인 상태. 경찰은 화성 8차 사건과 초등생 실종사건의 수사를 맡았던 당시 수사관들이 어떤 이유에서건 절차대로 수사를 진행하지 않았을 가능성이 있다고 보고 이들의 입건 여부를 검토하는 것으로 알려졌다.

손해배상을 청구하는 경우가 많다. 검사 직무 관련 손해배상청구 사건의 경우 대부분 중요사건으로 분류되는 경우가 많으므로 해당 검찰청의 검사 및 직원이 소송을 수행함이 일반적이고, 해당 검찰청이 지검 단위로 공익법무관이 배치되어 있는 곳일 경우 그 소속 공익법무관이 소송을 수행하게 된다.

(2) 부당기소를 원인으로 한 경우

원고의 청구가 기각된 대부분의 사례는 우리 대법원이 일관하여 취하고 있는 소위 '일견명백설'에 입각하여 수사기관의 판단이 경험칙이나 논리법칙에 비추어 도저히 그 합리성을 긍정할 수 없는 정도에 이르지 않았다고 판단한 경우이다. 손해배상 청구 사건의 입증책임의 일반원칙상 고의·과실, 위법성 및 상당인과관계는 모두 원고에게 그 입증책임이 있고, 검사의 부당기소를 원인으로 손해배상을 구하는 사건의 대부분은 주장만 있을 뿐 입증이 없는 경우이므로 이 점에 유의하여 적절히 대응하면 될 것이다.

원고가 자신의 주장을 뒷받침할 증거를 제출하여 공격하는 경우에는, 검사의 구속기소 당시의 증거자료들 중 범죄혐의 개연성을 갖게 하는 부분들을 준비서면에서 구체적으로 적시하여 검사의 판단이 명백히 일반인의 관점에 비추어 지나치게 그르치지 않았다는 것을 입증하여야 한다. 대법원은 충분한 증거가 없다는 이유로 무죄판결이 확정되었다고 하더라도 그러한 사정만으로 바로 검사의 구속 및 공소제기가 위법하다고 할 수 없고, 그 구속 및 공소제기에 관한 검사의 판단이 그 당시 자료에 비추어 경험칙이나 논리칙상 도저히 합리성을 긍정할 수 없는 정도에 이른 경우에만 그 위법성을 인정할 수 있다고 판단하였다.158)

---

158) 대법원 2002.2.22. 선고 2001다23447 판결 : 검사는 수사기관으로서 피의사건을 조사하여 진상을 명백히 하고, 죄를 범하였다고 의심할 만한 상당한 이유가 있는 피의자에게 증거 인멸 및 도주의 염려 등이 있을 때에는 법관으로부터 영장을 발부받아 피의자를 구속할 수 있으며, 나아가

따라서 이러한 판단은 검사의 체포·구속영장청구, 공소유지, 상소, 압수 및 그 밖의 직무행위에 대하여도 그대로 적용될 수 있을 것이다.

(3) 강제처분과 관련된 경우

형사소송법상 적법절차를 준수하였는지, 그것이 합리적인 범위 내에 있었는지가 소송실무상 매우 중요하고, 원고의 청구가 기각된 대부분 사례는 체포·구속 등 강제처분 시 형사소송법 소정의 요건이 충족되거나 미란다원칙 고지 등 적법절차에 의하여 행하여진 경우이므로 소송 진행 과정에서도 이런 부분을 입증하는데 노력하여야 한다.

나. 경찰 직무관련

(1) 일반론

경찰 직무관련 손해배상사건은 소송실무상 수사과정에서의 경찰관으로부터 가혹행위를 당하였거나 편파수사로 인하여 정신적 고통 등의 손해를 입었다는 내용이 대부분이고, 뚜렷한 증거 없이 원고의 일방적 주장만으로 소를 제기하는 경우가 매우 많으므로 답변서 등을 작성할 때 상대방 측에서 유리한 부분으로 인용할 사항이 없는지 등을 상세하게 살펴보고 신중하게 대응하는 것이 매우 중요하다. 이런 사건의 경우 수사경위 등 사실인정이 중요하므로 원고의 일방적이고 근거 없는 주장에 대하여 담당경찰관의 진술서 등을 확보하여 사건의 경위를 정확히 밝히는 것이 매우 중요하며, 과실상계 또는 책임제한 주장을 빠뜨리지 않도록 세심한 주의가 필요하다.

수집·조사된 증거를 종합하여 객관적으로 볼 때, 피의자가 유죄판결을 받을 가능성이 있는 정도의 혐의를 가지게 된 데에 합리적인 이유가 있다고 판단될 때에는 피의자에 대하여 공소를 제기할 수 있으므로 그 후 형사재판 과정에서 범죄사실의 존재를 증명함에 충분한 증거가 없다는 이유로 무죄판결이 확정되었다고 하더라도 그러한 사정만으로 바로 검사의 구속 및 공소제기가 위법하다고 할 수 없고, 그 구속 및 공소제기에 관한 검사의 판단이 그 당시의 자료에 비추어 경험칙이나 논리칙상 도저히 합리성을 긍정할 수 없는 정도에 이른 경우에만 그 위법성을 인정할 수 있다.

(2) 실제 송무사례 해결방법

　(가) 불법체포·감금을 주장

원고가 불법체포·감금을 주장하는 경우

　원고 홍길동은 지금부터 5년 전 특수강도 혐의로 주거지에서 영장 없이 체포되어 구금된 상태에서 2일간 조사를 받고 석방되었으나 경찰관이 영장 없이 원고를 불법 체포·감금하였다고 주장하면서 국가를 상대로 손해배상을 청구하였다.

　원고는 손해 및 가해자를 안 날로부터 3년이 경과한 후 소를 제기하였는바, 원고의 청구권은 시효로 소멸하였다는 항변을 한다. 이때 원고가 체포 등 불법행위를 한 경찰관의 성명까지 구체적으로 알 필요는 없으며 경찰관의 직무에 해당하는 행위가 있었음을 알았던 것으로 충분하다. 원고의 체포 당시 현행범인체포나 긴급체포의 요건을 충족하였으므로 영장 없이 체포하여도 적법하였다는 주장을 하고, 수사기록과 유죄판결을 받은 경우에는 공판기록으로 입증하도록 한다. 민법 제766조에서는 불법행위로 인한 손해배상청구권은 손해 및 가해자를 안 날로부터 3년, 불법행위를 한 날로부터 10년이 경과하면 시효로 소멸한다고 규정하고 있으나, 국가재정법 제96조 제2항에서는 국가에 대한 금전채권은 5년이 경과하면 시효로 소멸한다고 규정하고 있으므로, 결국 국가에 대한 손해배상청구권은 손해 및 가해자를 안 날로부터 3년, 불법행위를 한 날로부터 5년의 시효에 걸린다. 수사기록 또는 공판기록을 증거로 제출하고자 하는 경우에는 법정에서 미리 기록에 대하여 인증등본송부촉탁신청이나 서증조사신청을 한 후 유리한 증거를 취사선택 하여 제출하여야 한다. 실제 가혹행위가 있었는지에 관한 사실 인정이 핵심적 쟁점에 있다. 소송실무상 원고가 가혹행위 사실을 입증하지 못하여 청구기각되는 경우가 대부분이나 원고가 가혹행위 사실을 입증하여 국가의 손해배상책임이 인정되는 사례도 종종 있다. 최근 언론보도에 의하면, 화성연쇄살인 사건 중 화성 8차 사건은 1988년 9월 16일 경기도 화성군 태안읍 박모 (당시 13세) 양의 집에서 박 양이 성폭행당하고 숨진 채 발견된 사건으로 당시 범인으로 검거된 윤 씨는 1심에서 무기징역을 선고받고 상소해 "경찰의 강압 수사로 허위 자백을 했다"며 혐의를 부인했으나, 2심과 3심은 이를 모두 기각당하고 20년을 교도소에서 복역하고 2009년 가석방된 윤 씨는 화성연쇄 살인범 이○○의 2019년 최근에 자백 이후 박준영 변호사의 도움을 받아 수원지법에 정식으로 재심을 청구한 상태이다.

(나) 경찰관의 가혹행위를 주장

> **원고가 경찰관의 가혹행위를 주장하는 경우**
>
> 원고 홍길동은 2010.4.10.경 존속살인죄로 구속되어 같은 해 10.4. 대구지법에서 무기징역을 선고받고, 항소하여 2011.1.7. 대구고법에서 무죄를 선고받아 대법원에서 2012.5.20. 확정되었고, 구속 당시 수성경찰서 소속 경찰관들이 원고에게 가혹행위를 하여 허위자백을 하게 하였고, 검사도 원고가 범인이 아니라는점을 알 수 있었음에도 자의적으로 본인을 구속기소하여 원고가 307일간 부당하게 구금되었다고 주장하면서 국가를 상대로 불법행위 손해배상을 청구하였다.

피고인 국가는 수사단계에서 폭행·협박 등 강압수사 행위가 없었다고 주장하고, 공소제기 당시 원고의 혐의를 입증할 만한 증거가 갖추어져 있어 검사가 원고를 범죄자로 판단할만한 합리적인 이유가 있었다는 주장, 그리고 1심에서 유죄가 선고된 사실에 비추어 볼 때 항소심에서 무죄판결이 선고된 것은 위법수사의 문제가 아니라 검사와 법원 판사의 증거에 대한 가치판단의 문제 내지 차이에서 비롯되었다는 주장이 필요하다. 따라서 수사기록과 공판기록 그리고 조사담당경찰관의 증언으로 입증해야하고, 본건 소송의 쟁점을 수사단계가 아닌 공판단계에 맞추어, 1심 법원에서도 공소사실을 인정하여 원고에게 유죄판결을 내린 것을 집중적으로 공판정에서 주장하고, 조사경찰관의 증언이 필요한 경우에도 상대방의 반대신문 시 증인이 자칫하면 국가에게 불리한 진술을 할 수 있으므로 사전에 누구를 증인으로 신청할 것인지 여부와 주신문사항을 어떻게 구성할 것인지 여부에 대하여 담당검사로부터 지휘를 받고, 예상되는 반대신문에 대한 적절한 대응을 숙지하여야 한다. 조사 담당자 증언으로 입증 필요한 경우 경찰공무원, 국가공무원, 지방공무원 등 공무에 종사하는 증인을 직접 법정에 출석시키는 것보다 소송경제적 측면에서 볼 때 증인진술제도[159]를 적극적으로 활용하는 것이 보다 더 합리적일 것이다. 특히, 최근에 화성연쇄살인사건 언론보도에 의하면, 당시 화성 8차 사건의 피해자 박모(당시 13세)양은 1988년 9월 16일 경기 화성군(현재 화성시) 태안읍 진안리 소재 집에서 성폭행당한 뒤 살해된 채 발견되었고, 경찰은 이듬해 7월 윤모(52)씨를 강간살인 혐의로 검거했고, 윤씨는 무기징역을 선고받아 20년간 복역한 뒤 2009년 출소했다. 그러나 최근 화성 연쇄살인 사건의 피의자로 특정된 이○○는 8차 사건을 포함한 10건의 화성사건이 모두 자신의 소행이라고 자백하자 이에 윤씨는 과거 수사관들로부터 가혹행위를 당해 허위자백을 했다고 주장하며 경찰관의 가혹행위로 불법체포·감금되어 피해를 입었다는 취지로 재심을 청구한 상황으로 그 결과가 어떻게 나올지 기대된다. 윤○○(1989.10.20. 수원지방법원에서 무기징역을 선고받아 20년을 복역)은 2019.11.13. 수원지방법원에 재심청구하였고, 검찰은 2019.11.14. 수원지방법원으로부터 재심청구에 대한 의견서 제출을 요구받고, 형사소송법상의 재심개시사유에 해당하는지 여부를 판단하기 위해 11.18.경 경기남부지방경찰청으로부터 관련 자료를 제출 받아 검토하던 중, 재심청구인 윤○○로부터 2019.12.4. 재

---

159) 민사소송법 제310조(증언에 갈음하는 서면의 제출) ①법원은 증인과 증명할 사항의 내용 등을 고려하여 상당하다고 인정하는 때에는 출석·증언에 갈음하여 증언할 사항을 적은 서면을 제출하게 할 수 있다.

심청구 대상 사건 관련하여 수사기관의 불법구금, 가혹행위 등 직무상 범죄, 국립과학수사연구원의 감정 관련 의혹에 대하여 검찰의 직접수사를 통한 철저한 진실규명을 요청하는 수사촉구 의견서를 접수받았으며, 이에 검찰은 직접 수사 촉구와 관련 자료를 검토한 결과, 직접 조사할 필요가 있어 2019.12.11. 전담조사팀(주임검사 형사6부장)을 구성하여 그동안 제기된 모든 의혹에 대한 신속하고 철저한 진상규명에 착수하였고, 향후 검찰은 진상규명을 위해 필요 시, 당시의 검·경 수사라인에 있었던 인물들에 대해서도 소환하여 조사할 계획임을 밝혔다.

(다) 경찰관 직무관련 국가배상소송 중요판례

  ◇ 총기 사용 판례

총기 사용 관련 판례160)

경찰관의 총기 사용은 흉악범이 흉기를 들고 적극적으로 검거에 대항하는 경우에는 적법성이 인정될 수 있을 것이나, 흉기를 들지 않았거나 흉기를 들었더라도 도주하는 경우에 실탄을 발포하여 상해 또는 사망케 하였다면 비례의 원칙을 벗어나 위법하다는 것이 대법원의 입장이다.

  ◇ 임의동행 판례

임의동행 판례161)

경찰관이 사인을 상대로 임의동행 요구에 응하지 않는다는 이유로 강제연행하려고 대상자의 양팔을 잡아 끈 행위는 위법하고 그 대상자가 이로부터 벗어나기 위하여 저항한 행위는 정당행위로서 과실상계 사유가 될 수 없다는 입장이다.

---

160) 대법원 1999.3.23. 선고 98다63445 판결 : 경찰관이 길이 40cm 가량의 칼로 반복적으로 위협하며 도주하는 차량 절도 혐의자를 추적하던 중, 도주하기 위하여 등을 돌린 혐의자의 몸 쪽을 향하여 약 2m 거리에서 실탄을 발사하여 혐의자를 복부관통상으로 사망케 한 경우, 경찰관의 총기사용은 사회통념상 허용범위를 벗어난 위법행위라고 본 사례. 대법원 1994.11.8. 선고 94다25896 판결, 대법원 1999.3.23. 선고 98다63445 판결

나. 피의사실공표를 원인으로 한 손해배상

(1) 일반론

최근에 수사기관이 기소 전후에 수사의 진행상황 등을 언론에 제공하여 발표하는 언론보도 사례에 대한 피해자가 국가를 상대로 손해배상을 청구하는 소송사례가 급증하고 있다. 소송실무상 사회저명인사가 대부분이고, 통상 변호사를 대리인으로 선임하여 구체적인 입증자료를 근거로 소송을 제기하는 경우가 허다하므로 이에 대한 논리적 대응이 필요하다. 입증책임과 관련, 우리 국민은 사회에서 발생하는 모든 범죄에 관한 알권리를 가지고 있고, 수사기관이 피의사실에 관하여 발표를 하는 것은 이러한 국민의 알권리 충족 차원을 위한 방법이라고 할 것이며, 헌법 제27조 제4항은 형사피고인에 대한 무죄추정원칙을 천명하고 있고, 형법 제126조는 검찰·경찰 기타 범죄수사에 관한 직무를 행하는 자 또는 이를 감독하거나 보조하는 자가 그 직무를 행함에 당하여 지득한 피의사실을 공판청구 전에 공표하는 행위를 범죄로 규정하고 있으며, 형사소송법 제198조는 검사·사법경찰관리 기타 직무상 수사에 관계있는 자는 비밀을 엄수하며 피의자 또는 다른 사람의 인권을 존중하여야 한

---

161) 대법원 1993.7. 27. 선고 94다9163 판결 : 대법원 1993.7.27. 선고 93다9163 판결 : 경찰관은 범인의 체포·도주의 방지, 자기 또는 타인의 생명·신체에 대한 방호, 공무집행에 대한 항거의 억제를 위하여 상당한 이유가 있을 때에는 필요한 한도 내에서 무기를 사용할 수 있으나, 형법 소정의 정당방위와 긴급피난에 해당할 때 또는 체포·도주의 방지나 항거의 억제를 위하여 다른 수단이 없다고 인정되는 상당한 이유가 있는 때에 한하여 필요한 한도 내에서만 무기를 사용하여 사람에게 위해를 가할 수 있음이 경찰관직무집행법 제11조의 규정에 비추어 명백한바, 원심이 인정한 바와 같은 사정이라면, 소외 2는 원고 1이 체포를 면탈하기 위하여 항거하며 도주할 당시 그 항거의 내용, 정도 등에 비추어 소지하던 <u>가스총과 경찰봉을 사용하거나 다시 한 번 공포를 발사하여 위 원고를 제압할 여지가 있었다고 보여지므로, 소외 2가 그러한 방법을 택하지 않고 도망가는 원고 1의 다리를 향하여 권총을 발사한 행위는 경찰관직무집행법 제11조 소정의 총기사용의 허용범위를 벗어난 위법</u>행위라고 아니할 수 없다.

다고 규정하고 있으므로, 수사결과 발표만으로 위법성이 인정될 개연성이 커 그 위법성조각사유를 국가가 주장하고 이를 입증하는 것은 매우 중요한 사안이라고 할 것이다. 소송실무상 국가와 공동피고로 언론기관도 공동피고로 되는 경우가 많이 있다. 언론기관은 모든 책임을 피의사실을 공표한 국가의 책임으로 전가할 가능성이 있으므로 반드시 국가와 동일한 이해관계를 가진 자로 보아서는 아니된다.[162]

(2) 위법성조각사유와 관련 주장내용

적시사실의 공공성 및 공익성은 공표의 대상이 '공공의 이해'에 관한 사항이라는 점과 공표의 목적이 오로지 '공공의 이익'을 위한 것이었다는 점이 중요하고, 적시사실의 진실성 및 상당성은 공표된 내용이 대부분 진실한 사실이라는 점과 설사 공표내용 중 진실이 아닌 부분이 있더라도 그것은 사실이라고 믿을 만한 '상당한 이유'가 있었다는 점을 부각시키는 것이 중요하다. 피의사실 공표의 필요성 및 절차적 상당성, 적시사실의 공공성 및 공익성, 피의사실 공표의 필요성 및 절차적 상당성 부분은 법률적 판단이 필요한 부분이거나 입증이 어렵지 않은 부분이므로, 소송실무상 적시사실의 진실성 내지 상당성이 가장 중요한 쟁점이 된다.

(3) 위법성조각사유 입증방법

공공의 이해에 관한 사항이라는 점에 대하여는 국민의 알권리라는 차원에서 접근할 필요가 있으며, 따라서 동종사건의 발생현황, 동종 범죄의 피해현황, 유사범죄의 발생가능성 등에 대한 자료를 제출하면서

---

162) 한명숙 전 국무총리가 피의사실공표 등을 이유로 국가 및 조선일보사, 그 소속 기자들을 상대로 제기한 손해배상청구소송 사건은 검찰에서 공식적인 수사결과발표를 하지 아니하였음에도 조선일보가 이를 보도한 사안으로, 이러한 경우 국가는 수사결과발표를 하지 않은 점과 수사정보를 유출시키지 않았음을 주장.입증하여야 하는 한편, 언론기관으로서는 수사기관으로부터 수사정보를 입수하였다는 점을 주장하고 자신의 책임을 회피하고자 하므로 결국 국가와 언론기관은 서로 상반된 입장에 있다고 할 것이다.

공적 인물이라는 점, 국민 대다수가 관련되어 있어 공표내용이 가지는 사회적 중요성이 있다는 점, 동종범죄가 빈발하여 유사범죄예방이 필요한 시점이었다는 점, 일반 국민들에게 유사범죄의 발생현황과 피해에 대한 주의를 환기시킬 필요가 있었다는 점이 중요하다.

공익적 관점에서 오로지 공공의 이익을 목적으로 공표한 것이라는 점에 대하여는 보도자료의 배포경위가 언론기관의 보도요청에 대하여 보도자료를 배포하지 않을 경우 부정확한 내용으로 피의사실이 공표될 수 있어 피의사실에 대한 정확한 내용의 보도를 위하여 공표한 것이라는 점에 대한 입증자료 또는 '가습기살균제 사건'과 같이 인체에 유해한 국민건강 관련사건은 국민의 건강에 치명적일 수 있고, 이를 단속할 책임이 있는 수사기관에서 국민의 건강을 위하여 피의사실을 공표하였다는 입증자료가 중요하다. 공표된 내용이 대부분 진실한 사실이라는 점에 대하여는 보도자료 내용과 실제 기사내용이 다른 경우에 수사기관으로서는 처음에 정확한 보도자료를 제공하였다는 점에 대한 자료로 언론기관이 보도자료를 인용하여 이를 과장하거나 왜곡하여 기사를 작성하였다는 점을 주장·입증하여 하고, 또한 공표내용 중 진실이 아닌 부분이 있더라도 그것을 사실이라고 믿을 만한 상당한 이유가 있었다는 점에 대하여는, 보도자료 제공 당시까지 조사된 내용이 들어있는 수사자료 및 각종 증거자료에 의한 입증이 필요하다.

(4) 실제 송무사례 해결방법
(가) 원고가 피의사실공표의 위법성 주장한 소송사례

원고는 2010.1.5. 절도 혐의로 구속기소되어 1심에서 유죄, 2심에서 무죄 판결을 받았다. 원고는 경찰관들이 수사과정에서 원고에 대한 공소가 제기되기 이전에 '다문화 가족 등 절도사건 수사'라는 내용의 보도자료를 기자들에게 제공하여 원고에 대한 '피의사실'을 공표하였으므로 국가를 상대로 이에 대한 손해배상청구 소송을 제기

---

①소송실무상 반드시 제출해야 하는 주장
 - 공표의 대상이 되는 사안이 '공공의 이해'에 관한 사항이라는 점
   및 공표의 목적이 오로지 '공공의 이익'을 위한 것이었다는 점을
   주장하고, 공표된 내용이 대부분이 진실한 사실이라는 점 및 설령
   공표내용 중 진실이 아닌 부분이 있더라도 그것을 사실이라고 믿
   을 만한 '상당한 이유'가 있었다는 점을 주장한다.

②입증방법
 - 『공공의 이해에 관한 사항이라는 점』에 대하여 보도내용 사건이
   가지고 있는 사회적 중요성, 동종범죄가 빈발하여 유사범죄의 예
   방이 필요한 시점이었다는 점, 일반국민들에게 유사범죄의 발생현
   황과 피해에 대한 주의를 환기시킬 필요가 있었다는 점에 대한
   자료로 동종사건의 발생현황, 동종범죄의 피해현황, 유사범죄의
   발생가능성 등을 제출한다.
 - 『오로지 '공공의 이익'을 목적으로 공표한 것이라는 점』에 대하여
   는 언론기관의 보도요청에 대하여 보도자료를 배포하지 않을 경
   우 부정확한 내용으로 피의사실이 공표될 수 있어 피의사실에 대
   한 '정확한 내용의 보도를 위하여' 공표한 것이라는 점에 대한 자
   료로 언론기관의 보도요청 등이 있었다는 점, 사안을 고려하여 볼
   때 보도가 예상되는 사안이라는 점 등을 부각시켜 주장한다.
 - 『공표된 내용이 대부분이 진실한 사실이라는 점』에 대하여는 보
   도자료 내용과 실제 기사내용이 다른 경우 수사기관으로서는 처
   음에 정확한 보도자료를 제공하였다는 점에 대한 자료로 언론기
   관이 보도자료를 인용하면서 과장하거나 왜곡하여 기사를 작성하
   였다는 점을 부각시켜 주장한다.
 - 『설령, 공표내용 중 진실이 아닌 부분이 있더라도 그것을 사실이
   라고 믿을 만한 '상당한 이유'가 있었다는 점』에 대하여는 보도자
   료 제공 당시까지 조사된 내용의 수사기록 및 증거자료를 중심으

로 '상당한 이유'가 있음을 주장한다. '보도자료'를 제공하는 방법으로 공표가 이루어지는 경우 그 당시까지 수집된 증거들에 의하면 피의사실이 진실하다고 판단할 만한 충분한 근거가 있었다는 점을 각종 증거자료들을 대조하여 적극적으로 설명하고, 보도된 내용이 충분히 사회적 이목을 끌 사안이어서 보도가 충분히 예상되는 등의 사안이었다는 점을 그 공표 행위 당시의 사회적 분위기, 동종 범죄의 발생현황 등을 비교하여 적극적으로 입증하는 것이 필요하다. 또한 통상 언론기관도 국가와 공동피고로 되는 경우가 소송실무상 많이 있는데, 언론기관의 경우 모든 책임을 피의사실을 공표한 국가의 책임으로 전가할 위험이 농후하므로 같은 이해관계를 가진 자로 보아서는 안 될 것이다.

(나) 피의사실공표 국가배상소송 중요판례

① 자백을 기초로 피의사실 공표한 경우

피의자 자백을 기초로 공표[163]

대법원은 피의자의 자백을 기초로 피의사실을 공표한 경우라도 피의자가 수차례 진술을 번복한 후 자백을 하여 그 신빙성이 의심됨에도 별다른 보강수사 없이 피의사실을 공표한 경우에는 그 자백이 진실이라고 오인함에 있어 상당한 이유가 없다는 입장이다.

---

163) 대법원 1996.8.20. 선고 94다29928 판결 : 수사기관이 피의자의 자백을 받아 기자들에게 보도자료를 배포하는 방법으로 피의사실을 공표함으로써 피의자의 명예가 훼손된 사안에서, 피의사실이 진실이라고 믿은 데에 상당한 이유가 없다는 이유로, 보도자료의 작성·배포에 관여한 경찰서장과 수사경찰관 및 국가의 연대배상책임을 인정한 사례. 대법원 1998.7.14. 선고 96다17257 판결: 형법 제126조가 검찰, 경찰 기타 범죄수사에 관한 직무를 행하는 자 또는 이를 감독하거나 보조하는 자가 그 직무를 행함에 당하여 지득한 피의사실을 공판청구 전에 공표하는 것을 범죄로 규정하고 있는 점, 헌법 제27조 제4항이 형사피고인에 대하여 무죄추정 원칙을 규정하고 있는 점과 아울러 직접 수사를 담당한 수사기관이나 수사담당 공무원의 발표에 대하여는 국민들이 그 공표된 사실이 진실할 것으로 강하

② 공표행위의 위법성 조각 판단 기준

공표행위의 위법성 조각 판단 기준[164]

대법원은 수사기관의 발표는 원칙적으로 일반 국민들의 정당한 관심의 대상이 되는 사항에 관하여 객관적이고도 충분한 증거나 자료를 바탕으로 한 사실 발표에 한정되어야 하고, 이를 발표함에 있어서도 정당한 목적 하에 수사결과를 발표할 수 있는 권한을 가진 자에 의하여 공식의 절차에 따라 행하여져야 하며, 무죄추정의 원칙에 반하여 유죄를 속단하게 할 우려가 있는 표현이나 추측 또는 예단을 불러일으킬 우려가 있는 표현을 피하는 등 그 내용이나 표현 방법에 대하여도 유념하지 아니하면 아니 된다 할 것이므로 수사기관의 피의사실 공표행위가 위법성을 조각하는지의 여부를 판단함에 있어서는 공표 목적의 공익성과 공표 내용의 공공성, 공표의 필요성, 공표된 피의사실의 객관성 및 정확성, 공표의 절차와 형식, 그 표현방법, 피의사실의 공표로 인하여 생기는 피침해이익의 성질, 내용 등을 종합적으로 참작하여야 한다는 입장이다.

게 신뢰하리라는 점 등을 고려한다면 직접 수사를 담당한 수사기관이나 수사담당 공무원이 피의사실을 공표하는 경우에는 공표하는 사실이 의심의 여지없이 확실히 진실이라고 믿을 만한 객관적이고 타당한 확증과 근거가 있는 경우가 아니라면 그러한 상당한 이유가 있다고 할 수 없다.

164) 대법원 2002.9.24. 선고 2001다49692 판결 : 일반 국민들은 사회에서 발생하는 제반 범죄에 관한 알권리를 가지고 있고 수사기관이 피의사실에 관하여 발표를 하는 것은 국민들의 이러한 권리를 충족하기 위한 방법의 일환이라 할 것이나, 한편 헌법 제27조 제4항은 형사피고인에 대한 무죄추정의 원칙을 천명하고 있고, 형법 제126조는 검찰, 경찰 기타 범죄수사에 관한 직무를 행하는 자 또는 이를 감독하거나 보조하는 자가 그 직무를 행함에 당하여 지득한 피의사실을 공판청구 전에 공표하는 행위를 범죄로 규정하고 있으며, 형사소송법 제198조는 검사, 사법경찰관리 기타 직무상 수사에 관계있는 자는 비밀을 엄수하며 피의자 또는 다른 사람의 인권을 존중하여야 한다고 규정하고 있는바, 수사기관의 피의사실 공표행위는 공권력에 의한 수사결과를 바탕으로 한 것으로 국민들에게 그 내용이 진실이라는 강한 신뢰를 부여함은 물론 그로 인하여 피의자나 피해자 나아가 그 주변 인물들에 대하여 치명적인 피해를 가할 수도 있다는 점을 고려할 때, 수사기관의 발표는 원칙적으로 일반 국민들의 정당한 관심의 대상이 되는 사항에 관하여 객관적이고도 충분한 증거나 자료를 바탕으로 한 사실 발표에 한정되어야 하고, 이를 발표함에

2 군대 관련 손해배상

가. 가혹행위로 인한 자살의 경우

소송실무상 군부대 내에서 선임병의 가혹행위로 인해 피해를 입었다고 주장하는 경우가 많고, 또한 선임병의 가혹행위로 자살하였다고 국가를 상대로 손해배상청구소송을 제기하는 경우가 군대 관련 손해배상소송의 대부분이다. 선임병의 가혹행위로 자살하는 경우에는 가혹행위의 존재여부가 핵심쟁점인데, 보통 원고 측은 군사법원의 형사판결문 또는 군부대 내 징계자료를 증거자료로 제출하는데 가혹행위와 자살의 인과관계, 손해배상액의 적정성이 주로 쟁점이 되는데 주로 과실상계가 다투어 지며, 국가 측 책임비율은 10%~20% 정도로 제한하는 것이 일반적인 판례의 입장이다. 최근 부대 내 자살사고와 관련된 판례의 동향은 선임병들의 가혹행위가 존재하지 않은 경우에도 선임병들에 대한 부대 차원의 관리 소홀의 책임을 물어 자살한 장병의 유족들에게 국가의 손해배상책임을 긍정하는 사례가 많은 경향이 있다. 또한 소송을 수행하면서 선임병 등 가해자의 행위를 명백히 밝혀 두어 판결문에 적시되게 하여야 할 것이고, 이는 향후 유사사건의 재발을 미연에 방지할 수 있음과 아울러 구상권 행사와 관련하여서도 적극 활용할 수 있을 것이다. 국가소송에서는 손해배상사건의 소멸시효가 손해 및 가해자를 안 날로부터 3년이나 불법행위가 있은 날로부터 5년이 경과하면 시효가 완성되게 되는 점을 반드시 확인하고 사고 발생 시로부터 소멸시효가 경과되었다면 소멸시효를 주장하고, 피해자에 대한 징벌

있어서도 정당한 목적하에 수사결과를 발표할 수 있는 권한을 가진 자에 의하여 공식의 절차에 따라 행하여져야 하며, 무죄추정의 원칙에 반하여 유죄를 속단하게 할 우려가 있는 표현이나 추측 또는 예단을 불러일으킬 우려가 있는 표현을 피하는 등 그 내용이나 표현 방법에 대하여도 유념하지 아니하면 아니 된다 할 것이므로, 수사기관의 피의사실 공표행위가 위법성을 조각하는지의 여부를 판단함에 있어서는 공표 목적의 공익성과 공표 내용의 공공성, 공표의 필요성, 공표된 피의사실의 객관성 및 정확성, 공표의 절차와 형식, 그 표현 방법, 피의사실의 공표로 인하여 생기는 피침해이익의 성질, 내용 등을 종합적으로 참작하여야 한다.

이 군기확립·직무교육 목적에서 적정한 범위 안에서 이루어졌다는 사실, 평소 피해자에 대한 상담에 근거해 적정한 관리가 이루어졌음을 주장·입증하여야 한다.

나. 국가유공자등록 지연의 경우

망인은 6. 25전쟁 시 전사하였거나 공무상 사망하여 당연히 국가유공자로 등록되었어야 할 것인데, 관계기관의 비협조 또는 병적기록부를 잘못 작성한 과실 등으로 뒤늦게 망인의 유족이 국가유공자신청을 하여 국가유공자로 등록이 된 경우에, 국가유공자로 등록되지 못한 기간 동안의 유족보상금과 위자료를 청구하는 사안도 소송실무상 많이 볼 수 있다. 국가 측에서는 망인의 가족들의 소재가 불분명해 찾을 수 없었다는 등 불가항력의 항변을 해오고 있으나, 판례의 동향은 공상자등 국가유공자요건에 해당할 경우 유족들의 청구를 인용하고 있으므로 국가의 면책을 인정받는 것은 쉽지 않고, 소송실무상 대부분의 사건은 국가 패소판결이 선고되고 있다. 소멸시효 주장과 관련하여, 국가를 상대로 하는 채권의 소멸시효는 5년이므로 소 제기일을 기준으로 5년 이전의 유족보상금을 원고가 청구할 경우 적극적으로 소멸시효가 완성되었음을 주장해야 한다. 다만, 통상 소송을 제기해 올 경우 원고 측에서 소제기 전 5년 이내의 부분만 청구하고, 위자료가 과다할 경우 액수의 적정성에 관하여 적극적으로 다투어 감액되도록 한다.

3 교도관 직무 관련 손해배상

가. 일반론

교도소, 구치소, 치료감호소 등의 수형시설은 일반사회와 격리된 특수한 공간에서 형사처벌을 받는 수형자들을 계호하는 장소라는 점에서 사고발생의 여지도 많고, 외부와 차단되어 있다는 점에서 사고가 발생했을 때 오해와 의혹을 받기 쉬운 장소이다. 소송실무상 소송이 제기되는 사례는 재소자간의 다툼으로 인한 상해, 교도관의 부당한 처우, 재소자의 자살이나 병증 등이 발생한 경우 수형시설 측의 계호근무 소홀로 인한 손해배상 책임을 묻는 경우가 많이 있다. 여기서 손해배상 청구소송에서 중요한 소송 쟁점은 국가배상 요건 중 공무원의 고의·과실 및 위법성 여부로 교도관의 행위나 처분이 행형법과 동법 시행령, 규칙 등 법령의 규정에 근거해 발해진 것인지, 일반적인 수형시설의 교도관이 준수해야할 주의의무의 정도와 비교할 때 당해 교도관이 계호근무를 철저히 하여 과실이 없었는지 여부가 매우 중요한 요소가 된다.

나. 교도관의 부당한 처우 등

소송실무상 재소자가 교도관의 위법한 처우 즉, 헌법상의 권리침해 또는 법령위반 등을 이유로 손해배상청구의 소를 제기하는 경우가 많이 있다. 이때 기본적으로 기준이 되는 '형의 집행 및 수용자의 처우에 관한 벌률' 규정과 관련된 헌법재판소의 결정 등이 있는지 여부를 살펴보아야 한다. 금치 등 부당한 처우를 이유로 한 청구소송의 경우 법령의 규정과 정해진 절차에 의하여 변명의 기회를 준 후 수단과 정도에 있어 적법하게 처분하였음을 주장·입증하여야 하고, 사후 소송이 제기될 수도 있다는 점에서 교도소 내 징계 등의 처분 시 관련 기록을 상세히 기록하여 보관해두는 방법도 좋다.

다. 재소자의 자살

재소자의 자살 사고의 경우에는 평소 재소자가 식사 및 작업 거부나 이상 행동 등 자살의 징후를 보여 왔었는지, 이러한 징후가 있었음에도 적절한 조치가 이루어지지 않아 자살이 발생하였는지가 쟁점이 되므로, 이러한 징후가 없었음을 주장, 입증해야 한다. 이 경우 가족 등 면회객으로부터 특별한 요청이 없었다는 사실, 재소자의 정상적인 상담일지 등이 국가 측에 유리한 증거가 된다.

라. 재소자간 싸움으로 인한 상해

식사 시간 중 싸움과 같이 불가피하게 재소자들이 접촉할 기회가 증가된 상황에서의 싸움이라면 국가가 면책될 가능성도 있다고 할 것이다. 어느 경우에도 한정된 인력과 예산 부족을 언급하며 면책을 주장해서는 국가측이 불리하게 될 가능성이 많다. 재소자의 철저한 계호는 예산과 인력의 수급상황에 따라 양보될 수 있는 사항이 아니므로, 이러한 주장은 국가가 계호근무를 철저히 하지 못하였음을 인정하는 것이나 마찬가지이기 때문이다. 그보다는, 아무리 철저히 감시하더라도 재소자의 제보나 당사자의 도움요청이 없는 한 갑작스레 발생하는 싸움을 막을 수 없는 상황이었음을 주장·입증하여야 한다.

마. 재소자의 질병

교도소 내에서 제대로 된 치료를 받지 못해서 사망하거나 장애가 발생·심화되었다고 주장하며 손해배상청구소송을 하는데 이때 사망 혹은 장애와의 인과관계 부존재, 당해 교도소의 적절한 의료시설 구비, 위급 상황시 외부 민간병원과의 연계, 정기적인 재소자 진료 및 의료상담의 실시 등에 관하여 적극적으로 주장하여 수형기관으로서 완벽하진 않더라도 가능한 최선의 의료 환경을 제공했음을 들어 면책이나 손해배상액 감경을 주장할 필요가 있다. 소송실무상 재소자의 질병 관련소송에서 국가 승소한 사례의 대부분은 수형자 내지 미결 수용자들이 기왕증을 가지고 있어 상당인과관계가 부존재하다는 점을 법원이 받아들인 경우이므로 재소자의 기왕증에 관한 자료를 적극적으로 재판부에 현출시키고, 건강보험공단에 진료내역조회, 확인된 의료기관에서의 진료기록송부촉탁 등으로 재소자의 진료기록이나 상담일지 등을 확보해 평상시 재소자가 이상이 없었음을 입증해야 한다.

바. 실제 송무사례

> 원고는 2011.12.5.경 반공법위반 등 혐의로 구속되어 부산교도소에서 수감 중 임신에 따른 신체허약증서에 대하여 교도소 측에 수차례에 걸쳐 정밀진단을 받도록 요청하였음에도 불구하고 거절당하여 결국 태아를 사산하게 되었는데, 피고 대한민국 산하 부산교도소 측은 수형자의 신체적 상태를 감안하여 적극적인 보호조치를 취해야 할 의무가 있음에도 불구하고 이를 소홀히 한 과실이 있다고 주장하며 국가를 상대로 이에 대한 손해배상청구 소송을 제기

(가) 소송사례와 그 해결방법

부산교도소는 원고의 임신사실을 확인하고 환자거실에 입실시킨 후 수시로 진료하는 등 보호조치에 최선을 다하였다고 주장하였으나 본건 사산의 원인은 태반조기박리인 것으로 원고가 수감 중에는 태반조기박리로 의심될 가능성이 높은 임신성 고혈압증세가 전혀 없었으므로 피고 대한민국은 본건 사산에 대하여 책임이 없다고 주장, 진단서, 진료기록부, 시찰기록 그리고 담당 의무관의 증언으로 입증하고, 진료기록부 중 대한민국에 유리한 자료를 취사선택 하여 제출하면서 담당 의무관 및 전문의의 의견을 들은 후 전문적인 이론을 제시하여 주장하는 것이 설득력 있다.

(나) 수형시설 내 교도관 직무관련 국가소송 중요판례

소송실무상 수형시설 관련 소송은 재소자간 폭행사고 감독 소홀, 교도소 내 환자에 대한 조치 소홀 등 재소자 안전사고에 대한 소송이 많이 제기된다.

> 1) 대법원은 재소자가 새벽에 같은 호실에 수감된 다른 재소자로부터 구타를 당하여 신음소리를 내고 당직교도관에게 2회에 걸쳐 그 방실 앞을 지날 때 "사람 살려주세요.", "딴방으로 보내주세요."라고 요청하였음에

도 불구하고 위 피해자를 다른 방실로 옮기는 등의 안전조치를 하지 않
은 과실로 재소자가 사망한 사건에서 교도관의 직무 소홀로 국가를 상
대로 손해배상청구 소송을 제기하여 국가배상책임을 인정하였다.165)

2) 대법원은 소년미결수들을 그 죄질이 현저히 다른 강도상해범과 과실범
을 같은 방에 수용하고도 철저한 감시의무를 다하지 못함으로써 수감자
상호간의 폭행치사사고가 일어나도록 한 과실이 인정된다고 하여 국가
배상책임을 인정하였다. 166)

---

165) 대법원 1992.12.22. 선고 92다3342 판결 : 원심은 피고 산하의 ○○○
○교도소 1사 하층 16호실에 수감되어 있던 소외 1이 1990.1.28. 05:00
경 같은 호실에 수감되어 있던 망 소외 2가 잠을 자지 않던 중얼거린다
는 이유로 위 소외 2의 목과 가슴 등 전신을 주먹으로 30여 회, 발로 허
벅지 부분을 10여 회 때리고 이를 피하여 창문 쪽으로 달아나는 위 소
외 2의 멱살을 잡아 꿇어앉힌 후 주먹으로 머리, 목 등 상체를 7, 8회
때리고 잠시 후 다시 위 소외 2가 방실 내 변기통에 가래침을 뱉는다는
이유로 그의 목, 가슴 등 상체를 주먹으로 10회 때려 그에게 좌우늑골골
절 및 전신피하출혈상 등을 입히고, 그로 하여금 같은 날 12:15경 △△
△△△병원으로 후송중 이로 인한 외상성 쇼크로 사망에 이르게 한 사
실, 위 사고당시 위 망 소외 2는 위 소외 1로부터 <u>구타를 당하면서 신음
소리를 내고 당직교도관이던 소외 3이 2회에 걸쳐 그 방실 앞을 지날
때 "사람 살려 주세요.", "딴 방으로 보내주세요."라고 하였음에도 불구
하고, 위 소외 3은 이를 대수롭지 않게 여기고 위 소외 1의 구타행위를
적극적으로 제지하거나 위 소외 2를 다른 방실로 옮기는 등의 안전조치
를 하지 않은 사실을 각 인정한 다음, 위 사고는 피고 소속 공무원인 소
외 3이 교도관으로서 교도소 내의 수감자 상호간의 폭력사고 방지에 필
요한 주의의무를 다하지 않은 직무집행상의 과실로 일어난 것이라고 판
단하여 국가배상법 제2조에 따른 피고의 손해배상책임을 인정하는</u> 한편,
위 망 소외 2로서도 1990.1.22. 위 16호실에 들어온 이후 위 소외 1로
부터 계속 구타를 당해 왔으면서도 이를 교도관에게 신고하지 않았고 사
고당일도 잠을 자지 않고 중얼거리다가 구타를 당하게 된 사실을 인정하
고, 피고의 손해배상책임의 범위를 정함에 있어 망인의 위와 같은 과실
을 20%로 참작하였는바, 기록에 의하여 검토하면 원심의 위와 같은 조
치는 정당하고, 거기에 소론주장과 같은 사실오인이나 법리오해의 위법
이 있다고 할 수 없다.

166) 대법원 1994.10.11. 선고 94다22569 판결 : 국가 소속 공무원으로서 행
형업무를 담당하는 <u>교도관으로서는 미결수들을 수용함에 있어서는 그 죄
질을 감안하여 구별 수용하여야 하고</u>, 수용시설의 사정에 의하여 부득이
죄질의 구분 없이 혼거수용하는 경우에는 그에 따라 발생할 수 있는 미

등기 관련 사건은 보전처분·경매 등과 관련되어 소가가 크다는 위험성이 있음에도 반복적·기계적으로 취급하며 등기에 대한 형식적 심사주의와 과도한 업무량 등 등기업무의 특성상 불가피하게 발생하는 측면이 있으나 이유만으로 국가의 책임을 회피할 수 없으며 대부분 국가패소판결이 선고되고 있다. 이때 등기공무원의 주의의무위반에 대한 판단을 위하여 등기업무실무나 관행을 파악해 대응해야 할 필요성이 있으므로 등기예규 등의 근거법령 및 업무관행 등 해석에 의하여 다양한 접근이 가능한 부분 등에 대한 소송수행자의 역할이 매우 중요하다. 등기공무원의 중과실이 인정돼 패소할 경우 등기공무원에 대한 구상권 행사가 문제되는데, 실무상 등기공무원은 관련 보험 즉 신원보증보험에 가입되어 있어 보험에서 전보되지 아니한 부분이 실제 등기공무원이 배상하여야 할 금원이 되는 사례가 많다. 유사사건의 재발을 방지하기 위해서도 구상권 행사를 적극적으로 검토하되, 대부분의 사안이 악의에 의하지 않은 점 등 제반사정을 고려하여 적정 수준에서 행사 범위를 제한할 것이다. 보험가입이 되어 있어 보험금으로 손해 전보가 가능한 경우에는 소송과정에서 원고와의 협상을 통해 전보된 부분을 제외한 나머지 부분에 대하여 화해권고 및 강제조정 등의 방법을 이용해 배상액수를 감액하기 위한 시도가 필요하다.

결수들 사이의 폭력에 의한 사적 제재 등 제반 사고를 예상하여 감시와 시찰을 더욱 철저히 하여야 할 주의의무가 있음에도 불구하고, 소년 미결수들을 수용함에 있어 그 죄질이 현저히 다른 강도상해범과 과실범을 같은 방에 수용하고도 철저한 감시의무를 다하지 못함으로써 수감자 상호간의 폭행치사사고가 일어나도록 한 과실이 인정된다고 하여 국가에게 배상책임을 인정한 사례.

가. 과거사 권위주의 정권 관련 인권침해 손배소송 동향

(1) 의의

과거 권위주의 정권에 의한 인권침해 손해배상 소송은 소위 '과거사 사건' 통칭되고 있는데 과거사 관련 손해배상 청구사건은 일반적으로 과거 권위주의 통치하에서 부당한 공권력에 의해 개인의 권리가 침해된 후 그와 같은 상태가 장기간 방치된 사건들을 통칭한다. 과거사 사건은 첫째, 수사기관이나 정보기관에 의한 불법구금이나 고문, 사건 조작 등 수사 관련 불법행위, 둘째, 위법한 수사에 기초한 형의 확정 및 집행 등에 따른 재판 관련 불법행위 셋째, 군인 혹은 경찰 등에 의한 민간인 다수 사망사건, 넷째, 그 외 과거사 관련 특별위원회의 사실관계 규명 자체가 사실왜곡이라는 취지의 손해배상 청구사건 등으로 분류할 수 있다.

(2) 판결의 추이

법원은 『최종길 교수 사건』, 『수지김 사건』등의 경우와 같이 공권력에 의해 공문서가 허위로 작성되고, 이에 기초하여 사실에 반하는 내용이 공표되는 등 사건의 진상이 적극적으로 은폐, 왜곡되어 결과적으로 피해자들의 입장에서 누구에게 권리행사를 해야 하는지조차 확정할 수 없는 상태가 야기.지속되어 온 경우 국가의 소멸시효 항변은 권리남용에 해당한다고 보았다.[167] 한편, 현재 소송실무상 첫째, 국가가 불법행위를 저지른 이후 현재까지 사건 자체를 은폐하거나 진상을 적극적으로 조작하려고 한 사정이 없었고, 둘째 불법행위 발생 이후 피해자들이 자신에게 존재한다는 사실 및 불법행위의 주체를 명백히 인식할 수 있었던 경우에는 권리자 스스로 권리행사를 아니한 것으로 보아 국가

---

[167] 서울고등법원 2006.2.14. 선고 2005나27906 판결(최종길 교수 사건,피고 대한민국 일부패소 확정), 서울중앙지방법원 2003.8.14. 선고 2002가합 32467 판결(수지김 사건, 피고 대한민국 일부패소 확정)

의 소멸시효 주장을 받아들이고 있다. 따라서 수사기관의 사건조작이나 가혹행위 또는 재판의 확정과 그 집행에 의해 발생한 피해에 대하여 국가의 소멸시효 항변이 대부분 배척되어 국가가 사건을 적극적으로 조작하거나 은폐한 것으로 볼 수 없다는 이유로 소멸시효 항변이 받아들여지고 있다.

나. 과거사 관련 사건의 소송상 대응

(1) 본안전 항변 관련 사항

본안전 항변 사항의 검토로 본 사건과는 별개로 합의나 조정이 되어 있는 경우가 있으므로 이를 확인하여야 하고, 긴급조치 등 관련 사건은 민주화운동 관련자 명예회복 및 보상 등에 관한 법률에 의하여 보상금을 지급받은 경우 재판상 화해가 성립된 것으로 규정되어 있으므로 이에 대한 확인·검토가 필요하다. 대법원도 2012다204965 전원합의체 판결168)을 통해 민주화운동관련자 명예회복 및 보상 등에 관한 법률에 의해 보상금을 지급받았을 경우 재판상화해가 성립하게 되어 원고의 청구는 권리보호이익의 결여로 각하되어야 하는 입장을 보이고 있다.

(2) 손해배상책임의 발생 관련 사항

과거사 관련 손해배상청구권의 발생과 관련하여 아래와 같은 주장이 재판과정에서 반드시 필요하다.

---

168) 대법원 2015.2.26. 선고 2012다203089 판결 : "광주민주화운동과 관련하여 수사기관에 의하여 불법체포·구금된 후 고문 등 가혹행위를 당하여 범죄사실을 자백하고 그에 기하여 유죄판결을 받고 복역함으로써 입은 피해 역시 광주민주화운동과 관련하여 입은 피해에 해당하므로, 이에 대하여도 신청인이 보상심의위원회의 보상금 등 지급결정에 동의한 때에는 구 광주민주화보상법 제16조 제2항에 따라 재판상 화해와 동일한 효력이 발생한다고 보아야 하고, 비록 위와 같은 사유를 이유로 나중에 형사 재심절차에서 무죄판결이 확정되었다고 하여 그 부분 피해를 재판상 화해의 효력이 미치는 범위에서 제외할 수는 없다고 할 것이다.(대법원 2015. 1. 22. 선고 2012다204365 전원합의체판결 참조)"

- 과거사 관련 손해배상청구의 전제인 손해배상책임 발생과 관련, 과거사위 등 과거사 진상 규명을 위한 각 특별위원회의 활동은 과거의 반민주적·반인권적 행위에 대한 진상을 규명하여 왜곡되거나 은폐된 진실을 바로잡음으로써 과거에 대한 반성과 함께 그에 기초한 국민의 화해와 통합을 구현하고자 하는 것으로 이와 같은 과거사 진상 규명의 취지와 과거사 사건들이 가지는 정치적 특성에 비추어 과거 공권력에 의한 개인의 권리와 침해를 통상의 불법행위로 규정하여 막대한 손해배상책임을 인정하는 것은 국민의 화해와 통합에 부정적인 영향도 미칠 가능성이 있는 점.
- 과거사를 이유로 국가에 거액의 손해배상책임을 부담케 하는 것은 과거사 진상규명과 관련한 정책적 결정을 함에 있어 새로운 정치적 부담으로 작용하게 되어 왜곡되거나 은폐되었던 과거사의 진실을 적극적으로 밝혀내는데 부담으로 작용할 가능성이 있다는 점.
- 제주 『4·3사건』에 대한 제주 4·3사건 진상규명 및 희생자명예회복위원회, 『사북 사태』에 관한 과거사위의 각 사실조사 결과 자체가 역사적 진실을 왜곡하고 있다는 취지로 국가를 상대로 손해배상을 청구하는 소송이 제기된 사례가 있고, 이와 같이 특정지역의 소요사태와 관련된 사건의 경우 공권력에 의한 피해에 대해서만 국가의 손해배상책임을 인정하게 되면 당해 소요사태의 발생원인과 정당성에 관한 판단과는 별개로, 결과적으로 공권력에 적극적으로 대항하였던 자들의 손해는 국가가 배상해주면서 소요사태 자체로 인한 피해자들의 손해는 묵인하게 되어, 개인적인 측면에서는 정치·사회적 혼란에 따른 피해자라는 점에서 동일한 양측을 차별함으로써 새로운 사회적 갈등도 야기하는 원인이 될 수 있다는 점.
- 대법원은 일반적인 형사재판 과정에서 범죄사실의 존재를 증명함에 충분한 증거가 없다는 이유로 무죄판결이 확정되었다 하더라도 그러한 사정만으로 바로 검사의 구속 및 공소제기가 위법하다고 할 수 없다는 입장169)이다. 이에 비추어, 재심에 의한 무죄판결이 선고되

었다는 사실 자체만으로 국가의 손해배상책임을 인정하기 위한 요건 사실이 충분히 입증된 것으로 볼 수 없다는 점도 공판에서 부각시켜야 한다는 점.

긴급조치와 관련된 사건에 대하여는 긴급조치 제9호가 위헌무효라는 이유로 형소법 제325조 전단에 의하여 무죄판결이 확정된 경우에는 유죄판결에 의한 복역 등이 곧바로 국가의 불법행위에 해당한다고 볼 수 없고 인과관계를 별도로 심리하여야 한다는 것이 대법원의 입장[170])으로

---

169) 대법원 2002.2.22. 선고 2001다23447 판결 : 검사는 수사기관으로서 피의사건을 조사하여 진상을 명백히 하고, 죄를 범하였다고 의심할 만한 상당한 이유가 있는 피의자에게 증거 인멸 및 도주의 염려 등이 있을 때에는 법관으로부터 영장을 발부받아 피의자를 구속할 수 있으며, 나아가 수집·조사된 증거를 종합하여 객관적으로 볼 때, 피의자가 유죄판결을 받을 가능성이 있는 정도의 혐의를 가지게 된 데에 합리적인 이유가 있다고 판단될 때에는 피의자에 대하여 공소를 제기할 수 있으므로 그 후 형사재판 과정에서 범죄사실의 존재를 증명함에 충분한 증거가 없다는 이유로 무죄판결이 확정되었다고 하더라도 그러한 사정만으로 바로 검사의 구속 및 공소제기가 위법하다고 할 수 없고, 그 구속 및 공소제기에 관한 검사의 판단이 그 당시의 자료에 비추어 경험칙이나 논리칙상 도저히 합리성을 긍정할 수 없는 정도에 이른 경우에만 그 위법성을 인정할 수 있다.
170) 대법원 2014.10.27. 선고 2013다217962 판결 : 긴급조치 제9호 위반의 유죄판결에 대한 재심절차에서 피고인에게 적용된 형벌에 관한 법령인 긴급조치 제9호가 위헌·무효라는 이유로 형사소송법 제325조 전단에 의한 무죄판결이 확정된 경우에는 다른 특별한 사정이 없는 한 수사과정에서 있었던 국가기관의 위법행위로 인하여 재심대상판결에서 유죄가 선고된 경우라고 볼 수 없으므로, 그와 같은 내용의 재심무죄판결이 확정되었다는 사정만으로는 위 가.항의 법리에 비추어 볼 때 유죄판결에 의한 복역 등이 곧바로 국가의 불법행위에 해당한다고 볼 수 없고, 그러한 복역 등으로 인한 손해를 수사과정에서 있었던 국가기관의 위법행위로 인한 손해라고 볼 수 없으므로 국가의 손해배상책임이 인정된다고 하기 어렵다. 이 경우에는 국가기관이 수사과정에서 한 위법행위와 유죄판결 사이에 인과관계가 있는지를 별도로 심리하여 그에 따라 유죄판결에 의한 복역 등에 대한 국가의 손해배상책임의 인정 여부를 정하여야 할 것이다. 그리하여 공소가 제기된 범죄사실의 내용, 유죄를 인정할 증거의 유무, 재심개시결정의 이유, 채권자를 포함하여 사건 관련자가 재심무죄판결을 받게 된 경위 및 그 이유 등을 종합하여, 긴급조치 제9호의 위헌·무효 등 형사소송법 제325조 전단에 의한 무죄사유가 없었더라면 형사소송법 제325조 후단에 의한 무죄사유가 있었음에 관하여 고도의 개연성이

이를 참작하여야 할 것이다. 소송실무상 과거사 관련 손배소송에서 원고 측이 대부분 과거사위원회의 결정문을 근거로 제출하고 있으나 재판에서 직접 증거로 제출되는 자료가 피해자의 진술이나 피해자 지인의 진술에 불과할 뿐 아니라 과거사위원회의 결정문 또한 피해자의 진술이나 피해자 지인의 진술에 불과하므로 증거로서의 가치가 불충분하다는 점을 주장하여야 할 것이다.

(3) 소멸시효 항변 관련 사항

과거사 관련 손배청구에 대한 대응으로 소멸시효 항변을 재판과정에서 적극적으로 주장하는 것이 필요하다. 소송실무상 과거사 사건에 있어서 국가의 소멸시효 항변에 대해 원고들은 자신들이 권리를 행사할 수 없는 장애상태에 있었다는 취지의 주장을 하고 있으나, 실제, 정치·사회적 상황으로 인해 피해자들이 권리를 주장하거나 행사하는 것이 여의치 않았다는 점과는 별개로 피해자들이 사법상 권리를 행사할 수 없는 '객관적' 장애상태에 있었다고까지는 볼 수 없다는 점이 재판과정에서 부각되어야 한다. 소멸시효 항변에 대한 권리남용 주장에 대한 대응은 개별사건의 발생, 성격, 사건발생 후의 결과 등에 대한 다양한 근거자료를 수집하여 『국가가 불법행위를 저지른 이후 현재까지 사건 자체를 은폐하거나 진상을 적극적으로 조작하려고 한 사정이 없었다.』는 점과 『불법행위 발생 이후 피해자들이 자신에게 권리가 존재한다는 사실 및 불법행위의 주체를 명백히 인식할 수 있었던 경우에 해당한다.』는 점이 재판과정에서 부각될 수 있어야 할 것이다. 대법원이 국가의 소멸시효 원용을 신의칙에 반하는 것으로 허용하지 않는다고 판단한 유형은 다음과 같다. [171]

있는 증명이 이루어진 때에는 국가기관이 수사과정에서 한 위법행위와 유죄판결 사이에 인과관계를 인정할 수 있을 것이고, 그에 따라 유죄판결에 의한 복역 등에 대하여 국가의 손해배상책임이 인정될 수 있다고 할 것이다.

171) 대법원 2013.12.12. 선고 2013다201844 판결, 대법원 2002.10.25. 선고

①채무자가 시효완성 전에 채권자의 권리행사나 시효중단을 불가능 또는 현저히 곤란하게 하거나, 그러한 조치가 불필요하다고 믿게 하는 행동을 한 경우,

②객관적으로 채권자가 권리를 행사할 수 없는 장애사유가 있었던 경우,

③일단 시효완성 후에 채무자가 시효를 원용하지 아니할 것 같은 태도를 보여 채권자로 하여금 그와 같이 신뢰하게 한 경우,

④채권자 보호의 필요성이 크고 같은 조건의 다른 채권자가 채무의 변제를 수령하는 등의 사정이 있어 채무이행의 거절을 인정함이 현저히 부당하거나 불공평하게 되는 경우,

⑤소송실무상 과거사 사건에서 소멸시효 항변이 받아들여지는 경우,

⑥진실규명결정일로부터 3년이 경과한 후 소를 제기한 경우,

⑦재심판결 확정시로부터 6월이 경과한 후 소를 제기한 경우,

⑧재심판결 확정 후 6개월 내에 형사보상청구를 한 경우에도 형사보상결정 후 6월이 경과한 후 소를 제기한 경우

2002다32332 판결, 대법원 1994.12.9. 선고 93다27604 판결 : 국가기관이 수사과정에서 한 위법행위로 수집한 증거에 기초하여 공소가 제기되고 유죄의 확정판결까지 받았으나 재심절차에서 형사소송법 제325조 후단의 '피고사건이 범죄사실의 증명이 없는 때'에 해당하여 무죄판결이 확정된 경우에는 유죄판결에 의한 복역 등으로 인한 손해에 대하여 국가의 손해배상책임이 인정될 수 있다. 이 경우 재심절차에서 무죄판결이 확정될 때까지는 채권자가 손해배상청구를 할 것을 기대할 수 없는 객관적 장애사유가 있었다고 볼 것이고, 채권자가 재심무죄판결 확정일부터 6개월 내에 손해배상청구의 소를 제기하지는 아니하였더라도 그 기간 내에 「형사보상 및 명예회복에 관한 법률」에 따른 형사보상청구를 한 경우에는 형사보상결정 확정일부터 6개월 내에 손해배상청구의 소를 제기하였다면 상당한 기간 내에 권리를 행사한 것으로 볼 수 있으므로, 채무자인 국가의 소멸시효 완성의 항변은 신의성실의 원칙에 반하는 권리남용으로 허용될 수 없다.

대법원은 "국가에게 국민을 보호할 의무가 있다는 사유만으로 국가가 소
멸시효 완성을 주장하는 것 자체가 신의성실의 원칙에 반하여 권리남용에
해당한다고 할 수는 없으므로, 국가의 소멸시효 완성 주장이 신의칙에 반하
고 권리남용에 해당한다고 하려면 일반 채무자의 소멸시효 완성 주장에서
와 같이 특별한 사정이 인정되어야 할 것이고, 또한 그와 같은 일반적 원칙
을 적용하여 법이 두고 있는 구체적인 제도의 운용을 배제하는 것은 법해
석에 있어 또 하나의 대원칙인 법적 안정성을 해할 위험이 있으므로 그 적
용에는 신중을 기하여야 한다."는 입장이다.

(4) 위자료 산정 관련 사항

위자료 산정은 사실 재판부의 재량에 속하는 사항이나 예외적으로 손
해의 공평한 부담이라는 이념과 형평의 원칙에 현저히 반하는 위자료
를 산정하는 것은 사실심 법원이 갖는 재량의 한계를 벗어나는 것이
다. 법원은 위자료 산정에 있어서 과거사 사건 이후 가족관계가 형성
된 경우 위자료를 부정하고 있는 경향이 있으므로 혼인시기 및 출생시
기를 정확히 확인하여 과거사 사건 이후에 가족관계가 형성된 경우에
는 정신적 충격이 인정되지 않음을 반드시 주장할 필요가 있으며, 피
고 측이 주장하지 않으면 법원은 이를 간과하고 판결을 내리는 경우가
종종 있으므로 각별히 주의가 필요하다.

---

172) 대법원 2005.5.13. 선고 2004다71881 판결 : 국가에게 국민을 보호할
의무가 있다는 사유만으로 국가가 소멸시효의 완성을 주장하는 것 자체
가 신의성실의 원칙에 반하여 권리남용에 해당한다고 할 수는 없으므로,
국가의 소멸시효 완성 주장이 신의칙에 반하고 권리남용에 해당한다고
하려면 일반 채무자의 소멸시효 완성 주장에서와 같은 특별한 사정이 인
정되어야 할 것이고, 또한 그와 같은 일반적 원칙을 적용하여 법이 두고
있는 구체적인 제도의 운용을 배제하는 것은 법해석에 있어 또 하나의
대원칙인 법적 안정성을 해할 위험이 있으므로 그 적용에는 신중을 기하
여야 한다.

(5) 지연이자 관련 사항

대법원은 과거의 위법한 공권력 행사로 인해 발생한 위자료의 경우 불법행위시를 기준으로 지연이자를 산정하는 원칙과는 달리 예외적으로 사실심 별론 종결시, 상고심의 경우 2심 변론 종결시를 기준으로 지연이자를 산정하여야 한다는 입장이다.[173] 불법행위가 행하여진 시기와 가까운 무렵에 통화가치 등의 별다른 변동이 없는 상태에서 위자료 액수가 결정된 경우에는 불법행위시로부터 지연손해금이 발생한다고 보더라도 특별히 문제될 것은 없으나, 불법행위시와 변론종결시 사이에 장기간의 세월이 경과되어 현재 변론종결시를 기준으로 위자료를 산정하고 불법행위시를 기산점으로 하여 그에 대한 지연손해금을 산정하는 경우 현저한 과잉배상의 문제가 발생하기 때문이다.

6 도로의 설치 및 관리상 하자로 인한 손해배상

가. 소송 변론시 주장·입증할 사항

영조물의 설치 및 관리상의 하자는 원칙적으로 무과실책임으로 보아 면책이 어려운 것이 사실이나, 최근 대법원 판결은 영조물의 '상대적 안정성'을 요구하는 방향으로 나아가고 있고, 하급심 법원도 이러한 경향이 있는데, 소송에서 변론시 국가 측에 유리한 자료를 적극적으로 수집하여 유리한 증거자료를 체계적으로 주장·입증하여야 할 것이다. 한국도로공사가 관리하고 있는 유료도로인 고속도로와는 달리 국가가 관리하고 있는 국도

---

173) 대법원 2011.1.27. 선고 2010다6680 판결 : 이처럼 불법행위시와 변론종결시 사이에 장기간의 세월이 경과되어 위자료를 산정함에 있어 반드시 참작해야 할 변론종결시의 통화가치 등에 불법행위시와 비교하여 상당한 변동이 생긴 때에는, 예외적으로라도 불법행위로 인한 위자료배상채무의 지연손해금은 그 위자료산정의 기준시인 사실심 변론종결 당일로부터 발생한다고 보아야만 할 것이다.

는 그 범위가 넓은 반면, 인력, 재정 등은 상대적으로 열악한 상태이므로 충분한 조치를 취하기 어렵다는 사정이 있고, 법원 또한 이를 감안하여 국도상 교통사고의 경우 국가책임을 면제하거나 최대한 과실상계 하여 처리하는 경향이다.

원고가 사고로 인하여 책임보험금을 받았다고 자인하더라도 실제 지급받은 금액을 축소하여 자인하는 경우가 있다. 이런 경우 보험회사에 연락하여 원고의 주장이 진실인지 여부를 확인할 필요가 있다. 소송실무상 국가의 과실을 기본적으로 약 20% ~ 30%인정하고 면책을 적극적으로 다투지 않는 경우도 있으나, 면책을 적극적으로 다투는 것이 재판부로 하여금 국가 측에 유리한 판결을 할 수 있도록 하는데 도움이 될 수 있고, 추후 손해배상책임이 인정되더라도 과실상계 비율에서 유리할 수도 있으므로 보다 적극적인 응소전략을 수립하여 소송에 임하여야 할 것이다.

나. 실제 사례에 의한 응소방법론

(1) 신호기 고장 교통사고

소외 망 홍길동은 2010.9.30. 경 자신의 소유 승용차를 운전하고 서초사거리를 청색신호에 따라 진행하던 중 신호기의 고장으로 교행하던 차량과 충돌하여 그 충격으로 현장에서 사망하였는데, 그 유족들인 원고들이 국가에 대하여 영조물의 설치·관리상 하자로 본건 교통사고가 발생하였다고 주장하면서 국가를 상대로 본건 교통사고에 대한 손해배상청구 소송을 제기

①소송실무상 반드시 필요한 주장
- 신호기의 고장시점과 사고 발생시점 간의 근접으로 인하여 사실상 신호기의 정상화를 위한 시간적 여유가 없었다는 점과 신호기 관리를 소홀히 하지 않았다는 주장·입증이 필요하다. 또한 교통사고 발생에 원고의 주의의무 위반의 과실도 상당하므로 국가의 책임이 상당부분 과실상계되어야 한다는 내용으로 전략적으로 응소하는 방법이 필요하다.

②입증방법

- 교통신호기 설치 관련 시행규칙 및 조례, 교통사고 형사기록, 신호기 관리에 대한 자료 등 소송에서 국가의 면책을 위하여 반드시 필요한 증거자료를 수집하여 제출하거나 주장·입증하여야 한다.

③주의사항

- 국가의 면책이 받아들여지지 않을 경우를 미리 대비하여 과실상계를 예비적으로 주장하면서 원고 측의 과실을 입증할 만한 사실관계를 적극적으로 수집해야 한다.

- 신호기의 설치 및 관리책임과 관련하여 원고에 대한 관계에서는 국가도 손해배상 책임을 부담하여야 한다는 것이 대법원의 입장이므로 원고의 청구에 대하여 지방자치단체만이 책임을 부담한다는 항변을 할 수는 없을 것이다.

교통신호기의 결함 판례[174]

대법원은 "원심이 확정한 서울특별시 전역의 신호기 설치 상황, 신호등이 소등되는 경우 대처할 수 있는 방법, 한편 이 사건 신호기의 고장신고가 이 사건 사고발생 전까지 접수되지 아니한 점 등 그 판시와 같은 사실관계와 교차로 진행방향의 신호기가 소등되었다 하더라도 좌우의 다른 신호기에 의하여 신호기의 내용을 확인할 수 있을 뿐만 아니라 차의 운전자로서는 신호기에 의한 교통정리가 행하여지고 있지 아니하는 교차로에 들어가려는 경우에도 도로교통법 제22조 제4항 내지 제7항 소정의 교차로 통행방법을 준수하여야 하는 점 등에 비추어 보면, 피고가 이 사건 신호기의 적색신호가 단선으로 소등되었다는 것을 바로 알 수 있었음에도 이를 알지 못한 잘못이 있다거나 그 소등으로 인하여 사고가 발생하리라는 것을 예측하고 이를 회피하지 못한 잘못이 있다고 할 수 없으며, 더욱이 피고가 이 사건 교통신호기의 고장 사실을 바로 알 수 있었다고 볼 수도 없는 이상 사회통념상 이러한 경우까지 피고에게 이로 인한 사고의 발생을 방지할 수 있는 방호조치를 기대할 수도 있었다고 할 수는 없을 것이므로, 이 사건 신호기의 적색신호가 소등된 기능상 결함이 있었다는 사정만으로는 이 사건 신호기의 설치 또는 관리상의 어떠한 하자가 있었다고 할 수 없다. 는 입장이다.

(2) 빙판길 교통사고

> 원고는 소나타 차량을 운전하여 2009.1.14. 04:10경 경북 상주시 공검면 화동리
> 소재 공갈못휴게소 앞 3번 국도상을 주행하던 중 빙판길에 미끄러져 사고가 발생하
> 여 상해를 입었는데, 위 교통사고는 국가의 국도관리상의 하자로 인하여 발생한 것이
> 었다고 주장하면서 국가를 상대로 본건 교통사고에 대한 손해배상청구 소송을 제기

①소송실무상 반드시 필요한 주장

- 도로관리상 하자는 없었고, 오직 원고의 일방적 과실로 인하여 사
고가 발생하였다고 주장하는 것이 필요하다. 또 피고는 도로관리
에 최선을 다하였으나 불가항력적인 사유로 일부 구간에 대한 결
빙을 해소하지 못하게 된 것이라는 주장을 해야 하고, 특히, 본건
사안의 경우 사고도로 부근에 있던 자동차정비업소의 배수관이
01:50경 파열되면서 유출된 물이 도로로 흘러들어 결빙된 것이므
로 피고로서는 도로 결빙을 방지할 수 없었다는 주장으로 도로
관리에 소홀함이 없었다는 주장·입증으로 전략적으로 응소방법이
적용되어야 할 것이다.

---

174) 대법원 2000.2.25. 선고 99다54004 판결 : 국가배상법 제5조 제1항 소정
의 영조물의 설치 또는 관리의 하자라 함은 영조물이 그 용도에 따라 통
상 갖추어야 할 안전성을 갖추지 못한 상태에 있음을 말하는 것으로서,
영조물이 완전무결한 상태에 있지 아니하고 그 기능상 어떠한 결함이 있
다는 것만으로 영조물의 설치 또는 관리에 하자가 있다고 할 수 없는 것
이고, 위와 같은 안전성의 구비 여부를 판단함에 있어서는 당해 영조물의
용도, 그 설치장소의 현황 및 이용 상황 등 제반 사정을 종합적으로 고려
하여 설치 관리자가 그 영조물의 위험성에 비례하여 사회통념상 일반적으
로 요구되는 정도의 방호조치의무를 다하였는지 여부를 그 기준으로 삼아
야 할 것이며, 객관적으로 보아 시간적·장소적으로 영조물의 기능상 결함
으로 인한 손해발생의 예견가능성과 회피가능성이 없는 경우 즉 그 영조
물의 결함이 영조물의 설치관리자의 관리행위가 미칠 수 없는 상황 아래
에 있는 경우에는 영조물의 설치관리상의 하자를 인정할 수 없다. 교차로
의 진행방향 신호기의 정지신호가 단선으로 소등되어 있는 상태에서 그대
로 진행하다가 다른 방향의 진행신호에 따라 교차로에 진입한 차량과 충
돌한 경우, 신호기의 적색신호가 소등된 기능상 결함이 있었다는 사정만
으로 신호기의 설치 또는 관리상의 하자를 인정할 수 없다고 한 사례.

②입증방법

- 국도의 적절한 유지관리에 최선을 다하였다는 사실을 입증하기 위하여 제설작업 관련 작업일지와 자연재해에 해당하는 악천후로 인하여 불가항력적인 사정이 존재하였음을 입증하기 위한 기상자료 그리고 교통사고 조사기록 등 소송에서 국가의 면책을 위하여 반드시 필요한 증거자료를 수집하여 제출하는 것이 중요하다.

③소송시 주의사항

- 영조물의 설치·관리상의 하자는 원칙적으로 무과실책임으로 항변이 어려운 것이 사실이나, 최근 대법원 입장은 영조물의 '상대적 안전성'을 요구하는 방향으로 옮겨가고 있고, 하급심 법원도 이를 따라가려는 추세에 있으므로 국가 측에 유리한 자료를 적극적으로 수집하고, 유리한 사실이나 자료 등 소송 관련 필요한 근거자료를 체계적으로 정리, 제출하여 주장·입증하는 것이 중요하다.

- 고속도로와는 달리 국가가 관리하고 있는 국도는 그 범위가 넓고, 그에 따른 인력, 재정 등이 부족하고 도로 유지·관리 환경이 열악한 상태이므로 충분한 조치가 어렵다는 사정이 있으므로 법원도 국도 상의 교통사고의 경우 국가책임을 면제하거나 최대한 과실상계 처리를 하려고 하는 경향이 많다.

- 소송실무상 영조물의 설치 및 관리상의 하자를 다투는 소송에서 보통 20%~30%의 국가과실은 당연한 전제로 인정하고 면책을 적극적으로 다투지 않으나, 면책을 적극적으로 다투는 것이 재판부로 하여금 국가 측에 유리한 판결을 할 수 있도록 하는데 도움이 될 것으로 보이며, 그것이 손해배상책임이 인정되는 경우에도 과실상계비율에서 유리한 측면이 있다. 특히, 요즘 고속도로에서 겨울철 도로관리의 하자와 관련 하여 '블랙아이스'(black ice) 사고'가 문제된다. 2019년 12월 14일 04:44경 경북 군위군 소보면 달산리 상주~영천고속도로에서 차량 40여대가 두 곳에서 연쇄 추돌해 7명이 숨지고 32명이 다치는 대형 사고가 발생했다. 경찰과

소방당국은 이번 사고가 '블랙아이스'(black ice) 때문에 차량들이 미끄러져 사고가 난 것으로 추정하고 있다. 블랙아이스란 도로 위에 녹아있던 눈 또는 비가 기온이 내려가면서 아주 얇은 빙판처럼 얼어붙는 현상이다. 이렇게 생성된 얼음막은 아주 얇아, 검은색 아스팔트의 색이 그대로 드러나 보이는 현상 때문에 블랙아이스라는 이름이 붙었다. 일반 빙판길과는 다르게 육안으로 구분이 어려워 사고가 발생하기 더 쉽다. 사고가 난 상주지역은 블랙아이스가 만들어지기 위한 조건을 갖춘 상태였다. 기상청에 따르면 14일 상주에는 새벽까지 0.7mm의 비가 내렸고, 기온도 영하 1.5~0도로 떨어졌다. 비로 인해 형성된 도로 위 수막이 블랙아이스로 바뀔 수 있는 충분한 조건이었다.

블랙아이스가 터널이나 지하도에 빈번하게 생기는 이유는 햇빛이 들지 않는 응달지역이기 때문이다. 그늘진 곳은 비나 눈이 내린 이후 그대로 얼어버리는 현상이 자주 발생한다. 또 교량과 고가도로의 경우도 일반도로에 비해 빨리 차가워지기 때문에 블랙아이스가 쉽게 생길 수 있다. 만약 블랙아이스가 만들어진 도로 위에서 미끄러지거나 앞차가 미끄러져서 피해야 한다면, 핸들을 크게 돌리거나 브레이크는 밟지 않아야 한다. 브레이크를 밟거나 급회전을 시도할 경우 차가 제어를 전혀 못 하게 될 수 있어서다.

④소송실무상 반드시 필요한 주장

- 도로관리상 하자는 없었고, 오직 원고의 일방적 과실로 인하여 사고가 발생하였다고 주장하는 것이 필요하다. 또 피고는 도로관리에 최선을 다하였으나 불가항력적인 사유로 일부 구간에 대한 결빙을 해소하지 못하게 된 것이라는 주장을 해야 하고, 특히, 본건 사안의 경우 블랙아이스의 위험성을 강조해야 한다. 블랙아이스 도로가 위험한 이유는 △육안으로 구분이 어렵고 △일반도로보다 14배, 눈길과 비교해 6배 더 미끄럽다는 점 △브레이크를 밟았을 때 제동거리도 크게 차이 난다는 점이고, 미리 주의하지 않는다면

이번 상주 사고처럼 큰 사고가 또 발생할 수 있다는 점을 주장하여야 하고, 블랙아이스 사고예방을 위해 가장 중요한 것은 겨울철 안전거리 확보와 감속운전이며, 특히 블랙아이스가 빈번하게 발생하는 터널과 지하도, 교량과 고가도로에서는 감속운전에 더 신경 써야 하는데 사고를 야기한 운전자는 그런 주의의무가 있음에도 주의운전을 하지 않은 잘못이 크다는 내용으로 주장하여야 한다. 따라서 겨울철 갑자기 예고 없이 조금 내린 눈과 비로 담당 시설관리 기관도 도로 결빙을 방지할 수 없었다는 주장으로 도로 관리에 소홀함이 없었다는 주장·입증으로 전략적으로 응소방법이 적용되어야 할 것이다.

⑤입증방법

- 국도의 적절한 유지관리에 최선을 다하였다는 사실을 입증하기 위하여 제설작업 관련 작업일지와 갑자기 예고 없이 내린 눈과 비 자연재해에 해당하는 악천후로 인하여 불가항력적인 사정이 존재하였음을 입증하기 위한 기상자료 그리고 교통사고 조사기록 등 소송에서 국가의 면책을 위하여 반드시 필요한 증거자료를 수집하여 제출하는 것이 중요하다.

강설로 인한 도로상의 결함 판례[175]

대법원은 "영조물인 도로의 경우도 다른 생활필수시설과의 관계나 그것을 설치하고 관리하는 주체의 재정적·인적·물적 제약 등을 고려하여 그것을 이용하는 자의 상식적이고 질서 있는 이용방법을 기대한 상대적인 안정성을 갖추는 것으로 족하다고 보아야 할 것이고, 특히 강설은 기본적 환경의 하나인 자연현상으로서 그것이 도로교통의 안정을 해치는 위험성의 정도나 그 시기를 예측하기 어렵고 통상 광범위한 지역에 걸쳐 일시에 나타나고 일정한 시간을 경과하면 소멸되는 일과성을 띠는 경우가 많은 점에 비하여, 이로 인하여 발생되는 도로상의 위험에 대처하기 위한 완벽한 방법으로서 도로 자체에 융설설비를 갖추는 것은 현대의 과학기술의 수준이나 재정사정에 비추어 사실상 불가능하고, 가능한 방법으로 인위적으로 제설작업을 하거나 제설제를 살포하는 등의 방법을 택할 수밖에 없는 바, 그러한 경우에 있어서는 적설지대에 속하는 지역의 도로라든가 최저 속도의 제한이 있는 고속도로 등 특수목적을 갖고 있는 도로가 아닌 일반 보통의 도로까지도 도로관리자에게 완전한 인적·물적 설비를 갖추고 제설작업을 하여 도로통행상의 위험을 즉시 배제하여 그 안전성을 확보하도록 하는 관리의무를 부과하는 것은 앞에서 본 도로의 안정성의 성질에 비추어 적당하지 않고 오히려 그러한 경우의 도로통행의 안정성은 그와 같은 위험에 대면하여 도로를 이용하는 통행자 개개인의 책임으로 확보하여야 할 것이다."는 입장이다.

(3) 철도건널목 사고

소외 망 유관순은(만. 5세)은 2010.3.24 18:00경 서울시 용산구 이촌동 소재 철도건널목 부근에서 놀던 중 마침 그곳을 지나가던 서울발 부산행 새마을호 열차가 일으키는 바람에 빨려 들어가 사망하였는데, 원고들은 위 망 유관순의 가족들로서, 국가가 위 건널목 간수를 배치하여 감시를 하게하는 등의 안전조치를 취하지 않아 사망사고가 발생하였다고 국가의 철도건널목 시설 관리상의 하자로 인하여 발생한 것이었다고 주장하면서 국가를 상대로 손해배상청구 소송 제기

① 소송실무상 반드시 필요한 주장

- 피해자가 철도건널목 주변에서 놀다가 사고를 당한 것이 아니라 철로내에서 놀다가 사고를 당했을 가능성이 많다는 주장이 필요하고, 본건 사고는 피해자의 과실과 만 5세의 아동인 피해자를 혼자 위험하게 놀도록 내버려둔 피해자의 부모인 원고들의 과실에 기인한 것으로 국가는 면책되거나 그 책임이 상당부분 과실상계되어야 한다는 주장을 하여야 한다.

---

175) 대법원 2000.4.25. 선고 99다54998 판결 : 강설의 특성, 기상적 요인과 지리적 요인, 이에 따른 도로의 상대적 안전성을 고려하면 <u>겨울철 산간지역에 위치한 도로에 강설로 생긴 빙판을 그대로 방치하고 도로상황에 대한 경고나 위험표지판을 설치하지 않았다는 사정만으로 도로관리상의 하자가 있다고 볼 수 없다고</u> 한 사례

- 또한 본건 철길건널목은 경보령이 설치되어 있는 등 안전시설이 교통량에 맞게 설치되어 있으므로 국가의 책임은 없다는 전략적인 변론이 필요하다.

②입증방법

- 국가는 철길건널목 시설관리가 적절하였고, 그 시설 유지관리에 최선을 다하였다는 사실을 입증하기 위하여 철도 기관사의 진술서, 철길건널목 시설관련 규정, 사고조사 기록 등 소송에서 국가의 면책을 위하여 반드시 필요한 증거자료를 수집하여 제출하는 것이 중요하다.

③소송시 주의사항

- 소송실무상 철길건널목 사고는 열차추락사고와는 달리 국가가 면책되는 경우가 많이 있으므로 철도시설물의 설치·관리상의 하자는 없었다는 변론으로 적극적인 응소전략이 필요하다.

7 항공기 소음 관련 손해배상

가. 소음소송과 현황

소음소송으로 분류되는 사건은 비행장, 공항, 군용사격장 주변에 살고 있는 주민들이 소음으로 인한 생활 방해 등을 이유로 국가에 손해배상을 청구하는 소송인데, 환경권에 대한 주민의 권리의식 향상과 대구,광주,수원과 같이 도시 팽창의 결과 비행장이 아파트 단지 주변에 위치하게 되는 경우 소음소송이 폭주하고 있다. 현재, 비행장 또는 사격장 인근 소음 피해소송은 전국에 소재한 대부분의 공항, 비행장, 사격장을 중심으로 1심~3심까지 500건이 넘는 건수로 100만 명이 넘는 원고가 1인당 5만원~10만원 정도를 청구하면서 소가 합계액 5,000억원이 넘는 소음 피해소송이 진행 중에 있다.

나. 소음소송 진행과정과 특징

　소음소송의 경우, 소송실무상 원고가 소를 제기하면서 비행장의 운영과 피해를 주장하고 피고는 답변서를 통하여 원고가 구체적인 피해여부를 입증하여야 한다는 주장, 3년, 5년의 소멸시효의 항변 등 일반적인 항변을 하고, 원고가 피해사실 입증을 위해 감정과 검증을 신청하게 되는데, 보통 1~2년간의 감정기간 동안 원고가 손해배상표 기초 파일을 작성하여 주민등록초본과 함께 법원에 제출하면 피고는 주민등록초본과 손해배상표의 기재 내용을 대조·확인하는 작업을 통해 원고 중 일부에 대한 소취하를 유도하는 정리 작업을 하게 된다. 이후 감정서가 법원에 제출되면 피고 측에서 감정결과를 탄핵하는 주장을 하고, 그 외 개별 사건별로 필요한 기타 주장을 마무리한 후 변론이 종결되면 판결이 선고되는 순으로 재판이 진행된다. 소음 소송의 특성상 감정절차를 통하여 소음 피해가 인정되는 범위를 확정하는 작업이 가장 중요하다. 보통 이러한 감정 절차에 상당한 시간이 소요되어 소음소송의 진행은 여타의 사건에 비하여 느린 편이다.

　소송실무상 소음소송은 민중소송의 성격을 보이며, 통상 변호사들에게 사건을 위임하여 진행하게 되는데 이러한 경우 당사자들의 중복 위임으로 인하여 원고가 여러 소송에 중복 기재되어 부적법한 소로 각하되는 경우도 많이 발생한다. 거의 대부분 중복제소는 원고들의 잘못으로 인하여 이루어진 것으로 소송 계속 중 취하되거나 소 각하 판결을 받는 것으로 종결되나 단순착오를 넘어 손해배상을 위한 의도된 위장전입 또는 대학 재학이나 군입대와 같은 사유로 주민등록과 실제 거주지가 다른 사실을 인식하면서도 의도적으로 소를 제기한 경우는 소송사기에 해당할 수 있다. 법원에서는 원고의 주민등록초본을 제출받아 감정 결과 소음범위 이내에 원고의 주민등록이 존재하면 국가의 손해배상 책임을 인정해주고 있다. 법원에서 감정을 위하여 대학 소음 연구소나 민간 회사에 위탁하여 소음 피해에 대한 감정을 진행하고 있다. 이런 경우 감정은 감정인이 일정 기간 동안 비행장 주변의 소음도를 측정한 후 일년 평균값을 추정하여 소음지도를 만드는데, 소음지도는 비슷한 소음이 발생한 지역을 등고선 형식으로 선으로 연결하여 만드는 것으로 이것을 법원에 제출한다. 군대, 환경부에서도 소음 피해에 대한 측정을 하고 있으나 이러한 자료는 법원에서 잘 수용하지 않고 있다. 감정인이 법원에 제출하는 소음지도는 실측을 근거로 한 것이 아니라 '추정치'를 바탕으로 하는데 문제가 있다. 그 추정치의 근거가 잘못되었다면 얼마든지 감정 결과에 이의를 제기하여 감정결과를 부정할 수 있다는 점을 숙지하여야 한다. 소음소송에서는 소음의 측정 기준의 미세한 변화에 따라 배상 금액에 상당한 증감이 이루어지게 되므로 소송수행에서 감정 절차상의 신뢰성에 대하여도 의문을 제기하고 이를 탄핵할 수 있어야 한다. 환경부의 '소음측정망 자료'는 장기간에 걸친 소음 측정 자료이므로 신뢰성이 높다. 따라서 소송에서 이를 적극적으로 주장하여 감정 결과를 탄핵할 수 있어야 한다.

감정상의 오류와 원고 패소 판결[176]

원고는 군 비행장에서 이·착륙하는 전투기의 소음 정도를 측정하는 과정에서 감정의 편의를 위하여 실제 비행장에서 운용되지 않고 있는 F-16 및 F-4 전투기를 대상으로 소음도를 측정하였는데, 법원은 위 비행장에서 원고가 주장하는 정도의 소음이 발생한다고 보기 어렵다는 이유로 원고의 청구를 상당 부분 기각하였다. 실제 비행장에서 사용되는 기종과 다른 기종을 대상으로 하였다는 이유로 감정 절차의 신뢰성을 부정한 대표적인 사례이며, 재판에서 이와 같이 감정 절차의 신뢰성을 문제 삼을 수 있도록 추정치에 의한 감정절차가 잘못되었음을 지적하고, 환경부에서 측정하는 소음측정망 자료를 제출하여 일상적인 소음의 정도가 어느 정도인지를 입증하면 원고의 청구를 상당부분 감축할 수 있다고 보인다.

---

176) 광주지방법원 2009.11.11. 선고 2004가합4340, 2005가합9755 판결

다. 감정 비용과 절차

소음소송에서 소음도의 감정은 손해배상 여부와 그 액수를 정하기 위한 필수불가결한 절차이나 그 비용이 수천만원에서 1억원이상에 달하는 등 비용부담이 문제되는데, 입증책임의 원리로 국가소송의 원고측에서 부담하고 있으나, 국가패소 될 경우 감정 비용의 상당분이 피고에게 전가될 위험이 많고, 감정 비용의 문제로 법원에서 재감정신청을 잘 받아주지 않는 경향이 있으므로 추기 감정 절차에서 감정 절차에 대한 이견을 포함한 관련된 견해를 모두 개진하는 것이 필요하다. 예를 들면, 동일한 비행장에 대한 소음 소송인 경우 1회의 감정만으로 다른 사건까지 감정을 하는 효과가 있는데, 동일한 비행장 소음 사건이 여러 재판부에 계속되어 있는 경우에 동일 지역에 대한 중복 감정인, 감정지역의 중첩, 이에 따른 감정인의 감정비 이중 청구 등의 문제가 발생할 여지가 있으므로 소송수행자로서는 문제가 된 비행장에 관하여 다른 재판부에서 재판을 하고 있는지 여부에 대하여 항상 확인하고 감정 절차가 완료된 곳이 있다면 완료된 재판에 병합하도록 재판부에 요청하는 것이 타당하고, 이를 통하여 감정 비용과 시간을 절약하는 장점이 있다. 감정 절차에 하자가 있는 경우라면 다른 사건의 감정 결과를 원용하여 기존의 감정 결과를 반박하는 작업이 필요하다. 따라서 소송수행시 같은 지역의 소송을 담당하는 다른 소송수행자들과 연락을 취하여 소송 수행 상황 등을 잘 파악하여 전략적으로 응소하는 방법이 필요하다.

라. 원고 소취하와 부동의

소음 소송제기 후 중복 또는 소음피해 범위 지역 외 거주자 등 해당 원고들이 소취하로 소송에서 탈퇴한다. 원고들의 인원수를 줄이고, 원고의 사망, 주소 이전 등에 따른 문제를 해결하는데, 종국 판결에서 패소하였을 것이 명백한 원고들에게 소송비용을 회수할 수 없게 된다는 문제가 있다. 소송실무상 중복소송 또는 소음도 미달 등으로 소제기 후 소송계속 중 소를 취하하는 경우 이에 동의하고 있다. 그러나 향후 소를 취한 원고가 다시 제소할 가능성을 미연에 방지하고, 소음 피해 유무를 제대로 확인하지 않고 군비행장 인근 주민을 대상으로 무차별적으로 원고를 모집하여 소를 제기하는 관행을 근절하기 위하여 소취하 부동의도 검토할 필요가 있다.

마. 소송실무상 입증방법

소음소송은 대부분 비행장 소음으로 공군에서 공항은 한국공항공사에서 수행하고 있는데 소음소송에서 국가가 피고로서 적법성, 수인한도론, 시효소멸, 위험접근이론 등을 잘 숙지하였다가 전략적인 방법의 응소가 필요하다. 적법성의 쟁점은 '불법행위'여부에 있는데, 비행장 또는 공항을 운용하는 행위가 타인에게 손해를 가하는 또는 과실로 타인에게 손해를 가하는 위법한 행위인가에 있다. 공항과 비행장은 국토방위 및 교통의 편의를 위하여 관계 법령에 따라 설치한 것으로 적법한 것이며, 그 운용에 있어서도 법에 위반되는 점은 없다고 주장하여야 하며, 비행장 등을 운용함으로써 얻는 공익이 침해되는 사익에 비하여 훨씬 크다는 점도 반드시 주장하여야 한다. 법원에서는 수인한도를 넘어선 소음의 경우에는 위법하다는 입장이다. 비행장 소음으로 인한 손해배상 절차는 적법한 행정행위로 인하여 국민들이 입은 손해를 보상하는 '손실보상'의 영역으로 국회의 입법 절차를 통하여 해결될 사안이다. 수인한도론은 소음이 사회생활상 수인한도를 초과하지 않았다는 주장이다. 기압, 기온 등의 차이로 계절마다 소음의 정도가 다를 수 있으므로 정확한 소음측정을 위해 최대한의 측정기간이 필요함을 주장하고, 수인한도가 되는 소음정도 기준에 대해서는 항공법 시행령과 시행규칙에 따른 고시 및 소음진동규제법과 동시행령 등에 비추어 실질적인 피해소음 기준치를 상향되어야 한다고 주장해야한다. 소송실무상 법원에서 80웨클(WECPNL)을 수인한도 기준으로 보고 있으나 하급심의 경우 민간 공항의 경우 85웨클을, 군용비행장의 경우 80웨클을 손해배상 금액의 기준으로 보고 있다. 현실적으로 손해배상 기준을 80웨클에서 85 웨클로 상향할 경우 약 50% 정도의 손해배상액이 경감된다. 비행장 운영의 최선의 소음방지대책 주장으로 감액사유가 될 수 있도록 해야 하는데, 소송실무상 김포공항의 경우 소음방지대책이 행해졌다는 이유만으로 관리상의 과실이나 하자가 없다고 볼 수 없다고 하면서 소음방지대책을 세운 이후의 손해에 대하여는 50%로 감경한 사례가 있으므로 비행단 또는 공항에서 소음의 방지를 위하여 대책을 세우고 성실히 소음방지를 위하여 노력하였다는 점을 적극적으로 부각시킬 필요가 있다. '위험에의 접근 이론'에 따른 면책 내지 감액의 적극적인 주장이 필요한데, 비행장의 경우에는 고도의 공공성이 인정되고, 비행장이 생긴 이후에 입주한 주민들의 경우에는 소음이 있음을 알고 이를 용인한 것으로 위험에의 접근이론 등에 근거하여 면책을 주장하고 상당부분 감액을 주장할 필요가 있다. 위와 같은 사례로 손해배상 금액을 30% 감액한 김포공항 관련 판결이 있고,[177] 또한 매향리 사격장 사건의 하급심 판결에서[178] 공익성과 위험에의 접근 이론을 일부 받아들여 손해액 감액비율을 40%로 인정하였다.

원고들 중 대학이나 군복무 등으로 소음피해 지역에 거주하지 않은 경우 그 기간을 공제할 것을 주장해야하고, 이런 경우 병무청이나 교육부 등에 사실조회를 통하여 피해지역에 거주하지 않은 사실을 적극적으로 입증할 필요가 있다. 소멸시효 항변은 피고의 권리항변으로 항변을 하지 않을 경우 법원에서 직권으로 판단하지 않는다. 따라서 통상 소장에서 원고들이 당해 지역에 언제부터 거주하였은지에 대한 내용이 적시되므로 오랫동안 거주한 사람들은 소제기 3년 전까지의 내역이 손해배상 금액에 포함된다. 소음소송은 다른 소송과 달리 소제기 후에도 지속적으로 피해가 발생하는데, 비행장이 폐쇄될 때까지 지속적으로 소음이 발생하고, 소송이 종료되더라도 그러한 소음 피해는 계속된다. 따라서 법원에서 손해배상금액을 산정할 때 현재 얼마를 받는지 보다 매월 얼마를 책정하여 정기금으로 배상을 할지에 더욱 관심사이다. 소송실무상 소음관련 손해배상 금액의 소가 1,200억원이었으나, 판결 이후 지급될 정기금의 액수는 1조원을 넘은 경우가 있었다. 실제 손해가 발생하였다면 그러한 손해의 입증을 통하여 다툴 수 있으나, 소음 소송은 구체적인 손해가 아닌 생활 방해로 인한 손해

---

177) 대법원 2005.1.27. 선고 2003다49566 판결
178) 서울고등법원 2008.6.11. 선고 2007나10902 확정 판결

배상 청구이므로 금액 자체에 대하여도 다툴 여지가 많이 있다. 법원에서 소음 손해배상 금액에 대하여 일률적인 기준을 세우고 있지 않고 있는데, 소송실무상 어떤 기준이 없이 관례적으로 소음의 정도에 따라 80~85 웨클은 3만원, 85~90웨클은 4만 5천원, 90웨클 이상은 6만원으로 매월 배상금액을 정하고 있다.

바. 실제 사례에 의한 응소방법론

(1) 김포공항 사건[179]

> 원고들은 김포공항 주변에 거주하는 사람들로 김포공항을 운항하는 항공기에서 발생된 소음 등에 의한 생활방해로 물질적, 정신적 손해를 입었다며 국가를 상대로 손해배상청구 소송을 제기

피해지역의 원고들에 대하여 1일 1천원, 90웨클 이상의 경우는 1일 2천원의 위자료를 인정하였다. 다만, 항공법상의 소음방지대책을 시행

---

179) 대법원 2005.1.27. 선고 2003다49566 판결 : '영조물 설치 또는 하자'에 관한 제3자의 수인한도의 기준을 결정함에 있어서는 일반적으로 침해되는 권리나 이익의 성질과 침해의 정도뿐만 아니라 침해행위가 갖는 공공성의 내용과 정도, 그 지역환경의 특수성, 공법적인 규제에 의하여 확보하려는 환경기준, 침해를 방지 또는 경감시키거나 손해를 회피할 방안의 유무 및 그 난이 정도 등 여러 사정을 종합적으로 고려하여 구체적 사건에 따라 개별적으로 결정하여야 한다. 소음 등을 포함한 공해 등의 위험지역으로 이주하여 들어가서 거주하는 경우와 같이 위험의 존재를 인식하면서 그로 인한 피해를 용인하며 접근한 것으로 볼 수 있는 경우에, 그 피해가 직접 생명이나 신체에 관련된 것이 아니라 정신적 고통이나 생활방해의 정도에 그치고 그 침해행위에 고도의 공공성이 인정되는 때에는, 위험에 접근한 후 실제로 입은 피해 정도가 위험에 접근할 당시에 인식하고 있었던 위험의 정도를 초과하는 것이거나 위험에 접근한 후에 그 위험이 특별히 증대하였다는 등의 특별한 사정이 없는 한 가해자의 면책을 인정하여야 하는 경우도 있을 수 있을 것이나, 일반인이 공해 등의 위험지역으로 이주하여 거주하는 경우라고 하더라도 위험에 접근할 당시에 그러한 위험이 존재하는 사실을 정확하게 알 수 없는 경우가 많고, 그 밖에 위험에 접근하게 된 경위와 동기 등의 여러 가지 사정을 종합하여 그와 같은 위험의 존재를 인식하면서 굳이 위험으로 인한 피해를 용인하였다고 볼 수 없는 경우에는 손해배상액의 산정에 있어 형평의 원칙상 과실상계에 준하여 감액사유로 고려하는 것이 상당하다.

한 이후의 손해에 대해서는 배상액의 50%를 감액하고, 항공법 시행규칙에 따라 소음피해지역, 소음피해예상지역 지정·고시일 이후에 입주한 사람들의 경우에는 손해액의 30%를 추가로 감액하였다.

(2) 군산비행장 사건[180][181]

군산비행장은 미군이 사용하는 군사비행장으로 수인한도의 기준을 80웨클로 보고, 90웨클 이상의 경우 월 5만원, 80~90웨클의 경우는 월 3만원의 위자료를 인정하였다.

(3) 매향리 사격장 사건[182][183]

수인한도의 기준에 대해서는 구체적인 언급이 없이 손해배상액을 70dB 이상의 경우 월 17만원, 70dB 미만인 경우 월 15만원을 인정하였다.

소음 소송은 당사자가 다수, 소음에 대한 전문적인 지식 필요, 감정절차의 중요성, 배상액의 액수와 산정방식 등 여러 가지 소송의 쟁점이 많은 분야이다. 손해배상에 대한 일률적인 기준이 입법이나 판례로 해결되지 않아 소송수행에 있어서 적극적이고 전략적인 소송방법이 필요하다.

---

180) 대법원 2005.4.18. 선고 2005다12926 판결.
181) 대법원 2015.10.15. 선고 2013다23914 판결 : 광주공군비행장 주변에 입주한 군인, 군무원 및 가족들이 국가를 상대로 항공기 소음 피해에 대한 손해배상을 구한 사안에서, 광주공군비행장 주변의 소음피해가 <u>소음도 80웨클(WECPNL) 이상인 경우 사회생활상 통상의 수인한도를 넘어 위법</u>하다고 본 원심판단에 법리오해의 위법이 있다고 한 사례
182) 대법원 2004.3.12. 선고 2002다14242 판결.
183) 대법원 2010.12.9. 선고 2007다42907 판결 : 차포 사격장 주변 지역의 소음 피해가 사격 시의 <u>1시간 등가소음도 69dB 이상이고 최고소음도 100dB 이상인 경우</u> 사회통념상 수인한도를 초과한 것으로 위법성을 띤다고 본 원심판단을 정당하다고 한 사례

8 각종 집해 및 시위 관련 손해배상

가. 현황

집회 참가자들의 국가배상청구는 백남기씨 유족이 국가와 당시 경찰지휘부인 강신명 전 경찰청장, 구은수 전 서울경찰청장, 현장지휘관 신모 총경 등 5명을 상대로 제기한 손해배상청구 소송[184] 등 대규모 집회와 시위와 관련한 집회 참가자들이 국가를 상대로 손해배상을 청구하는 유형의 손해배상청구소송이 제기될 수 있다. 집회 및 시위 진행 장소 부근의 상인들의 국가배상청구는 집회 및 시위가 진행되는 장소 인근 상인들이 영업수익을 상실하였다거나 영업점이 파손되는 손해를 입었다고 주장하며 국가를 상대로 손해배상을 청구하는 유형이며, 집단소송으로 제기할 수 있고, 또한 집회 및 시위 장소 부근에서 영업을 하지 않음에도 집단소송에 편승하여 배상금 목적으로 소송제기가 있을 수 있으므로 실제 영업여부를 확인하기 위하여 사업자등록증 등을 통하여 실제 영업주인지 아니면 단순 명의대여자인지 등을 확인할 필요가 있다. 국가가 민중총궐기투쟁본부와 민주노총, 한상균 전 민주노총 위원장 등을 상대로 낸 손해배상 청구소송[185] 등 불법집회 및 불법시위 참여자들의 경찰 차량, 장비 등 파손 등 피해에 대하여 국가가 원고로 제기하는 소송이 있다.

---

184) 전남 보성의 백남기 농민이 2015년 11월 14일 서울 도심에서 열린 민중총궐기 집회에 참가했다가, 경찰이 쏜 물대포에 맞고 쓰러져 317일간 혼수상태로 서울대병원에 치료를 받다가 이듬해인 2016년 9월 25일 숨을 거둔 사망사건
185) 국가 측에서 2015년 11월14일 민중총궐기 집회에서 경찰 차량, 경찰장비 등이 파손되고 경찰관들이 폭행당했다며 3억원 상당의 손해를 물어내라고 이듬해 2월 민주노총 등을 상대로 손배소송 제기

나. 민노총 불법집행 송무사례

피고 전국민주노동조합총연맹은 2007.6.18. 서울 영등포구 여의도 산업은행 앞에서 '특수고용자 노동3권 입법쟁취를 위한 민주노총 결의대회'를 개최하겠다고 집회 신고한 주최자로, 집회 주최자는 집회 참가자들로 인한 폭행, 손괴 등의 불법행위가 발생하지 않도록 질서를 유지할 의무가 있음에도 그 책임을 다하지 못하여 집회참가 노조원들이 체인과 쇠파이프 등으로 원고 대한민국 산하 서울지방경찰청 소유의 버스 등의 장비를 손괴하였으므로 원고 대한민국은 피고 민노총을 상대로 치료비 등의 손해배상을 청구한 사안

소송진행 결과 : 1심 재판에서 피고 민노총이 이 사건 집회의 주최자로서 그 주의의무를 다하지 못한 불법행위로 원고 대한민국에게 손해를 가한 사실을 인정하여 원고 청구금액 25,610,420원 중 입증이 되지 않은 장비손실 부분을 제외한 금 24,366,010원을 인용하여 원고 일부승소 판결을 선고하였다. 이에 불복한 민노총의 항소심에서 위와 같은 주의의무 위반으로 원고 대한민국의 손해발생 사실을 인정하면서도 집회참가자가 주최자의 질서유지를 위한 지시에 응하지 않는다고 하여 주최자가 물리력의 행사 등으로 이를 강제할 수 없는 등 주최자의 집회질서유지에는 그 본질적인 한계가 있다고 하여 피고 민노총의 책임을 60%로 제한하였다. 그러나 원고 대한민국은 이에 불복하자 대법원에서 집시법에 의하면 집회참가자는 주최자 및 질서유지인의 질서유지를 위한 지시를 따라야[186] 하며, 집회 또는 시위의 주최자는 질서를 유지할 수 없으면 그 집회의 종결을 선언함으로써[187] 더 이상 집회가 진행되지 않게 하여야 함에도 이를 다하지 못한 피고 민노총의 책임은 인정되고 그 밖에 피고 민노총의 책임을 제한할 민법상 사유가 없다고 하여 100% 책임을 인정하여 항소심 판결을 파기 환송하였다.

---

186) 집회 및 시위에 관한 법률 제18조(참가자의 준수 사항) ①집회나 시위에 참가하는 자는 주최자 및 질서유지인의 질서 유지를 위한 지시에 따라야 한다
187) 집회 및 시위에 관한 법률 제18조(참가자의 준수 사항) ②집회나 시위에 참가하는 자는 제16조제4항 제1호 및 제2호에 해당하는 행위를 하여서는 아니 된다.

9 의료 · 보건 · 국가의 연구기관 관련 손해배상

가. 흡연소송

흡연소송의 쟁점은 첫째, 건강에 유해한 담배를 판매하여 수익을 얻은 대한민국이 헌법상 국민의 보건권을 침해하였는지 여부, 둘째, 국가가 담배의 유해성을 알았음에도 고의로 담배의 유해정보를 은폐하였는지 여부 셋째, 국가가 담배의 유해정보를 소비자들에게 알리지 아니한 행위 때문에 이 사건 원고들이 계속하여 흡연하게 되었고 그로 인해 폐암 등에 걸리게 된 것인지 여부 등인데, 1심 재판에서는 담배라는 상품에 결함이 있다고 할 수 없고, 흡연과 폐암 발생 사이에 역학적 인과관계는 인정되나, 구체적 인과관계가 인정된다는 입증이 없으며, 원고들의 흡연이 니코틴의 의존성에 의한 불가피한 것으로 볼 수 없다는 이유로 원고 청구를 기각하였다.

원고가 항소, 상고를 제기하였으나 각 기각되었다. 이외에도 동종 사건이 모두 원고 패소판결이 선고되어 확정되었다. 현재, 국민건강보험공단이 담배회사를 상대로 소송 중에 있다.[188]

나. 베이비파우더 석면 검출 사건

원고 박미란 외 174인은 피고 수성약품 외 1개 회사가 탈크를 제공하고, 피고 보령메디앙스 외 6개 회사가 제조하고 판매한 이 사건 '베이비파우더' 제품을 구입하여 사용한 소비자들로, 피고 대한민국은 국민의 신체와 건강

---

188) 국민건강보험공단은 흡연폐해 확산 방지 및 국민건강증진을 위해 담배회사를 상대로 담배소송을' 14.4.14.자 소송제기하였고, 소송가액은 537억 원이다. 흡연으로 인해 연간 1조 7천억 원의 진료비 발생으로 이는 20갑년, 30년 이상 흡연한 폐암(편평세포,소세포) 및 후두암(편평세포) 환자의 진료비 중, 공단 부담금으로 소가 산출', 14.9.12. 1차 변론이 있었고, 변론기일마다 1가지의 쟁점에 대하여 공방진행하기로 하고 지금까지 '18.5.18.13차 변론까지 진행되고, 14차 변론은 날짜 미정

을 보호해야할 의무가 있음에도 이 사건 탈크 성분이 함유된 석면 베이비파우더를 시중에 유통되도록 하여 원고들에게 정신적 피해를 주었다고 주장하며 손해배상을 청구한 사안

    1심 재판에서 석면이 유해성이 있는 것은 사실이나 베이비파우더에 짧은 기간 노출되는 수준이라면 폐암 등 중병의 발병가능성은 낮은 점, 원고들이 베이비파우더를 얼마나 장기간, 어떤 방법으로 사용하였는지에 관한 주장.입증이 없어 베이비파우더를 사용한 영.유아들의 질병의 발병 가능성이 얼마나 증가했는지 여부를 과학적으로 가늠하기 어려운 점, 부작위로 인한 국가배상채임을 인정하기 위해서는 관련 공무원이 그와 같은 결과를 예견하여 그 결과를 회피하기 위한 조치를 취할 수 있는 가능성이 있어야 하는데 피고 대한민국이 베이비파우더의 주원료인 탈크에 석면이 함유되어 있어 베이비파우더에도 석면이 함유되어 있다는 사실을 알았거나 알 수 있었다고 보기 어려운 점 등에 비추어 피고 대한민국의 책임을 인정할 수 없다고 하여 원고들의 청구를 기각하였고, 이에 원고들이 항소를 제기하였으나 기각되어 확정되었다. 동종사건 중 원고의 청구가 기각되어 대법원에 상고하였던 사건도 모두 기각되었다. 현재, 국민건강보험공단이 담배회사를 상대로 소송 중에 있다.189)

---

189) 국민건강보험공단은 흡연폐해 확산 방지 및 국민건강증진을 위해 담배회사를 상대로 담배소송을'14.4.14.자 소송제기하였고, 소송가액은 537억원이다. 흡연으로 인해 연간 1조 7천억 원의 진료비 발생으로 이는 20갑년, 30년 이상 흡연한 폐암(편평세포,소세포) 및 후두암(편평세포) 환자의 진료비 중, 공단 부담금으로 소가 산출', 14.9.12. 1차 변론이 있었고, 변론기일마다 1가지의 쟁점에 대하여 공방진행하기로 하고 지금까지 '18.5.18.13차 변론까지 진행되고, 14차 변론은 날짜 미정

제4장
부동산소송실무

제4장 부동산소송실무
제1절 개요

국가를 상대로 한 부동산소송의 대부분은 국가 명의의 보존등기에 관하여 말소를 구하거나 미등기 부동산에 관하여 소유권확인을 구하는 것이다. 이 경우 소송의 구조는 원고가 요건사실 즉 소유권 취득원인 사실을 주장하고, 이에 대하여 피고가 항변하는 형태를 보이고 있다.

먼저, 원고의 소유권취득 주장이 받아들여지느냐 여부와 관련하여 첫째, 원고의 주장내용이 소유권취득이라는 법률효과를 발생하게 하는지 여부 둘째, 원고의 주장이 정당하더라도 이를 입증할 증거가 있는지 여부 등 두 가지가 주로 문제된다.

제2절 사건유형별 검토

1 소유권확인소송

가. 소유권확인소송

(1) 개요

소유권확인소송은 소유권의 존부 또는 귀속에 대한 확정소송으로 주로 문제가 되는 것은 개인이 토지에 대하여 국가를 상대로 '구리시 토평 1리 도로 4,123㎡ 토지가 원고의 소유임을 확인한다.'는 청구취지의 소유권확인청구소송을 하는 경우가 그 사례가 된다.

(2) 목적

개인이 토지에 관하여 국가를 상대로 소유권확인청구를 하는 목적은 소송대상이 되는 당해 토지에 관하여 원고 명의의 등기를 경료하기 위하여 신청할 것이다. 또한 부동산등기법에 의하면[190] 미등기토지의 소유권보존등기를 신청할 수 있는 자의 자격을 규정하고 있고, 동조 제2호는 위 보존등기를 신청할 수 있는 자로 '판결에 의하여 자기의 소유권을 증명하는 자'로 규정하고 있으므로 위 규정에 의하여 소유권확인소송에서 승소한 개인은 당해 판결문을 근거로 보존등기를 신청할 수 있다.

(3) 구조

소유권확인소송에서 원고가 승소하여 소유권확인판결을 받기 위해서는 논리적으로 먼저 소송요건의 단계로 '확인의 이익'이 있어야 하고, 요건사실의 단계로 원고가 소송대상토지의 소유권을 취득하게 된 원인을 주장하여 이를 입증해야 하며, 항변의 단계로 국가가 원고의 소유권 취득효과를 번복시킬 사실상, 법률상의 항변사항을 제출 또는 입증하지 못하도록 하는 것이다. 이에 국가는 위 3가지 논리적 국면에서 원고의 청구를 저지시키기 위한 사실적, 법률적 주장을 펼쳐야 하는 것이다.

나. 소송요건 : 확인의 이익

(1) 의의

확인의 이익이란 확인의 소가 갖추어야 할 소송요건으로서의 '권리 또는 법률상의 지위에 현존하는 불안·위험이 있고, 그 불안·위험을 제거하기 위하여 확인판결을 받는 것이 가장 유효·적절한 수단'이다. 확인의

---

190) 부동산등기법 제65조(소유권보존등기의 신청인) 미등기의 토지 또는 건물에 관한 소유권보존등기는 다음 각 호의 어느 하나에 해당하는 자가 신청할 수 있다. 1.토지대장, 임야대장 또는 건축물대장에 최초의 소유자로 등록되어 있는 자 또는 그 상속인, 그 밖의 포괄승계인 2.확정판결에 의하여 자기의 소유권을 증명하는 자 3.수용(收用)으로 인하여 소유권을 취득하였음을 증명하는 자 4.특별자치도지사, 시장, 군수 또는 구청장(자치구의 구청장을 말한다)의 확인에 의하여 자기의 소유권을 증명하는 자(건물의 경우로 한정한다)

이익은 확인소송의 특유한 소송요건에 해당하므로 그 이익이 없는 소는 본안에 대한 심리 없이 각하판결을 받고 소송을 진행할 수 없게 된다.

(2) 국가를 상대로 한 소유권확인소송에 있어서의 확인의 이의

(가) 건물의 경우[191]

건물에 관하여 국가를 상대로 소유권확인을 구하는 것은 특별한 사정이 없는 한 확인의 이익이 없다.

(나) 소송대상 부동산이 토지인 경우

국가를 상대로 한 토지소유권 확인청구는 어느 토지가 미등기이고, 토지대장이나 임야대장상에 등록명의자가 없거나 등록명의자가 누구인지 알 수 없을 때와 그 밖에 국가가 등록명의자인 제3자의 소유를 부인하면서 계속 국가 소유를 주장하는 등 특별한 사정이 있는 경우에 확인의 이익이 있다.[192]

---

191) 대법원 1999.5.28. 선고 99다2188 판결 : 확인의 소는 분쟁 당사자 사이에 현재의 권리 또는 법률관계에 관하여 즉시 확정할 이익이 있는 경우에 허용되는 것이므로, 소유권을 다투고 있지 않은 국가를 상대로 소유권확인을 구하기 위하여는 그 판결을 받음으로써 원고의 법률상 지위의 불안을 제거함에 실효성이 있다고 할 수 있는 특별한 사정이 있어야 할 것인바, 건물의 경우 가옥대장이나 건축물관리대장의 비치·관리업무는 당해 지방자치단체의 고유사무로서 국가사무라고 할 수도 없는 데다가 당해 건물의 소유권에 관하여 국가가 이를 특별히 다투고 있지도 아니하다면, 국가는 그 소유권 귀속에 관한 직접 분쟁의 당사자가 아니어서 이를 확인해 주어야 할 지위에 있지 않으므로, 국가를 상대로 미등기 건물의 소유권 확인을 구하는 것은 그 확인의 이익이 없어 부적법하다. 미등기 건물에 관하여 국가를 상대로 한 소유권확인판결을 받는다고 하더라도 그 판결은 부동산등기법 제131조 제2호에 해당하는 판결이라고 볼 수 없어 이를 근거로 소유권보존등기를 신청할 수 없다.

192) 대법원 1995.9.15. 선고 94다27649 판결 : 국가를 상대로 한 토지소유권 확인청구는 어느 토지가 미등기이고, 토지대장이나 임야대장상에 등록명의자가 없거나 등록명의자가 누구인지 알 수 없을 때와 그 밖에 국가가 등록명의자인 제3자의 소유를 부인하면서 계속 국가 소유를 주장하는 등 특별한 사정이 있는 경우에 확인의 이익이 있다.

(다) 구체적 요건

1) 미등기일 것

어느 토지에 관하여 국가 이외의 자가 소유자로 등기되어 있다면 그 소유권을 다투는 자는 국가를 상대로 소유권확인을 받을 필요성이 없는 것이고, 그 등기명의인을 상대로 소유권확인청구 내지 등기말소청구를 하면 될 것이다. 여기서 토지가 '미등기'라는 것은 당초부터 등기부가 개설된 적이 없거나, 등기부가 개설되었다가 이후 재난 등으로 인하여 등기부가 멸실된 후 회복등기가 이루어지지 않은 경우를 포함한다.

2) 토지대장 또는 임야대장상에 등록명의자가 없거나 등록명의자가 누구인지 알 수 없을 때일 것

당해 토지가 미등기이더라도 토지대장 또는 임야대장상에 등록명의자가 있고 그 등록명의자가 누구인지 특정할 수 있는 경우에는 확인의 이익이 없다. 이러한 경우 대장상의 소유명의자는 부동산등기법[193])에 의하여 소유권보존등기를 신청할 수 있기 때문이다. 다만 대장상 소유자로 기재된 자가 있더라도 그 대장 기재에 추정력이 인정될 수 없는 경우에는 소유자로 등록된 자라도 부동산등기법 제65조 제1호에 의한 소유권보존등기 신청을 할 수 없다는 점을 유의해야 한다.[194])

---

193) 부동산등기법 제65조(소유권보존등기의 신청인) <u>미등기의 토지 또는 건물에 관한 소유권보존등기는</u> 다음 각 호의 어느 하나에 해당하는 자가 신청할 수 있다. <u>1.토지대장, 임야대장 또는 건축물대장에 최초의 소유자로 등록되어 있는 자</u> 또는 그 상속인, 그 밖의 포괄승계인 2.확정판결에 의하여 자기의 소유권을 증명하는 자.

194) 대법원 2010.11.11. 선고 2010다45944 판결 : <u>국가를 상대로 한 토지소유권확인청구는 그 토지가 미등기이고 토지대장이나 임야대장상에 등록명의자가 없거나 등록명의자가 누구인지 알 수 없을 때와 그 밖에 국가가 등기 또는 등록명의자인 제3자의 소유를 부인하면서 계속 국가 소유를 주장하는 등 특별한 사정이 있는 경우에 한하여 그 확인의 이익이 있다.</u> 그리고 어느 토지에 관하여 등기부나 토지대장 또는 임야대장상 소유자로 등기 또는 등록되어 있는 자가 있는 경우에는 그 명의자를 상대로 한 소

이와 같이 '토지대장 또는 임야대장상 등록명의자가 없는 경우'는 대장상의 소유자란이 공란으로 되어 있는 경우이고, '토지대장 또는 임야대장상에 등록명의자가 누구인지 알 수 없을 때'란 대장상의 소유자란에 소유자로 기재된 자는 있으나 한자의 누락 또는 오기, 주소나 주민등록번호의 불특정 등의 사유로 소유자가 누구인지 특정할 수 없는 상태를 의미한다. 소송 실무상 대장상의 등록명의자가 있고 당해 대장기재에 추정력이 인정되는 경우에도 국가를 상대로 한 확인소송에서 법원이 확인의 이익을 긍정하는 경우가 많은데, 이 경우 법원은 당해 사건이 '토지대장 또는 임야대장상에 등록명의자가 누구인지 알 수 없는 때'에 해당한다고 판단하고 있는 것으로 보인다.

다. 본안 : 원고의 소유권취득사실

(1) 기본적 내용

소송을 진행하면서 원고의 소유권취득 주장이 받아들여지느냐 여부와 관련하여 다음 2가지가 문제되는데 첫째, 원고의 주장내용이 소유권취득이라는 법률효과를 발생하게 하는지 여부, 둘째, 원고의 주장이 정당하더라도 이를 입증할 증거가 있는지 여부가 다루어져야 한다.

(2) 원고 주장내용이 소유권취득효과를 발생케 하는지 여부

(가) 법률행위로 소유권취득

법률행위로 소유권을 취득한 경우는 등기는 경료된 것이 있으나 당해 등기부가 멸실되었음을 주장하는 경우

원고의 주장 자체는 이유 있는데 그 이유는 등기를 경료한 이상

송에서 당해 부동산이 보존등기신청인의 소유임을 확인하는 내용의 확정판결을 받으면 소유권보존등기를 신청할 수 있는 것이므로 그 명의자를 상대로 한 소유권확인청구에 확인의 이익이 있는 것이 원칙이지만, 토지대장 또는 임야대장의 소유자에 관한 기재의 권리추정력이 인정되지 아니하는 경우에는 국가를 상대로 소유권확인청구를 할 수밖에 없다.

소유권취득의 효과는 발생한 것이다. 그리고 그 이후 등기부가 물리적으로 멸실되었다거나 멸실회복등기의 기간 내에 회복등기가 경료되지 않았다는 사정은 소유권 관계에 아무런 영향을 미치지 않으므로 원고의 주장에 이유가 있다고 할 수 있다.

(나) 법률행위 이외의 원인으로 소유권취득

원고 또는 원고의 피상속인이 일제시대에 이루어진 토지조사사업 또는 임야조사사업의 결과로 토지 또는 임야를 사정받았다고 주장하는 경우는 법률의 규정에 의하여 소유권을 원시취득 한 경우에 해당한다. 따라서 법률의 규정에 의하여 등기소유권취득을 한 경우에는 등기의 경료와 무관하기 때문이다. 또한 귀속재산처리법에 의해 귀속재산을 국가로부터 불하받아 불하대금을 완납하여 소유권을 취득한 경우나, 농지개혁법에 의해 농지를 분배받아 상환을 완료하여 소유권을 취득한 경우는 모두 등기 없이 법률의 규정에 의해 소유권을 취득하여 등기의 경료와 무관하다.

(다) 원고의 주장 자체로 소유권취득의 효과가 발생할 수 없는 경우

소송실무상 원고가 점유취득시효가 완성되었음을 원인으로 주장하며 소유권확인청구의 소를 제기하는 사례가 있으나 점유취득시효가 완성될 경우 원고는 소유권이전등기청구권만을 취득할 뿐이며 자동적으로 소유권을 취득하지는 못한다. 따라서 위와 같은 소유권확인청구의 소는 그 자체로 이유가 없어 기각을 당하게 되고, 소유권자를 상대로 소유권이전등기청구 소송을 제기하여야 한다.

(3) 원고가 제출한 증거자료 평가

(가) 등기제의 취지 기재 등기권리증

1) 등기제의 취지가 기재된 등기권리증의 증명력

법원은 "매도증서에 등기번호, 등기순위, 등기제 등의 기재와 등기소인이 날인되어 있는 사실이 인정된다면, 이는 등기신청 당시 등기원인을 증명하는 서면으로 제출되었다가 등기관리가

등기를 완료하고 등기권리자에게 환부한 것으로 보지 않을 수
없고, 따라서 특별한 사정이 없는 한 그 서면에 기재된 부동
산에 관하여 그 기재의 등기번호와 등기순번에 따른 등기가
마쳐졌다고 인정하여야 한다."고 하여 등기제의 취지가 기재
된 매도증서에 등기경료사실에 관한 추정력을 긍정한다.

2) 구체적인 소송수행요령

원고가 소유권취득을 주장하면서 등기제의 취지가 기재된 매
도증서를 증거로 제출한 경우에는 다음의 2가지 사항을 숙지
하여 전략적으로 소송에 대응하여야 할 필요가 있는 것이다.

등기부가 진정으로 멸실된 경우에 해당하는지를 조사하고, 다
음으로 매도증서 등에 기재된 등기제의 기재가 위 법원의 취
지에 따른 모든 요건인 등기번호, 신청서 수부의 연월일, 수부
원호, 순위번호 및 등기제의 표시 및 등기소인을 갖추었는지
반드시 점검·확인할 필요가 있다.

(나) 토지조사사업 및 임야조사사업 관련 문서 증명력

1) 사정의 효력

토지조사령195)이나 조선임야조사령196)에 의하여 사정받은 사
람은 사정토지의 소유권을 확정적으로 원시취득 하는 것이므
로 그에 저촉되는 종전권리는 모두 소멸한다.197)

사정에 의해 토지의 소유자로 결정된 자는 그 소유권을 원시
취득 하는 것으로서 앞에서 설명한 소유권취득의 원인 중 법
률의 규정에 의한 소유권취득을 하게 되는 것이다.

---

195) 1912.8.13. 제령 제2호
196) 1918.5.1. 제령 제5호
197) 대법원 1992.12.22. 선고 91다27037 판결 : 토지조사령(1912.8.13. 제령
제2호)이나 조선임야조사령(1918.5.1. 제령 제5호)에 의하여 사정받은 자
는 사정토지의 소유권을 확정적으로 원시취득하는 것이므로 그에 저촉되
는 종전권리는 모두 소멸한다.

2) 토지조사부 및 임야조사서의 증명력

토지조사부나 임야조사서에 소유자로 등재된 자는 재결에 의하여 사정 내용이 변경되었다는 등의 반증이 없는 이상 토지의 소유자로 사정받고 그 사정이 확정된 것으로 추정되며, 토지의 사정을 받은 자는 그 토지를 원시적으로 취득하므로 사정을 이유로 소유권을 취득하였음을 주장하는 자는 그 사정사실 외에 사정 이전의 토지 취득 경위까지 입증할 필요는 없다.[198)

임야조사서의 연고자란 기재와 관련하여 문제되는 경우가 있는데 연고자란에 기재된 자는 원칙적으로 연고자일 뿐 소유자가 아니라고 보아야 한다. 다만 임야조사서의 소유자란에 '국'이, 연고자란에 사인의 성명이 기재되어 있는 경우에는 비고란에 '지적 계출 없음'이란 문구가 기재되어 있는 경우에 한하여 연고자가 사정받은 것으로 추정된다. 현재 토지조사부 및 임야조사서는 대체로 해당 지번을 관할하는 각 시, 군청 또는 국가기록원에 보관되어 있다. 원고가 토지조사부 및 임야조사서의 사본을 소장에 첨부된 서증으로 제출하는 경우가 많은데, 이 경우 국가 측 공무원은 반드시 원본과 비교하여 위 서증의 내용이 정확한지 검토할 필요가 있다. 토지조사부 및 임야조사서의 기재를 바탕으로 사건의 내용을 검토함에 있어서는 조사부상의 토지가 소송대상 토지와 동일한지 여부 또는 조사부상의 토지로부터 소송대상 토지가 분할되어 나왔는지 여부 등을 꼼꼼히 확인하여 체크하여야 할 필요가 있다. 토지의 동일성 확인을 위해서는 구 대장을 토대로 그 분할과정을 시간순서대로 확인

---

198) 대법원 1998.9.8. 선고 98다13686 판결 : 토지조사부나 임야조사부에 소유자로 등재된 자는 재결에 의하여 사정 내용이 변경되었다는 등의 반증이 없는 이상 토지의 소유자로 사정받고 그 사정이 확정된 것으로 추정되며, 토지의 사정을 받은 자는 그 토지를 원시적으로 취득하므로, 사정을 이유로 소유권을 취득하였음을 주장하는 자는 그 사정 사실 외에 사정 이전의 토지 취득 경위까지 입증할 필요는 없다.

해야 할 것이며, 면적의 합계가 모 번지의 면적과 일치하는지 여부 등도 점검할 필요가 있고, 지적이 복구되어 구체적인 분할과정을 알 수 없다면 사정 당시의 지적원도 또는 임야원도를 토대로 현재의 지적도와 비교하여 토지의 형상, 위치를 바탕으로 동일한 토지인지 여부를 반드시 확인하여야 할 필요가 있다.

3) 지적원도 및 임야원도 증명력

지적원도는 토지조사사업(1910-1918) 당시 조사부와 함께 제작된 도면으로 일제 의해 토지조사사업 시기 전국 토지를 대상으로 측량한 세부측량원도이다. 흔히 보는 지도인 지형도와는 다르게 각 토지의 위치 및 경계를 기록한 도면이다. 지적원도를 확인하는 이유는 기본적으로 토지의 경계 구분과 땅의 위치를 알기 위해서이고, 일부이지만 지적원도에는 소유권자의 이름이 명시되어 있는 경우도 있다.

토지조사령, 토지조사령 시행규칙, 조선총독부 임시 토지조사국 조사규정, 조선총독부 임시 토지조사국 측량규정에 의하면 토지측량의 결과에 따라 조제된 지적원도에 소유자의 성명을 기재하도록 규정되어 있지 않으므로, 어떤 토지의 지적원도에 어떤 사람의 성명이 기재되어 있는 사실이 인정된다면 그와 같은 사실은 그 사람이 그 토지의 소유자로 사정을 받은 것으로 짐작케 하는 유력한 자료가 되는 것이기는 하지만, 토지의 지번, 지목, 지적, 소유자 등 토지의 조사에 관한 사항을 토지조사부에 기재하는 외에 지적원도에 지번, 지목, 지적과 함께 소유자의 성명까지 병기한 것은 법령의 근거 없이 행정의 편의를 위하여 한 것으로, 따라서 지적원도에 사람의 성명이 기재되어 있는 사실만으로 그 사람이 그 토지의 소유자로 사정을 받은 사실이 추정된다고 볼 수는 없는 것이다.[199]

---

199) 대법원 1996.12.20. 선고 96다40486 판결 : 토지조사령(1912.8.13. 제령 제2호), 토지조사령시행규칙(1912.8.13. 조선총독부령 제6호), 조선총독부

그러나 지적원도에 기재된 자 또는 그의 일가가 그 토지에서 실제 거주하였다는 사정 등이 부가되면 지적원도에 기재된 자가 그 토지를 사정받은 사실을 추정하도록 하는 유력한 자료가 되기 때문에 지적원도의 기재에 권리추정력이 부정된다고 하여 원고의 청구가 쉽게 기각되지는 않는다.

또한 지적원도와는 달리 임야원도의 작성근거가 되는 조선임야조사령시행 수속 제51조는 임야원도에 소유자 또는 국유임야의 연고자 씨명을 기재하도록 규정하였다. 따라서 임야원도에 특정인의 성명이 기재되어 있다고 하더라도 소유자인지 단순히 연고자에 불과한지 알 수가 없어서 위 임야원도상의 성명기재만으로는 소유자로 추정될 수 없다.

(다) 지세명기장과 임야세명기장 증명력

지세명기장이나 임야세명기장은 임야대장이나 토지대장과 같이 법령에 따라 소유권변동에 따른 등기가 있으면 그 소관부서에 이를 통지하도록 하여 소유권변동을 기재하게 하는 관계대장도 아니다. 다만, 조세부과의 행정목적을 위하여 작성된 문서에 불과하므로 지세명기장이나 임야세명기장의 납세의무자의 변경이 있다고 하여 그 납세의무자 앞으로 목적부동산에 관한 소유권이전등기까지 마쳐졌다고 단정할 수는 없는 것이다.200)

임시토지조사국조사규정,조선총독부임시토지조사국측량규정에 의하면, 토지측량의 결과에 따라 조제된 지적원도에 소유자의 성명을 기재하도록 규정되어 있지 않으므로, 어떤 토지의 지적원도에 어떤 사람의 성명이 기재되어 있는 사실이 인정된다면 그와 같은 사실은 그 사람이 그 토지의 소유자로 사정을 받은 것으로 짐작케 하는 유력한 자료가 되는 것이기는 하지만, 토지의 지번·지목·지적·소유자 등 토지의 조사에 관한 사항을 토지조사부에 기재하는 외에 지적원도에 지번·지목·지적과 함께 소유자의 성명까지 병기한 것은 법령의 근거 없이 행정의 편의를 위하여 한 것으로 보이고, 따라서 지적원도에 사람의 성명이 기재되어 있는 사실만으로 그 사람이 그 토지의 소유자로 사정을 받은 사실이 추정된다고 볼 수는 없다.

200) 대법원 1989.7.25. 선고 88다카23278, 23285(참가) 판결 : 임야세명기장이나 지세명기장의 기재의 추정력 → 임야세명기장이나 지세명기장은 임야대장이나 토지대장과 같이 법령에 따라 소유권변동에 따른 등기가 있

(라) 토지대장 및 임야대장 추정력

　　1) 토지대장 기재

　　　　작성시점에 따른 토지대장의 증명력에 대하여 살펴보면 먼저
　　　토지대장에 토지대장규칙이 시행된 시점인 1914.4.25. 이전에
　　　기재된 경우는 추정력이 없고, 토지대장에 토지대장규칙이 시
　　　행된 지점인 1914.4.25.부터 조선 세령 시행규칙이 폐지된 시
　　　점인 1950.12.1. 사이에 기재된 경우는 추정력이 있게 된다.
　　　다만 '국'으로부터 소유권이 이전되었다고 기재된 경우 국가의
　　　양여행위가 있음에 관하여 추정되나, 그에 따른 이전등기가 경
　　　료 된 사실에 관하여는 추정력이 없게 된다. 토지대장에 조선
　　　지세령 시행규칙이 폐지된 시점인 1950.12.1.부터 지적법이 개
　　　정된 시점인 1975.12.31. 사이에 기재된 경우에는 추정력이
　　　없게 되며, 토지대장에 지적법이 개정된 시점인 1975.12.31.부
　　　터 현재까지 기재된 경우에는 추정력이 있다.

　　2) 임야대장 기재

　　　　임야대장에 임야대장규칙이 시행된 시점인 1920.8.23. 이전에
　　　기재된 경우에는 추정력이 없고, 임야대장에 임야대장규칙이
　　　시행된 시점인 1920.8.23.부터 조선임야대장규칙이 폐지된 시
　　　점인 1950.12.1. 사이에 기재된 경우에는 추정력이 있다. 다만
　　　'국'으로부터 소유권이 이전되었다고 기재된 경우 국가의 양여
　　　행위가 있음에 관하여는 추정되나, 그에 따른 이전등기가 경료
　　　된 사실에 관하여는 추정력이 없다. 임야대장에 조선임야대장
　　　규칙이 폐지된 시점인 1950.12.1.부터 지적법이 개정된 시점인
　　　1975.12.31. 사이에 기재된 경우에는 추정력이 없게 되며, 임

─────────────

으면 그 소관관서에 이를 통지하도록 하여 이에 의하여 <u>소유권변동을 기
재하게 하는 관계대장도 아니고, 다만 조세부과의 행정목적을 위하여 작
성된 문서에 불과하므로 임야세명기장이나 지세명기장상의 납세의무자의
변경이 있다 하여 그 납세의무자 앞으로 목적부동산에 관한 소유권이전
등기까지 마쳐졌다고 단정할 수는 없다.</u>

제2절 사건유형별 검토　　203

야대장에 지적법이 개정된 시점인 1975.12.31.부터 현재까지 기재된 경우에는 추정력이 있다.

소유권 확인소송을 제기한 토지는 경기도 구리시 토평 1리 도로 4,123㎡ 는 원고가 조부로부터 상속받은 토지로서 국가가 권원 없이 그 명의로 소유권보존등기를 경료하고, 토지개발공사에 양도하였다고 주장하면서 국가를 상대로 소유권확인과 함께 보존등기의 말소를 구하고, 토지개발공사를 상대로 이전등기의 말소를 각 청구하는 소송

라. 사례연구

①반드시 주장할 내용

본건 토지에 관하여는 토지개발공사로 이전등기가 경료 되어 있으므로 국가를 상대로 한 소유권확인청구는 확인의 이익이 없으므로 각하되어야 한다고 주장하면서 원고가 제출한 토지대장만으로는 소유권이 추정되지 않는다는 항변이 반드시 필요하다. 또한 국가가 도로를 개설하여 이를 관리해온 지 20년이 경과하였고, 도로보상 자료를 근거로 국가가 본건 토지를 시효 취득하였다는 주장이 필요할 것이다.

②입증자료

관리청 지침, 무주부동산공고, 관보 등으로 국가가 적법한 절차를 거쳐 소유권보존등기를 경료 하였음을 입증하도록 하고, 원고의 선조가 소유권자가 아님을 증명하는 구 토지대장, 토지조사부를 제출하며, 도로를 설치한 현황을 입증하는 지적도 등본, 현황항측 사진 등을 제시한다.

또한 국가가 실질적으로 본건 토지를 관리하여 왔음을 입증하는 도로개설공고 및 공사 관련 자료를 증거자료로 제출하도록 한다.

③재판시 유의사항

원고가 증인 등을 통하여 원고선조의 소유라는 주장을 입증하려는 경우에는 반대신문을 통하여 증인이 직접 알고 있는 사실보다는 소문으로 들어서 알게 된 사실, 즉 전문증거에 불과하다는 사실을 재판정에서 부

각시켜 유리한 판결을 이끌어 내어야 한다. 사정명의인의 후손이라고 주장하며 소를 제기하는 경우 토지조사부의 사정명의인의 주소와 소유권을 주장하는 자의 선조의 주소를 면밀히 검토하여 사정명의인의 진정한 후손인지 여부를 철저히 조사하여야 한다. 토지대장상 소유자가 지적복구된 경우에는 그 권리추정력이 인정되지 아니하므로 이에 관한 주장을 하고, 토지조사부, 호적등본, 제적등본 등을 참고하여 원고의 주장에 대비하여야 하며, 원고가 이와 관련하여 계약서를 제출할 경우에는 그 위·변조 여부를 면밀히 검토하고, 증인신청을 할 경우에는 증언의 신빙성을 종합적으로 판단하여 대응하여야 한다. 원고가 이미 사망한 토지대장상의 사정명의인의 소유임의 확인을 구하는 경우에는 사망한 자의 소유임의 확인을 구하는 것은 권리관계에 관한 분쟁의 유효적절한 해결방법이 될 수 없어 확인의 이익이 없으므로 누구의 소유임의 확인을 구하는지, 그 자가 사망한 자는 아닌지 면밀히 검토하여야 한다. 또한 원고가 토지대장상의 사정명의인을 피고로 하여 당해 피고에 대하여는 취득시효 완성을 원인으로 한 소유권확인을 구하면서 위 피고를 대위하여 대한민국을 피고로 하여서는 본건 토지대장상의 사정명의인인 피고의 소유임의 확인을 구하는 경우가 종종 있는데 이것은 전형적인 채권자대위소송의 한 유형으로서 먼저 피보전채권인 원고의 토지대장상 사정명의인에 대한 취득시효 완성으로 인한 소유권이전등기청구권이 인정되는지, 사정명의인인 피고가 사망한 자는 아닌지, 토지대장상의 사정명의인과 원고 주장의 토지소유자가 동일인인지 등을 면밀히 검토하여야 하며, 국가의 취득시효 주장을 위하여 도로개설에 관한 공고 및 공사관계에 관한 서류를 수집하여야 한다.

2 소유권보존등기 말소소송

가. 개요

(1) 의의

소유권보존등기란 미등기 부동산에 대하여 소유자의 신청에 따라 최초로 행하여지는 등기로, 이후 해당 부동산의 권리변동은 모두 이 보존등기를 기초로 하여 순차적으로 이루어지게 된다. 다만, 소유권보존등기가 실체법상의 권리관계와 일치하지 않는 경우에는 진정한 권리자가 등기부상 권리자에 우선하기에 등기와 실제법상 권리관계가 반드시 일치하지 않는 경우 원고가 소유권보존등기가 진정한 권리관계에 부합하지 않는다고 주장하면서 법원에 제기하는 소송이 소유권보존등기 말소소송이다.

나. 추정력

(1) 종류

소유권보존등기는 일반적인 절차에 의하여 경료 된 '일반 소유권보존등기'와 각종 특별조치법에 의하여 경료 된 소유권보존등기로 구분되는데, 소유권보존등기말소소송에서 주로 문제되는 소유권보존등기는 무주부동산공고에 의한 소유권보존등기와 특별조치법에 의한 소유권보존등기이다.

(2) 일반소유권보존등기의 추정력

부동산등기법상의 등기는 형식적, 실질적 요건을 모두 갖추어야 유효한 것이고, 어느 하나의 요건이라도 갖추지 못한 것으로 판정되면 효력이 부정되는데 등기로서 완전한 효력을 가지려면 등기절차가 관련 법규에 정한 바에 따라 등기가 이루어져야 하고, 그 등기에 기재된 내용이 실체적인 권리관계와 일치하여야 하며 그렇지 않다면 원칙적으로 그 등기는 유효하다고 단정할 수 없을 것이다. 등기가 존재한다는 사실 자체에서 등기가 적법한 절차에 의하여 경료 되었으며 그 등기가 표상하는 실체적 권리관계가 존재하는 것으로 추정되어 입증책임이 전환되는 효력이 있는데 이것을 '등기의 추정력'이라고 부르는데 이러한 등기의 추정력인정 범위는 각 등기마다 다르다. 일반 소유권보존등기는 소유권이 진실하게 보존되어 있다는 사실에 관하여서만 추정력이 있고, 소유권보존 이외에 권리변동이 진실하다는 점에 관하여는 추정력이 없다. 따라서 소유권보존등기의 명의인이 원시취득자가 아니라는 점이 증명되면 그 보존등기의 추정력은 깨어지고 그 등기가 실체적 권리관계에 부합하여 유효하다는 점은 보존등기의 유효성을 주장하는 자가 입증해야 한다.[201]

(3) 무주부동산공고에 의한 소유권보존등기

국유재산법은 소유자 없는 부동산을 국유재산으로 취득하도록 규정되어 있고, 또한 취득 시 대통령령으로 정하는 바에 따라 6개월 이상의 기간을 정하여 정당한 권리자 등 이해관계인이의 이의를 제기할 수 있다는 뜻을 공고하도록 규정되어 있다.[202] 원고가 사정명의인의 상속인

---

201) 대법원 1996.6.28. 선고 96다16247 판결 : 소유권보존등기의 추정력은 그 보존등기 명의인 이외의 자가 당해 토지를 사정받은 것으로 밝혀지면 깨어지는 것이어서, 등기명의인이 그 구체적인 승계취득 사실을 주장·입증하지 못하는 한 그 등기는 원인무효로 된다. 이는 소유권보존등기는 새로 등기용지를 개설함으로써 그 부동산을 등기부상 확정하고 이후는 그에 대한 권리변동은 모두 보존등기를 시발점으로 하게 되는 까닭에 등기가 실체법상의 권리관계와 합치할 것을 보장하는 관문이며, 따라서 그 외의 다른 보통 등기에 있어서와 같이 당사자간의 상대적인 사정만을 기초로 하여 이루어질 수 없고 물권의 존재 자체를 확정하는 절차가 필요하고, 따라서 <u>소유권보존등기는 소유권이 진실하게 보존되어 있다는 사실에 관하여서만 추정력이 있고 소유권보존 이외의 권리변동이 진실하다는 점에 관하여서는 추정력이 없다.</u> 이와 같은 보존등기의 본질에 비추어 <u>보존등기 명의인이 원시취득자가 아니라는 점이 증명되면 그 보존등기의 추정력은 깨진다</u>고 보고서 보존등기 명의인의 주장과 입증에 따라 그 등기에 대하여 실체적 권리관계에 부합하는지 여부를 가려야 한다.

202) 국유재산법 제12조(소유자 없는 부동산의 처리) ①총괄청이나 중앙관서의 장은 <u>소유자 없는 부동산을 국유재산으로 취득한다.</u> ②총괄청이나 중앙관서의 장은 제1항에 따라 소유자 없는 부동산을 국유재산으로 취득할 경우에는 대통령령으로 정하는 바에 따라 <u>6개월 이상의 기간을 정하여</u>

임을 주장하며 소유권보존등기말소소송을 제기하는 경우에 피고 대한민국의 소유권보존등기는 무주부동산 공고를 원인으로 한 것이 대부분이므로 이런 경우 국가는 장기간 이의를 제기하지 않았으므로 소유권을 포기한 것이라거나 피고가 국유재산법 규정에 의하여 정당하게 등기한 것이므로 등기가 유효하다고 항변하고 있으나 대법원은 이러한 국가의 항변을 받아들이지 않고 있다.203) 대법원의 이러한 입장은 정당한 소유권자가 무주부동산 공고가 이루어진 사실을 아는 것이 사실상 불가능하다는 점과 통상 무주부동산 공고가 이루어질 당시 사정명의인의 상속인 등 정당한 소유자라고 주장할 수 있는 사람들은 자신에게 소유권이 있음을 알지도 못하는 경우가 대부분이라는 점 등을 고려한 것으로 보인다.

다. 구 농지개혁법에 따른 국가취득 또는 분배농지 경우

구 농지개혁법에 따라 국가가 취득하거나 타인에게 분배된 농지라면 법률의 규정에 따라 원고의 소유권은 상실되어 원고는 소유권보존등기의 말소를 청구할 권리가 없게 되고, 또한 국가가 위와 같이 취득한 농지를 타인에게 분배하여 수분배자가 상환을 완료하였다면 그 소유권은 동일하게

그 기간에 정당한 권리자나 그 밖의 이해관계인이 이의를 제기할 수 있다는 뜻을 공고하여야 한다. ③총괄청이나 중앙관서의 장은 소유자 없는 부동산을 취득하려면 제2항에 따른 기간에 이의가 없는 경우에만 제2항에 따른 공고를 하였음을 입증하는 서류를 첨부하여 「공간정보의 구축 및 관리 등에 관한 법률」에 따른 지적소관청에 소유자 등록을 신청할 수 있다. ④제1항부터 제3항까지의 규정에 따라 취득한 국유재산은 그 등기일부터 10년간은 처분을 하여서는 아니 된다. 다만, 대통령령으로 정하는 특별한 사유가 있으면 그러하지 아니하다.

203) 대법원 1999.2.23. 선고 98다59132 판결 : 특정인 명의로 사정된 토지는 특별한 사정이 없는 한 사정명의자나 그 상속인의 소유로 추정되고, 토지의 소유자가 행방불명되어 생사 여부를 알 수 없다 하더라도 그가 사망하고 상속인도 없다는 점이 입증되거나 그 토지에 대하여 민법 제1053조 내지 제1058조에 의한 국가귀속 절차가 이루어지지 아니한 이상 그 토지가 바로 무주부동산이 되어 국가 소유로 귀속되는 것이 아니며, 무주부동산이 아닌 한 국유재산법 제8조에 의한 무주부동산의 처리절차를 밟아 국유재산으로 등록되었다 하여 국가 소유로 되는 것도 아니다.

등기 없이 수분배자에게 이전된 것이므로 역시 원고의 소유권은 상실되고 소유권보존등기의 말소를 청구할 권리가 없는 것이다. 구 농지개혁법 제5조에 의한 국가의 농지 소유권의 취득은 법률의 규정에 의한 원시취득으로 등기와 관계없이 효력을 발생하므로 계쟁 토지가 위 규정에 의하여 국가가 취득하거나 매수한 토지임을 주장하여 입증하면 국가의 소유권보존등기는 적법·유효한 등기가 되고,204) 이를 입증하는데 농지소표와 분배농지상환대장은 유력한 증거가 되므로, 계쟁 토지의 현황이 전, 답일 경우에는 원고의 소유권취득사실이 인정되더라도 그 후에 분배농지로서 국가 또는 제3자가 소유권을 취득한 사실이 없는지 농지소표, 상환대장 등을 조사하여 항변할 필요가 있다.205)

라. 국가의 취득시효 항변

(1) 점유취득시효완성 항변

소유권보존등기 말소소송에서 국가가 그 토지를 시효취득한 사실을 주장하고 입증하면 그 등기가 실체관계에 부합된다 하더라도 원고의 청구는 이유 없어 기각된다.206) 또한 국가가 계쟁토지를 시효취득 하였

---

204) 대법원 1993.2.12. 선고 92다28297 판결 : 국유 또는 농지개혁법 제6조 소정의 것을 제외한 농지는 농지개혁법의 공포와 동시에 당연히 정부가 매수하여 소유권을 취득하는 것이고 국가의 소유권취득은 원시취득으로서 대항요건으로서의 등기를 필요로 하지 아니한다.

205) 대법원 1994.1.14. 선고 93다4120 판결 : 농지소표는 이처럼 농지분배 절차의 근본 서류이므로, 농지에 대하여 농지소표가 작성되어 있다면 특별한 사정이 없는 한 위 규정에 따른 분배농지 확정절차를 거친 것으로 추정할 수 있고, 어떤 토지에 대하여 농지분배가 이루어졌다고 하여 농지소표까지 작성되었다면, 이에 배치되는 특별한 사유가 없는 한, 그 농지에 대하여 적법하게 대지조사를 한 것으로 추정되므로, 함부로 이를 분배대상 농지가 아니라고 단정할 수 없다.

206) 대법원 1995.6.9. 선고 94다13480 판결 : 국가가 미등기 토지를 20년간 점유하여 취득시효가 완성된 경우, 그 미등기 토지의 소유자로서는 국가에게 이를 원인으로 하여 소유권이전등기절차를 이행하여 줄 의무를 부담하고 있는 관계로 국가에 대하여 그 소유권을 행사할 지위에 있다고 보기 어렵고, 또 그가 소유권확인판결을 받는다고 하여 이러한 지위에 변동이 생기는 것도 아니라고 할 것이므로, 이와 같은 사정하에서는 그 소

다는 점을 인정받기 위하여 주장하고 입증할 사실은 등기의 존재 및 '10년간의 점유'사실이고, 일반적 점유취득시효 항변은 '20년간의 점유'가 그 요건이 된다.207) 만일, 국가가 미등기 부동산 위에 건물, 제방 또는 도로 등을 건설하여 등기 후 10년간 또는 등기가 없더라도 20년 이상 사용, 관리하고 있거나 특별히 공공시설을 설치하지 않았다고 하더라도 어떠한 목적을 위해 계속적으로 관리해온 사실이 있다면 이러한 취득시효의 항변을 고려해 보아야 한다.

(2) 점유의 인정방법

도로부지의 경우 국가가 점유하는 도로가 아니면 시효취득의 항변은 불가하다. 국가의 소유권확인소송에서 지방자치단체가 시효취득 요건을 모두 구비하였으므로 이러한 지방자치단체의 시효취득사실을 국가가 주장하여도 원고의 청구에 대하여 승소할 수 없다.208) 따라서 국가가 명시적으로 도로법에 의한 노선인정공고 및 도로구역결정 등을 거치고 계쟁 토지 위에 도로를 신설하거나 포장한 경우와 같이 점유사실이 명백하여야 가능하다. 대법원은 사실상 도로에 국가가 공적인 도로인정행위를 한 경우 또는 사실상의 도로조성행위를 한 경우 모두를 도로의 점유로 인정하고 있으므로 이를 기초로 사실상 도로에 대한 국가의 노선인정공고 및 도로구역결정 행위가 있었거나 국가가 사실상 도로에 대한 각종 유지, 보수공사를 시행한 사실이 있음을 주장·입증하

유자가 굳이 국가를 상대로 토지에 대한 소유권의 확인을 구하는 것은 무용, 무의미하다고 볼 수밖에 없어 확인판결을 받을 법률상 이익이 있다고 할 수 없다.
207) 민법 제245조(점유로 인한 부동산소유권의 취득기간) ①20년간 소유의 의사로 평온, 공연하게 부동산을 점유하는 자는 등기함으로써 그 소유권을 취득한다.②부동산의 소유자로 등기한 자가 10년간 소유의 의사로 평온, 공연하게 선의이며 과실없이 그 부동산을 점유한 때에는 소유권을 취득한다.
208) 대법원 1994.10.28. 선고 93다60991 판결 : 지방자치단체가 관리하는 도로부지로서 취득시효가 완성되었다고 하더라도 그로 인한 소유권이전등기도 마치지 않은 상황 아래서 그 토지를 점유하지도 않은 국가가 사정명의자의 상속인의 토지의 소유권을 부정할 수는 없다.

여야 한다.209) 또한 대법원은 국가가 도로법 관계 규정에 의한 도로구역 결정 고시를 하였다고 하더라도 위 고시에 의하여 사실상 지배주체의 점유관리를 배제할 의사가 있었다고 보여지는 등 특별한 사정이 없는 한, 그 도로구역 결정 고시만으로 국가가 도로구역의 부지에 대한 점유를 개시하였다고 볼 수 없다는 입장이다.210)

(3) 자주점유 인정 방법

국가의 시효취득과 직접적인 관련성이 인정되어야 할 부분은 자주점유의 인정이고, 대법원은 무단점유를 전형적인 타주점유의 권원으로 보면서 국가가 도로부지를 점유하면서 적법한 보상절차 등을 거쳤는지 여부 등을 자주점유 인정에 대한 중요한 내용으로 보고 있다.211)

그러나 민법상 물건의 점유자는 소유의 의사로 점유하는 것으로 추정된다.212) 따라서 대법원도 "해당도로 개설 당시 도로법이나 도시계획법 등 관계 법령에 규정된 절차에 따라 적법하게 점유권원을 취득하였는지 여부가 증명되지 않았다고 하더라도 이런 사실만으로 자주점유의 추정이 번복되어 그 점유권원의 성질상 타주점유라고 볼 수 없다."는 입장이므로 국가의 권원취득 자료를 발견할 수 없는 경우에도 관련 부지에 대한 보상자료 등을 제출하거나 관련 자료가 폐기 멸실되었을 가능성을 재판에 부각시켜 국가의 자주점유를 주장하여야 한다.

---

209) 대법원 1995.2.24. 선고 94다13220 판결.
210) 대법원 2000.12.8. 선고 2000다14934 판결.
211) 대법원 1997.8.21. 선고 95다28625 판결 : 점유자가 점유 개시 당시에 소유권 취득의 원인이 될 수 있는 법률행위 기타 법률요건이 없이 그와 같은 법률요건이 없다는 사실을 잘 알면서 타인 소유의 부동산을 무단점유한 것임이 입증된 경우, 특별한 사정이 없는 한 점유자는 타인의 소유권을 배척하고 점유할 의사를 갖고 있지 않다고 보아야 할 것이므로 이로써 소유의 의사가 있는 점유라는 추정은 깨어졌다고 할 것이다.
212) 민법 제197조(점유의 태양) ①점유자는 소유의 의사로 선의, 평온 및 공연하게 점유한 것으로 추정한다.

마. 사례연구

소유권보존등기 말소소송을 제기한 토지는 경기도 여주시 홍문동 대지 5,321㎡는 원고의 조부가 일제 강점기에 제3자로부터 매수하고 소유권이전등기를 경료한 후 이를 원고가 전전상속 받은 원고 소유의 토지임에도 불구하고, 한국전쟁으로 등기부가 멸실되어 현재 국가명의 소유권보존등기 되어있는 바, 원고는 등기권리증을 증거로 제출하면서 소유권보존등기 말소절차의 이행을 청구하는 소송

○ 반드시 주장할 내용

본건 토지는 일제 강점기에 작성된 문서인 등기권리증에 관하여는 신뢰할 수 없고, 위조여부에 대하여도 문서감정의 필요성을 주장하면서 토지조사부를 열람하여 국가가 본건 토지를 사정받은 사실이 확인되면 등기부 취득시효를 주장한다. 등기부 취득시효 주장을 위하여 국가가 등기 이후 10년간 점유하고 관리하였다는 내용을 입증하는 서류를 제출한다.

3 부동산점유취득시효소송

가. 개요

부동산 점유취득시효는 점유취득시효와, 등기부 취득시효가 있으며 위 두 점유취득시효 모두 첫째, 소유의 의사 둘째, 평온, 공연하게 부동산을 점유할 것을 그 요건으로 하고 있는데 여기에 점유취득시효는 점유기간 20년일 것과 점유자 명의의 소유권이전등기가 경료 되어야 하며, 등기부 취득시효는 여기에 소유자로 등기된 점유자가 10년 이상 점유를 하여야 하고, 그 점유는 선의, 무과실에 의한 것이 입증되어야 한다.

나. 취득시효의 대상

(1) 공물의 성립

국유재산 그 용도에 따라 행정재산과 일반재산으로 구분되고, 국유재산법에 의하여 행정재산은 시효취득이 제한된다.[213] 행정재산은 공공용, 공용, 기업용, 보존용 재산으로, 그 외 재산은 일반재산으로 분류된다. 공공용물은 일반 공중의 사용에 제공된 공물이며, 도로·하천·공원·해안 등이다. 공용물은 행정주체가 직접 행정주체 자신의 사용에 제공된 공물로 관공서 청사, 국영철도시설 등이 해당된다. 공물 중 공공용물이 성립하기 위해서는 당해 물건이 일반 공중의 사용에 제공될 수 있는 형체적 요소를 갖추어야 하고, 그 물건을 공공용물로서 일반 공중의 사용에 제공한다는 의사를 표시하는 공용개시행위를 요하는 것으로 형체적 요건과 의사적 요건 모두를 구비하여야 한다. 공공용물 중 도로법상[214] 도로의 공용개시행위의 시기에 대하여 대법원은 도로구역의 결정·고시를 도로의 공용개시행위로 보고 공사가 아직 진행 중이지

---

213) 국유재산법 제6조(국유재산의 구분과 종류) ①국유재산은 그 용도에 따라 행정재산과 일반재산으로 구분한다. ②행정재산의 종류는 다음 각 호와 같다. 1.공용재산: 국가가 직접 사무용·사업용 또는 공무원의 주거용(직무 수행을 위하여 필요한 경우로서 대통령령으로 정하는 경우로 한정한다)으로 사용하거나 대통령령으로 정하는 기한까지 사용하기로 결정한 재산 2.공공용재산: 국가가 직접 공공용으로 사용하거나 대통령령으로 정하는 기한까지 사용하기로 결정한 재산 3.기업용재산: 정부기업이 직접 사무용·사업용 또는 그 기업에 종사하는 직원의 주거용(직무 수행을 위하여 필요한 경우로서 대통령령으로 정하는 경우로 한정한다)으로 사용하거나 대통령령으로 정하는 기한까지 사용하기로 결정한 재산 4.보존용재산: 법령이나 그 밖의 필요에 따라 국가가 보존하는 재산 ③"일반재산"이란 행정재산 외의 모든 국유재산을 말한다. 제7조(국유재산의 보호) ①누구든지 이 법 또는 다른 법률에서 정하는 절차와 방법에 따르지 아니하고는 국유재산을 사용하거나 수익하지 못한다. ②행정재산은 「민법」 제245조에도 불구하고 시효취득(時效取得)의 대상이 되지 아니한다.

214) 도로법 제10조(도로의 종류와 등급) 도로의 종류는 다음 각 호와 같고, 그 등급은 다음 각 호에 열거한 순서와 같다. 1.고속국도(고속국도의 지선 포함) 2.일반국도(일반국도의 지선 포함) 3.특별시도(特別市道)·광역시도(廣域市道) 4.지방도 5.시도 6.군도 7.구도

아니하더라도 시효취득을 부정하고 있다.215) 그러나 공용물은 일정한 물건이 공용 즉, 행정주체 자신의 사용에 제공될 수 있는 실체를 갖추고 사실상 사용됨으로써 성립되고 그 성립에 공용개시 행위가 필요하지 않다. 다만 행정주체는 당해 물건에 대하여 정당한 권원을 가지고 있어야 한다.

(2) 공물의 폐지와 취득시효

공물의 소멸이란 공물이 공물로서의 성질을 상실하는 것을 말하며, 공물은 공용폐지행위에 의해 소멸한다. 공용폐지행위는 공물을 일반 공중 또는 행정주체의 이용에 제공하는 것을 폐지하는 의사표시로 명시적인 의사표시가 원칙이나 묵시적인 의사표시도 가능하다. 대법원은 국유하천부지가 대지화로 본래의 용도에 공여되지 않고 있었다거나 또는 갯벌이 간척에 의해서 갯벌로서의 성질을 상실하여 사실상 본래의 용도에 공여되지 아니하였다는 사실만으로는 공용폐지의 의사표시가 있었다고 볼 수 없다고 보았고, 또한 대법원은 학교 교장이 학교 밖에 위치한 관사를 용도폐지한 후 재무부로부터 귀속시키라는 국가의 지시를 어기고 이사회의 의결을 거쳐 개인에게 매각한 경우에 묵시적 공용폐지를 인정하였다.216)

대법원은 행정목적을 위하여 공용되는 행정재산은 공용폐지가 되지 않는 한 사법상 거래의 대상이 될 수 없으므로 취득시효의 대상이 될 수

---

215) 대법원 1994.5.10. 선고 93다23442 판결 : 도로구역이 결정, 고시되어 공사가 진행중인 경우에 위 구역 내에 있지만 아직 공사가 진행되지 아니한 국유토지가 시효취득의 대상이 되지 않는다고 한 사례
216) 대법원 1999.7.23. 선고 99다15924 판결 : 학교 교장이 학교 밖에 위치한 관사를 용도폐지한 후 재무부로 귀속시키라는 국가의 지시를 어기고 사친회 이사회의 의결을 거쳐 개인에게 매각한 경우, 이와 같이 교장이 국가의 지시대로 위 부동산을 용도폐지한 다음 비록 재무부에 귀속시키지 않고 바로 매각하였다고 하더라도 위 용도폐지 자체는 국가의 지시에 의한 것으로 유효하다고 아니할 수 없고, 그 후 오랫동안 국가가 위 매각절차상의 문제를 제기하지도 않고, 위 부동산이 관사 등 공공의 용도에 전혀 사용된 바가 없다면, 이로써 위 부동산은 적어도 묵시적으로 공용폐지 되어 시효취득의 대상이 되었다고 봄이 상당하다고 본 사례.

없다고 보았고,[217) 공물 가운데 행정재산 및 보존재산이 아닌 일반재산에 속하는 잡종재산의 부동산에 대하여는 시효취득이 가능하다.

다. 자주점유

(1) 소유의 의사

자주점유는 소유의 의사를 가지고 하는 점유를 말하며, '소유의 의사'는 소유자와 동일한 지배를 사실상 행사하려는 의사 또는 타인의 소유권을 배제하여 자기의 소유물처럼 배타적 지배를 행사하려는 의사를 의미하며, 대법원은 법률상 지배권한을 의미하는 소유권을 가지고 있거나 또는 소유권이 있다고 믿어야 하는 것은 아니고 사실상 소유할 의사가 있는 것만으로도 충분하다는 입장이다. 또한 자주점유의 내용인 소유의 의사는 점유권원의 성질에 따라 가려져야 하나 점유권원의 성질이 분명하지 아니한 때에는 민법 규정[218)에 의하여 점유자는 소유의 의사로 평온·공연하게 점유한 것으로 추정되므로 점유자에게 적극적으로 그 점유권원이 자주점유임을 주장·입증할 책임이 있는 것은 아니고 점유자의 점유가 타주점유임을 주장하는 상대방에게 그에 대한 입증책임이 있다.

---

217) 대법원 1994.9.13. 선고 94다12579 판결 : 행정재산은 공용이 폐지되지 않는 한 사법상의 거래의 대상이 될 수 없으므로 취득시효의 대상이 되지 않는다.

218) 민법 제197조(점유의 태양) ①점유자는 소유의 의사로 선의, 평온 및 공연하게 점유한 것으로 추정한다. ②선의의 점유자라도 본권에 관한 소에 패소한 때에는 그 소가 제기된 때로부터 악의의 점유자로 본다.

(2) 소유의 의사 판단기준219)

대법원은 소유의 의사의 존부 판단기준에 대하여 점유취득의 원인이 된 사실관계인 권원의 성질뿐만 아니라 점유와 관계가 있는 모든 사정에 의하여 결정하여야 한다는 기준을 제시하고 있다. 권원의 성질상 자유점유로 인정되는 경우는 증여, 매매, 교환 등과 같이 법률행위에 의한 권원과 상속, 판결, 경매, 환지 등과 같이 법률의 규정에 의한 권원이 여기에 해당되는데 보통 소유권취득의 원인이 되는 계약에 기초한 점유개시가 있거나 그런 계약이 있다고 믿었던 경우가 권원의 성질상 자주점유가 된다.

---

219) 대법원 1997.8.21. 선고 95다28625 전원합의체판결[소유권이전등기] 취득시효에 있어서 '소유의 의사'의 입증책임 : 민법 제197조 제1항에 의하면 물건의 점유자는 소유의 의사로 점유한 것으로 추정되므로 점유자가 취득시효를 주장하는 경우에 있어서 스스로 소유의 의사를 입증할 책임은 없고, 오히려 그 점유자의 점유가 소유의 의사가 없는 점유임을 주장하여 점유자의 취득시효의 성립을 부정하는 자에게 그 입증책임이 있다. [2]점유자의 '소유의 의사'의 추정이 깨어지는 경우 : 점유자의 점유가 소유의 의사 있는 자주점유인지 아니면 소유의 의사 없는 타주점유인지의 여부는 점유자의 내심의 의사에 의하여 결정되는 것이 아니라 점유 취득의 원인이 된 권원의 성질이나 점유와 관계가 있는 모든 사정에 의하여 외형적·객관적으로 결정되어야 하는 것이기 때문에 점유자가 성질상 소유의 의사가 없는 것으로 보이는 권원에 바탕을 두고 점유를 취득한 사실이 증명되었거나, 점유자가 타인의 소유권을 배제하여 자기의 소유물처럼 배타적 지배를 행사하는 의사를 가지고 점유하는 것으로 볼 수 없는 객관적 사정, 즉 점유자가 진정한 소유자라면 통상 취하지 아니할 태도를 나타내거나 소유자라면 당연히 취했을 것으로 보이는 행동을 취하지 아니한 경우 등 외형적·객관적으로 보아 점유자가 타인의 소유권을 배척하고 점유할 의사를 갖고 있지 아니하였던 것이라고 볼 만한 사정이 증명된 경우에도 그 추정은 깨어진다. [3]점유자가 점유 개시 당시 소유권 취득의 원인이 될 수 있는 법률행위 기타 법률요건 없이 그와 같은 법률요건이 없다는 사실을 알면서 타인 소유의 부동산을 무단점유한 경우, 자주점유의 추정이 깨어지는지 여부(적극) : [다수의견] 점유자가 점유 개시 당시에 소유권 취득의 원인이 될 수 있는 법률행위 기타 법률요건이 없이 그와 같은 법률요건이 없다는 사실을 잘 알면서 타인 소유의 부동산을 무단점유한 것임이 입증된 경우, 특별한 사정이 없는 한 점유자는 타인의 소유권을 배척하고 점유할 의사를 갖고 있지 않다고 보아야 할 것이므로 이로써 소유의 의사가 있는 점유라는 추정은 깨어졌다고 할 것이다.

매매의 경우 계약의 무효사유가 있음을 알고 있었던 매수인의 경우처럼 부동산, 동산을 매수하여 점유한 자가 그 매매가 무효로 된다는 사정을 알았다는 특별한 사정이 없는 한 그 점유의 개시에 있어서 소유의 의사로 점유한 것으로 보아야 하므로 어떤 매매계약이 법률상의 무효사유로 인하여 무효라 하더라도 실제로 매매계약이 있었다면 매수인은 원칙적으로 자주점유라고 보아야 한다. 또한 권원의 성질상 타주점유로 인정되는 경우는 지상권자, 전세권자, 질권자, 임차인 등은 원칙적으로 타주점유자라 할 것이고, 공유자 1인이 공유토지 전부를 점유하는 경우 다른 공유자의 지분비율의 범위 내에서 타주점유자이다. 사용대차계약를 통한 점유, 타인의 토지에 분묘설치하거나 소유한 경우, 귀속재산에 대한 점유, 명의수탁자의 점유와 그 상속에 의한 점유 승계자의 점유는 모두 타주점유이다.

(3) 점유성질의 변경

자주점유와 타주점유를 결정짓는 '소유의 의사' 유무는 점유취득원인의 객관적 성질에 비추어 결정되므로 점유의 계속 중에 점유취득원인의 변동에 의하여 타주가 자주로 전환되기도 하고, 자주가 타주로 전환되어 그 지위가 변경되는 경우가 있다. 타주점유가 자주점유로 변경되는 경우로 '상속에 의한 점유 승계 시 점유태양의 승계여부'에 대하여 살펴본다. 상속에 의하여 점유권을 취득하는 경우에는 상속인이 새로운 권원에 의하여 자기 고유의 점유를 시작하지 않는 한 피상속인의 점유를 떠나 자기만의 점유를 주장할 수 없고, 또 선대의 점유가 타주점유인 경우 선대로부터 상속에 의하여 점유를 승계한 자의 점유도 그 성질 내지 태양을 달리하는 것이 아니므로 특별한 사정이 없는 한 그 점유가 자주점유로 될 수 없고, 그 점유가 자주점유가 되기 위하여는 점유자가 소유자에 대하여 소유의 의사가 있다는 것을 표시하거나 새로운 권원에 의하여 다시 소유의 의사로써 점유를 시작하여야 한다. 또한 자주점유가 타주점유로 변경되는 경우로 '취득시효 진행 중 국유재산 무단 점용료를 납부함과 아울러 대부계약을 체결한 경우, 그 이후의 점유가 타주점유로 되는지 여부에 대하여 살펴본다. 국유재산 토지에 대한 취득시효 진행 중 점유자가 국가와 사이에 국유재산 대부계약을 체결하고 대부기간 동안 매년 대부료를 납부한데 그치지 아니하고, 그 계약 전에 밀린 점용료를 변상금이란 명목으로 납부하기까지 하였다면, 이것은 점유자가 토지에 대한 국가의 소유권을 승인하고 국가의 승낙 하에 그 토지를 대부받아 점유하여 온 것으로 그 토지의 변상금 납부 내지 대부계약 체결 이후의 점유자의 점유는 타주점유로 본다.

(4) 자주점유의 추정 및 번복

물건의 점유자는 소유의 의사로 점유한 것으로 추정되므로[220) 점유자가 취득시효를 주장하는 경우 스스로 소유의 의사를 입증할 책임은 없고, 점유자의 시효취득을 부정하는 상대방에게 타주점유에 대한 입증책임이 있다. 대법원은 "자주점유와 타주점유 여부는 점유자의 내심의 의사에 의하여 결정되는 것이 아니라 점유 취득의 원인이 된 권원의 성질이나 점유와 관계가 있는 모든 사정에 의하여 외형적·객관적으로 결정되어야 하는 것"으로 보고 있다. 자주점유 추정이 번복되는 경우는 "점유자가 시효기간 중에 그 점유하는 국유재산에 관하여 대부계약신청을 하여 관리청과 사이에 대부계약을 체결한 경우", "본인의 점유 토지가 국유인 사실을 알고 나라에 대하여 그 토지를 매수하겠다고 요청한 후 그 지적공부의 정리를 요구하면서 스스로 그 토지의 등기명의가 대한민국 앞으로 이루어질 수 있도록 협조하여 그 토지가 장차 본인에게 매각될 국유재산으로 관리되는 경우", "점유자가 점유토지에 대하여 국유지불하 신청을 하고, 그 토지에 초창기 재산세부과처분에 대하여 납부거부를 하고 그 후 그 토지 점유에 대한 변상금 부과처분에 대하여 다투지 않은 경우", "국·공유 토지상의 무허가건물이 전전매도 되고 매수인이

---

220) 민법 제197조(점유의 태양) ①점유자는 소유의 의사로 선의, 평온 및 공연하게 점유한 것으로 추정한다.

그 토지가 국·공유임을 알고 있는 경우", "구 개간 촉진법에 따른 매수
절차가 이행되지 못하고 있는 국유의 개간지에 대한 개간허가권이라는
사정을 알면서 양수하여 이를 권원으로 그 토지를 점유하여 온 경우",
"귀속재산인 토지를 점유하거나 귀속재산인 줄 알면서 토지를 매수하여
점유한 경우"가 있다.

그러나 취득시효 완성 후 국유재산 대부계약을 체결하거나 점용료 납부
를 한 것은 시효이익 포기의 의사로 보는 것이 대법원의 입장이다.[221]

국가나 지방자치단체가 점유개시 당시에 이미 타인 명의로 소유권등기
가 마쳐진 경우나 점유개시 당시에는 미등기 상태였으나 그 후 타인
명의로 소유권보존등기가 마쳐진 경우가 있는데 보통 이런 경우는 등
기명의인이 토지인도 또는 임료 상당의 부당이득을 청구한다. 이에 대
하여 국가 등은 취득시효 항변을 하게 되는데 대법원은 이러한 경우
그 취득경위를 입증하지 못하면 원칙적으로 무단점유로 보아 취득시효
주장을 배척하는데 그 이유는 국가 등이 그 토지에 대한 소유권보존

---

221) 대법원 1998.2.27. 선고 97다53366 판결 : 이 사건 토지를 계속하여 점
유·경작하였고 1990년까지 이에 대한 사용료(수곡조)를 원고 종중에게
지급하여 온 사실 등을 인정하고, 위 인정 사실에 의하면 원고 종중은
이 사건 토지를 위 소외 2 명으로 사정받기 이전부터 원고 종중의 공동
선조인 위 소외 1과 그 처의 분묘 관리를 위한 위토로서 소유의 의사로
서 평온·공연하게 점유하여 왔다고 할 것이므로, 피고가 이 사건 토지에
관하여 그 명의로 소유권보존등기를 경료한 1958.12.12.부터 20년이 경
과한 1978.12.12. 이 사건 토지에 대한 원고 종중의 취득시효가 완성되
었다고 할 것이라고 판단한 다음, 가사 피고가, 원고 종중으로부터 이
사건 토지의 점유를 위임받은 위 소외 5가 1991.1.1. 이래 계속하여 이
사건 토지에 대한 대부료와 무단점유에 따른 변상금을 피고 산하 창원시
에 납부함으로써 원고 종중은 피고에 대하여 취득시효완성의 이익을 포
기하는 적극적인 의사표시를 한 것으로 봄이 상당하다는 주장을 하였다
고 하더라도, 취득시효완성의 이익을 포기하였다고 인정하기 위해서는
취득시효완성의 이익을 주장할 수 있는 점유자나 그로부터 위임을 받은
자가 국가와 대부계약을 체결하고 대부료 및 변상금을 납부하여야 할 것
인바, 이 사건에 있어서는 취득시효완성의 이익을 주장할 수 있는 원고
종중으로부터 위 소외 5가 위와 같은 위임을 받았음을 인정할 아무런 증
거가 없으므로, 이러한 경우까지 원고 종중이 취득시효완성의 이익을 포
기하였다고 인정할 수는 없다고 판단하였다.

등기가 가능하다는 것을 당연히 알고 있었을 것인데 그러한 적법한 절차를 거치지 않고 소유의 의사로 이를 점유한다는 것은 경험칙에 반하는 국가 등의 존립목적에도 부합되지 않는다고 보기 때문이다. 따라서 대법원은 첫째, 점유의 권원이 밝혀진 경우는 그 권원의 성질상 소유의 의사가 있다고 보여지면 자주점유로, 소유의 의사가 없다고 보여지면 타주점유로 보고 둘째, 점유권원의 성질상 소유의 의사가 있는지 여부가 불분명하거나 점유권원 자체가 밝혀지지 아니한 경우는 자주점유로, 셋째, 점유권원 없이 무단점유 한 경우는 모두 그 점유를 자주점유로 추정하되, 무단점유자가 권원 없음을 알면서 즉 악의의 무단점유를 개시한 경우는 자주점유의 추정이 깨어진다고 보았다.[222]

라. 평온, 공연한 점유

점유자가 그 점유를 취득하거나 유지함에 있어서 강박이나 폭력을 쓰지 않는 점유를 평온한 점유라 할 수 있고, 불특정 다수가 인식할 수 있는 점유를 공연한 점유라 할 수 있다. 점유자는 특별한 사정이 없는 한 평온, 공연하게 점유하는 것으로 추정된다.[223]

마. 시효기간 - 20년 점유

시효기간이 완성되기 전에 이루어진 소유권 변동은 시효취득의 완성여부에 아무런 영향이 없으나 취득시효기간 완성 후 소유권을 취득한 제3자에게는 시효 취득으로 인한 권리행사가 불가능하다. 취득시효권자의 권리는 취득시효가 완성된 당시의 소유자에 대하여만 행사가 가능한 채권적권

---

222) 대법원 1997.8.21. 선고 95다28625 판결(전원합의체) : 점유자가 점유 개시 당시에 소유권 취득의 원인이 될 수 있는 법률행위 기타 법률요건이 없이 그와 같은 법률요건이 없다는 사실을 잘 알면서 타인 소유의 부동산을 무단점유한 것임이 입증된 경우, 특별한 사정이 없는 한 점유자는 타인의 소유권을 배척하고 점유할 의사를 갖고 있지 않다고 보아야 할 것이므로 이로써 소유의 의사가 있는 점유라는 추정은 깨어졌다고 할 것이다.
223) 민법 제197조(점유의 태양) ①점유자는 소유의 의사로 선의, 평온 및 공연하게 점유한 것으로 추정한다.

리로 제3자에게 이를 행사할 수 없다. 점유자가 점유기간의 기산점을 임의로 선택할 수 있느냐 여부에 따라 역산설과 고정시설이 있다. 역산설은 점유자가 점유기간의 기산점을 임의로 선택하여 현재로부터 거슬러 올라가 20년 이상 점유한 사실을 입증하게 되면 그것으로 점유취득시효의 완성을 인정하는 것이고, 고정시설은 점유자가 임의로 기산점을 선택할 수 없고 현실적으로 점유를 개시한 시점을 확정하여 그때부터 20년의 기간을 기산하여 그것으로 점유취득의 완성 시점을 정하는 것이다.

대법원은 "점유자는 그 취득시효기간 경과 후 그 부동산의 소유자로부터 이를 양수하여 등기한 제3자에 대하여 취득시효의 완성을 주장할 수 없다.", "시효완성 후에 제3자에게로 이전등기가 경료 된 경우 점유자가 시효시간의 기산점을 실제보다 뒤로 하여 그 제3자에 대하여 그의 양수 수에 취득시효가 완성하는 것으로 주장할 수는 없다."고 하여 역산설을 부인하고 고정시설을 취하고 있다. 그러나 "취득시효기간 중 계속해서 등기명의자가 동일한 경우에는 그 기산점을 어디에 두든지 간에 취득시효의 완성을 주장할 수 있는 시점에서 보아 그 기간이 경과한 사실만 확정되면 충분하므로 전 점유자의 점유를 승계하여 자신의 점유기간을 통산하여 20년이 경과한 경우에 있어서도 전 점유자가 점유를 개시한 이후의 임의의 시점을 그 기산점으로 삼을 수 있다."고 하여 예외적으로 역산설을 취하고 있다.

바. 사례연구

점유취득시효 완성을 원인으로 소유권이전등기 청구소송을 제기한 서울특별시 마포구 아현동 토지 4,021㎡는 국가명의로 소유권등기가 되어있는 국유재산임에도 불구하고 성명불상인이 지상에 건물을 신축하고 그 부지로 점유하여 오다가 1980. 경 소외 홍길동이 이를 매수한 이래 순차적으로 매도되어 현재 원고가 점유하고 있는 것으로 원고는 위 홍길동 이래 점유가 승계되었다고 주장하면서 2020.3.20. 점유취득시효 완성을 원인으로 소유권이전등기의 이행을 청구하는 소송

○ 반드시 주장할 내용

본건 토지는 행정재산 또는 보존재산에 해당되어 시효취득의 대상이 되지 않는다는 주장, 원고의 매수사실이 입증이 되지 않았으므로 정당한 점유의 권원이 없다는 주장, 원고 소유의 건물 또는 주변 건물이 무허가 건물관리대장상 관리되던 것으로 원고는 본건 토지가 국유지임을 알면서도 점유하였다는 타주점유의 항변, 원고가 변상금 납부유예신청서를 작성, 제출하였으므로 시효이익을 포기하였다[224]는 주장을 하고, 변상금 부과사실 증명 부과통지서, 원고 자필의 변상금납부유예신청서, 원고 소유의 건물이 무허가건물임을 입증하는 무허가건물관리대장, 국유재산매각대금 조정수납부, 반회보 등 국가가 국유재산을 관리해왔음을 증명하는 서면, 항공사진, 지적도 등 보조적인 자료로써 본건 토지가 국유지에 둘러싸여 있음을 증명할 근거자료 등 그 내용을 입증하는 서류를 제출한다.

4 등기부취득시효소송

가. 개요

등기부 취득시효 제도는 소유권 취득의 원인이 없는 경우에도 부동산의 소유자로 등기한 자가 10년간 소유의 의사로 평온·공연하게 선의이며 과실없이 그 부동산을 점유한 때에는 소유권을 취득하는 것을 말한다. 국가 소송에서 사정명의인이나 진정한 소유자가 아닌 사람으로부터 부동산을 매수하여 등기를 한 자들이, 국가가 그 말소를 주장하는 경우 통상 등기부

---

224) 대법원 1998.3.10. 선고 97다53304 판결 : 국유재산을 점유하여 취득시효가 완성된 후 국가와 국유재산 대부계약을 체결하고 대부료를 납부한 사실만으로는 취득시효 완성의 이익을 포기하는 적극적인 의사표시를 한 것으로 보기는 어렵지만, 그러한 대부계약이 아무런 하자 없이 여러 차례 걸쳐 체결되었다거나 단순히 대부계약의 체결에 그치지 않고 그 계약 전에 밀린 점용료를 변상금이란 명목으로 납부하는 데까지 나아갔다면 그러한 대부계약 체결이나 변상금 납부는 국가의 소유권을 인정하고 취득시효 완성의 이익을 포기한다는 적극적인 의사표시를 한 것으로 봄이 상당하다.

취득시효 항변을 하고 있고, 이와 반대로 사정명의인의 후손 등이 국가로 소유권보존등기가 되어 있는 부동산에 대하여 말소를 청구할 때 국가 측은 무주부동산 공고 등을 통해 적법하게 등기가 되어 있다면 등기부 취득시효를 주장할 수 있다.

나. 등기부취득시효 요건

등기부취득시효와 점유취득시효의 공통요건은 권리주체가 부동산을 소유의 의사로 평온, 공연하게 점유하는 것이고, 여기에 등기부취득시효는 '그 부동산에 관하여 취득자 명의로 등기되어 있을 것'과 '점유가 선의·무과실'일 것을 추가적 요건으로 하고 있다.

(1) 점유자가 소유자 등기로 경료

등기부취득시효는 취득시효 진행 동안에 점유자가 소유자로 등기되어 있어야하기 때문에 등기부상 소유자로서 기재되어 있으면 충분하고 실체법상 소유권을 갖고 있지 않아도 된다. 보통 아무런 물권적 합의 또는 원인행위 없이 등기가 행해진 경우, 물권적 합의를 기초로 하여 등기가 행해졌으나 그 물권적 합의가 무효이거나 또는 후에 취소되었는데 등기가 말소되지 않은 채 방치된 경우에 발생한다.

또한 소유자로 등기되어 있어야 하므로 수탁자명의로 등기된 기간이 10년이 경과하였어도 신탁자에 대한 시효취득은 인정되지 아니한다. 시효취득자는 그 등기의 원인을 입증할 필요도 없고, 설사 그 등기가 원인무효로 밝혀지더라도 시효취득에 방해되지 않는다. 중복등기 이외의 등기상 형식적 유효요건의 결여는 시효취득을 방해하지 않는다. 그러나 적어도 외관적으로는 적법하게 등기된 것이어야 한다. 공유지분에 대한 소유권이전등기가 된 경우에는 그 공유지분에 대한 등기부 시효취득이 가능하나 부동산공유지분권자로 등기되어 있는 경우 공유지분 등기명의자가 전부를 점유하여도 공유지분이외의 부분에 대하여는 등기부취득시효를 주장하지 못한다.

다. 등기기간

민법 규정에 의하여 소유자로 등기되어 있는 자의 점유는 10년간 계속되어야 하고,[225] 점유승계인이 전 점유자의 점유를 승계할 수 있느냐에 대하여 대법원은 종래에 등기의 승계를 부정하였으나 다시 전원합의체 판결을 통하여 종전의 판례를 변경하여 전 점유자의 명의의 등기까지 아울러 그 기간 동안 부동산의 소유자로 등기되어 있으면 가능하다고 보았다.[226] 상속에 의하여 등기의 승계가 있는 경우에도 등기의 합산으로 처리하여야 한다. 대법원은 상속인은 상속인 명의 등기를 하지 않고도 상속에 의하여 곧바로 권리를 취득하기 때문에 피상속인과 상속인의 점유기간을 합산하여 10년이 넘으면 등기부취득시효가 완성된다고 보았다.[227] 따라서 소송에서 등기부취득시효를 주장하는 경우 국가의 점유에 대하여도 전점유자의 점유까지도 함께 주장하여야 한다.

---

225) 민법 제245조(점유로 인한 부동산소유권의 취득기간) ①20년간 소유의 의사로 평온, 공연하게 부동산을 점유하는 자는 등기함으로써 그 소유권을 취득한다. ②부동산의 소유자로 등기한 자가 10년간 소유의 의사로 평온, 공연하게 선의이며 과실없이 그 부동산을 점유한 때에는 소유권을 취득한다.

226) 대법원 1989.12.26. 선고 87다카2176 판결 : 등기부취득시효에 관한 민법 제245조 제2항의 규정에 의하여 소유권을 취득하는 자는 10년간 반드시 그의 명의로 등기되어 있어야 하는 것은 아니고 앞 사람의 등기까지 아울러 그 기간동안 부동산의 소유자로 등기되어 있으면 된다고 할 것이다.

227) 대법원 1989.12.26. 선고 89다카6140 판결 : 상속인은 상속의 개시 즉 피상속인의 사망이라는 법률요건의 성립에 의하여 피상속인의 재산에 관한 포괄적 권리의무를 승계하고 권리의 득실변경에 등기를 요건으로 하는 경우에도 상속인은 등기를 하지 아니하고도 상속에 의하여 곧바로 그 권리를 취득하는 것이므로 부동산에 관하여 피상속인 명의로 소유권이전등기가 10년 이상 경료되어 있는 이상 상속인은 부동산등기부시효취득의 요건인 '부동산의 소유자로 등기한 자'에 해당한다 할 것이어서, 이 경우 피상속인과 상속인의 점유기간을 합산하여 10년을 넘을 때에 등기부취득시효기간이 완성된다 할 것이다.

라. 등기와 점유의 일치

종중이 종중원에게 임야에 관하여 명의신탁의 등기를 한 경우 명의수탁자의 등기를 통하여 그 등기명의를 보유하고 있다고 할 수 없으므로 명의신탁자나 명의수탁자 모두 등기부취득시효가 인정되지 않는다고 보았다.

(2) 점유자의 선의·무과실

(가) 선의

등기부취득시효의 경우는 점유취득시효와 달리 점유자의 선의·무과실이 필요하다. 여기서 선의·무과실의 대상은 등기에 관한 것이 아니라 점유취득에 관한 것이다. 선의란 의미는 그 등기가 실체법적으로 무효를 알지 못하고 점유한 경우이고, 무과실이란 그와 같이 실체법적으로 무효라고 믿는데 대한 잘못이 없다는 의미로 점유자가 자기의 소유라고 믿었다는 말이고, 통상적으로 정당한 절차에 의하지 아니한 채 부동산소유자로 등기하고 이를 점유하는 자는 선의라고 말할 수 없다. 등기는 부동산물권의 공시방법이므로 등기 명의인의 선의는 추정된다. 또한 점유자의 선의는 추정되므로 그 입증책임은 그것을 다투는 상대방이 점유자의 악의를 입증하여야 된다.

(나) 무과실

민법상 점유의 무과실까지는 추정되지 않으므로[228] 점유자의 무과실은 선의와는 다르게 시효취득을 주장하는 사람이 입증하여야 한다. 등기부취득시효가 인정되려면 점유의 개시에 과실이 없어야 하는데, 부동산거래에서 부동산매수인이 부동산의 매도인에게 그 부동산의 처분권한 여부에 대하여 조사하여 확인하지 않았다면 부동산의 점유에 대하여 과실이 없다고 할 수 없다.[229]

---

228) 민법 제197조(점유의 태양) ①점유자는 <u>소유의 의사로 선의, 평온 및 공연하게 점유한 것으로 추정한다.</u>

229) 대법원 2017.12.13. 선고 2016다248424 판결 : 부동산을 매수하는 사람

(다) 선의·무과실의 시점

점유자의 선의·무과실은 10년의 시효기간 동안 계속 요구되는 것이 아니라 점유의 시초에 과실이 없었음을 필요로 한다.

으로서는 매도인에게 부동산을 처분할 권한이 있는지 여부를 조사하여야 하므로, 이를 조사하였더라면 매도인에게 처분권한이 없음을 알 수 있었음에도 불구하고 그러한 조사를 하지 않고 매수하였다면 부동산의 점유에 대하여 과실이 있다고 보아야 한다. 매도인이 등기부상의 소유명의자와 동일인인 경우에는 일반적으로는 등기부의 기재가 유효한 것으로 믿고 매수한 사람에게 과실이 있다고 할 수 없을 것이다. 그러나 만일 등기부의 기재 또는 다른 사정에 의하여 매도인의 처분권한에 대하여 의심할 만한 사정이 있거나, 매도인과 매수인의 관계 등에 비추어 매수인이 매도인에게 처분권한이 있는지 여부를 조사하였더라면 별다른 사정이 없는 한 그 처분권한이 없음을 쉽게 알 수 있었을 것으로 보이는 경우에는, 매수인이 매도인 명의로 된 등기를 믿고 매수하였다 하여 그것만으로 과실이 없다고 할 수 없다.

제5장
사해행위취소

제5장 사해행위취소
제1절 개요

1 개념

사해행위취소소송이란 채권의 공동담보인 채무자의 일반재산이 채무자의 법률행위에 의하여 부당하게 감소됨으로써 채무자의 변제능력이 부족하게 되는 경우에 그 법률행위를 취소하고 채무자로부터 일탈된 재산의 회복을 구하는 소송으로 '사해행위취소'라는 형성의 소와 '원상회복'이라는 이행의 소가 병합된 형태이다.

2 소송요건

가. 요건사실

채권자가 채무자에 대하여 가지는 채권이 존재하고, 채무자가 피보전채권의 성립일 이후 재산권을 목적으로 하는 법률행위를 하였을 것과 그 법률행위가 채권자를 해함과 동시에 채무자의 악의가 있어야 한다.

(1) 원고의 채권발생

채권의 성립원인 및 변제기를 구체적으로 적시하여야 하고, 피보전채권은 사해행위가 있기 이전에 발생한 것이어야 한다. 그러나 사해행위 당시에 이미 채권발생의 기초가 되는 법률관계가 성립되어 있고, 가까운 장래에 그 법률관계에 터 잡아 채권이 성립되리라는 점에 대한 고도의 개연성이 있으며, 설제로 가까운 장래에 그 개연성이 현실화되어 채권이 발생한 경우에는 그러한 채권도 피보전채권이 될 수 있다는 것이 대법원의 입장이다.[230] 전형적인 피보전채권으로는 금전채권, 종류채권이 있으나 사해행위취소소송이 채권자의 공동담보인 채무자의 책임재산의 감소를 방지하여 책임재산을 보전하기 위한 것으로 특정채권은 이에 해당되지 아니한다. 그러나 특정채권이 금전채권으로 변경된 후에 행하여진 경우 사해행위에 대하여는 피보전채권이 될 수 있다. 또한 정지조건부 채권이라도 장래 정지조건이 성취되기 어려울 것으로 보이는 등 특별한 사정이 없는 한 피보전채권이 될 수 있다.[231]

(2) 피고의 사해행위 사실

피고가 재산권을 목적으로 하는 법률행위를 하고, 그 결과 피고의 재산이 총채권자의 채권을 변제하기에 부족하게 되었음을 주장 입증하여야 한다. 실제 채무자가 유일한 재산을 이전했을 경우 원고의 채권액의 변제가 불가능하게 되었음을 주장하면 된다. 또한 채무자의 재산처분행위가 사해행위가 되는지는 처분행위 당시를 기준으로 판단하여야 한다.[232]

---

230) 대법원 2001.3.23. 선고 2000다37821 판결 : [1]채권자취소권에 의하여 보호될 수 있는 채권은 원칙적으로 사해행위라고 볼 수 있는 행위가 행하여지기 전에 발생된 것임을 요하지만 그 사해행위 당시에 이미 채권 성립의 기초가 되는 법률관계가 발생되어 있고, 가까운 장래에 그 법률관계에 터잡아 채권이 성립되리라는 점에 대한 고도의 개연성이 있으며, 실제로 가까운 장래에 그 개연성이 현실화되어 채권이 성립된 경우에는 그 채권도 채권자취소권의 피보전채권이 될 수 있다. [2]사해행위 당시 아직 조세채권이 성립하지는 않았으나, 그 이전에 조세채무자가 실질적 대표자로 있는 회사에서 가공원가를 계상하였고, 과세관청이 위 가공원가를 조세채무자에 대한 인정상여로 소득처분하여 종합소득세 부과처분을 하였다면, 위 조세채권은 가공원가를 계상한 시점에 이미 그 기초적 법률관계가 발생하였고, 가까운 장래에 채권이 성립할 고도의 개연성이 있었으며, 실제 그 개연성이 현실화되어 채권이 성립하였으므로 채권자취소권의 피보전채권이 될 수 있다고 한 사례.

231) 대법원 2011.12.8. 선고 2011다55542 판결 : 채권자취소권 행사는 채무 이행을 구하는 것이 아니라 총채권자를 위하여 이행기에 채무 이행을 위태롭게 하는 채무자의 자력 감소를 방지하는 데 목적이 있는 점과 민법이 제148조, 제149조에서 조건부권리의 보호에 관한 규정을 두고 있는 점을 종합해 볼 때, 취소채권자의 채권이 정지조건부채권이라 하더라도 장래에 정지조건이 성취되기 어려울 것으로 보이는 등 특별한 사정이 없는 한, 이를 피보전채권으로 하여 채권자취소권을 행사할 수 있다.

(3) 채무자의 악의

원고로서는 채무자가 원고를 해함을 알고서 재산권을 이전하였음을 주장, 입증하여야 하고, 채무자의 악의를 입증하면 수익자 및 전득자의 악의는 추정된다.

나. 항변사유

수익자나 전득자의 선의와 변론종결당시의 채무자의 자력 회복은 항변사유가 된다.

다. 제척기간

사해행위취소의 소는 채권자가 취소원인을 안 날로부터 1년, 법률행위가 있은 날로부터 5년 이내에 제기하여야 한다.[233) 채권자취소권의 행사는 이미 효력이 발생한 법률관계를 일정한 범위에서 소급시켜 효력을 부인하는 것이므로 그 행사의 기간을 제한하여 불안전한 법률관계를 조기에 해소하고자 하는데 그 목적이 있다.

---

232) 대법원 2013.6.28. 선고 2013다8564 판결 : 어느 시점에서 사해행위에 해당하는 법률행위가 있었는가를 따질 때에는 당사자 사이의 이해관계에 미치는 중대한 영향을 고려하여 신중하게 이를 판정하여야 하고, 채무자의 재산처분행위가 사해행위가 되는지는 처분행위 당시를 기준으로 판단하여야 하며, 설령 재산처분행위가 정지조건부인 경우라 하더라도 특별한 사정이 없는 한 마찬가지이다.

233) 민법 제406조(채권자취소권) ①채무자가 채권자를 해함을 알고 재산권을 목적으로 한 법률행위를 한 때에는 채권자는 그 취소 및 원상회복을 법원에 청구할 수 있다. 그러나 그 행위로 인하여 이익을 받은 자나 전득한 자가 그 행위 또는 전득당시에 채권자를 해함을 알지 못한 경우에는 그러하지 아니하다. ②전항의 소는 채권자가 취소원인을 안 날로부터 1년, 법률행위가 있은 날로부터 5년 내에 제기하여야 한다.

제2절 소송사례

원고 산하 마포세무서장은 소외 갑에게 종합소득세 및 교육세의 부과처분 결정을 하고 2020.5.31.까지 납부하도록 고지하였으나 납부기간 내 납부하지 아니하여 위 갑 소유의 32평 아파트에 대하여 체납처분 중 갑은 위 아파트를 그의 처 피고에게 증여하였다. 원고는 위 증여계약이 채권자인 원고를 해하는 사해행위라고 주장하며 위 증여계약의 취소 및 그 소유권이전등기의 말소를 구하는 소송을 제기하였다.

1 입증사항

가. 필수적 주장

원고의 채권발생사실과 피고의 사해행위에 대하여 피고는 재산권을 목적으로 하는 법률행위를 하고, 그 결과 채권자를 해치게 됨을 주장, 즉 그 법률행위로 말미암아 피고의 책임재산이 채권액을 변제하기에 부족한 상태에 이르렀음을 주장한다. 또한 채무자의 악의부분에 대하여, 수익자 및 전득자의 악의는 추정되나, 채무자의 악의는 원고가 여러 가지 상황을 분석한 자료를 통하여 이를 주장·입증하여야 한다. 전득자의 악의는 단지 전득자가 전득행위 당시 채무자와 수익자 사이의 법률행위의 사해성을 인식하였으면 족하다.[234]

---

[234] 대법원 2006.7.4. 선고 2004다61280 판결 : 채권자가 사해행위의 취소로서 수익자를 상대로 채무자와의 법률행위의 취소를 구함과 아울러 전득자를 상대로도 전득행위의 취소를 구함에 있어서, 전득자의 악의는 전득행위 당시 그 행위가 채권자를 해한다는 사실, 즉 사해행위의 객관적 요건을 구비하였다는 것에 대한 인식을 의미하므로, 전득자의 악의를 판단함에 있어서는 단지 전득자가 전득행위 당시 채무자와 수익자 사이의 법률행위의 사해성을 인식하였는지 여부만이 문제가 될 뿐이지, 수익자와 전득자 사이의 전득행위가 다시 채권자를 해하는 행위로서 사해행위의 요건을 갖추어야 하는 것은 아니다.

나. 입증방법

채권발생자료, 책임재산의 채권액 미달 입증자료, 호적등본 등 채무자와 수익자(전득자)와 관계 입증자료, 부동산등기부등본 등 객관적 자료를 통하여 입증하여야 하는데, 채무자가 책임재산에 관한 자료의 경우에는 채권발생자료, 책임재산의 채권액 미달 입증자료는 유일한 부동산을 처분한 경우에는 불필요하다. 채무자의 악의를 입증하기 위하여, 친족관계의 경우 가족관계증명서, 법인의 대표인 경우 법인 등기부등본 등 채무자와 수익자의 관계를 입증할 수 있는 자료를 제출하여야 한다.

2 유의사항

소제기 전에 취소원인을 안 날로부터 1년, 법률행위가 있은 날로부터 5년의 제척기간 도과여부를 정확히 확인하여야 한다. 수익자 또는 전득자만을 피고로 하고, 채무자는 피고로 하지 아니하며, 청구취지는 채무자와 수익자간의 법률행위를 취소하는 내용과 재산의 원상회복을 청구하는 내용으로 작성하고, 채무자의 악의는 거래 당사자간의 신분관계(친족, 인척, 친구, 동창, 애인관계 등) 등 간접사실을 주장하여 입증하도록 한다. 채무자의 악의 부분에 대하여 대구지방법원에서는 체납자인 채무자가 자신 소유의 부동산들을 근친관계에 있는 사람들에게 매매를 원인으로 이전한 행위가 통정허위표시로서 무효라는 인정한 판례가 있다.[235] 사해행위취소소송은 제기 시 반드시 부동산 가압류 내지 부동산 처분금지가처분 등의 보전처분을 하여야 하며, 원칙적으로 사해행위취소와 원상회복으로 등기의 말소를 구하는 경우라면 부동산 처분금지가처분을 하여야 하고 사해행위취소 및 가액배상을 청구하는 경우에는 부동산 가압류를 신청하여야 한다. 한편, 채권양도계약 또는 채무면제계약의 취소 등 경우에 따라서는 사해행

---

235) 대구지법 2002.6.11. 선고 2001가합2635 판결.

위취소만을 구하면 족하고, 별도로 원상회복이나 가액배상청구를 할 필요가 없는 이 경우는 본소로서 사해행위취소만을 구하면 족하고, 가액배상이나 원상회복청구를 할 필요가 없고 보전처분도 청구할 필요가 없다. 또한 청구취지는 원칙적으로 수익자를 피고로 하여 채무자와 수익자간의 법률행위를 취소하고, 재산의 원상회복을 청구하는 내용으로 기재한다. 악의의 수익자 또는 전득자로부터 선의의 전득자에게 재산권이 이전된 경우에는 악의의 수익자 또는 전득자를 상대로 하여 가액반환을 청구하여야 한다. 원상회복은 원물반환이 원칙이나 예외적으로 목적물에 저당권이 설정되었으나 소 제기 후 근저당권이 변제되어 말소된 경우처럼 원물반환이 불가능한 경우에는 그러한 사실을 주장, 입증하여 가액배상을 청구하여야 하며 가액배상은 채권자의 피보전채권액, 목적물의 공동담보가액, 수익자, 전득자가 취득한 이익 중 가장 적은 금액을 한도로 이루어진다. 그리고 원상회복의 방법으로 진정명의회복을 원인으로 한 소유권이전등기청구도 가능하다. 236)

---

236) 대법원 2006.12.7. 선고 2004다54978 판결 : 사해행위 후 목적물에 관하여 제3자가 저당권이나 지상권 등의 권리를 취득한 경우에는 수익자가 목적물을 저당권 등의 제한이 없는 상태로 회복하여 이전하여 줄 수 있다는 등의 특별한 사정이 없는 한, 채권자는 원상회복 방법으로 수익자를 상대로 가액 상당의 배상을 구할 수도 있고, 채무자 앞으로 직접 소유권이전등기절차를 이행할 것을 구할 수도 있다. 이 경우 원상회복청구권은 사실심 변론종결 당시의 채권자의 선택에 따라 원물반환과 가액배상 중 어느 하나로 확정되며, 채권자가 일단 사해행위 취소 및 원상회복으로서 원물반환 청구를 하여 승소 판결이 확정되었다면, 그 후 어떠한 사유로 원물반환의 목적을 달성할 수 없게 되었다고 하더라도 다시 원상회복청구권을 행사하여 가액배상을 청구할 수는 없으므로 그 청구는 권리보호의 이익이 없어 허용되지 않는다.

부록
관련법령

- 국가소송법
- 국가배상법
- 소송촉진법
- 민사소송법
- 민소전자문서법

국가를 당사자로 하는 소송에 관한 법률(약칭:국가소송법)

[시행 2009.1.30.] [법률 제9359호, 2009.1.30., 일부개정]

제1조(목적) 이 법은 국가를 당사자 또는 참가인으로 하는 소송 및 행정소송(행정청을 참가인으로 하는 경우를 포함한다. 이하 같다)에 필요한 사항을 규정함으로써 소송의 효율적인 수행과 소송사무의 적정한 관리를 도모함을 목적으로 한다.
[전문개정 2009.1.30.]

제2조 (국가의 대표자) 국가를 당사자 또는 참가인으로 하는 소송(이하 "국가소송"이라 한다)에서는 법무부장관이 국가를 대표한다.
[전문개정 2009.1.30.]

제2조의2 (행정청의 범위) 이 법의 적용을 받는 행정청에는 법령에 따라 행정권한의 위임 또는 위탁을 받은 행정기관, 공공단체, 그 기관 또는 사인(私人)이 포함된다. [전문개정 2009.1.30.]

제3조 (국가소송 수행자의 지정 및 소송대리인의 선임) ①법무부장관은 법무부의 직원, 각급 검찰청의 검사(이하 "검사"라 한다) 또는 「공익법무관에 관한 법률」에서 정한 공익법무관(이하 "공익법무관"이라 한다)을 지정하여 국가소송을 수행하게 할 수 있다.
②법무부장관은 행정청의 소관사무나 감독사무에 관한 국가소송에서 필요하다고 인정하면 해당 행정청의 장의 의견을 들은 후 행정청의 직원을 지정하여 그 소송을 수행하게 할 수 있다.
③제2항의 지정을 받은 사람은 해당 소송에 관하여 법무부장관의 지휘를 받아야 한다.
④법무부장관은 변호사를 소송대리인으로 선임(選任)하여 국가소송을 수행하게 할 수 있다.[전문개정 2009.1.30.]

제4조 (의견의 제출) 법무부장관은 국가 이익 또는 공공복리와 중대한 관계가 있는 국가소송 및 행정소송에 관하여는 법원의 허가를 받아 법원에 법률적 의견을 제출하거나 법무부의 직원, 검사 또는 공익법무관을 지정하여 의견을 제출하게 할 수 있다.
[전문개정 2009.1.30.]

제5조 (행정소송 수행자의 지정 및 소송대리인의 선임) ①행정청의 장은 그 행정청의 직원 또는 상급 행정청의 직원(이 경우에는 미리 해당 상급 행정청의 장의 승인을 받아야 한다)을 지정하여 행정소송을 수행하게 할 수 있다.
②행정청의 장은 변호사를 소송대리인으로 선임하여 행정소송을 수행하게 할 수 있다.
[전문개정 2009.1.30.]

제6조 (행정청의 장에 대한 법무부장관의 지휘 등) ①행정소송을 수행할 때 행정청의 장은 법무부장관의 지휘를 받아야 한다.
②법무부장관은 행정소송에 관하여 필요하다고 인정되면 법무부의 직원, 검사 또는 공익법무관을 지정하여 그 소송을 수행하게 할 수 있으며, 제5조제1항 또는 제2항에 따라 행정청의 장이 지정하거나 선임한 사람을 해임하게 할 수 있다.
[전문개정 2009.1.30.]

제7조 (지정대리인의 권한) 제3조제1항·제2항, 제5조제1항 또는 제6조제2항에 따라 법무부장관, 각급 검찰청의 장(제13조에 따라 권한이 위임된 경우만 해당된다) 또는 행정청의 장이 지정한 사람은 그 소송에 관하여 대리인 선임을 제외한 모든 재판상의 행위를 할 수 있다.
[전문개정 2009.1.30.]

제8조 (소송총괄관의 임명) ①중앙행정기관의 장은 대통령령으로 정하는 바에 따라 법무 및 송무사무를 담당하는 4급 이상의 소속 직원 중에서 소관 소송사무를 총괄할 소송총괄관 1명을 임명하여야 한다.

②소송총괄관은 소관 소송사무에 관하여 법무부장관의 지휘를 받아야 한다.

③소송총괄관은 해당 기관의 소송에 관하여 소송수행자로 지정된 그 기관의 직원을 지휘·감독한다.

[전문개정 2009.1.30.]

제9조 (송달의 대상) ①국가소송에서 국가에 대한 송달은 수소법원(受訴法院)에 대응하는 검찰청(수소법원이 지방법원 지원인 경우에는 지방검찰청을 말한다)의 장에게 한다. 다만, 고등검찰청 소재지의 지방법원(산하 지방법원 지원을 포함한다)에 소(訴)가 제기된 경우에는 그 고등검찰청의 장에게 송달한다.

②소송수행자 또는 소송대리인이 있는 경우에는 제1항에도 불구하고 소송수행자 또는 소송대리인에게 송달한다.

[전문개정 2009.1.30.]

제10조 (임의변제의 절차 등) 국가소송에서 금전 지급을 목적으로 하는 사건이 국가의 패소로 확정되어 국가에서 임의변제를 하려는 경우 그 지급기관, 지급절차, 지급방법, 그 밖에 필요한 사항은 대통령령으로 정한다.

[전문개정 2009.1.30.]

제11조 (소송비용의 계상) ①국가소송의 비용은 법무부 소관의 예산에 일괄 계상(計上)한다.

②국가소송의 비용 중 특별회계로 운영되는 사무 또는 사업에 관한 비용은 법무부 세입징수관이 발행하는 고지서에 의하여 그 특별회계에서 법무부 소관 일반회계로 세입(歲入) 조치한다.

[전문개정 2009.1.30.]

제12조 (조정사건 등에의 준용) 조정사건, 중재사건, 그 밖의 비송사건에 관하여는 제2조부터 제8조까지의 규정을 준용한다.

[전문개정 2009.1.30.]

제13조 (권한의 위임) 법무부장관은 대통령령으로 정하는 바에 따라 제
3조, 제6조 및 제8조제2항에 따른 권한의 일부를 검찰총장, 고등검찰
청검사장 또는 지방검찰청검사장에게 위임할 수 있다.

[전문개정 2009.1.30.]

제14조 삭제 <2009.1.30.>

부   칙 <법률 제9359호, 2009.1.30.>

이 법은 공포한 날부터 시행한다.

국가배상법

[시행 2017.10.31.] [법률 제14964호, 2017.10.31., 일부개정]

제1조(목적) 이 법은 국가나 지방자치단체의 손해배상(損害賠償)의 책임과 배상절차를 규정함을 목적으로 한다.
[전문개정 2008.3.14.]

제2조(배상책임) ①국가나 지방자치단체는 공무원 또는 공무를 위탁받은 사인(이하 "공무원"이라 한다)이 직무를 집행하면서 고의 또는 과실로 법령을 위반하여 타인에게 손해를 입히거나, 「자동차손해배상보장법」에 따라 손해배상의 책임이 있을 때에는 이 법에 따라 그 손해를 배상하여야 한다. 다만, 군인·군무원·경찰공무원 또는 예비군대원이 전투·훈련 등 직무 집행과 관련하여 전사(戰死)·순직(殉職)하거나 공상(公傷)을 입은 경우에 본인이나 그 유족이 다른 법령에 따라 재해보상금·유족연금·상이연금 등의 보상을 지급받을 수 있을 때에는 이 법 및 「민법」에 따른 손해배상을 청구할 수 없다. <개정 2009.10.21., 2016.5.29.>

②제1항 본문의 경우에 공무원에게 고의 또는 중대한 과실이 있으면 국가나 지방자치단체는 그 공무원에게 구상(求償)할 수 있다.
[전문개정 2008.3.14.]

제3조(배상기준) ①제2조제1항을 적용할 때 타인을 사망하게 한 경우(타인의 신체에 해를 입혀 그로 인하여 사망하게 한 경우를 포함한다) 피해자의 상속인(이하 "유족"이라 한다)에게 다음 각 호의 기준에 따라 배상한다.

1.사망 당시(신체에 해를 입고 그로 인하여 사망한 경우에는 신체에 해를 입은 당시를 말한다)의 월급액이나 월실수입액(月實收入額) 또는 평균임금에 장래의 취업가능기간을 곱한 금액의 유족배상(遺族賠償)

2.대통령령으로 정하는 장례비

②제2조제1항을 적용할 때 타인의 신체에 해를 입힌 경우에는 피해자에게 다음 각 호의 기준에 따라 배상한다.

1.필요한 요양을 하거나 이를 대신할 요양비

2.제1호의 요양으로 인하여 월급액이나 월실수입액 또는 평균임금의 수입에 손실이 있는 경우에는 요양기간 중 그 손실액의 휴업배상(休業賠償)

3.피해자가 완치 후 신체에 장해(障害)가 있는 경우에는 그 장해로 인한 노동력 상실 정도에 따라 피해를 입은 당시의 월급액이나 월실수입액 또는 평균임금에 장래의 취업가능기간을 곱한 금액의 장해배상(障害賠償)

③제2조제1항을 적용할 때 타인의 물건을 멸실·훼손한 경우에는 피해자에게 다음 각 호의 기준에 따라 배상한다.

1.피해를 입은 당시의 그 물건의 교환가액 또는 필요한 수리를 하거나 이를 대신할 수리비

2.제1호의 수리로 인하여 수입에 손실이 있는 경우에는 수리기간 중 그 손실액의 휴업배상

④생명·신체에 대한 침해와 물건의 멸실·훼손으로 인한 손해 외의 손해는 불법행위와 상당한 인과관계가 있는 범위에서 배상한다.

⑤사망하거나 신체의 해를 입은 피해자의 직계존속(直系尊屬)·직계비속(直系卑屬) 및 배우자, 신체의 해나 그 밖의 해를 입은 피해자에게는 대통령령으로 정하는 기준 내에서 피해자의 사회적 지위, 과실(過失)의 정도, 생계 상태, 손해배상액 등을 고려하여 그 정신적 고통에 대한 위자료를 배상하여야 한다.

⑥제1항 제1호 및 제2항 제3호에 따른 취업가능기간과 장해의 등급 및 노동력 상실률은 대통령령으로 정한다.

⑦제1항부터 제3항까지의 규정에 따른 월급액이나 월실수입액 또는 평균임금 등은 피해자의 주소지를 관할하는 세무서장 또는 시장·군수·구청장(자치구의 구청장을 말한다)과 피해자의 근무처의 장의 증명이나

그 밖의 공신력 있는 증명에 의하고, 이를 증명할 수 없을 때에는 대통령령으로 정하는 바에 따른다. [전문개정 2008.3.14.]

제3조의2(공제액) ①제2조제1항을 적용할 때 피해자가 손해를 입은 동시에 이익을 얻은 경우에는 손해배상액에서 그 이익에 상당하는 금액을 빼야 한다.

②제3조제1항의 유족배상과 같은 조 제2항의 장해배상 및 장래에 필요한 요양비 등을 한꺼번에 신청하는 경우에는 중간이자를 빼야 한다.

③제2항의 중간이자를 빼는 방식은 대통령령으로 정한다.

[전문개정 2008.3.14.]

제4조(양도 등 금지) 생명·신체의 침해로 인한 국가배상을 받을 권리는 양도하거나 압류하지 못한다.

[전문개정 2008.3.14.]

제5조(공공시설 등의 하자로 인한 책임) ①도로·하천, 그 밖의 공공의 영조물(營造物)의 설치나 관리에 하자(瑕疵)가 있기 때문에 타인에게 손해를 발생하게 하였을 때에는 국가나 지방자치단체는 그 손해를 배상하여야 한다. 이 경우 제2조제1항 단서, 제3조 및 제3조의2를 준용한다.

②제1항을 적용할 때 손해의 원인에 대하여 책임 질 자가 따로 있으면 국가나 지방자치단체는 그 자에게 구상할 수 있다.

[전문개정 2008.3.14.]

제6조(비용부담자 등의 책임) ①제2조·제3조 및 제5조에 따라 국가나 지방자치단체가 손해를 배상할 책임이 있는 경우에 공무원의 선임·감독 또는 영조물의 설치·관리를 맡은 자와 공무원의 봉급·급여, 그 밖의 비용 또는 영조물의 설치·관리 비용을 부담하는 자가 동일하지 아니하면 그 비용을 부담하는 자도 손해를 배상하여야 한다.

②제1항의 경우에 손해를 배상한 자는 내부관계에서 그 손해를 배상할 책임이 있는 자에게 구상할 수 있다.

[전문개정 2008.3.14.]

제7조(외국인에 대한 책임) 이 법은 외국인이 피해자인 경우에는 해당 국가와 상호 보증이 있을 때에만 적용한다.
[전문개정 2008.3.14.]

제8조(다른 법률과의 관계) 국가나 지방자치단체의 손해배상 책임에 관하여는 이 법에 규정된 사항 외에는 「민법」에 따른다. 다만, 「민법」 외의 법률에 다른 규정이 있을 때에는 그 규정에 따른다.
[전문개정 2008.3.14.]

제9조(소송과 배상신청의 관계) 이 법에 따른 손해배상의 소송은 배상심의회(이하 "심의회"라 한다)에 배상신청을 하지 아니하고도 제기할 수 있다.
[전문개정 2008.3.14.]

제10조(배상심의회) ①국가나 지방자치단체에 대한 배상신청사건을 심의하기 위하여 법무부에 본부심의회를 둔다. 다만, 군인이나 군무원이 타인에게 입힌 손해에 대한 배상신청사건을 심의하기 위하여 국방부에 특별심의회를 둔다.

②본부심의회와 특별심의회는 대통령령으로 정하는 바에 따라 지구심의회(地區審議會)를 둔다.

③본부심의회와 특별심의회와 지구심의회는 법무부장관의 지휘를 받아야 한다.

④각 심의회에는 위원장을 두며, 위원장은 심의회의 업무를 총괄하고 심의회를 대표한다.

⑤각 심의회의 위원 중 공무원이 아닌 위원은 「형법」 제127조 및 제129조부터 제132조까지의 규정을 적용할 때에는 공무원으로 본다. <신설 2017.10.31.>

⑥각 심의회의 관할·구성·운영과 그 밖에 필요한 사항은 대통령령으로 정한다. <개정 2017.10.31.>
[전문개정 2008.3.14.]

제11조(각급 심의회의 권한) ①본부심의회와 특별심의회는 다음 각 호의 사항을 심의·처리한다.

1.제13조제6항에 따라 지구심의회로부터 송부받은 사건

2.제15조의2에 따른 재심신청사건

3.그 밖에 법령에 따라 그 소관에 속하는 사항

②각 지구심의회는 그 관할에 속하는 국가나 지방자치단체에 대한 배상신청사건을 심의·처리한다.

[전문개정 2008.3.14.]

제12조(배상신청) ①이 법에 따라 배상금을 지급받으려는 자는 그 주소지·소재지 또는 배상원인 발생지를 관할하는 지구심의회에 배상신청을 하여야 한다.

②손해배상의 원인을 발생하게 한 공무원의 소속 기관의 장은 피해자나 유족을 위하여 제1항의 신청을 권장하여야 한다.

③심의회의 위원장은 배상신청이 부적법하지만 보정(補正)할 수 있다고 인정하는 경우에는 상당한 기간을 정하여 보정을 요구하여야 한다.

④제3항에 따른 보정을 하였을 때에는 처음부터 적법하게 배상신청을 한 것으로 본다.

⑤제3항에 따른 보정기간은 제13조제1항에 따른 배상결정 기간에 산입하지 아니한다.

[전문개정 2008.3.14.]

제13조(심의와 결정) ①지구심의회는 배상신청을 받으면 지체 없이 증인신문(證人訊問)·감정(鑑定)·검증(檢證) 등 증거조사를 한 후 그 심의를 거쳐 4주일 이내에 배상금 지급결정, 기각결정 또는 각하결정(이하 "배상결정"이라 한다.)을 하여야 한다.

②지구심의회는 긴급한 사유가 있다고 인정할 때에는 제3조제1항 제2호, 같은 조 제2항 제1호 및 같은 조 제3항 제1호에 따른 장례비·요양비 및 수리비의 일부를 사전에 지급하도록 결정할 수 있다. 사

전에 지급을 한 경우에는 배상결정 후 배상금을 지급할 때에 그 금액을 **빼야** 한다.

③제2항 전단에 따른 사전 지급의 기준·방법 및 절차 등에 관하여 필요한 사항은 대통령령으로 정한다.

④제2항에도 불구하고 지구심의회의 회의를 소집할 시간적 여유가 없거나 그 밖의 부득이한 사유가 있으면 지구심의회의 위원장은 직권으로 사전 지급을 결정할 수 있다. 이 경우 위원장은 지구심의회에 그 사실을 보고하고 추인(追認)을 받아야 하며, 지구심의회의 추인을 받지 못하면 그 결정은 효력을 잃는다.

⑤심의회는 제3조와 제3조의2의 기준에 따라 배상금 지급을 심의·결정하여야 한다.

⑥지구심의회는 배상신청사건을 심의한 결과 그 사건이 다음 각 호의 어느 하나에 해당한다고 인정되면 지체 없이 사건기록에 심의 결과를 첨부하여 본부심의회나 특별심의회에 송부하여야 한다.

1.배상금의 개산액(槪算額)이 대통령령으로 정하는 금액 이상인 사건

2.그 밖에 대통령령으로 본부심의회나 특별심의회에서 심의·결정하도록 한 사건

⑦본부심의회나 특별심의회는 제6항에 따라 사건기록을 송부받으면 4주일 이내에 배상결정을 하여야 한다.

⑧심의회는 다음 각 호의 어느 하나에 해당하면 배상신청을 각하(却下)한다.

1.신청인이 이전에 동일한 신청원인으로 배상신청을 하여 배상금 지급(賠償金 支給) 또는 기각(棄却)의 결정을 받은 경우. 다만, 기각결정을 받은 신청인이 중요한 증거가 새로 발견되었음을 소명(疏明)하는 경우에는 그러하지 아니하다.

2.신청인이 이전에 동일한 청구원인으로 이 법에 따른 손해배상의 소송을 제기하여 배상금지급 또는 기각의 확정판결을 받은 경우

3.그 밖에 배상신청이 부적법하고 그 잘못된 부분을 보정할 수 없거

나 제12조제3항에 따른 보정 요구에 응하지 아니한 경우

[전문개정 2008.3.14.]

제14조(결정서의 송달) ①심의회는 배상결정을 하면 그 결정을 한 날부터 1주일 이내에 그 결정정본(決定正本)을 신청인에게 송달하여야 한다.

②제1항의 송달에 관하여는 「민사소송법」의 송달에 관한 규정을 준용한다.[전문개정 2008.3.14.]

제15조(신청인의 동의와 배상금 지급) ①배상결정을 받은 신청인은 지체 없이 그 결정에 대한 동의서를 첨부하여 국가나 지방자치단체에 배상금 지급을 청구하여야 한다.

②배상금 지급에 관한 절차, 지급기관, 지급시기, 그 밖에 필요한 사항은 대통령령으로 정한다.

③배상결정을 받은 신청인이 배상금 지급을 청구하지 아니하거나 지방자치단체가 대통령령으로 정하는 기간 내에 배상금을 지급하지 아니하면 그 결정에 동의하지 아니한 것으로 본다.

[전문개정 2008.3.14.]

제15조의2(재심신청) ①지구심의회에서 배상신청이 기각(일부 기각된 경우를 포함한다.) 또는 각하된 신청인은 결정정본이 송달된 날부터 2주일 이내에 그 심의회를 거쳐 본부심의회나 특별심의회에 재심(再審)을 신청할 수 있다.

②재심신청을 받은 지구심의회는 1주일 이내에 배상신청기록 일체를 본부심의회나 특별심의회에 송부하여야 한다.

③본부심의회나 특별심의회는 제1항의 신청에 대하여 심의를 거쳐 4주일 이내에 다시 배상결정을 하여야 한다.

④본부심의회나 특별심의회는 배상신청을 각하한 지구심의회의 결정이 법령에 위반되면 사건을 그 지구심의회에 환송(還送)할 수 있다.

⑤본부심의회나 특별심의회는 배상신청이 각하된 신청인이 잘못된 부

분을 보정하여 재심신청을 하면 사건을 해당 지구심의회에 환송할
수 있다.

⑥재심신청사건에 대한 본부심의회나 특별심의회의 배상결정에는 제
14조와 제15조를 준용한다.

[전문개정 2008.3.14.]

제16조 삭제 <1997.12.13.>

제17조 삭제 <2008.3.14.>

부   칙 <법률 제14964호, 2017.10.31.>

이 법은 공포한 날부터 시행한다.

소송촉진법

[시행 2019.11.26.] [법률 제16652호, 2019.11.26., 타법개정]

제1장 총칙

<개정 2009.11.2.>

제1조(목적) 이 법은 소송의 지연(遲延)을 방지하고, 국민의 권리·의무의 신속한 실현과 분쟁처리의 촉진을 도모함을 목적으로 한다.
[전문개정 2009.11.2.]

제2조(특례의 범위) 이 법은 제1조의 목적을 달성하기 위하여 법정이율(法定利率)과 독촉절차 및 형사소송에 관한 특례를 규정한다.
<개정 2014.10.15.> [전문개정 2009.11.2.]

제2장 법정이율에 관한 특례

<개정 2009.11.2.>

제3조(법정이율) ①금전채무의 전부 또는 일부의 이행을 명하는 판결(심판을 포함한다. 이하 같다)을 선고할 경우, 금전채무 불이행으로 인한 손해배상액 산정의 기준이 되는 법정이율은 그 금전채무의 이행을 구하는 소장(訴狀) 또는 이에 준하는 서면(書面)이 채무자에게 송달된 날의 다음 날부터는 연 100분의 40 이내의 범위에서 「은행법」에 따른 은행이 적용하는 연체금리 등 경제 여건을 고려하여 대통령령으로 정하는 이율에 따른다. 다만, 「민사소송법」 제251조에 규정된 소(訴)에 해당하는 경우에는 그러하지 아니하다. <개정 2010.5.17.>
②채무자에게 그 이행의무가 있음을 선언하는 사실심(事實審) 판결이 선고되기 전까지 채무자가 그 이행의무의 존재 여부나 범위에 관하여 항쟁(抗爭)하는 것이 타당하다고 인정되는 경우에는 그 타당한 범위에서 제1항을 적용하지 아니한다. [전문개정 2009.11.2.]

제3장 삭제

<1990.1.13.>

제4조 삭제 <1990.1.13.>

제5조 삭제 <1990.1.13.>

제6조 삭제 <1990.1.13.>

제7조 삭제 <1990.1.13.>

제8조 삭제 <1990.1.13.>

제9조 삭제 <1990.1.13.>

제10조 삭제 <1990.1.13.>

제11조 삭제 <1990.1.13.>

제12조 삭제 <1990.1.13.>

제13조 삭제 <1990.1.13.>

제14조 삭제 <1990.1.13.>

제15조 삭제 <1990.1.13.>

제16조 삭제 <1990.1.13.>

제4장 삭제 <1990.1.13.>

제17조 삭제 <1990.1.13.>

제18조 삭제 <1990.1.13.>

제19조 삭제 <1990.1.13.>

제20조 삭제 <1990.1.13.>

제5장 독촉절차에 관한 특례

<신설 2014.10.15.>

제20조의2(공시송달에 의한 지급명령) ①다음 각 호의 어느 하나에 해당하는 자가 그 업무 또는 사업으로 취득하여 행사하는 대여금, 구상금, 보증금 및 그 양수금 채권에 대하여 지급명령을 신청하는 경우에는 「민사소송법」 제462조 단서 및 같은 법 제466조제2항 중 공시송달에 관한 규정을 적용하지 아니한다.
<개정 2015.12.22., 2016.3.29., 2016.5.29., 2017.10.31., 2019.11.26.>

1.「은행법」에 따른 은행

2.「중소기업은행법」에 따른 중소기업은행

3.「한국산업은행법」에 따른 한국산업은행

4.「농업협동조합법」에 따른 조합과 그 중앙회 및 농협은행

5.「농업협동조합의 구조개선에 관한 법률」에 따른 농업협동조합자산
관리회사

6.「수산업협동조합법」에 따른 조합과 그 중앙회 및 수협은행

7.「신용협동조합법」에 따른 신용협동조합 및 신용협동조합중앙회

8.「새마을금고법」에 따른 금고 및 중앙회

9.「보험업법」에 따른 보험회사

10.여신전문금융업법」에 따른 여신전문금융회사

11.「기술보증기금법」에 따른 기술보증기금

12.「신용보증기금법」에 따른 신용보증기금

13.「산림조합법」에 따른 지역조합·전문조합과 그 중앙회

14.「지역신용보증재단법」에 따른 신용보증재단 및 신용보증재단중앙회

15.「한국주택금융공사법」에 따른 한국주택금융공사

16.「한국자산관리공사 설립 등에 관한 법률」에 따른 한국자산관리공사

17.「예금자보호법」에 따른 예금보험공사 및 정리금융회사

18.「자산유동화에 관한 법률」에 따라 제1호부터 제17호까지의 어느
하나에 해당하는 자가 청구 채권의 자산보유자인 유동화전문회사

19.그 밖에 제1호부터 제18호까지에 준하는 자로서 대법원규칙으로
정하는 자

②제1항의 채권자는 지급명령을 공시송달에 의하지 아니하고는 송달
할 수 없는 경우 청구원인을 소명하여야 한다.

③제2항에 따른 청구원인의 소명이 없는 때에는 결정으로 그 신청을
각하하여야 한다. 청구의 일부에 대하여 지급명령을 할 수 없는 때
에 그 일부에 대하여도 또한 같다.

④제3항의 결정에 대하여는 불복할 수 없다.

⑤제1항에 따라 지급명령이 공시송달의 방법으로 송달되어 채무자가 이의신청의 기간을 지킬 수 없었던 경우 「민사소송법」 제173조제1항에서 정한 소송행위의 추후보완 사유가 있는 것으로 본다.
[본조신설 2014.10.15.]

제6장 형사소송에 관한 특례
<개정 2014.10.15.>

제21조(판결 선고기간) 판결의 선고는 제1심에서는 공소가 제기된 날부터 6개월 이내에, 항소심(抗訴審) 및 상고심(上告審)에서는 기록을 송부 받은 날부터 4개월 이내에 하여야 한다.
[전문개정 2009.11.2.]

제22조(약식명령기간) 약식명령(略式命令)은 「형사소송법」 제450조의 경우를 제외하고는 그 청구가 있은 날부터 14일 이내에 하여야 한다.
[전문개정 2009.11.2.]

제23조(제1심 공판의 특례) 제1심 공판절차에서 피고인에 대한 송달불능보고서(送達不能報告書)가 접수된 때부터 6개월이 지나도록 피고인의 소재(所在)를 확인할 수 없는 경우에는 대법원규칙으로 정하는 바에 따라 피고인의 진술 없이 재판할 수 있다. 다만, 사형, 무기 또는 장기(長期) 10년이 넘는 징역이나 금고에 해당하는 사건의 경우에는 그러하지 아니하다. <개정 2009.12.29.> [전문개정 2009.11.2.]

제23조의2(재심) ①제23조 본문에 따라 유죄판결을 받고 그 판결이 확정된 자가 책임을 질 수 없는 사유로 공판절차에 출석할 수 없었던 경우 「형사소송법」 제424조에 규정된 자는 그 판결이 있었던 사실을 안 날부터 14일 이내[재심청구인(再審請求人)이 책임을 질 수 없는 사유로 위 기간에 재심청구를 하지 못한 경우에는 그 사유가 없어진 날부터 14일 이내]에 제1심 법원에 재심을 청구할 수 있다.

②제1항에 따른 청구가 있을 때에는 법원은 재판의 집행을 정지하는 결정을 하여야 한다.

③제2항에 따른 집행정지 결정을 한 경우에 피고인을 구금할 필요가 있을 때에는 구속영장을 발부하여야 한다. 다만, 「형사소송법」 제70조의 요건을 갖춘 경우로 한정한다.

④재심청구인은 재심청구서에 송달 장소를 적고, 이를 변경하는 경우에는 지체 없이 그 취지를 법원에 신고하여야 한다.

⑤재심청구인이 제4항에 따른 기재 또는 신고를 하지 아니하여 송달을 할 수 없는 경우에는 「형사소송법」 제64조에 따른 공시송달(公示送達)을 할 수 있다.

⑥재심 개시 결정이 확정된 후 공판기일에 재심청구인이 출석하지 아니한 경우에는 「형사소송법」 제365조를 준용한다.

⑦이 법에 따른 재심에 관하여는 「형사소송법」 제426조, 제427조, 제429조부터 제434조까지, 제435조제1항, 제437조부터 제440조까지의 규정을 준용한다. [전문개정 2009.11.2.]

제24조 삭제 <2012.1.17.>

제25조(배상명령) ①제1심 또는 제2심의 형사공판 절차에서 다음 각 호의 죄 중 어느 하나에 관하여 유죄판결을 선고할 경우, 법원은 직권에 의하여 또는 피해자나 그 상속인(이하 "피해자"라 한다)의 신청에 의하여 피고사건의 범죄행위로 인하여 발생한 직접적인 물적(物的) 피해, 치료비 손해 및 위자료의 배상을 명할 수 있다. <개정 2012.1.17., 2012.12.18., 2016.1.6.>

1. 「형법」 제257조제1항, 제258조제1항 및 제2항, 제258조의2 제1항(제257조 제1항의 죄로 한정한다)·제2항(제258조 제1항·제2항의 죄로 한정한다.), 제259조제1항, 제262조(존속폭행치사상의 죄는 제외한다.), 같은 법 제26장, 제32장(제304조의 죄는 제외한다), 제38장부터 제40장까지 및 제42장에 규정된 죄

2.「성폭력범죄의 처벌 등에 관한 특례법」제10조부터 제14조까지,
제15조(제3조부터 제9조까지의 미수범은 제외한다.), 「아동·청소년의
성보호에 관한 법률」제12조 및 제14조에 규정된 죄
3.제1호의 죄를 가중처벌하는 죄 및 그 죄의 미수범을 처벌하는 경
우 미수의 죄
②법원은 제1항에 규정된 죄 및 그 외의 죄에 대한 피고사건에서 피
고인과 피해자 사이에 합의된 손해배상액에 관하여도 제1항에 따라
배상을 명할 수 있다.
③법원은 다음 각 호의 어느 하나에 해당하는 경우에는 배상명령을
하여서는 아니 된다.
1.피해자의 성명·주소가 분명하지 아니한 경우
2.피해 금액이 특정되지 아니한 경우
3.피고인의 배상책임의 유무 또는 그 범위가 명백하지 아니한 경우
4.배상명령으로 인하여 공판절차가 현저히 지연될 우려가 있거나 형
사소송 절차에서 배상명령을 하는 것이 타당하지 아니하다고 인정되
는 경우
[전문개정 2009.11.2.]

제25조의2(배상신청의 통지) 검사는 제25조 제1항에 규정된 죄로 공소
를 제기한 경우에는 지체 없이 피해자 또는 그 법정대리인(피해자가
사망한 경우에는 그 배우자·직계친족·형제자매를 포함한다)에게 제
26조 제1항에 따라 배상신청을 할 수 있음을 통지하여야 한다.
[본조신설 2009.11.2.]

제26조(배상신청) ①피해자는 제1심 또는 제2심 공판의 변론이 종결될
때까지 사건이 계속(係屬)된 법원에 제25조에 따른 피해배상을 신청
할 수 있다. 이 경우 신청서에 인지(印紙)를 붙이지 아니한다.
②피해자는 배상신청을 할 때에는 신청서와 상대방 피고인 수만큼의
신청서 부본(副本)을 제출하여야 한다.

③신청서에는 다음 각 호의 사항을 적고 신청인 또는 대리인이 서명·날인하여야 한다.

1.피고사건의 번호, 사건명 및 사건이 계속된 법원

2.신청인의 성명과 주소

3.대리인이 신청할 때에는 그 대리인의 성명과 주소

4.상대방 피고인의 성명과 주소

5.배상의 대상과 그 내용

6.배상 청구 금액

④신청서에는 필요한 증거서류를 첨부할 수 있다.

⑤피해자가 증인으로 법정에 출석한 경우에는 말로써 배상을 신청할 수 있다. 이 때에는 공판조서(公判調書)에 신청의 취지를 적어야 한다.

⑥신청인은 배상명령이 확정되기 전까지는 언제든지 배상신청을 취하(取下)할 수 있다.

⑦피해자는 피고사건의 범죄행위로 인하여 발생한 피해에 관하여 다른 절차에 따른 손해배상청구가 법원에 계속 중일 때에는 배상신청을 할 수 없다.

⑧배상신청은 민사소송에서의 소의 제기와 동일한 효력이 있다.

[전문개정 2009.11.2.]

제27조(대리인) ①피해자는 법원의 허가를 받아 그의 배우자, 직계혈족(直系血族) 또는 형제자매에게 배상신청에 관하여 소송행위를 대리하게 할 수 있다.

②피고인의 변호인은 배상신청에 관하여 피고인의 대리인으로서 소송행위를 할 수 있다.

[전문개정 2009.11.2.]

제28조(피고인에 대한 신청서 부본의 송달) 법원은 서면에 의한 배상신청이 있을 때에는 지체 없이 그 신청서 부본을 피고인에게 송달하여야 한다. 이 경우 법원은 직권 또는 신청인의 요청에 따라 신청서

부본 상의 신청인 성명과 주소 등 신청인의 신원을 알 수 있는 사항
의 전부 또는 일부를 가리고 송달할 수 있다. <개정 2016.1.19.>
[전문개정 2009.11.2.]

제29조(공판기일 통지) ①법원은 배상신청이 있을 때에는 신청인에게
공판기일을 알려야 한다.
②신청인이 공판기일을 통지받고도 출석하지 아니하였을 때에는 신청
인의 진술 없이 재판할 수 있다.
[전문개정 2009.11.2.]

제30조(기록의 열람과 증거조사) ①신청인 및 그 대리인은 공판절차
를 현저히 지연시키지 아니하는 범위에서 재판장의 허가를 받아 소
송기록을 열람할 수 있고, 공판기일에 피고인이나 증인을 신문(訊問)
할 수 있으며, 그 밖에 필요한 증거를 제출할 수 있다.
②제1항의 허가를 하지 아니한 재판에 대하여는 불복(不服)을 신청하
지 못한다.
[전문개정 2009.11.2.]

제31조(배상명령의 선고 등) ①배상명령은 유죄판결의 선고와 동시에
하여야 한다.
②배상명령은 일정액의 금전 지급을 명함으로써 하고 배상의 대상과
금액을 유죄판결의 주문(主文)에 표시하여야 한다. 배상명령의 이유
는 특히 필요하다고 인정되는 경우가 아니면 적지 아니한다.
③배상명령은 가집행(假執行)할 수 있음을 선고할 수 있다.
④제3항에 따른 가집행선고에 관하여는 「민사소송법」 제213조제3항,
제215조, 제500조 및 제501조를 준용한다.
⑤배상명령을 하였을 때에는 유죄판결서의 정본(正本)을 피고인과 피
해자에게 지체 없이 송달하여야 한다.
[전문개정 2009.11.2.]

제32조(배상신청의 각하) ①법원은 다음 각 호의 어느 하나에 해당하는 경우에는 결정(決定)으로 배상신청을 각하(却下)하여야 한다.

1.배상신청이 적법하지 아니한 경우

2.배상신청이 이유 없다고 인정되는 경우

3.배상명령을 하는 것이 타당하지 아니하다고 인정되는 경우

②유죄판결의 선고와 동시에 제1항의 재판을 할 때에는 이를 유죄판결의 주문에 표시할 수 있다.

③법원은 제1항의 재판서에 신청인 성명과 주소 등 신청인의 신원을 알 수 있는 사항의 기재를 생략할 수 있다. <신설 2016.1.19.>

④배상신청을 각하하거나 그 일부를 인용(認容)한 재판에 대하여 신청인은 불복을 신청하지 못하며, 다시 동일한 배상신청을 할 수 없다. <개정 2016.1.19.>

[전문개정 2009.11.2.]

제33조(불복) ①유죄판결에 대한 상소가 제기된 경우에는 배상명령은 피고사건과 함께 상소심(上訴審)으로 이심(移審)된다.

②상소심에서 원심(原審)의 유죄판결을 파기하고 피고사건에 대하여 무죄, 면소(免訴) 또는 공소기각(公訴棄却)의 재판을 할 때에는 원심의 배상명령을 취소하여야 한다. 이 경우 상소심에서 원심의 배상명령을 취소하지 아니한 경우에는 그 배상명령을 취소한 것으로 본다.

③원심에서 제25조제2항에 따라 배상명령을 하였을 때에는 제2항을 적용하지 아니한다.

④상소심에서 원심판결을 유지하는 경우에도 원심의 배상명령을 취소하거나 변경할 수 있다.

⑤피고인은 유죄판결에 대하여 상소를 제기하지 아니하고 배상명령에 대하여만 상소 제기기간에 「형사소송법」에 따른 즉시항고(卽時抗告)를 할 수 있다. 다만, 즉시항고 제기 후 상소권자의 적법한 상소가 있는 경우에는 즉시항고는 취하된 것으로 본다.[전문개정 2009.11.2.]

제34조(배상명령의 효력과 강제집행) ①확정된 배상명령 또는 가집행 선고가 있는 배상명령이 기재된 유죄판결서의 정본은 「민사집행법」 에 따른 강제집행에 관하여는 집행력 있는 민사판결 정본과 동일한 효력이 있다.

②이 법에 따른 배상명령이 확정된 경우 피해자는 그 인용된 금액의 범위에서 다른 절차에 따른 손해배상을 청구할 수 없다.

③지방법원이 민사지방법원과 형사지방법원으로 분리 설치된 경우에 배상명령에 따른 청구에 관한 이의의 소는 형사지방법원의 소재지를 관할하는 민사지방법원을 제1심 판결법원으로 한다.

④청구에 대한 이의의 주장에 관하여는 「민사집행법」 제44조제2항에 규정된 제한에 따르지 아니한다. [전문개정 2009.11.2.]

제35조(소송비용) 배상명령의 절차비용은 특별히 그 비용을 부담할 자를 정한 경우를 제외하고는 국고의 부담으로 한다.
[전문개정 2009.11.2.]

제36조(민사상 다툼에 관한 형사소송 절차에서의 화해) ①형사피고사건의 피고인과 피해자 사이에 민사상 다툼(해당 피고사건과 관련된 피해에 관한 다툼을 포함하는 경우로 한정한다.)에 관하여 합의한 경우, 피고인과 피해자는 그 피고사건이 계속 중인 제1심 또는 제2심 법원에 합의 사실을 공판조서에 기재하여 줄 것을 공동으로 신청할 수 있다.

②제1항의 합의가 피고인의 피해자에 대한 금전 지불을 내용으로 하는 경우에 피고인 외의 자가 피해자에 대하여 그 지불을 보증하거나 연대하여 의무를 부담하기로 합의하였을 때에는 제1항의 신청과 동시에 그 피고인 외의 자는 피고인 및 피해자와 공동으로 그 취지를 공판조서에 기재하여 줄 것을 신청할 수 있다.

③제1항 및 제2항에 따른 신청은 변론이 종결되기 전까지 공판기일에 출석하여 서면으로 하여야 한다.

④제3항에 따른 서면에는 해당 신청과 관련된 합의 및 그 합의가 이루어진 민사상 다툼의 목적인 권리를 특정할 수 있는 충분한 사실을 적어야 한다.

⑤합의가 기재된 공판조서의 효력 및 화해비용에 관하여는 「민사소송법」 제220조 및 제389조를 준용한다.

[전문개정 2009.11.2.]

제37조(화해기록) ①제36조제1항 또는 제2항에 따른 신청에 따라 공판조서에 기재된 합의를 한 자나 이해관계를 소명(疎明)한 제3자는 「형사소송법」 제55조에도 불구하고 대법원규칙으로 정하는 바에 따라 법원서기관, 법원사무관, 법원주사 또는 법원주사보(이하 "법원사무관등"이라 한다.)에게 다음 각 호의 사항을 신청할 수 있다.

1.다음 각 목에 해당하는 서류(이하 "화해기록"이라 한다.)의 열람 또는 복사

　가. 해당 공판조서(해당 합의 및 그 합의가 이루어진 민사상 다툼의 목적인 권리를 특정할 수 있는 충분한 사실이 기재된 부분으로 한정한다.)

　나. 해당 신청과 관련된 제36조제3항에 따른 서면

　다. 그 밖에 해당 합의에 관한 기록

2.조서의 정본·등본 또는 초본의 발급

3.화해에 관한 사항의 증명서의 발급

②제1항에 따라 신청하는 자는 대법원규칙으로 정하는 바에 따라 수수료를 내야 한다.

③제1항 각 호의 신청에 관한 법원사무관등의 처분에 대한 이의신청은 「민사소송법」 제223조의 예에 따르고, 화해기록에 관한 비밀보호를 위한 열람 등의 제한 절차는 같은 법 제163조의 예에 따른다.

④화해기록은 형사피고사건이 종결된 후에는 그 피고사건의 제1심 법원에서 보관한다. [전문개정 2009.11.2.]

제38조(화해 절차 당사자 등에 관한 「민사소송법」의 준용) 제36조 및 제37조에 따른 민사상 다툼에 관한 형사소송 절차에서의 화해 절차의 당사자 및 대리인에 관하여는 그 성질에 반하지 아니하면 「민사소송법」 제1편 제2장 제1절(선정당사자 및 특별대리인에 관한 규정은 제외한다.) 및 제4절을 준용한다.

[전문개정 2009.11.2.]

제39조(집행문 부여의 소 등에 대한 관할 특칙) 제36조에 따른 민사상 다툼에 관한 형사소송 절차에서의 화해에 관련된 집행문 부여의 소, 청구에 관한 이의의 소 또는 집행문 부여에 대한 이의의 소에 대하여는 「민사집행법」 제33조, 제44조제1항 및 제45조에도 불구하고 해당 피고사건의 제1심 법원의 관할에 전속한다.

[전문개정 2009.11.2.]

제40조(위임규정) 배상명령의 절차에 관하여 이 법에 특별한 규정이 없는 사항은 대법원규칙으로 정하는 바에 따르고, 제36조부터 제39조까지의 규정에서 정하는 것 외에 민사상 다툼에 관한 형사소송 절차에서의 화해에 관하여 필요한 사항은 대법원규칙으로 정한다.

[전문개정 2009.11.2.]

부   칙 <법률 제16652호, 2019.11.26.> (한국자산관리공사 설립 등에 관한 법률)

제1조(시행일) 이 법은 공포한 날부터 시행한다.

제2조(다른 법률의 개정) ①부터 ㉔까지 생략

㉕ 소송촉진 등에 관한 특례법 일부를 다음과 같이 개정한다.

제20조의2 제1항 제16호 중 "「금융회사부실자산 등의 효율적 처리 및 한국자산관리공사의 설립에 관한 법률」"을 "「한국자산관리공사 설립 등에 관한 법률」"로 한다.

㉖부터 ㊵까지 생략

제3조 생략

민사소송법

[시행 2017.10.31.] [법률 제14966호, 2017.10.31., 일부개정]

제1편 총칙

제1조(민사소송의 이상과 신의성실의 원칙) ①법원은 소송절차가 공정하고 신속하며 경제적으로 진행되도록 노력하여야 한다.

②당사자와 소송관계인은 신의에 따라 성실하게 소송을 수행하여야 한다.

제1장 법원
제1절 관할

제2조(보통재판적) 소(訴)는 피고의 보통재판적(普通裁判籍)이 있는 곳의 법원이 관할한다.

제3조(사람의 보통재판적) 사람의 보통재판적은 그의 주소에 따라 정한다. 다만, 대한민국에 주소가 없거나 주소를 알 수 없는 경우에는 거소에 따라 정하고, 거소가 일정하지 아니하거나 거소도 알 수 없으면 마지막 주소에 따라 정한다.

제4조(대사·공사 등의 보통재판적) 대사(大使)·공사(公使), 그 밖에 외국의 재판권 행사대상에서 제외되는 대한민국 국민이 제3조의 규정에 따른 보통재판적이 없는 경우에는 이들의 보통재판적은 대법원이 있는 곳으로 한다.

제5조(법인 등의 보통재판적) ①법인, 그 밖의 사단 또는 재단의 보통재판적은 이들의 주된 사무소 또는 영업소가 있는 곳에 따라 정하고, 사무소와 영업소가 없는 경우에는 주된 업무담당자의 주소에 따라 정한다.

②제1항의 규정을 외국법인, 그 밖의 사단 또는 재단에 적용하는 경우 보통재판적은 대한민국에 있는 이들의 사무소·영업소 또는 업무 담당자의 주소에 따라 정한다.

제6조(국가의 보통재판적) 국가의 보통재판적은 그 소송에서 국가를 대표하는 관청 또는 대법원이 있는 곳으로 한다.

제7조(근무지의 특별재판적) 사무소 또는 영업소에 계속하여 근무하는 사람에 대하여 소를 제기하는 경우에는 그 사무소 또는 영업소가 있는 곳을 관할하는 법원에 제기할 수 있다.

제8조(거소지 또는 의무이행지의 특별재판적) 재산권에 관한 소를 제기하는 경우에는 거소지 또는 의무이행지의 법원에 제기할 수 있다.

제9조(어음·수표 지급지의 특별재판적) 어음·수표에 관한 소를 제기하는 경우에는 지급지의 법원에 제기할 수 있다.

제10조(선원·군인·군무원에 대한 특별재판적) ①선원에 대하여 재산권에 관한 소를 제기하는 경우에는 선적(船籍)이 있는 곳의 법원에 제기할 수 있다.
②군인·군무원에 대하여 재산권에 관한 소를 제기하는 경우에는 군사용 청사가 있는 곳 또는 군용 선박의 선적이 있는 곳의 법원에 제기할 수 있다.

제11조(재산이 있는 곳의 특별재판적) 대한민국에 주소가 없는 사람 또는 주소를 알 수 없는 사람에 대하여 재산권에 관한 소를 제기하는 경우에는 청구의 목적 또는 담보의 목적이나 압류할 수 있는 피고의 재산이 있는 곳의 법원에 제기할 수 있다.

제12조(사무소·영업소가 있는 곳의 특별재판적) 사무소 또는 영업소가 있는 사람에 대하여 그 사무소 또는 영업소의 업무와 관련이 있는 소를 제기하는 경우에는 그 사무소 또는 영업소가 있는 곳의 법원에 제기할 수 있다.

제13조(선적이 있는 곳의 특별재판적) 선박 또는 항해에 관한 일로 선박소유자, 그 밖의 선박이용자에 대하여 소를 제기하는 경우에는 선적이 있는 곳의 법원에 제기할 수 있다.

제14조(선박이 있는 곳의 특별재판적) 선박채권(船舶債權), 그 밖에 선박을 담보로 한 채권에 관한 소를 제기하는 경우에는 선박이 있는 곳의 법원에 제기할 수 있다.

제15조(사원 등에 대한 특별재판적) ①회사, 그 밖의 사단이 사원에 대하여 소를 제기하거나 사원이 다른 사원에 대하여 소를 제기하는 경우에는 그 소가 사원의 자격으로 말미암은 것이면 회사, 그 밖의 사단의 보통재판적이 있는 곳의 법원에 소를 제기할 수 있다.
②사단 또는 재단이 그 임원에 대하여 소를 제기하거나 회사가 그 발기인 또는 검사인에 대하여 소를 제기하는 경우에는 제1항의 규정을 준용한다.

제16조(사원 등에 대한 특별재판적) 회사, 그 밖의 사단의 채권자가 그 사원에 대하여 소를 제기하는 경우에는 그 소가 사원의 자격으로 말미암은 것이면 제15조에 규정된 법원에 제기할 수 있다.

제17조(사원 등에 대한 특별재판적) 회사, 그 밖의 사단, 재단, 사원 또는 사단의 채권자가 그 사원·임원·발기인 또는 검사인이었던 사람에 대하여 소를 제기하는 경우와 사원이었던 사람이 그 사원에 대하여 소를 제기하는 경우에는 제15조 및 제16조의 규정을 준용한다.

제18조(불법행위지의 특별재판적) ①불법행위에 관한 소를 제기하는 경우에는 행위지의 법원에 제기할 수 있다.
②선박 또는 항공기의 충돌이나 그 밖의 사고로 말미암은 손해배상에 관한 소를 제기하는 경우에는 사고선박 또는 항공기가 맨 처음 도착한 곳의 법원에 제기할 수 있다.

제19조(해난구조에 관한 특별재판적) 해난구조(海難救助)에 관한 소를 제기하는 경우에는 구제된 곳 또는 구제된 선박이 맨 처음 도착한 곳의 법원에 제기할 수 있다.

제20조(부동산이 있는 곳의 특별재판적) 부동산에 관한 소를 제기하는 경우에는 부동산이 있는 곳의 법원에 제기할 수 있다.

제21조(등기·등록에 관한 특별재판적) 등기·등록에 관한 소를 제기하는 경우에는 등기 또는 등록할 공공기관이 있는 곳의 법원에 제기할 수 있다.

제22조(상속·유증 등의 특별재판적) 상속(相續)에 관한 소 또는 유증(遺贈), 그 밖에 사망으로 효력이 생기는 행위에 관한 소를 제기하는 경우에는 상속이 시작된 당시 피상속인의 보통재판적이 있는 곳의 법원에 제기할 수 있다.

제23조(상속·유증 등의 특별재판적) 상속채권, 그 밖의 상속재산에 대한 부담에 관한 것으로 제22조의 규정에 해당되지 아니하는 소를 제기하는 경우에는 상속재산의 전부 또는 일부가 제22조의 법원관할구역안에 있으면 그 법원에 제기할 수 있다.

제24조(지식재산권 등에 관한 특별재판적) ①특허권, 실용신안권, 디자인권, 상표권, 품종보호권(이하 "특허권등"이라 한다.)을 제외한 지식재산권과 국제거래에 관한 소를 제기하는 경우에는 제2조 내지 제23조의 규정에 따른 관할법원 소재지를 관할하는 고등법원이 있는 곳의 지방법원에 제기할 수 있다. 다만, 서울고등법원이 있는 곳의 지방법원은 서울중앙지방법원으로 한정한다. <개정 2011.5.19., 2015.12.1.> ②특허권등의 지식재산권에 관한 소를 제기하는 경우에는 제2조부터 제23조까지의 규정에 따른 관할법원 소재지를 관할하는 고등법원이 있는 곳의 지방법원의 전속관할로 한다. 다만, 서울고등법원이 있는 곳의 지방법원은 서울중앙지방법원으로 한정한다. <신설 2015.12.1.>

③제2항에도 불구하고 당사자는 서울중앙지방법원에 특허권 등의 지식재산권에 관한 소를 제기할 수 있다. <신설 2015.12.1.>

제25조(관련재판적) ①하나의 소로 여러 개의 청구를 하는 경우에는 제2조 내지 제24조의 규정에 따라 그 여러 개 가운데 하나의 청구에 대한 관할권이 있는 법원에 소를 제기할 수 있다.

②소송목적이 되는 권리나 의무가 여러 사람에게 공통되거나 사실상 또는 법률상 같은 원인으로 말미암아 그 여러 사람이 공동소송인(共同訴訟人)으로서 당사자가 되는 경우에는 제1항의 규정을 준용한다.

제26조(소송목적의 값의 산정) ①법원조직법에서 소송목적의 값에 따라 관할을 정하는 경우 그 값은 소로 주장하는 이익을 기준으로 계산하여 정한다.

②제1항의 값을 계산할 수 없는 경우 그 값은 민사소송등인지법의 규정에 따른다.

제27조(청구를 병합한 경우의 소송목적의 값) ①하나의 소로 여러 개의 청구를 하는 경우에는 그 여러 청구의 값을 모두 합하여 소송목적의 값을 정한다.

②과실(果實)·손해배상·위약금(違約金) 또는 비용의 청구가 소송의 부대목적(附帶目的)이 되는 경우에는 그 값은 소송목적의 값에 넣지 아니한다.

제28조(관할의 지정) ①다음 각 호 가운데 어느 하나에 해당하면 관계된 법원과 공통되는 바로 위의 상급법원이 그 관계된 법원 또는 당사자의 신청에 따라 결정으로 관할법원을 정한다.

1. 관할법원이 재판권을 법률상 또는 사실상 행사할 수 없는 때
2. 법원의 관할구역이 분명하지 아니한 때

②제1항의 결정에 대하여는 불복할 수 없다.

제29조(합의관할) ①당사자는 합의로 제1심 관할법원을 정할 수 있다.

②제1항의 합의는 일정한 법률관계로 말미암은 소에 관하여 서면으로 하여야 한다.

제30조(변론관할) 피고가 제1심 법원에서 관할위반이라고 항변(抗辯)하지 아니하고 본안(本案)에 대하여 변론(辯論)하거나 변론준비기일(辯論準備期日)에서 진술하면 그 법원은 관할권을 가진다.

제31조(전속관할에 따른 제외) 전속관할(專屬管轄)이 정하여진 소에는 제2조, 제7조 내지 제25조, 제29조 및 제30조의 규정을 적용하지 아니한다.

제32조(관할에 관한 직권조사) 법원은 관할에 관한 사항을 직권으로 조사할 수 있다.

제33조(관할의 표준이 되는 시기) 법원의 관할은 소를 제기한 때를 표준으로 정한다.

제34조(관할위반 또는 재량에 따른 이송) ①법원은 소송의 전부 또는 일부에 대하여 관할권이 없다고 인정하는 경우에는 결정으로 이를 관할법원에 이송한다.
②지방법원 단독판사는 소송에 대하여 관할권이 있는 경우라도 상당하다고 인정하면 직권 또는 당사자의 신청에 따른 결정으로 소송의 전부 또는 일부를 같은 지방법원 합의부에 이송할 수 있다.
③지방법원 합의부는 소송에 대하여 관할권이 없는 경우라도 상당하다고 인정하면 직권으로 또는 당사자의 신청에 따라 소송의 전부 또는 일부를 스스로 심리·재판할 수 있다.
④전속관할이 정하여진 소에 대하여는 제2항 및 제3항의 규정을 적용하지 아니한다.

제35조(손해나 지연을 피하기 위한 이송) 법원은 소송에 대하여 관할권이 있는 경우라도 현저한 손해 또는 지연을 피하기 위하여 필요하면 직권 또는 당사자의 신청에 따른 결정으로 소송의 전부 또는 일

부를 다른 관할법원에 이송할 수 있다. 다만, 전속관할이 정하여진 소의 경우에는 그러하지 아니하다.

제36조(지식재산권 등에 관한 소송의 이송) ①법원은 특허권 등을 제외한 지식재산권과 국제거래에 관한 소가 제기된 경우 직권 또는 당사자의 신청에 따른 결정으로 그 소송의 전부 또는 일부를 제24조제1항에 따른 관할법원에 이송할 수 있다. 다만, 이로 인하여 소송절차를 현저하게 지연시키는 경우에는 그러하지 아니하다. <개정 2011.5.19., 2015.12.1.>
②제1항은 전속관할이 정하여져 있는 소의 경우에는 적용하지 아니한다. <개정 2015.12.1.>
③ 제24조제2항 또는 제3항에 따라 특허권 등의 지식재산권에 관한 소를 관할하는 법원은 현저한 손해 또는 지연을 피하기 위하여 필요한 때에는 직권 또는 당사자의 신청에 따른 결정으로 소송의 전부 또는 일부를 제2조부터 제23조까지의 규정에 따른 지방법원으로 이송할 수 있다. <신설 2015.12.1.>

제37조(이송결정이 확정된 뒤의 긴급처분) 법원은 소송의 이송결정이 확정된 뒤라도 급박한 사정이 있는 때에는 직권으로 또는 당사자의 신청에 따라 필요한 처분을 할 수 있다. 다만, 기록을 보낸 뒤에는 그러하지 아니하다.

제38조(이송결정의 효력) ①소송을 이송 받은 법원은 이송결정에 따라야 한다.
②소송을 이송 받은 법원은 사건을 다시 다른 법원에 이송하지 못한다.

제39조(즉시항고) 이송결정과 이송신청의 기각결정(棄却決定)에 대하여는 즉시항고(卽時抗告)를 할 수 있다.

제40조(이송의 효과) ①이송결정이 확정된 때에는 소송은 처음부터 이송 받은 법원에 계속(係屬)된 것으로 본다.
②제1항의 경우에는 이송결정을 한 법원의 법원서기관·법원사무관·법

원주사 또는 법원주사보(이하 "법원사무관등"이라 한다.)는 그 결정의 정본(正本)을 소송기록에 붙여 이송 받을 법원에 보내야 한다.

제2절 법관 등의 제척·기피·회피

제41조(제척의 이유) 법관은 다음 각 호 가운데 어느 하나에 해당하면 직무집행에서 제척(除斥)된다. <개정 2005.3.31.>

1.법관 또는 그 배우자나 배우자이었던 사람이 사건의 당사자가 되거나, 사건의 당사자와 공동권리자·공동의무자 또는 상환의무자의 관계에 있는 때

2.법관이 당사자와 친족의 관계에 있거나 그러한 관계에 있었을 때

3.법관이 사건에 관하여 증언이나 감정(鑑定)을 하였을 때

4.법관이 사건당사자의 대리인이었거나 대리인이 된 때

5.법관이 불복사건의 이전심급의 재판에 관여하였을 때. 다만, 다른 법원의 촉탁에 따라 그 직무를 수행한 경우에는 그러하지 아니하다.

제42조(제척의 재판) 법원은 제척의 이유가 있는 때에는 직권으로 또는 당사자의 신청에 따라 제척의 재판을 한다.

제43조(당사자의 기피권) ①당사자는 법관에게 공정한 재판을 기대하기 어려운 사정이 있는 때에는 기피신청을 할 수 있다.

②당사자가 법관을 기피할 이유가 있다는 것을 알면서도 본안에 관하여 변론하거나 변론준비기일에서 진술을 한 경우에는 기피신청을 하지 못한다.

제44조(제척과 기피신청의 방식) ①합의부의 법관에 대한 제척 또는 기피는 그 합의부에, 수명법관(受命法官)·수탁판사(受託判事) 또는 단독판사에 대한 제척 또는 기피는 그 법관에게 이유를 밝혀 신청하여야 한다.

②제척 또는 기피하는 이유와 소명방법은 신청한 날부터 3일 이내에 서면으로 제출하여야 한다.

제45조(제척 또는 기피신청의 각하 등) ①제척 또는 기피신청이 제44조의 규정에 어긋나거나 소송의 지연을 목적으로 하는 것이 분명한 경우에는 신청을 받은 법원 또는 법관은 결정으로 이를 각하(却下)한다.

②제척 또는 기피를 당한 법관은 제1항의 경우를 제외하고는 바로 제척 또는 기피신청에 대한 의견서를 제출하여야 한다.

제46조(제척 또는 기피신청에 대한 재판) ①제척 또는 기피신청에 대한 재판은 그 신청을 받은 법관의 소속 법원 합의부에서 결정으로 하여야 한다.

②제척 또는 기피신청을 받은 법관은 제1항의 재판에 관여하지 못한다. 다만, 의견을 진술할 수 있다.

③제척 또는 기피신청을 받은 법관의 소속 법원이 합의부를 구성하지 못하는 경우에는 바로 위의 상급법원이 결정하여야 한다.

제47조(불복신청) ①제척 또는 기피신청에 정당한 이유가 있다는 결정에 대하여는 불복할 수 없다.

②제45조제1항의 각하결정(却下決定) 또는 제척이나 기피신청이 이유 없다는 결정에 대하여는 즉시항고를 할 수 있다.

③제45조제1항의 각하결정에 대한 즉시항고는 집행정지의 효력을 가지지 아니한다.

제48조(소송절차의 정지) 법원은 제척 또는 기피신청이 있는 경우에는 그 재판이 확정될 때까지 소송절차를 정지하여야 한다. 다만, 제척 또는 기피신청이 각하된 경우 또는 종국판결(終局判決)을 선고하거나 긴급을 요하는 행위를 하는 경우에는 그러하지 아니하다.

제49조(법관의 회피) 법관은 제41조 또는 제43조의 사유가 있는 경우에는 감독권이 있는 법원의 허가를 받아 회피(回避)할 수 있다.

제50조(법원사무관등에 대한 제척·기피·회피) ①법원사무관등에 대하여는 이 절의 규정을 준용한다.

②제1항의 법원사무관등에 대한 제척 또는 기피의 재판은 그가 속한 법원이 결정으로 하여야 한다.

제2장 당사자
제1절 당사자능력과 소송능력

제51조(당사자능력·소송능력 등에 대한 원칙) 당사자능력(當事者能力), 소송능력(訴訟能力), 소송무능력자(訴訟無能力者)의 법정대리와 소송행위에 필요한 권한의 수여는 이 법에 특별한 규정이 없으면 민법, 그 밖의 법률에 따른다.

제52조(법인이 아닌 사단 등의 당사자능력) 법인이 아닌 사단이나 재단은 대표자 또는 관리인이 있는 경우에는 그 사단이나 재단의 이름으로 당사자가 될 수 있다.

제53조(선정당사자) ①공동의 이해관계를 가진 여러 사람이 제52조의 규정에 해당되지 아니하는 경우에는, 이들은 그 가운데에서 모두를 위하여 당사자가 될 한 사람 또는 여러 사람을 선정하거나 이를 바꿀 수 있다.
②소송이 법원에 계속된 뒤 제1항의 규정에 따라 당사자를 바꾼 때에는 그 전의 당사자는 당연히 소송에서 탈퇴한 것으로 본다.

제54조(선정당사자 일부의 자격상실) 제53조의 규정에 따라 선정된 여러 당사자 가운데 죽거나 그 자격을 잃은 사람이 있는 경우에는 다른 당사자가 모두를 위하여 소송행위를 한다.

제55조(제한능력자의 소송능력) ①미성년자 또는 피성년후견인은 법정대리인에 의해서만 소송행위를 할 수 있다. 다만, 다음 각 호의 경우에는 그러하지 아니하다.
1.미성년자가 독립하여 법률행위를 할 수 있는 경우

2.피성년후견인이 「민법」 제10조제2항에 따라 취소할 수 없는 법률
행위를 할 수 있는 경우
②피한정후견인은 한정후견인의 동의가 필요한 행위에 관하여는 대리
권 있는 한정후견인에 의해서만 소송행위를 할 수 있다.

제56조(법정대리인의 소송행위에 관한 특별규정) ①미성년후견인, 대
리권 있는 성년후견인 또는 대리권 있는 한정후견인이 상대방의 소
또는 상소 제기에 관하여 소송행위를 하는 경우에는 그 후견감독인
으로부터 특별한 권한을 받을 필요가 없다.
②제1항의 법정대리인이 소의 취하, 화해, 청구의 포기·인낙(認諾) 또
는 제80조에 따른 탈퇴를 하기 위해서는 후견감독인으로부터 특별
한 권한을 받아야 한다. 다만, 후견감독인이 없는 경우에는 가정법
원으로부터 특별한 권한을 받아야 한다.

제57조(외국인의 소송능력에 대한 특별규정) 외국인은 그의 본국법에
따르면 소송능력이 없는 경우라도 대한민국의 법률에 따라 소송능력
이 있는 경우에는 소송능력이 있는 것으로 본다.

제58조(법정대리권 등의 증명) ①법정대리권이 있는 사실 또는 소송
행위를 위한 권한을 받은 사실은 서면으로 증명하여야 한다. 제53조
의 규정에 따라서 당사자를 선정하고 바꾸는 경우에도 또한 같다.
②제1항의 서면은 소송기록에 붙여야 한다.

제59조(소송능력 등의 흠에 대한 조치) 소송능력·법정대리권 또는 소
송행위에 필요한 권한의 수여에 흠이 있는 경우에는 법원은 기간을
정하여 이를 보정(補正)하도록 명하여야 하며, 만일 보정하는 것이
지연됨으로써 손해가 생길 염려가 있는 경우에는 법원은 보정하기
전의 당사자 또는 법정대리인으로 하여금 일시적으로 소송행위를 하
게 할 수 있다.

제60조(소송능력 등의 흠과 추인) 소송능력, 법정대리권 또는 소송행위에 필요한 권한의 수여에 흠이 있는 사람이 소송행위를 한 뒤에 보정된 당사자나 법정대리인이 이를 추인(追認)한 경우에는, 그 소송행위는 이를 한 때에 소급하여 효력이 생긴다.

제61조(선정당사자에 대한 준용) 제53조의 규정에 따른 당사자가 소송행위를 하는 경우에는 제59조 및 제60조의 규정을 준용한다.

제62조(제한능력자를 위한 특별대리인) ①미성년자·피한정후견인 또는 피성년후견인이 당사자인 경우, 그 친족, 이해관계인(미성년자·피한정후견인 또는 피성년후견인을 상대로 소송행위를 하려는 사람을 포함한다), 대리권 없는 성년후견인, 대리권 없는 한정후견인, 지방자치단체의 장 또는 검사는 다음 각 호의 경우에 소송절차가 지연됨으로써 손해를 볼 염려가 있다는 것을 소명하여 수소법원(受訴法院)에 특별대리인을 선임하여 주도록 신청할 수 있다.

1. 법정대리인이 없거나 법정대리인에게 소송에 관한 대리권이 없는 경우
2. 법정대리인이 사실상 또는 법률상 장애로 대리권을 행사할 수 없는 경우
3. 법정대리인의 불성실하거나 미숙한 대리권 행사로 소송절차의 진행이 현저하게 방해받는 경우

②법원은 소송계속 후 필요하다고 인정하는 경우 직권으로 특별대리인을 선임·개임하거나 해임할 수 있다.

③특별대리인은 대리권 있는 후견인과 같은 권한이 있다. 특별대리인의 대리권의 범위에서 법정대리인의 권한은 정지된다.

④특별대리인의 선임·개임 또는 해임은 법원의 결정으로 하며, 그 결정은 특별대리인에게 송달하여야 한다.

⑤특별대리인의 보수, 선임 비용 및 소송행위에 관한 비용은 소송비용에 포함된다.

제62조의2(의사무능력자를 위한 특별대리인의 선임 등) ①의사능력이
없는 사람을 상대로 소송행위를 하려고 하거나 의사능력이 없는 사
람이 소송행위를 하는 데 필요한 경우 특별대리인의 선임 등에 관하
여는 제62조를 준용한다. 다만, 특정후견인 또는 임의후견인도 특별
대리인의 선임을 신청할 수 있다.

②제1항의 특별대리인이 소의 취하, 화해, 청구의 포기·인낙 또는 제
80조에 따른 탈퇴를 하는 경우 법원은 그 행위가 본인의 이익을 명
백히 침해한다고 인정할 때에는 그 행위가 있는 날부터 14일 이내
에 결정으로 이를 허가하지 아니할 수 있다. 이 결정에 대해서는 불
복할 수 없다.

제63조(법정대리권의 소멸통지) ①소송절차가 진행되는 중에 법정대리
권이 소멸한 경우에는 본인 또는 대리인이 상대방에게 소멸된 사실
을 통지하지 아니하면 소멸의 효력을 주장하지 못한다. 다만, 법원
에 법정대리권의 소멸사실이 알려진 뒤에는 그 법정대리인은 제56
조제2항의 소송행위를 하지 못한다.

②제53조의 규정에 따라 당사자를 바꾸는 경우에는 제1항의 규정을
준용한다.

제64조(법인 등 단체의 대표자의 지위) 법인의 대표자 또는 제52조의
대표자 또는 관리인에게는 이 법 가운데 법정대리와 법정대리인에
관한 규정을 준용한다.

제2절 공동소송

제65조(공동소송의 요건) 소송목적이 되는 권리나 의무가 여러 사람에
게 공통되거나 사실상 또는 법률상 같은 원인으로 말미암아 생긴 경
우에는 그 여러 사람이 공동소송인으로서 당사자가 될 수 있다. 소
송목적이 되는 권리나 의무가 같은 종류의 것이고, 사실상 또는 법
률상 같은 종류의 원인으로 말미암은 것인 경우에도 또한 같다.

제66조(통상공동소송인의 지위) 공동소송인 가운데 한 사람의 소송행위 또는 이에 대한 상대방의 소송행위와 공동소송인 가운데 한 사람에 관한 사항은 다른 공동소송인에게 영향을 미치지 아니한다.

제67조(필수적 공동소송에 대한 특별규정) ①소송목적이 공동소송인 모두에게 합일적으로 확정되어야 할 공동소송의 경우에 공동소송인 가운데 한 사람의 소송행위는 모두의 이익을 위하여서만 효력을 가진다.
②제1항의 공동소송에서 공동소송인 가운데 한 사람에 대한 상대방의 소송행위는 공동소송인 모두에게 효력이 미친다.
③제1항의 공동소송에서 공동소송인 가운데 한 사람에게 소송절차를 중단 또는 중지하여야 할 이유가 있는 경우 그 중단 또는 중지는 모두에게 효력이 미친다.

제68조(필수적 공동소송인의 추가) ①법원은 제67조 제1항의 규정에 따른 공동소송인 가운데 일부가 누락된 경우에는 제1심의 변론을 종결할 때까지 원고의 신청에 따라 결정으로 원고 또는 피고를 추가하도록 허가할 수 있다. 다만, 원고의 추가는 추가될 사람의 동의를 받은 경우에만 허가할 수 있다.
②제1항의 허가결정을 한 때에는 허가결정의 정본을 당사자 모두에게 송달하여야 하며, 추가될 당사자에게는 소장부본도 송달하여야 한다.
③제1항의 규정에 따라 공동소송인이 추가된 경우에는 처음의 소가 제기된 때에 추가된 당사자와의 사이에 소가 제기된 것으로 본다.
④제1항의 허가결정에 대하여 이해관계인은 추가될 원고의 동의가 없었다는 것을 사유로 하는 경우에만 즉시항고를 할 수 있다.
⑤제4항의 즉시항고는 집행정지의 효력을 가지지 아니한다.
⑥제1항의 신청을 기각한 결정에 대하여는 즉시항고를 할 수 있다.

제69조(필수적 공동소송에 대한 특별규정) 제67조 제1항의 공동소송인 가운데 한 사람이 상소를 제기한 경우에 다른 공동소송인이 그 상소심에서 하는 소송행위에는 제56조 제1항의 규정을 준용한다.

제70조(예비적·선택적 공동소송에 대한 특별규정) ①공동소송인 가운데 일부의 청구가 다른 공동소송인의 청구와 법률상 양립할 수 없거나 공동소송인 가운데 일부에 대한 청구가 다른 공동소송인에 대한 청구와 법률상 양립할 수 없는 경우에는 제67조 내지 제69조를 준용한다. 다만, 청구의 포기·인낙, 화해 및 소의 취하의 경우에는 그러하지 아니하다.

②제1항의 소송에서는 모든 공동소송인에 관한 청구에 대하여 판결을 하여야 한다.

제3절 소송참가

제71조(보조참가) 소송결과에 이해관계가 있는 제3자는 한 쪽 당사자를 돕기 위하여 법원에 계속 중인 소송에 참가할 수 있다. 다만, 소송절차를 현저하게 지연시키는 경우에는 그러하지 아니하다.

제72조(참가신청의 방식) ①참가신청은 참가의 취지와 이유를 밝혀 참가하고자 하는 소송이 계속된 법원에 제기하여야 한다.

②서면으로 참가를 신청한 경우에는 법원은 그 서면을 양쪽 당사자에게 송달하여야 한다.

③참가신청은 참가인으로서 할 수 있는 소송행위와 동시에 할 수 있다.

제73조(참가허가여부에 대한 재판) ①당사자가 참가에 대하여 이의를 신청한 때에는 참가인은 참가의 이유를 소명하여야 하며, 법원은 참가를 허가할 것인지 아닌지를 결정하여야 한다.

②법원은 직권으로 참가인에게 참가의 이유를 소명하도록 명할 수 있으며, 참가의 이유가 있다고 인정되지 아니하는 때에는 참가를 허가하지 아니하는 결정을 하여야 한다.

③제1항 및 제2항의 결정에 대하여는 즉시항고를 할 수 있다.

제74조(이의신청권의 상실) 당사자가 참가에 대하여 이의를 신청하지 아니한 채 변론하거나 변론준비기일에서 진술을 한 경우에는 이의를 신청할 권리를 잃는다.

제75조(참가인의 소송관여) ①참가인은 그의 참가에 대한 이의신청이 있는 경우라도 참가를 허가하지 아니하는 결정이 확정될 때까지 소송행위를 할 수 있다.
②당사자가 참가인의 소송행위를 원용(援用)한 경우에는 참가를 허가하지 아니하는 결정이 확정되어도 그 소송행위는 효력을 가진다.

제76조(참가인의 소송행위) ①참가인은 소송에 관하여 공격·방어·이의·상소, 그 밖의 모든 소송행위를 할 수 있다. 다만, 참가할 때의 소송의 진행정도에 따라 할 수 없는 소송행위는 그러하지 아니하다.
②참가인의 소송행위가 피참가인의 소송행위에 어긋나는 경우에는 그 참가인의 소송행위는 효력을 가지지 아니한다.

제77조(참가인에 대한 재판의 효력) 재판은 다음 각 호 가운데 어느 하나에 해당하지 아니하면 참가인에게도 그 효력이 미친다.
1.제76조의 규정에 따라 참가인이 소송행위를 할 수 없거나, 그 소송행위가 효력을 가지지 아니하는 때
2.피참가인이 참가인의 소송행위를 방해한 때
3.피참가인이 참가인이 할 수 없는 소송행위를 고의나 과실로 하지 아니한 때

제78조(공동소송적 보조참가) 재판의 효력이 참가인에게도 미치는 경우에는 그 참가인과 피참가인에 대하여 제67조 및 제69조를 준용한다.

제79조(독립당사자참가) ①소송목적의 전부나 일부가 자기의 권리라고 주장하거나, 소송결과에 따라 권리가 침해된다고 주장하는 제3자는 당사자의 양 쪽 또는 한 쪽을 상대방으로 하여 당사자로서 소송에 참가할 수 있다.

②제1항의 경우에는 제67조 및 제72조의 규정을 준용한다.

제80조(독립당사자참가소송에서의 탈퇴) 제79조의 규정에 따라 자기의 권리를 주장하기 위하여 소송에 참가한 사람이 있는 경우 그가 참가하기 전의 원고나 피고는 상대방의 승낙을 받아 소송에서 탈퇴할 수 있다. 다만, 판결은 탈퇴한 당사자에 대하여도 그 효력이 미친다.

제81조(승계인의 소송참가) 소송이 법원에 계속되어 있는 동안에 제3자가 소송목적인 권리 또는 의무의 전부나 일부를 승계하였다고 주장하며 제79조의 규정에 따라 소송에 참가한 경우 그 참가는 소송이 법원에 처음 계속된 때에 소급하여 시효의 중단 또는 법률상 기간준수의 효력이 생긴다.

제82조(승계인의 소송인수) ①소송이 법원에 계속되어 있는 동안에 제3자가 소송목적인 권리 또는 의무의 전부나 일부를 승계한 때에는 법원은 당사자의 신청에 따라 그 제3자로 하여금 소송을 인수하게 할 수 있다.

②법원은 제1항의 규정에 따른 결정을 할 때에는 당사자와 제3자를 심문(審問)하여야 한다.

③제1항의 소송인수의 경우에는 제80조의 규정 가운데 탈퇴 및 판결의 효력에 관한 것과, 제81조의 규정 가운데 참가의 효력에 관한 것을 준용한다.

제83조(공동소송참가) ①소송목적이 한 쪽 당사자와 제3자에게 합일적으로 확정되어야 할 경우 그 제3자는 공동소송인으로 소송에 참가할 수 있다.

②제1항의 경우에는 제72조의 규정을 준용한다.

제84조(소송고지의 요건) ①소송이 법원에 계속된 때에는 당사자는 참가할 수 있는 제3자에게 소송고지(訴訟告知)를 할 수 있다.

②소송고지를 받은 사람은 다시 소송고지를 할 수 있다.

제85조(소송고지의 방식) ①소송고지를 위하여서는 그 이유와 소송의 진행정도를 적은 서면을 법원에 제출하여야 한다.

②제1항의 서면은 상대방에게 송달하여야 한다.

제86조(소송고지의 효과) 소송고지를 받은 사람이 참가하지 아니한 경우라도 제77조의 규정을 적용할 때에는 참가할 수 있었을 때에 참가한 것으로 본다.

제4절 소송대리인

제87조(소송대리인의 자격) 법률에 따라 재판상 행위를 할 수 있는 대리인 외에는 변호사가 아니면 소송대리인이 될 수 없다.

제88조(소송대리인의 자격의 예외) ①단독판사가 심리·재판하는 사건 가운데 그 소송목적의 값이 일정한 금액 이하인 사건에서, 당사자와 밀접한 생활관계를 맺고 있고 일정한 범위안의 친족관계에 있는 사람 또는 당사자와 고용계약 등으로 그 사건에 관한 통상사무를 처리·보조하여 오는 등 일정한 관계에 있는 사람이 법원의 허가를 받은 때에는 제87조를 적용하지 아니한다.

②제1항의 규정에 따라 법원의 허가를 받을 수 있는 사건의 범위, 대리인의 자격 등에 관한 구체적인 사항은 대법원규칙으로 정한다.

③법원은 언제든지 제1항의 허가를 취소할 수 있다.

제89조(소송대리권의 증명) ①소송대리인의 권한은 서면으로 증명하여야 한다.

②제1항의 서면이 사문서인 경우에는 법원은 공증인, 그 밖의 공증업무를 보는 사람(이하 "공증사무소"라 한다)의 인증을 받도록 소송대리인에게 명할 수 있다.

③당사자가 말로 소송대리인을 선임하고, 법원사무관등이 조서에 그 진술을 적어 놓은 경우에는 제1항 및 제2항의 규정을 적용하지 아니한다.

제90조(소송대리권의 범위) ①소송대리인은 위임을 받은 사건에 대하여 반소(反訴)·참가·강제집행·가압류·가처분에 관한 소송행위 등 일체의 소송행위와 변제(辨濟)의 영수를 할 수 있다.

②소송대리인은 다음 각 호의 사항에 대하여는 특별한 권한을 따로 받아야 한다.

1.반소의 제기

2.소의 취하, 화해, 청구의 포기·인낙 또는 제80조의 규정에 따른 탈퇴

3.상소의 제기 또는 취하

4.대리인의 선임

제91조(소송대리권의 제한) 소송대리권은 제한하지 못한다. 다만, 변호사가 아닌 소송대리인에 대하여는 그러하지 아니하다.

제92조(법률에 의한 소송대리인의 권한) 법률에 의하여 재판상 행위를 할 수 있는 대리인의 권한에는 제90조와 제91조의 규정을 적용하지 아니한다.

제93조(개별대리의 원칙) ①여러 소송대리인이 있는 때에는 각자가 당사자를 대리한다.

②당사자가 제1항의 규정에 어긋나는 약정을 한 경우 그 약정은 효력을 가지지 못한다.

제94조(당사자의 경정권) 소송대리인의 사실상 진술은 당사자가 이를 곧 취소하거나 경정(更正)한 때에는 그 효력을 잃는다.

제95조(소송대리권이 소멸되지 아니하는 경우) 다음 각 호 가운데 어느 하나에 해당하더라도 소송대리권은 소멸되지 아니한다.

1.당사자의 사망 또는 소송능력의 상실

2.당사자인 법인의 합병에 의한 소멸

3.당사자인 수탁자(受託者)의 신탁임무의 종료

4.법정대리인의 사망, 소송능력의 상실 또는 대리권의 소멸·변경

제96조(소송대리권이 소멸되지 아니하는 경우) ①일정한 자격에 의하여 자기의 이름으로 남을 위하여 소송당사자가 된 사람에게 소송대리인이 있는 경우에 그 소송대리인의 대리권은 당사자가 자격을 잃더라도 소멸되지 아니한다.

②제53조의 규정에 따라 선정된 당사자가 그 자격을 잃은 경우에는 제1항의 규정을 준용한다.

제97조(법정대리인에 관한 규정의 준용) 소송대리인에게는 제58조제2항·제59조·제60조 및 제63조의 규정을 준용한다.

제3장 소송비용
제1절 소송비용의 부담

제98조(소송비용부담의 원칙) 소송비용은 패소한 당사자가 부담한다.

제99조(원칙에 대한 예외) 법원은 사정에 따라 승소한 당사자로 하여금 그 권리를 늘리거나 지키는 데 필요하지 아니한 행위로 말미암은 소송비용 또는 상대방의 권리를 늘리거나 지키는 데 필요한 행위로 말미암은 소송비용의 전부나 일부를 부담하게 할 수 있다.

제100조(원칙에 대한 예외) 당사자가 적당한 시기에 공격이나 방어의 방법을 제출하지 아니하였거나, 기일이나 기간의 준수를 게을리 하였거나, 그 밖에 당사자가 책임져야 할 사유로 소송이 지연된 때에는 법원은 지연됨으로 말미암은 소송비용의 전부나 일부를 승소한 당사자에게 부담하게 할 수 있다.

제101조(일부패소의 경우) 일부패소의 경우에 당사자들이 부담할 소송비용은 법원이 정한다. 다만, 사정에 따라 한 쪽 당사자에게 소송비용의 전부를 부담하게 할 수 있다.

제102조(공동소송의 경우) ①공동소송인은 소송비용을 균등하게 부담한다. 다만, 법원은 사정에 따라 공동소송인에게 소송비용을 연대하여 부담하게 하거나 다른 방법으로 부담하게 할 수 있다.

②제1항의 규정에 불구하고 법원은 권리를 늘리거나 지키는 데 필요하지 아니한 행위로 생긴 소송비용은 그 행위를 한 당사자에게 부담하게 할 수 있다.

제103조(참가소송의 경우) 참가소송비용에 대한 참가인과 상대방 사이의 부담과, 참가이의신청의 소송비용에 대한 참가인과 이의신청 당사자 사이의 부담에 대하여는 제98조 내지 제102조의 규정을 준용한다.

제104조(각 심급의 소송비용의 재판) 법원은 사건을 완결하는 재판에서 직권으로 그 심급의 소송비용 전부에 대하여 재판하여야 한다. 다만, 사정에 따라 사건의 일부나 중간의 다툼에 관한 재판에서 그 비용에 대한 재판을 할 수 있다.

제105조(소송의 총비용에 대한 재판) 상급법원이 본안의 재판을 바꾸는 경우 또는 사건을 환송받거나 이송 받은 법원이 그 사건을 완결하는 재판을 하는 경우에는 소송의 총비용에 대하여 재판하여야 한다.

제106조(화해한 경우의 비용부담) 당사자가 법원에서 화해한 경우(제231조의 경우를 포함한다) 화해비용과 소송비용의 부담에 대하여 특별히 정한 바가 없으면 그 비용은 당사자들이 각자 부담한다.

제107조(제3자의 비용상환) ①법정대리인·소송대리인·법원사무관등이나 집행관이 고의 또는 중대한 과실로 쓸데없는 비용을 지급하게 한 경우에는 수소법원은 직권으로 또는 당사자의 신청에 따라 그에게 비용을 갚도록 명할 수 있다.

②법정대리인 또는 소송대리인으로서 소송행위를 한 사람이 그 대리권 또는 소송행위에 필요한 권한을 받았음을 증명하지 못하거나, 추인을 받지 못한 경우에 그 소송행위로 말미암아 발생한 소송비용에

대하여는 제1항의 규정을 준용한다.

③제1항 및 제2항의 결정에 대하여는 즉시항고를 할 수 있다.

제108조(무권대리인의 비용부담) 제107조 제2항의 경우에 소가 각하된 경우에는 소송비용은 그 소송행위를 한 대리인이 부담한다.

제109조(변호사의 보수와 소송비용) ①소송을 대리한 변호사에게 당사자가 지급하였거나 지급할 보수는 대법원규칙이 정하는 금액의 범위 안에서 소송비용으로 인정한다.

②제1항의 소송비용을 계산할 때에는 여러 변호사가 소송을 대리하였더라도 한 변호사가 대리한 것으로 본다.

제110조(소송비용액의 확정결정) ①소송비용의 부담을 정하는 재판에서 그 액수가 정하여지지 아니한 경우에 제1심 법원은 그 재판이 확정되거나, 소송비용부담의 재판이 집행력을 갖게 된 후에 당사자의 신청을 받아 결정으로 그 소송비용액을 확정한다.

②제1항의 확정결정을 신청할 때에는 비용계산서, 그 등본과 비용액을 소명하는 데 필요한 서면을 제출하여야 한다.

③제1항의 결정에 대하여는 즉시항고를 할 수 있다.

제111조(상대방에 대한 최고) ①법원은 소송비용액을 결정하기 전에 상대방에게 비용계산서의 등본을 교부하고, 이에 대한 진술을 할 것과 일정한 기간 이내에 비용계산서와 비용액을 소명하는 데 필요한 서면을 제출할 것을 최고(催告)하여야 한다.

②상대방이 제1항의 서면을 기간 이내에 제출하지 아니한 때에는 법원은 신청인의 비용에 대하여서만 결정할 수 있다. 다만, 상대방도 제110조 제1항의 확정결정을 신청할 수 있다.

제112조(부담비용의 상계) 법원이 소송비용을 결정하는 경우에 당사자들이 부담할 비용은 대등한 금액에서 상계(相計)된 것으로 본다. 다만, 제111조 제2항의 경우에는 그러하지 아니하다.

제113조(화해한 경우의 비용액 확정) ①제106조의 경우에 당사자가 소송비용부담의 원칙만을 정하고 그 액수를 정하지 아니한 때에는 법원은 당사자의 신청에 따라 결정으로 그 액수를 정하여야 한다.

②제1항의 경우에는 제110조 제2항·제3항, 제111조 및 제112조의 규정을 준용한다.

제114조(소송이 재판에 의하지 아니하고 끝난 경우) ①제113조의 경우 외에 소송이 재판에 의하지 아니하고 끝나거나 참가 또는 이에 대한 이의신청이 취하된 경우에는 법원은 당사자의 신청에 따라 결정으로 소송비용의 액수를 정하고, 이를 부담하도록 명하여야 한다.

②제1항의 경우에는 제98조 내지 제103조, 제110조 제2항·제3항, 제111조 및 제112조의 규정을 준용한다.

제115조(법원사무관등에 의한 계산) 제110조 제1항의 신청이 있는 때에는 법원은 법원사무관등에게 소송비용액을 계산하게 하여야 한다.

제116조(비용의 예납) ①비용을 필요로 하는 소송행위에 대하여 법원은 당사자에게 그 비용을 미리 내게 할 수 있다.

②비용을 미리 내지 아니하는 때에는 법원은 그 소송행위를 하지 아니할 수 있다.

제2절 소송비용의 담보

제117조(담보제공의무) ①원고가 대한민국에 주소·사무소와 영업소를 두지 아니한 때 또는 소장·준비서면, 그 밖의 소송기록에 의하여 청구가 이유 없음이 명백한 때 등 소송비용에 대한 담보제공이 필요하다고 판단되는 경우에 피고의 신청이 있으면 법원은 원고에게 소송비용에 대한 담보를 제공하도록 명하여야 한다. 담보가 부족한 경우에도 또한 같다. <개정 2010.7.23.>

② 제1항의 경우에 법원은 직권으로 원고에게 소송비용에 대한 담보

를 제공하도록 명할 수 있다. <신설 2010.7.23.>

③청구의 일부에 대하여 다툼이 없는 경우에는 그 액수가 담보로 충분하면 제1항의 규정을 적용하지 아니한다. <개정 2010.7.23.>

제118조(소송에 응함으로 말미암은 신청권의 상실) 담보를 제공할 사유가 있다는 것을 알고도 피고가 본안에 관하여 변론하거나 변론준비기일에서 진술한 경우에는 담보제공을 신청하지 못한다.

제119조(피고의 거부권) 담보제공을 신청한 피고는 원고가 담보를 제공할 때까지 소송에 응하지 아니할 수 있다.

제120조(담보제공결정) ①법원은 담보를 제공하도록 명하는 결정에서 담보액과 담보제공의 기간을 정하여야 한다.

②담보액은 피고가 각 심급에서 지출할 비용의 총액을 표준으로 하여 정하여야 한다.

제121조(불복신청) 담보제공신청에 관한 결정에 대하여는 즉시항고를 할 수 있다.

제122조(담보제공방식) 담보의 제공은 금전 또는 법원이 인정하는 유가증권을 공탁(供託)하거나, 대법원규칙이 정하는 바에 따라 지급을 보증하겠다는 위탁계약을 맺은 문서를 제출하는 방법으로 한다. 다만, 당사자들 사이에 특별한 약정이 있으면 그에 따른다.

제123조(담보물에 대한 피고의 권리) 피고는 소송비용에 관하여 제122조의 규정에 따른 담보물에 대하여 질권자와 동일한 권리를 가진다.

제124조(담보를 제공하지 아니한 효과) 담보를 제공하여야 할 기간 이내에 원고가 이를 제공하지 아니하는 때에는 법원은 변론 없이 판결로 소를 각하할 수 있다. 다만, 판결하기 전에 담보를 제공한 때에는 그러하지 아니하다.

제125조(담보의 취소) ①담보제공자가 담보하여야 할 사유가 소멸되었음을 증명하면서 취소신청을 하면, 법원은 담보취소결정을 하여야 한다.

②담보제공자가 담보취소에 대한 담보권리자의 동의를 받았음을 증명한 때에도 제1항과 같다.

③소송이 완결된 뒤 담보제공자가 신청하면, 법원은 담보권리자에게 일정한 기간 이내에 그 권리를 행사하도록 최고하고, 담보권리자가 그 행사를 하지 아니하는 때에는 담보취소에 대하여 동의한 것으로 본다.

④제1항과 제2항의 규정에 따른 결정에 대하여는 즉시항고를 할 수 있다.

제126조(담보물변경) 법원은 담보제공자의 신청에 따라 결정으로 공탁한 담보물을 바꾸도록 명할 수 있다. 다만, 당사자가 계약에 의하여 공탁한 담보물을 다른 담보로 바꾸겠다고 신청한 때에는 그에 따른다.

제127조(준용규정) 다른 법률에 따른 소제기에 관하여 제공되는 담보에는 제119조, 제120조제1항, 제121조 내지 제126조의 규정을 준용한다.

제3절 소송구조

제128조(구조의 요건) ①법원은 소송비용을 지출할 자금능력이 부족한 사람의 신청에 따라 또는 직권으로 소송구조(訴訟救助)를 할 수 있다. 다만, 패소할 것이 분명한 경우에는 그러하지 아니하다.

②제1항의 신청인은 구조의 사유를 소명하여야 한다.

③소송구조에 대한 재판은 소송기록을 보관하고 있는 법원이 한다.

④제1항에서 정한 소송구조요건의 구체적인 내용과 소송구조절차에 관하여 상세한 사항은 대법원규칙으로 정한다.

제129조(구조의 객관적 범위) ①소송과 강제집행에 대한 소송구조의 범위는 다음 각 호와 같다. 다만, 법원은 상당한 이유가 있는 때에는 다음 각 호 가운데 일부에 대한 소송구조를 할 수 있다.

1.재판비용의 납입유예

2.변호사 및 집행관의 보수와 체당금(替當金)의 지급유예

3.소송비용의 담보면제

4.대법원규칙이 정하는 그 밖의 비용의 유예나 면제

②제1항 제2호의 경우에는 변호사나 집행관이 보수를 받지 못하면 국고에서 상당한 금액을 지급한다.

제130조(구조효력의 주관적 범위) ①소송구조는 이를 받은 사람에게만 효력이 미친다.

②법원은 소송승계인에게 미루어 둔 비용의 납입을 명할 수 있다.

제131조(구조의 취소) 소송구조를 받은 사람이 소송비용을 납입할 자금능력이 있다는 것이 판명되거나, 자금능력이 있게 된 때에는 소송기록을 보관하고 있는 법원은 직권으로 또는 이해관계인의 신청에 따라 언제든지 구조를 취소하고, 납입을 미루어 둔 소송비용을 지급하도록 명할 수 있다.

제132조(납입유예비용의 추심) ①소송구조를 받은 사람에게 납입을 미루어 둔 비용은 그 부담의 재판을 받은 상대방으로부터 직접 지급받을 수 있다.

②제1항의 경우에 변호사 또는 집행관은 소송구조를 받은 사람의 집행권원으로 보수와 체당금에 관한 비용액의 확정결정신청과 강제집행을 할 수 있다.

③변호사 또는 집행관은 보수와 체당금에 대하여 당사자를 대위(代位)하여 제113조 또는 제114조의 결정신청을 할 수 있다.

제133조(불복신청) 이 절에 규정한 재판에 대하여는 즉시항고를 할 수 있다. 다만, 상대방은 제129조제1항 제3호의 소송구조결정을 제외하고는 불복할 수 없다.

제4장 소송절차
제1절 변론

제134조(변론의 필요성) ①당사자는 소송에 대하여 법원에서 변론하여
야 한다. 다만, 결정으로 완결할 사건에 대하여는 법원이 변론을 열
것인지 아닌지를 정한다.

②제1항 단서의 규정에 따라 변론을 열지 아니할 경우에, 법원은 당
사자와 이해관계인, 그 밖의 참고인을 심문할 수 있다.

③이 법에 특별한 규정이 있는 경우에는 제1항과 제2항의 규정을 적
용하지 아니한다.

제135조(재판장의 지휘권) ①변론은 재판장(합의부의 재판장 또는 단
독판사를 말한다. 이하 같다)이 지휘한다.

②재판장은 발언을 허가하거나 그의 명령에 따르지 아니하는 사람의
발언을 금지할 수 있다.

제136조(석명권 (釋明權) ·구문권 (求問權) 등) ①재판장은 소송관계
를 분명하게 하기 위하여 당사자에게 사실상 또는 법률상 사항에 대
하여 질문할 수 있고, 증명을 하도록 촉구할 수 있다.

②합의부원은 재판장에게 알리고 제1항의 행위를 할 수 있다.

③당사자는 필요한 경우 재판장에게 상대방에 대하여 설명을 요구하
여 줄 것을 요청할 수 있다.

④법원은 당사자가 간과하였음이 분명하다고 인정되는 법률상 사항에
관하여 당사자에게 의견을 진술할 기회를 주어야 한다.

제137조(석명준비명령) 재판장은 제136조의 규정에 따라 당사자에게
설명 또는 증명하거나 의견을 진술할 사항을 지적하고 변론기일 이
전에 이를 준비하도록 명할 수 있다.

제138조(합의부에 의한 감독) 당사자가 변론의 지휘에 관한 재판장의
명령 또는 제136조 및 제137조의 규정에 따른 재판장이나 합의부원

의 조치에 대하여 이의를 신청한 때에는 법원은 결정으로 그 이의신청에 대하여 재판한다.

제139조(수명법관의 지정 및 촉탁) ①수명법관으로 하여금 그 직무를 수행하게 하고자 할 경우에는 재판장이 그 판사를 지정한다.
②법원이 하는 촉탁은 특별한 규정이 없으면 재판장이 한다.

제140조(법원의 석명처분) ①법원은 소송관계를 분명하게 하기 위하여 다음 각호의 처분을 할 수 있다.
1.당사자 본인 또는 그 법정대리인에게 출석하도록 명하는 일
2.소송서류 또는 소송에 인용한 문서, 그 밖의 물건으로서 당사자가 가지고 있는 것을 제출하게 하는 일
3.당사자 또는 제3자가 제출한 문서, 그 밖의 물건을 법원에 유치하는 일
4.검증을 하고 감정을 명하는 일
5.필요한 조사를 촉탁하는 일
②제1항의 검증·감정과 조사의 촉탁에는 이 법의 증거조사에 관한 규정을 준용한다.

제141조(변론의 제한·분리·병합) 법원은 변론의 제한·분리 또는 병합을 명하거나, 그 명령을 취소할 수 있다.

제142조(변론의 재개) 법원은 종결된 변론을 다시 열도록 명할 수 있다.

제143조(통역) ①변론에 참여하는 사람이 우리말을 하지 못하거나, 듣거나 말하는 데 장애가 있으면 통역인에게 통역하게 하여야 한다. 다만, 위와 같은 장애가 있는 사람에게는 문자로 질문하거나 진술하게 할 수 있다.
②통역인에게는 이 법의 감정인에 관한 규정을 준용한다.

제143조의2(진술 보조) ①질병, 장애, 연령, 그 밖의 사유로 인한 정신적·신체적 제약으로 소송관계를 분명하게 하기 위하여 필요한 진술

을 하기 어려운 당사자는 법원의 허가를 받아 진술을 도와주는 사람과 함께 출석하여 진술할 수 있다.

②법원은 언제든지 제1항의 허가를 취소할 수 있다.

③제1항 및 제2항에 따른 진술보조인의 자격 및 소송상 지위와 역할, 법원의 허가 요건·절차 등 허가 및 취소에 관한 사항은 대법원규칙으로 정한다.

제144조(변론능력이 없는 사람에 대한 조치) ①법원은 소송관계를 분명하게 하기 위하여 필요한 진술을 할 수 없는 당사자 또는 대리인의 진술을 금지하고, 변론을 계속할 새 기일을 정할 수 있다.

②제1항의 규정에 따라 진술을 금지하는 경우에 필요하다고 인정하면 법원은 변호사를 선임하도록 명할 수 있다.

③제1항 또는 제2항의 규정에 따라 대리인에게 진술을 금지하거나 변호사를 선임하도록 명하였을 때에는 본인에게 그 취지를 통지하여야 한다.

④소 또는 상소를 제기한 사람이 제2항의 규정에 따른 명령을 받고도 제1항의 새 기일까지 변호사를 선임하지 아니한 때에는 법원은 결정으로 소 또는 상소를 각하할 수 있다.

⑤제4항의 결정에 대하여는 즉시항고를 할 수 있다.

제145조(화해의 권고) ①법원은 소송의 정도와 관계없이 화해를 권고하거나, 수명법관 또는 수탁판사로 하여금 권고하게 할 수 있다.

②제1항의 경우에 법원·수명법관 또는 수탁판사는 당사자 본인이나 그 법정대리인의 출석을 명할 수 있다.

제146조(적시제출주의) 공격 또는 방어의 방법은 소송의 정도에 따라 적절한 시기에 제출하여야 한다.

제147조(제출기간의 제한) ①재판장은 당사자의 의견을 들어 한 쪽 또는 양 쪽 당사자에 대하여 특정한 사항에 관하여 주장을 제출하거나 증거를 신청할 기간을 정할 수 있다.

②당사자가 제1항의 기간을 넘긴 때에는 주장을 제출하거나 증거를 신

청할 수 없다. 다만, 당사자가 정당한 사유로 그 기간 이내에 제출 또는 신청하지 못하였다는 것을 소명한 경우에는 그러하지 아니하다.

제148조(한 쪽 당사자가 출석하지 아니한 경우) ①원고 또는 피고가 변론기일에 출석하지 아니하거나, 출석하고서도 본안에 관하여 변론하지 아니한 때에는 그가 제출한 소장·답변서, 그 밖의 준비서면에 적혀 있는 사항을 진술한 것으로 보고 출석한 상대방에게 변론을 명할 수 있다.

②제1항의 규정에 따라 당사자가 진술한 것으로 보는 답변서, 그 밖의 준비서면에 청구의 포기 또는 인낙의 의사표시가 적혀 있고 공증사무소의 인증을 받은 때에는 그 취지에 따라 청구의 포기 또는 인낙이 성립된 것으로 본다.

③제1항의 규정에 따라 당사자가 진술한 것으로 보는 답변서, 그 밖의 준비서면에 화해의 의사표시가 적혀 있고 공증사무소의 인증을 받은 경우에, 상대방 당사자가 변론기일에 출석하여 그 화해의 의사표시를 받아들인 때에는 화해가 성립된 것으로 본다.

제149조(실기한 공격·방어방법의 각하) ①당사자가 제146조의 규정을 어기어 고의 또는 중대한 과실로 공격 또는 방어방법을 뒤늦게 제출함으로써 소송의 완결을 지연시키게 하는 것으로 인정할 때에는 법원은 직권으로 또는 상대방의 신청에 따라 결정으로 이를 각하할 수 있다.

②당사자가 제출한 공격 또는 방어방법의 취지가 분명하지 아니한 경우에, 당사자가 필요한 설명을 하지 아니하거나 설명할 기일에 출석하지 아니한 때에는 법원은 직권으로 또는 상대방의 신청에 따라 결정으로 이를 각하할 수 있다.

제150조(자백간주) ①당사자가 변론에서 상대방이 주장하는 사실을 명백히 다투지 아니한 때에는 그 사실을 자백한 것으로 본다. 다만, 변론 전체의 취지로 보아 그 사실에 대하여 다툰 것으로 인정되는 경우에는 그러하지 아니하다.

②상대방이 주장한 사실에 대하여 알지 못한다고 진술한 때에는 그 사실을 다툰 것으로 추정한다.

③당사자가 변론기일에 출석하지 아니하는 경우에는 제1항의 규정을 준용한다. 다만, 공시송달의 방법으로 기일통지서를 송달받은 당사자가 출석하지 아니한 경우에는 그러하지 아니하다.

제151조(소송절차에 관한 이의권) 당사자는 소송절차에 관한 규정에 어긋난 것임을 알거나, 알 수 있었을 경우에 바로 이의를 제기하지 아니하면 그 권리를 잃는다. 다만, 그 권리가 포기할 수 없는 것인 때에는 그러하지 아니하다.

제152조(변론조서의 작성) ①법원사무관등은 변론기일에 참여하여 기일마다 조서를 작성하여야 한다. 다만, 변론을 녹음하거나 속기하는 경우 그 밖에 이에 준하는 특별한 사정이 있는 경우에는 법원사무관등을 참여시키지 아니하고 변론기일을 열 수 있다.

②재판장은 필요하다고 인정하는 경우 법원사무관등을 참여시키지 아니하고 변론기일 및 변론준비기일 외의 기일을 열 수 있다.

③제1항 단서 및 제2항의 경우에는 법원사무관등은 그 기일이 끝난 뒤에 재판장의 설명에 따라 조서를 작성하고, 그 취지를 덧붙여 적어야 한다.

제153조(형식적 기재사항) 조서에는 법원사무관등이 다음 각호의 사항을 적고, 재판장과 법원사무관등이 기명날인 또는 서명한다. 다만, 재판장이 기명날인 또는 서명할 수 없는 사유가 있는 때에는 합의부원이 그 사유를 적은 뒤에 기명날인 또는 서명하며, 법관 모두가 기명날인 또는 서명할 수 없는 사유가 있는 때에는 법원사무관등이 그 사유를 적는다. <개정 2017.10.31.>

1.사건의 표시

2.법관과 법원사무관등의 성명

3.출석한 검사의 성명

4.출석한 당사자·대리인·통역인과 출석하지 아니한 당사자의 성명

5.변론의 날짜와 장소

6.변론의 공개여부와 공개하지 아니한 경우에는 그 이유

제154조(실질적 기재사항) 조서에는 변론의 요지를 적되, 특히 다음 각 호의 사항을 분명히 하여야 한다.

1.화해, 청구의 포기·인낙, 소의 취하와 자백

2.증인·감정인의 선서와 진술

3.검증의 결과

4.재판장이 적도록 명한 사항과 당사자의 청구에 따라 적는 것을 허락한 사항

5.서면으로 작성되지 아니한 재판

6.재판의 선고

제155조(조서기재의 생략 등) ①조서에 적을 사항은 대법원규칙이 정하는 바에 따라 생략할 수 있다. 다만, 당사자의 이의가 있으면 그러하지 아니하다.

②변론방식에 관한 규정의 준수, 화해, 청구의 포기·인낙, 소의 취하와 자백에 대하여는 제1항 본문의 규정을 적용하지 아니한다.

제156조(서면 등의 인용·첨부) 조서에는 서면, 사진, 그 밖에 법원이 적당하다고 인정한 것을 인용하고 소송기록에 붙여 이를 조서의 일부로 삼을 수 있다.

제157조(관계인의 조서낭독 등 청구권) 조서는 관계인이 신청하면 그에게 읽어 주거나 보여주어야 한다.

제158조(조서의 증명력) 변론방식에 관한 규정이 지켜졌다는 것은 조서로만 증명할 수 있다. 다만, 조서가 없어진 때에는 그러하지 아니하다.

제159조(변론의 속기와 녹음) ①법원은 필요하다고 인정하는 경우에는 변론의 전부 또는 일부를 녹음하거나, 속기자로 하여금 받아 적도록

명할 수 있으며, 당사자가 녹음 또는 속기를 신청하면 특별한 사유가 없는 한 이를 명하여야 한다.

②제1항의 녹음테이프와 속기록은 조서의 일부로 삼는다.

③제1항 및 제2항의 규정에 따라 녹음테이프 또는 속기록으로 조서의 기재를 대신한 경우에, 소송이 완결되기 전까지 당사자가 신청하거나 그 밖에 대법원규칙이 정하는 때에는 녹음테이프나 속기록의 요지를 정리하여 조서를 작성하여야 한다.

④제3항의 규정에 따라 조서가 작성된 경우에는 재판이 확정되거나, 양 쪽 당사자의 동의가 있으면 법원은 녹음테이프와 속기록을 폐기할 수 있다. 이 경우 당사자가 녹음테이프와 속기록을 폐기한다는 통지를 받은 날부터 2주 이내에 이의를 제기하지 아니하면 폐기에 대하여 동의한 것으로 본다.

제160조(다른 조서에 준용하는 규정) 법원·수명법관 또는 수탁판사의 신문(訊問) 또는 심문과 증거조사에는 제152조 내지 제159조의 규정을 준용한다.

제161조(신청 또는 진술의 방법) ①신청, 그 밖의 진술은 특별한 규정이 없는 한 서면 또는 말로 할 수 있다.

②말로 하는 경우에는 법원사무관등의 앞에서 하여야 한다.

③제2항의 경우에 법원사무관등은 신청 또는 진술의 취지에 따라 조서 또는 그 밖의 서면을 작성한 뒤 기명날인 또는 서명하여야 한다. <개정 2017.10.31.>

제162조(소송기록의 열람과 증명서의 교부청구) ①당사자나 이해관계를 소명한 제3자는 대법원규칙이 정하는 바에 따라, 소송기록의 열람·복사, 재판서·조서의 정본·등본·초본의 교부 또는 소송에 관한 사항의 증명서의 교부를 법원사무관등에게 신청할 수 있다.

②누구든지 권리구제·학술연구 또는 공익적 목적으로 대법원규칙으로 정하는 바에 따라 법원사무관등에게 재판이 확정된 소송기록의 열람

을 신청할 수 있다. 다만, 공개를 금지한 변론에 관련된 소송기록에 대하여는 그러하지 아니하다. <신설 2007.5.17.>

③법원은 제2항에 따른 열람 신청시 당해 소송관계인이 동의하지 아니하는 경우에는 열람하게 하여서는 아니 된다. 이 경우 당해 소송관계인의 범위 및 동의 등에 관하여 필요한 사항은 대법원규칙으로 정한다. <신설 2007.5.17.>

④소송기록을 열람·복사한 사람은 열람·복사에 의하여 알게 된 사항을 이용하여 공공의 질서 또는 선량한 풍속을 해하거나 관계인의 명예 또는 생활의 평온을 해하는 행위를 하여서는 아니 된다. <신설 2007.5.17.>

⑤제1항 및 제2항의 신청에 대하여는 대법원규칙이 정하는 수수료를 내야 한다. <개정 2007.5.17.>

⑥재판서·조서의 정본·등본·초본에는 그 취지를 적고 법원사무관등이 기명날인 또는 서명하여야 한다. <개정 2007.5.17., 2017.10.31.>

제163조(비밀보호를 위한 열람 등의 제한) ①다음 각 호 가운데 어느 하나에 해당한다는 소명이 있는 경우에는 법원은 당사자의 신청에 따라 결정으로 소송기록중 비밀이 적혀 있는 부분의 열람·복사, 재판서·조서중 비밀이 적혀 있는 부분의 정본·등본·초본의 교부(이하 "비밀 기재부분의 열람 등"이라 한다)를 신청할 수 있는 자를 당사자로 한정할 수 있다.

1.소송기록 중에 당사자의 사생활에 관한 중대한 비밀이 적혀 있고, 제3자에게 비밀 기재부분의 열람 등을 허용하면 당사자의 사회생활에 지장이 클 우려가 있는 때

2.소송기록 중에 당사자가 가지는 영업비밀(부정경쟁방지및영업비밀보호에관한법률 제2조 제2호에 규정된 영업 비밀을 말한다)이 적혀 있는 때

②제1항의 신청이 있는 경우에는 그 신청에 관한 재판이 확정될 때까지 제3자는 비밀 기재부분의 열람 등을 신청할 수 없다.

③소송기록을 보관하고 있는 법원은 이해관계를 소명한 제3자의 신

청에 따라 제1항 각호의 사유가 존재하지 아니하거나 소멸되었음을 이유로 제1항의 결정을 취소할 수 있다.

④제1항의 신청을 기각한 결정 또는 제3항의 신청에 관한 결정에 대하여는 즉시항고를 할 수 있다.

⑤제3항의 취소결정은 확정되어야 효력을 가진다.

제163조의2(확정 판결서의 열람·복사) ①제162조에도 불구하고 누구든지 판결이 확정된 사건의 판결서(「소액사건심판법」이 적용되는 사건의 판결서와 「상고심절차에 관한 특례법」 제4조 및 이 법 제429조 본문에 따른 판결서는 제외한다)를 인터넷, 그 밖의 전산정보처리시스템을 통한 전자적 방법 등으로 열람 및 복사할 수 있다. 다만, 변론의 공개를 금지한 사건의 판결서로서 대법원규칙으로 정하는 경우에는 열람 및 복사를 전부 또는 일부 제한할 수 있다.

②법원사무관등이나 그 밖의 법원공무원은 제1항에 따른 열람 및 복사에 앞서 판결서에 기재된 성명 등 개인정보가 공개되지 아니하도록 대법원규칙으로 정하는 보호조치를 하여야 한다.

③제2항에 따라 개인정보 보호조치를 한 법원사무관등이나 그 밖의 법원공무원은 고의 또는 중대한 과실로 인한 것이 아니면 제1항에 따른 열람 및 복사와 관련하여 민사상·형사상 책임을 지지 아니한다.

④제1항의 열람 및 복사에는 제162조 제4항·제5항 및 제163조를 준용한다.

⑤판결서의 열람 및 복사의 방법과 절차, 개인정보 보호조치의 방법과 절차, 그 밖에 필요한 사항은 대법원규칙으로 정한다.

[본조신설 2011.7.18.]

제164조(조서에 대한 이의) 조서에 적힌 사항에 대하여 관계인이 이의를 제기한 때에는 조서에 그 취지를 적어야 한다.

제2절 전문심리위원
<신설 2007.7.13.>

제164조의2(전문심리위원의 참여) ①법원은 소송관계를 분명하게 하거나 소송절차(증거조사·화해 등을 포함한다. 이하 이 절에서 같다)를 원활하게 진행하기 위하여 직권 또는 당사자의 신청에 따른 결정으로 제164조의4 제1항에 따라 전문심리위원을 지정하여 소송절차에 참여하게 할 수 있다.

②전문심리위원은 전문적인 지식을 필요로 하는 소송절차에서 설명 또는 의견을 기재한 서면을 제출하거나 기일에 출석하여 설명이나 의견을 진술할 수 있다. 다만, 재판의 합의에는 참여할 수 없다.

③전문심리위원은 기일에 재판장의 허가를 받아 당사자, 증인 또는 감정인 등 소송관계인에게 직접 질문할 수 있다.

④법원은 제2항에 따라 전문심리위원이 제출한 서면이나 전문심리위원의 설명 또는 의견의 진술에 관하여 당사자에게 구술 또는 서면에 의한 의견진술의 기회를 주어야 한다. [본조신설 2007.7.13.]

제164조의3(전문심리위원 참여결정의 취소) ①법원은 상당하다고 인정하는 때에는 직권이나 당사자의 신청으로 제164조의2 제1항에 따른 결정을 취소할 수 있다.

②제1항에도 불구하고 당사자가 합의로 제164조의2 제1항에 따른 결정을 취소할 것을 신청하는 때에는 법원은 그 결정을 취소하여야 한다.[본조신설 2007.7.13.]

제164조의4(전문심리위원의 지정 등) ①법원은 제164조의2제1항에 따라 전문심리위원을 소송절차에 참여시키는 경우 당사자의 의견을 들어 각 사건마다 1인 이상의 전문심리위원을 지정하여야 한다.

②전문심리위원에게는 대법원규칙으로 정하는 바에 따라 수당을 지급하고, 필요한 경우에는 그 밖의 여비, 일당 및 숙박료를 지급할 수 있다.

③전문심리위원의 지정에 관하여 그 밖에 필요한 사항은 대법원규칙으로 정한다. [본조신설 2007.7.13.]

제164조의5(전문심리위원의 제척 및 기피) ①전문심리위원에게 제41조부터 제45조까지 및 제47조를 준용한다.

②제척 또는 기피 신청을 받은 전문심리위원은 그 신청에 관한 결정이 확정될 때까지 그 신청이 있는 사건의 소송절차에 참여할 수 없다. 이 경우 전문심리위원은 당해 제척 또는 기피 신청에 대하여 의견을 진술할 수 있다. [본조신설 2007.7.13.]

제164조의6(수명법관 등의 권한) 수명법관 또는 수탁판사가 소송절차를 진행하는 경우에는 제164조의2 제2항부터 제4항까지의 규정에 따른 법원 및 재판장의 직무는 그 수명법관이나 수탁판사가 행한다. [본조신설 2007.7.13.]

제164조의7(비밀누설죄) 전문심리위원 또는 전문심리위원이었던 자가 그 직무수행 중에 알게 된 다른 사람의 비밀을 누설하는 경우에는 2년 이하의 징역이나 금고 또는 1천만원 이하의 벌금에 처한다.[본조신설 2007.7.13.]

제164조의8(벌칙 적용에서의 공무원 의제) 전문심리위원은 「형법」 제129조부터 제132조까지의 규정에 따른 벌칙의 적용에서는 공무원으로 본다. [본조신설 2007.7.13.]

제3절 기일과 기간
<개정 2007.7.13.>

제165조(기일의 지정과 변경) ①기일은 직권으로 또는 당사자의 신청에 따라 재판장이 지정한다. 다만, 수명법관 또는 수탁판사가 신문하거나 심문하는 기일은 그 수명법관 또는 수탁판사가 지정한다.

②첫 변론기일 또는 첫 변론준비기일을 바꾸는 것은 현저한 사유가 없는 경우라도 당사자들이 합의하면 이를 허가한다.

제166조(공휴일의 기일) 기일은 필요한 경우에만 공휴일로도 정할 수 있다.

제167조(기일의 통지) ①기일은 기일통지서 또는 출석 요구서를 송달하여 통지한다. 다만, 그 사건으로 출석한 사람에게는 기일을 직접 고지하면 된다.

②법원은 대법원규칙이 정하는 간이한 방법에 따라 기일을 통지할 수 있다. 이 경우 기일에 출석하지 아니한 당사자·증인 또는 감정인 등에 대하여 법률상의 제재, 그 밖에 기일을 게을리 함에 따른 불이익을 줄 수 없다.

제168조(출석승낙서의 효력) 소송관계인이 일정한 기일에 출석하겠다고 적은 서면을 제출한 때에는 기일통지서 또는 출석 요구서를 송달한 것과 같은 효력을 가진다.

제169조(기일의 시작) 기일은 사건과 당사자의 이름을 부름으로써 시작된다.

제170조(기간의 계산) 기간의 계산은 민법에 따른다.

제171조(기간의 시작) 기간을 정하는 재판에 시작되는 때를 정하지 아니한 경우에 그 기간은 재판의 효력이 생긴 때부터 진행한다.

제172조(기간의 신축, 부가기간) ①법원은 법정기간 또는 법원이 정한 기간을 늘이거나 줄일 수 있다. 다만, 불변기간은 그러하지 아니하다.

②법원은 불변기간에 대하여 주소 또는 거소가 멀리 떨어진 곳에 있는 사람을 위하여 부가기간(附加期間)을 정할 수 있다.

③재판장·수명법관 또는 수탁판사는 제1항 및 제2항의 규정에 따라 법원이 정한 기간 또는 자신이 정한 기간을 늘이거나 줄일 수 있다.

제173조(소송행위의 추후보완) ①당사자가 책임질 수 없는 사유로 말미암아 불변기간을 지킬 수 없었던 경우에는 그 사유가 없어진 날부터 2주 이내에 게을리 한 소송행위를 보완할 수 있다. 다만, 그

사유가 없어질 당시 외국에 있던 당사자에 대하여는 이 기간을 30
일로 한다.

②제1항의 기간에 대하여는 제172조의 규정을 적용하지 아니한다.

제4절 송달
<개정 2007.7.13.>

제174조(직권송달의 원칙) 송달은 이 법에 특별한 규정이 없으면 법원
이 직권으로 한다.

제175조(송달사무를 처리하는 사람) ①송달에 관한 사무는 법원사무관
등이 처리한다.

②법원사무관등은 송달하는 곳의 지방법원에 속한 법원사무관등 또는
집행관에게 제1항의 사무를 촉탁할 수 있다.

제176조(송달기관) ①송달은 우편 또는 집행관에 의하거나, 그 밖에
대법원규칙이 정하는 방법에 따라서 하여야 한다.

②우편에 의한 송달은 우편집배원이 한다.

③송달기관이 송달하는 데 필요한 때에는 국가경찰공무원에게 원조를
요청할 수 있다. <개정 2006.2.21.>

제177조(법원사무관등에 의한 송달) ①해당 사건에 출석한 사람에게는
법원사무관등이 직접 송달할 수 있다.

②법원사무관등이 그 법원 안에서 송달받을 사람에게 서류를 교부하
고 영수증을 받은 때에는 송달의 효력을 가진다.

제178조(교부송달의 원칙) ①송달은 특별한 규정이 없으면 송달받을
사람에게 서류의 등본 또는 부본을 교부하여야 한다.

②송달할 서류의 제출에 갈음하여 조서, 그 밖의 서면을 작성한 때에
는 그 등본이나 초본을 교부하여야 한다.

제179조(소송무능력자에게 할 송달) 소송무능력자에게 할 송달은 그의 법정대리인에게 한다.

제180조(공동대리인에게 할 송달) 여러 사람이 공동으로 대리권을 행사하는 경우의 송달은 그 가운데 한 사람에게 하면 된다.

제181조(군관계인에게 할 송달) 군사용의 청사 또는 선박에 속하여 있는 사람에게 할 송달은 그 청사 또는 선박의 장에게 한다.

제182조(구속된 사람 등에게 할 송달) 교도소·구치소 또는 국가경찰관서의 유치장에 체포·구속 또는 유치(留置)된 사람에게 할 송달은 교도소·구치소 또는 국가경찰관서의 장에게 한다. <개정 2006.2.21.>

제183조(송달장소) ①송달은 받을 사람의 주소·거소·영업소 또는 사무소(이하 "주소 등"이라 한다)에서 한다. 다만, 법정대리인에게 할 송달은 본인의 영업소나 사무소에서도 할 수 있다.
②제1항의 장소를 알지 못하거나 그 장소에서 송달할 수 없는 때에는 송달받을 사람이 고용·위임 그 밖에 법률상 행위로 취업하고 있는 다른 사람의 주소 등(이하 "근무장소"라 한다)에서 송달할 수 있다.
③송달받을 사람의 주소 등 또는 근무장소가 국내에 없거나 알 수 없는 때에는 그를 만나는 장소에서 송달할 수 있다.
④주소 등 또는 근무장소가 있는 사람의 경우에도 송달받기를 거부하지 아니하면 만나는 장소에서 송달할 수 있다.

제184조(송달받을 장소의 신고) 당사자·법정대리인 또는 소송대리인은 주소 등외의 장소(대한민국안의 장소로 한정한다)를 송달받을 장소로 정하여 법원에 신고할 수 있다. 이 경우에는 송달 영수인을 정하여 신고할 수 있다.

제185조(송달장소변경의 신고의무) ①당사자·법정대리인 또는 소송대리인이 송달받을 장소를 바꿀 때에는 바로 그 취지를 법원에 신고하여야 한다.
②제1항의 신고를 하지 아니한 사람에게 송달할 서류는 달리 송달할

장소를 알 수 없는 경우 종전에 송달받던 장소에 대법원규칙이 정하는 방법으로 발송할 수 있다.

제186조(보충송달·유치송달) ①근무장소 외의 송달할 장소에서 송달받을 사람을 만나지 못한 때에는 그 사무원, 피용자(被用者) 또는 동거인으로서 사리를 분별할 지능이 있는 사람에게 서류를 교부할 수 있다.

②근무장소에서 송달받을 사람을 만나지 못한 때에는 제183조제2항의 다른 사람 또는 그 법정대리인이나 피용자 그 밖의 종업원으로서 사리를 분별할 지능이 있는 사람이 서류의 수령을 거부하지 아니하면 그에게 서류를 교부할 수 있다.

③서류를 송달받을 사람 또는 제1항의 규정에 의하여 서류를 넘겨받을 사람이 정당한 사유 없이 송달받기를 거부하는 때에는 송달할 장소에 서류를 놓아둘 수 있다.

제187조(우편송달) 제186조의 규정에 따라 송달할 수 없는 때에는 법원사무관등은 서류를 등기우편등 대법원규칙이 정하는 방법으로 발송할 수 있다.

제188조(송달함 송달) ①제183조 내지 제187조의 규정에 불구하고 법원 안에 송달할 서류를 넣을 함(이하 "송달함"이라 한다)을 설치하여 송달할 수 있다.

②송달함을 이용하는 송달은 법원사무관등이 한다.

③송달받을 사람이 송달함에서 서류를 수령하여 가지 아니한 경우에는 송달함에 서류를 넣은 지 3일이 지나면 송달된 것으로 본다.

④송달함의 이용절차와 수수료, 송달함을 이용하는 송달방법 및 송달함으로 송달할 서류에 관한 사항은 대법원규칙으로 정한다.

제189조(발신주의) 제185조 제2항 또는 제187조의 규정에 따라 서류를 발송한 경우에는 발송한 때에 송달된 것으로 본다.

제190조(공휴일 등의 송달) ①당사자의 신청이 있는 때에는 공휴일 또

는 해뜨기 전이나 해진 뒤에 집행관 또는 대법원규칙이 정하는 사람
에 의하여 송달할 수 있다.

②제1항의 규정에 따라 송달하는 때에는 법원사무관등은 송달할 서
류에 그 사유를 덧붙여 적어야 한다.

③제1항과 제2항의 규정에 어긋나는 송달은 서류를 교부받을 사람이
이를 영수한 때에만 효력을 가진다.

제191조(외국에서 하는 송달의 방법) 외국에서 하여야 하는 송달은 재
판장이 그 나라에 주재하는 대한민국의 대사·공사·영사 또는 그 나
라의 관할 공공기관에 촉탁한다.

**제192조(전쟁에 나간 군인 또는 외국에 주재하는 군관계인 등에게 할
송달)** ①전쟁에 나간 군대, 외국에 주둔하는 군대에 근무하는 사람
또는 군에 복무하는 선박의 승무원에게 할 송달은 재판장이 그 소속
사령관에게 촉탁한다.

②제1항의 송달에 대하여는 제181조의 규정을 준용한다.

제193조(송달통지) 송달한 기관은 송달에 관한 사유를 대법원규칙이
정하는 방법으로 법원에 알려야 한다.

제194조(공시송달의 요건) ①당사자의 주소 등 또는 근무장소를 알 수
없는 경우 또는 외국에서 하여야 할 송달에 관하여 제191조의 규정
에 따를 수 없거나 이에 따라도 효력이 없을 것으로 인정되는 경우
에는 법원사무관등은 직권으로 또는 당사자의 신청에 따라 공시송달
을 할 수 있다. <개정 2014.12.30.>

②제1항의 신청에는 그 사유를 소명하여야 한다.

③ 재판장은 제1항의 경우에 소송의 지연을 피하기 위하여 필요하다
고 인정하는 때에는 공시송달을 명할 수 있다. <신설 2014.12.30.>

④ 재판장은 직권으로 또는 신청에 따라 법원사무관등의 공시송달처
분을 취소할 수 있다. <신설 2014.12.30.>

제195조(공시송달의 방법) 공시송달은 법원사무관등이 송달할 서류를 보관하고 그 사유를 법원게시판에 게시하거나, 그 밖에 대법원규칙이 정하는 방법에 따라서 하여야 한다.

제196조(공시송달의 효력발생) ①첫 공시송달은 제195조의 규정에 따라 실시한 날부터 2주가 지나야 효력이 생긴다. 다만, 같은 당사자에게 하는 그 뒤의 공시송달은 실시한 다음 날부터 효력이 생긴다.

②외국에서 할 송달에 대한 공시송달의 경우에는 제1항 본문의 기간은 2월로 한다.

③제1항 및 제2항의 기간은 줄일 수 없다.

제197조(수명법관 등의 송달권한) 수명법관 및 수탁판사와 송달하는 곳의 지방법원판사도 송달에 대한 재판장의 권한을 행사할 수 있다.

제5절 재판
<개정 2007.7.13.>

제198조(종국판결) 법원은 소송의 심리를 마치고 나면 종국판결(終局判決)을 한다.

제199조(종국판결 선고기간) 판결은 소가 제기된 날부터 5월 이내에 선고한다. 다만, 항소심 및 상고심에서는 기록을 받은 날부터 5월 이내에 선고한다.

제200조(일부판결) ①법원은 소송의 일부에 대한 심리를 마친 경우 그 일부에 대한 종국판결을 할 수 있다.

②변론을 병합한 여러 개의 소송 가운데 한 개의 심리를 마친 경우와, 본소(本訴)나 반소의 심리를 마친 경우에는 제1항의 규정을 준용한다.

제201조(중간판결) ①법원은 독립된 공격 또는 방어의 방법, 그 밖의 중간의 다툼에 대하여 필요한 때에는 중간판결(中間判決)을 할 수 있다.

②청구의 원인과 액수에 대하여 다툼이 있는 경우에 그 원인에 대하여도 중간판결을 할 수 있다.

제202조(자유심증주의) 법원은 변론 전체의 취지와 증거조사의 결과를 참작하여 자유로운 심증으로 사회정의와 형평의 이념에 입각하여 논리와 경험의 법칙에 따라 사실주장이 진실한지 아닌지를 판단한다.

제202조의2(손해배상 액수의 산정) 손해가 발생한 사실은 인정되나 구체적인 손해의 액수를 증명하는 것이 사안의 성질상 매우 어려운 경우에 법원은 변론 전체의 취지와 증거조사의 결과에 의하여 인정되는 모든 사정을 종합하여 상당하다고 인정되는 금액을 손해배상 액수로 정할 수 있다. [본조신설 2016.3.29.]

제203조(처분권주의) 법원은 당사자가 신청하지 아니한 사항에 대하여는 판결하지 못한다.

제204조(직접주의) ①판결은 기본이 되는 변론에 관여한 법관이 하여야 한다.

②법관이 바뀐 경우에 당사자는 종전의 변론결과를 진술하여야 한다.

③단독사건의 판사가 바뀐 경우에 종전에 신문한 증인에 대하여 당사자가 다시 신문신청을 한 때에는 법원은 그 신문을 하여야 한다. 합의부 법관의 반수 이상이 바뀐 경우에도 또한 같다.

제205조(판결의 효력발생) 판결은 선고로 효력이 생긴다.

제206조(선고의 방식) 판결은 재판장이 판결원본에 따라 주문을 읽어 선고하며, 필요한 때에는 이유를 간략히 설명할 수 있다.

제207조(선고기일) ①판결은 변론이 종결된 날부터 2주 이내에 선고하여야 하며, 복잡한 사건이나 그 밖의 특별한 사정이 있는 때에도 변론이 종결된 날부터 4주를 넘겨서는 아니 된다.

②판결은 당사자가 출석하지 아니하여도 선고할 수 있다.

제208조(판결서의 기재사항 등) ①판결서에는 다음 각 호의 사항을 적

고, 판결한 법관이 서명날인하여야 한다.

1.당사자와 법정대리인

2.주문

3.청구의 취지 및 상소의 취지

4.이유

5.변론을 종결한 날짜. 다만, 변론 없이 판결하는 경우에는 판결을 선고하는 날짜

6.법원

②판결서의 이유에는 주문이 정당하다는 것을 인정할 수 있을 정도로 당사자의 주장, 그 밖의 공격·방어방법에 관한 판단을 표시한다.

③제2항의 규정에 불구하고 제1심 판결로서 다음 각 호 가운데 어느 하나에 해당하는 경우에는 청구를 특정함에 필요한 사항과 제216조 제2항의 판단에 관한 사항만을 간략하게 표시할 수 있다.

1.제257조의 규정에 의한 무변론 판결

2.제150조제3항이 적용되는 경우의 판결

3.피고가 제194조 내지 제196조의 규정에 의한 공시송달로 기일통지를 받고 변론기일에 출석하지 아니한 경우의 판결

④법관이 판결서에 서명날인함에 지장이 있는 때에는 다른 법관이 판결에 그 사유를 적고 서명날인하여야 한다.

제209조(법원사무관등에 대한 교부) 판결서는 선고한 뒤에 바로 법원사무관등에게 교부하여야 한다.

제210조(판결서의 송달) ①법원사무관등은 판결서를 받은 날부터 2주 이내에 당사자에게 송달하여야 한다.

②판결서는 정본으로 송달한다.

제211조(판결의 경정) ①판결에 잘못된 계산이나 기재, 그 밖에 이와 비슷한 잘못이 있음이 분명한 때에 법원은 직권으로 또는 당사자의 신청에 따라 경정결정(更正決定)을 할 수 있다.

②경정결정은 판결의 원본과 정본에 덧붙여 적어야 한다. 다만, 정본에 덧붙여 적을 수 없을 때에는 결정의 정본을 작성하여 당사자에게 송달하여야 한다.

③경정결정에 대하여는 즉시항고를 할 수 있다. 다만, 판결에 대하여 적법한 항소가 있는 때에는 그러하지 아니하다.

제212조(재판의 누락) ①법원이 청구의 일부에 대하여 재판을 누락한 경우에 그 청구부분에 대하여는 그 법원이 계속하여 재판한다.

②소송비용의 재판을 누락한 경우에는 법원은 직권으로 또는 당사자의 신청에 따라 그 소송비용에 대한 재판을 한다. 이 경우 제114조의 규정을 준용한다.

③제2항의 규정에 따른 소송비용의 재판은 본안판결에 대하여 적법한 항소가 있는 때에는 그 효력을 잃는다. 이 경우 항소법원은 소송의 총비용에 대하여 재판을 한다.

제213조(가집행의 선고) ①재산권의 청구에 관한 판결은 가집행(假執行)의 선고를 붙이지 아니할 상당한 이유가 없는 한 직권으로 담보를 제공하거나, 제공하지 아니하고 가집행을 할 수 있다는 것을 선고하여야 한다. 다만, 어음금·수표금 청구에 관한 판결에는 담보를 제공하게 하지 아니하고 가집행의 선고를 하여야 한다.

②법원은 직권으로 또는 당사자의 신청에 따라 채권전액을 담보로 제공하고 가집행을 면제받을 수 있다는 것을 선고할 수 있다.

③제1항 및 제2항의 선고는 판결주문에 적어야 한다.

제214조(소송비용담보규정의 준용) 제213조의 담보에는 제122조·제123조·제125조 및 제126조의 규정을 준용한다.

제215조(가집행선고의 실효, 가집행의 원상회복과 손해배상) ①가집행의 선고는 그 선고 또는 본안판결을 바꾸는 판결의 선고로 바뀌는 한도에서 그 효력을 잃는다.

②본안판결을 바꾸는 경우에는 법원은 피고의 신청에 따라 그 판결에서 가집행의 선고에 따라 지급한 물건을 돌려 줄 것과, 가집행으로 말미암은 손해 또는 그 면제를 받기 위하여 입은 손해를 배상할 것을 원고에게 명하여야 한다.

③가집행의 선고를 바꾼 뒤 본안판결을 바꾸는 경우에는 제2항의 규정을 준용한다.

제216조(기판력의 객관적 범위) ①확정판결(確定判決)은 주문에 포함된 것에 한하여 기판력(旣判力)을 가진다.

②상계를 주장한 청구가 성립되는지 아닌지의 판단은 상계하자고 대항한 액수에 한하여 기판력을 가진다.

제217조(외국재판의 승인) ①외국법원의 확정판결 또는 이와 동일한 효력이 인정되는 재판(이하 "확정재판 등"이라 한다)은 다음 각 호의 요건을 모두 갖추어야 승인된다. <개정 2014.5.20.>

1.대한민국의 법령 또는 조약에 따른 국제재판관할의 원칙상 그 외국법원의 국제재판관할권이 인정될 것

2.패소한 피고가 소장 또는 이에 준하는 서면 및 기일통지서나 명령을 적법한 방식에 따라 방어에 필요한 시간여유를 두고 송달받았거나(공시송달이나 이와 비슷한 송달에 의한 경우를 제외한다) 송달받지 아니하였더라도 소송에 응하였을 것

3. 그 확정재판 등의 내용 및 소송절차에 비추어 그 확정재판 등의 승인이 대한민국의 선량한 풍속이나 그 밖의 사회질서에 어긋나지 아니할 것

4. 상호보증이 있거나 대한민국과 그 외국법원이 속하는 국가에 있어 확정재판 등의 승인요건이 현저히 균형을 상실하지 아니하고 중요한 점에서 실질적으로 차이가 없을 것

② 법원은 제1항의 요건이 충족되었는지에 관하여 직권으로 조사하여야 한다. <신설 2014.5.20.> [제목개정 2014.5.20.]

제217조의2(손해배상에 관한 확정재판 등의 승인) ① 법원은 손해배상에 관한 확정재판 등이 대한민국의 법률 또는 대한민국이 체결한 국제조약의 기본질서에 현저히 반하는 결과를 초래할 경우에는 해당 확정재판 등의 전부 또는 일부를 승인할 수 없다.

②법원은 제1항의 요건을 심리할 때에는 외국법원이 인정한 손해배상의 범위에 변호사보수를 비롯한 소송과 관련된 비용과 경비가 포함되는지와 그 범위를 고려하여야 한다.

[본조신설 2014.5.20.]

제218조(기판력의 주관적 범위) ①확정판결은 당사자, 변론을 종결한 뒤의 승계인(변론 없이 한 판결의 경우에는 판결을 선고한 뒤의 승계인) 또는 그를 위하여 청구의 목적물을 소지한 사람에 대하여 효력이 미친다.

②제1항의 경우에 당사자가 변론을 종결할 때(변론 없이 한 판결의 경우에는 판결을 선고할 때)까지 승계사실을 진술하지 아니한 때에는 변론을 종결한 뒤(변론 없이 한 판결의 경우에는 판결을 선고한 뒤)에 승계한 것으로 추정한다.

③다른 사람을 위하여 원고나 피고가 된 사람에 대한 확정판결은 그 다른 사람에 대하여도 효력이 미친다.

④가집행의 선고에는 제1항 내지 제3항의 규정을 준용한다.

제219조(변론 없이 하는 소의 각하) 부적법한 소로서 그 흠을 보정할 수 없는 경우에는 변론 없이 판결로 소를 각하할 수 있다.

제220조(화해, 청구의 포기·인낙조서의 효력) 화해, 청구의 포기·인낙을 변론조서·변론준비기일조서에 적은 때에는 그 조서는 확정판결과 같은 효력을 가진다.

제221조(결정·명령의 고지) ①결정과 명령은 상당한 방법으로 고지하면 효력을 가진다.

②법원사무관등은 고지의 방법·장소와 날짜를 재판의 원본에 덧붙여 적고 날인하여야 한다.

제222조(소송지휘에 관한 재판의 취소) 소송의 지휘에 관한 결정과 명령은 언제든지 취소할 수 있다.

제223조(법원사무관등의 처분에 대한 이의) 법원사무관등의 처분에 관한 이의신청에 대하여는 그 법원사무관등이 속한 법원이 결정으로 재판한다.

제224조(판결규정의 준용) ①성질에 어긋나지 아니하는 한, 결정과 명령에는 판결에 관한 규정을 준용한다. 다만, 법관의 서명은 기명으로 갈음할 수 있고, 이유를 적는 것을 생략할 수 있다.
②이 법에 따른 과태료재판에는 비송사건절차법 제248조 및 제250조 가운데 검사에 관한 규정을 적용하지 아니한다.

제6절 화해권고결정
<개정 2007.7.13.>

제225조(결정에 의한 화해권고) ①법원·수명법관 또는 수탁판사는 소송에 계속 중인 사건에 대하여 직권으로 당사자의 이익, 그 밖의 모든 사정을 참작하여 청구의 취지에 어긋나지 아니하는 범위안에서 사건의 공평한 해결을 위한 화해권고결정(和解勸告決定)을 할 수 있다.
②법원사무관등은 제1항의 결정내용을 적은 조서 또는 결정서의 정본을 당사자에게 송달하여야 한다. 다만, 그 송달은 제185조제2항·제187조 또는 제194조에 규정한 방법으로는 할 수 없다.

제226조(결정에 대한 이의신청) ①당사자는 제225조의 결정에 대하여 그 조서 또는 결정서의 정본을 송달받은 날부터 2주 이내에 이의를 신청할 수 있다. 다만, 그 정본이 송달되기 전에도 이의를 신청할 수 있다.
②제1항의 기간은 불변기간으로 한다.

제227조(이의신청의 방식) ①이의신청은 이의신청서를 화해권고결정을 한 법원에 제출함으로써 한다.

②이의신청서에는 다음 각 호의 사항을 적어야 한다.

1.당사자와 법정대리인

2.화해권고결정의 표시와 그에 대한 이의신청의 취지

③이의신청서에는 준비서면에 관한 규정을 준용한다.

④제226조 제1항의 규정에 따라 이의를 신청한 때에는 이의신청의 상대방에게 이의신청서의 부본을 송달하여야 한다.

제228조(이의신청의 취하) ①이의신청을 한 당사자는 그 심급의 판결이 선고될 때까지 상대방의 동의를 얻어 이의신청을 취하할 수 있다.

②제1항의 취하에는 제266조 제3항 내지 제6항을 준용한다. 이 경우 "소"는 "이의신청"으로 본다.

제229조(이의신청권의 포기) ①이의신청권은 그 신청 전까지 포기할 수 있다.

②이의신청권의 포기는 서면으로 하여야 한다.

③제2항의 서면은 상대방에게 송달하여야 한다.

제230조(이의신청의 각하) ①법원·수명법관 또는 수탁판사는 이의신청이 법령상의 방식에 어긋나거나 신청권이 소멸된 뒤의 것임이 명백한 경우에는 그 흠을 보정할 수 없으면 결정으로 이를 각하하여야 하며, 수명법관 또는 수탁판사가 각하하지 아니한 때에는 수소법원이 결정으로 각하한다.

②제1항의 결정에 대하여는 즉시항고를 할 수 있다.

제231조(화해권고결정의 효력) 화해권고결정은 다음 각 호 가운데 어느 하나에 해당하면 재판상 화해와 같은 효력을 가진다.

1.제226조 제1항의 기간 이내에 이의신청이 없는 때

2.이의신청에 대한 각하결정이 확정된 때

3.당사자가 이의신청을 취하하거나 이의신청권을 포기한 때

제232조(이의신청에 의한 소송복귀 등) ①이의신청이 적법한 때에는 소송은 화해권고결정 이전의 상태로 돌아간다. 이 경우 그 이전에 행한 소송행위는 그대로 효력을 가진다.

②화해권고결정은 그 심급에서 판결이 선고된 때에는 그 효력을 잃는다.

제7절 소송절차의 중단과 중지
<개정 2007.7.13.>

제233조(당사자의 사망으로 말미암은 중단) ①당사자가 죽은 때에 소송절차는 중단된다. 이 경우 상속인·상속재산관리인, 그 밖에 법률에 의하여 소송을 계속하여 수행할 사람이 소송절차를 수계(受繼)하여야 한다.

②상속인은 상속포기를 할 수 있는 동안 소송절차를 수계하지 못한다.

제234조(법인의 합병으로 말미암은 중단) 당사자인 법인이 합병에 의하여 소멸된 때에 소송절차는 중단된다. 이 경우 합병에 의하여 설립된 법인 또는 합병한 뒤의 존속법인이 소송절차를 수계하여야 한다.

제235조(소송능력의 상실, 법정대리권의 소멸로 말미암은 중단) 당사자가 소송능력을 잃은 때 또는 법정대리인이 죽거나 대리권을 잃은 때에 소송절차는 중단된다. 이 경우 소송능력을 회복한 당사자 또는 법정대리인이 된 사람이 소송절차를 수계하여야 한다.

제236조(수탁자의 임무가 끝남으로 말미암은 중단) 신탁으로 말미암은 수탁자의 위탁임무가 끝난 때에 소송절차는 중단된다. 이 경우 새로운 수탁자가 소송절차를 수계하여야 한다.

제237조(자격상실로 말미암은 중단) ①일정한 자격에 의하여 자기 이름으로 남을 위하여 소송당사자가 된 사람이 그 자격을 잃거나 죽은 때에 소송절차는 중단된다. 이 경우 같은 자격을 가진 사람이 소송절차를 수계하여야 한다.

②제53조의 규정에 따라 당사자가 될 사람을 선정한 소송에서 선정된 당사자 모두가 자격을 잃거나 죽은 때에 소송절차는 중단된다. 이 경우 당사자를 선정한 사람 모두 또는 새로 당사자로 선정된 사람이 소송절차를 수계하여야 한다.

제238조(소송대리인이 있는 경우의 제외) 소송대리인이 있는 경우에는 제233조 제1항, 제234조 내지 제237조의 규정을 적용하지 아니한다.

제239조(당사자의 파산으로 말미암은 중단) 당사자가 파산선고를 받은 때에 파산재단에 관한 소송절차는 중단된다. 이 경우 「채무자 회생 및 파산에 관한 법률」에 따른 수계가 이루어지기 전에 파산절차가 해지되면 파산선고를 받은 자가 당연히 소송절차를 수계한다. <개정 2005.3.31.>

제240조(파산절차의 해지로 말미암은 중단) 「채무자 회생 및 파산에 관한 법률」에 따라 파산재단에 관한 소송의 수계가 이루어진 뒤 파산절차가 해지된 때에 소송절차는 중단된다. 이 경우 파산선고를 받은 자가 소송절차를 수계하여야 한다. <개정 2005.3.31.>

제241조(상대방의 수계신청권) 소송절차의 수계신청은 상대방도 할 수 있다.

제242조(수계신청의 통지) 소송절차의 수계신청이 있는 때에는 법원은 상대방에게 이를 통지하여야 한다.

제243조(수계신청에 대한 재판) ①소송절차의 수계신청은 법원이 직권으로 조사하여 이유가 없다고 인정한 때에는 결정으로 기각하여야 한다.
②재판이 송달된 뒤에 중단된 소송절차의 수계에 대하여는 그 재판을 한 법원이 결정하여야 한다.

제244조(직권에 의한 속행명령) 법원은 당사자가 소송절차를 수계하지 아니하는 경우에 직권으로 소송절차를 계속하여 진행하도록 명할 수 있다.

제245조(법원의 직무집행 불가능으로 말미암은 중지) 천재지변, 그 밖의 사고로 법원이 직무를 수행할 수 없을 경우에 소송절차는 그 사고가 소멸될 때까지 중지된다.

제246조(당사자의 장애로 말미암은 중지) ①당사자가 일정하지 아니한 기간동안 소송행위를 할 수 없는 장애사유가 생긴 경우에는 법원은 결정으로 소송절차를 중지하도록 명할 수 있다.
②법원은 제1항의 결정을 취소할 수 있다.

제247조(소송절차 정지의 효과) ①판결의 선고는 소송절차가 중단된 중에도 할 수 있다.
②소송절차의 중단 또는 중지는 기간의 진행을 정지시키며, 소송절차의 수계사실을 통지한 때 또는 소송절차를 다시 진행한 때부터 전체 기간이 새로이 진행된다.

제2편 제1심의 소송절차

제1장 소의 제기

제248조(소제기의 방식) 소는 법원에 소장을 제출함으로써 제기한다.

제249조(소장의 기재사항) ①소장에는 당사자와 법정대리인, 청구의 취지와 원인을 적어야 한다.
②소장에는 준비서면에 관한 규정을 준용한다.

제250조(증서의 진정여부를 확인하는 소) 확인의 소는 법률관계를 증명하는 서면이 진정한지 아닌지를 확정하기 위하여서도 제기할 수 있다.

제251조(장래의 이행을 청구하는 소) 장래에 이행할 것을 청구하는 소는 미리 청구할 필요가 있어야 제기할 수 있다.

제252조(정기금판결과 변경의 소) ①정기금(定期金)의 지급을 명한 판결이 확정된 뒤에 그 액수산정의 기초가 된 사정이 현저하게 바뀜으로써 당사자 사이의 형평을 크게 침해할 특별한 사정이 생긴 때에는 그 판결의 당사자는 장차 지급할 정기금 액수를 바꾸어 달라는 소를 제기할 수 있다.

②제1항의 소는 제1심 판결법원의 전속관할로 한다.

제253조(소의 객관적 병합) 여러 개의 청구는 같은 종류의 소송절차에 따르는 경우에만 하나의 소로 제기할 수 있다.

제254조(재판장등의 소장심사권) ①소장이 제249조 제1항의 규정에 어긋나는 경우와 소장에 법률의 규정에 따른 인지를 붙이지 아니한 경우에는 재판장은 상당한 기간을 정하고, 그 기간 이내에 흠을 보정하도록 명하여야 한다. 재판장은 법원사무관등으로 하여금 위 보정명령을 하게 할 수 있다. <개정 2014.12.30.>

②원고가 제1항의 기간 이내에 흠을 보정하지 아니한 때에는 재판장은 명령으로 소장을 각하하여야 한다.

③제2항의 명령에 대하여는 즉시항고를 할 수 있다.

④재판장은 소장을 심사하면서 필요하다고 인정하는 경우에는 원고에게 청구하는 이유에 대응하는 증거방법을 구체적으로 적어 내도록 명할 수 있으며, 원고가 소장에 인용한 서증(書證)의 등본 또는 사본을 붙이지 아니한 경우에는 이를 제출하도록 명할 수 있다.

[제목개정 2014.12.30.]

제255조(소장부본의 송달) ①법원은 소장의 부본을 피고에게 송달하여야 한다.

②소장의 부본을 송달할 수 없는 경우에는 제254조제1항 내지 제3항의 규정을 준용한다.

제256조(답변서의 제출의무) ①피고가 원고의 청구를 다투는 경우에는

소장의 부본을 송달받은 날부터 30일 이내에 답변서를 제출하여야 한다. 다만, 피고가 공시송달의 방법에 따라 소장의 부본을 송달받은 경우에는 그러하지 아니하다.

②법원은 소장의 부본을 송달할 때에 제1항의 취지를 피고에게 알려야 한다.

③법원은 답변서의 부본을 원고에게 송달하여야 한다.

④답변서에는 준비서면에 관한 규정을 준용한다.

제257조(변론 없이 하는 판결) ①법원은 피고가 제256조 제1항의 답변서를 제출하지 아니한 때에는 청구의 원인이 된 사실을 자백한 것으로 보고 변론 없이 판결할 수 있다. 다만, 직권으로 조사할 사항이 있거나 판결이 선고되기까지 피고가 원고의 청구를 다투는 취지의 답변서를 제출한 경우에는 그러하지 아니하다.

②피고가 청구의 원인이 된 사실을 모두 자백하는 취지의 답변서를 제출하고 따로 항변을 하지 아니한 때에는 제1항의 규정을 준용한다.

③법원은 피고에게 소장의 부본을 송달할 때에 제1항 및 제2항의 규정에 따라 변론 없이 판결을 선고할 기일을 함께 통지할 수 있다.

제258조(변론기일의 지정) ① 재판장은 제257조 제1항 및 제2항에 따라 변론 없이 판결하는 경우 외에는 바로 변론기일을 정하여야 한다. 다만, 사건을 변론준비절차에 부칠 필요가 있는 경우에는 그러하지 아니하다.

② 재판장은 변론준비절차가 끝난 경우에는 바로 변론기일을 정하여야 한다. [전문개정 2008.12.26.]

제259조(중복된 소제기의 금지) 법원에 계속되어 있는 사건에 대하여 당사자는 다시 소를 제기하지 못한다.

제260조(피고의 경정) ①원고가 피고를 잘못 지정한 것이 분명한 경우에는 제1심 법원은 변론을 종결할 때까지 원고의 신청에 따라 결정

으로 피고를 경정하도록 허가할 수 있다. 다만, 피고가 본안에 관하여 준비서면을 제출하거나, 변론준비기일에서 진술하거나 변론을 한 뒤에는 그의 동의를 받아야 한다.

②피고의 경정은 서면으로 신청하여야 한다.

③제2항의 서면은 상대방에게 송달하여야 한다. 다만, 피고에게 소장의 부본을 송달하지 아니한 경우에는 그러하지 아니하다.

④피고가 제3항의 서면을 송달받은 날부터 2주 이내에 이의를 제기하지 아니하면 제1항 단서와 같은 동의를 한 것으로 본다.

제261조(경정신청에 관한 결정의 송달 등) ①제260조 제1항의 신청에 대한 결정은 피고에게 송달하여야 한다. 다만, 피고에게 소장의 부본을 송달하지 아니한 때에는 그러하지 아니하다.

②신청을 허가하는 결정을 한 때에는 그 결정의 정본과 소장의 부본을 새로운 피고에게 송달하여야 한다.

③신청을 허가하는 결정에 대하여는 동의가 없었다는 사유로만 즉시항고를 할 수 있다.

④신청을 허가하는 결정을 한 때에는 종전의 피고에 대한 소는 취하된 것으로 본다.

제262조(청구의 변경) ①원고는 청구의 기초가 바뀌지 아니하는 한도 안에서 변론을 종결할 때(변론 없이 한 판결의 경우에는 판결을 선고할 때)까지 청구의 취지 또는 원인을 바꿀 수 있다. 다만, 소송절차를 현저히 지연시키는 경우에는 그러하지 아니하다.

②청구취지의 변경은 서면으로 신청하여야 한다.

③제2항의 서면은 상대방에게 송달하여야 한다.

제263조(청구의 변경의 불허가) 법원이 청구의 취지 또는 원인의 변경이 옳지 아니하다고 인정한 때에는 직권으로 또는 상대방의 신청에 따라 변경을 허가하지 아니하는 결정을 하여야 한다.

제264조(중간확인의 소) ①재판이 소송의 진행 중에 쟁점이 된 법률관계의 성립여부에 매인 때에 당사자는 따로 그 법률관계의 확인을 구하는 소를 제기할 수 있다. 다만, 이는 그 확인청구가 다른 법원의 관할에 전속되지 아니하는 때에 한한다.

②제1항의 청구는 서면으로 하여야 한다.

③제2항의 서면은 상대방에게 송달하여야 한다.

제265조(소제기에 따른 시효중단의 시기) 시효의 중단 또는 법률상 기간을 지킴에 필요한 재판상 청구는 소를 제기한 때 또는 제260조제2항·제262조제2항 또는 제264조제2항의 규정에 따라 서면을 법원에 제출한 때에 그 효력이 생긴다.

제266조(소의 취하) ①소는 판결이 확정될 때까지 그 전부나 일부를 취하할 수 있다.

②소의 취하는 상대방이 본안에 관하여 준비서면을 제출하거나 변론준비기일에서 진술하거나 변론을 한 뒤에는 상대방의 동의를 받아야 효력을 가진다.

③소의 취하는 서면으로 하여야 한다. 다만, 변론 또는 변론준비기일에서 말로 할 수 있다.

④소장을 송달한 뒤에는 취하의 서면을 상대방에게 송달하여야 한다.

⑤제3항 단서의 경우에 상대방이 변론 또는 변론준비기일에 출석하지 아니한 때에는 그 기일의 조서등본을 송달하여야 한다.

⑥소취하의 서면이 송달된 날부터 2주 이내에 상대방이 이의를 제기하지 아니한 경우에는 소취하에 동의한 것으로 본다. 제3항 단서의 경우에 있어서, 상대방이 기일에 출석한 경우에는 소를 취하한 날부터, 상대방이 기일에 출석하지 아니한 경우에는 제5항의 등본이 송달된 날부터 2주 이내에 상대방이 이의를 제기하지 아니하는 때에도 또한 같다.

제267조(소취하의 효과) ①취하된 부분에 대하여는 소가 처음부터 계속되지 아니한 것으로 본다.

②본안에 대한 종국판결이 있은 뒤에 소를 취하한 사람은 같은 소를 제기하지 못한다.

제268조(양 쪽 당사자가 출석하지 아니한 경우) ①양 쪽 당사자가 변론기일에 출석하지 아니하거나 출석하였다 하더라도 변론하지 아니한 때에는 재판장은 다시 변론기일을 정하여 양 쪽 당사자에게 통지하여야 한다.

②제1항의 새 변론기일 또는 그 뒤에 열린 변론기일에 양 쪽 당사자가 출석하지 아니하거나 출석하였다 하더라도 변론하지 아니한 때에는 1월 이내에 기일지정신청을 하지 아니하면 소를 취하한 것으로 본다.

③제2항의 기일지정신청에 따라 정한 변론기일 또는 그 뒤의 변론기일에 양쪽 당사자가 출석하지 아니하거나 출석하였다 하더라도 변론하지 아니한 때에는 소를 취하한 것으로 본다.

④상소심의 소송절차에는 제1항 내지 제3항의 규정을 준용한다. 다만, 상소심에서는 상소를 취하한 것으로 본다.

제269조(반소) ①피고는 소송절차를 현저히 지연시키지 아니하는 경우에만 변론을 종결할 때까지 본소가 계속된 법원에 반소를 제기할 수 있다. 다만, 소송의 목적이 된 청구가 다른 법원의 관할에 전속되지 아니하고 본소의 청구 또는 방어의 방법과 서로 관련이 있어야 한다.

②본소가 단독사건인 경우에 피고가 반소로 합의사건에 속하는 청구를 한 때에는 법원은 직권 또는 당사자의 신청에 따른 결정으로 본소와 반소를 합의부에 이송하여야 한다. 다만, 반소에 관하여 제30조의 규정에 따른 관할권이 있는 경우에는 그러하지 아니하다.

제270조(반소의 절차) 반소는 본소에 관한 규정을 따른다.

제271조(반소의 취하) 본소가 취하된 때에는 피고는 원고의 동의 없이 반소를 취하할 수 있다.

제2장 변론과 그 준비

제272조(변론의 집중과 준비) ①변론은 집중되어야 하며, 당사자는 변론을 서면으로 준비하여야 한다.

②단독사건의 변론은 서면으로 준비하지 아니할 수 있다. 다만, 상대방이 준비하지 아니하면 진술할 수 없는 사항은 그러하지 아니하다.

제273조(준비서면의 제출 등) 준비서면은 그것에 적힌 사항에 대하여 상대방이 준비하는 데 필요한 기간을 두고 제출하여야 하며, 법원은 상대방에게 그 부본을 송달하여야 한다.

제274조(준비서면의 기재사항) ①준비서면에는 다음 각 호의 사항을 적고, 당사자 또는 대리인이 기명날인 또는 서명한다.

1. 당사자의 성명·명칭 또는 상호와 주소
2. 대리인의 성명과 주소
3. 사건의 표시
4. 공격 또는 방어의 방법
5. 상대방의 청구와 공격 또는 방어의 방법에 대한 진술
6. 덧붙인 서류의 표시
7. 작성한 날짜
8. 법원의 표시

②제1항 제4호 및 제5호의 사항에 대하여는 사실상 주장을 증명하기 위한 증거방법과 상대방의 증거방법에 대한 의견을 함께 적어야 한다.

제275조(준비서면의 첨부서류) ①당사자가 가지고 있는 문서로서 준비서면에 인용한 것은 그 등본 또는 사본을 붙여야 한다.

②문서의 일부가 필요한 때에는 그 부분에 대한 초본을 붙이고, 문서가 많을 때에는 그 문서를 표시하면 된다.

③제1항 및 제2항의 문서는 상대방이 요구하면 그 원본을 보여주어야 한다.

제276조(준비서면에 적지 아니한 효과) 준비서면에 적지 아니한 사실은 상대방이 출석하지 아니한 때에는 변론에서 주장하지 못한다. 다만, 제272조 제2항 본문의 규정에 따라 준비서면을 필요로 하지 아니하는 경우에는 그러하지 아니하다.

제277조(번역문의 첨부) 외국어로 작성된 문서에는 번역문을 붙여야 한다.

제278조(요약준비서면) 재판장은 당사자의 공격방어방법의 요지를 파악하기 어렵다고 인정하는 때에는 변론을 종결하기에 앞서 당사자에게 쟁점과 증거의 정리 결과를 요약한 준비서면을 제출하도록 할 수 있다.

제279조(변론준비절차의 실시) ①변론준비절차에서는 변론이 효율적이고 집중적으로 실시될 수 있도록 당사자의 주장과 증거를 정리하여야 한다. <개정 2008.12.26.>
②재판장은 특별한 사정이 있는 때에는 변론기일을 연 뒤에도 사건을 변론준비절차에 부칠 수 있다.

제280조(변론준비절차의 진행) ①변론준비절차는 기간을 정하여, 당사자로 하여금 준비서면, 그 밖의 서류를 제출하게 하거나 당사자 사이에 이를 교환하게 하고 주장사실을 증명할 증거를 신청하게 하는 방법으로 진행한다.
②변론준비절차의 진행은 재판장이 담당한다.
③합의사건의 경우 재판장은 합의부원을 수명법관으로 지정하여 변론준비절차를 담당하게 할 수 있다.
④재판장은 필요하다고 인정하는 때에는 변론준비절차의 진행을 다른 판사에게 촉탁할 수 있다.

제281조(변론준비절차에서의 증거조사) ①변론준비절차를 진행하는 재판장, 수명법관, 제280조 제4항의 판사(이하 "재판장등"이라 한다.)는 변론의 준비를 위하여 필요하다고 인정하면 증거결정을 할 수 있다.

②합의사건의 경우에 제1항의 증거결정에 대한 당사자의 이의신청에 관하여는 제138조의 규정을 준용한다.

③재판장등은 제279조제1항의 목적을 달성하기 위하여 필요한 범위 안에서 증거조사를 할 수 있다. 다만, 증인신문 및 당사자신문은 제313조에 해당되는 경우에만 할 수 있다.

④제1항 및 제3항의 경우에는 재판장등이 이 법에서 정한 법원과 재판장의 직무를 행한다.

제282조(변론준비기일) ①재판장등은 변론준비절차를 진행하는 동안에 주장 및 증거를 정리하기 위하여 필요하다고 인정하는 때에는 변론준비기일을 열어 당사자를 출석하게 할 수 있다.

②사건이 변론준비절차에 부쳐진 뒤 변론준비기일이 지정됨이 없이 4월이 지난 때에는 재판장등은 즉시 변론준비기일을 지정하거나 변론준비절차를 끝내야 한다.

③당사자는 재판장등의 허가를 얻어 변론준비기일에 제3자와 함께 출석할 수 있다.

④당사자는 변론준비기일이 끝날 때까지 변론의 준비에 필요한 주장과 증거를 정리하여 제출하여야 한다.

⑤재판장등은 변론준비기일이 끝날 때까지 변론의 준비를 위한 모든 처분을 할 수 있다.

제283조(변론준비기일의 조서) ①변론준비기일의 조서에는 당사자의 진술에 따라 제274조 제1항 제4호와 제5호에 규정한 사항을 적어야 한다. 이 경우 특히 증거에 관한 진술은 명확히 하여야 한다.

②변론준비기일의 조서에는 제152조 내지 제159조의 규정을 준용한다.

제284조(변론준비절차의 종결) ①재판장등은 다음 각 호 가운데 어느 하나에 해당하면 변론준비절차를 종결하여야 한다. 다만, 변론의 준비를 계속하여야 할 상당한 이유가 있는 때에는 그러하지 아니하다.

1.사건을 변론준비절차에 부친 뒤 6월이 지난 때

2.당사자가 제280조 제1항의 규정에 따라 정한 기간 이내에 준비서면 등을 제출하지 아니하거나 증거의 신청을 하지 아니한 때

3.당사자가 변론준비기일에 출석하지 아니한 때

②변론준비절차를 종결하는 경우에 재판장등은 변론기일을 미리 지정할 수 있다.

제285조(변론준비기일을 종결한 효과) ①변론준비기일에 제출하지 아니한 공격방어방법은 다음 각 호 가운데 어느 하나에 해당하여야만 변론에서 제출할 수 있다.

1.그 제출로 인하여 소송을 현저히 지연시키지 아니하는 때

2.중대한 과실 없이 변론준비절차에서 제출하지 못하였다는 것을 소명한 때

3.법원이 직권으로 조사할 사항인 때

②제1항의 규정은 변론에 관하여 제276조의 규정을 적용하는 데에 영향을 미치지 아니한다.

③소장 또는 변론준비절차전에 제출한 준비서면에 적힌 사항은 제1항의 규정에 불구하고 변론에서 주장할 수 있다. 다만, 변론준비절차에서 철회되거나 변경된 때에는 그러하지 아니하다.

제286조(준용규정) 변론준비절차에는 제135조 내지 제138조, 제140조, 제142조 내지 제151조, 제225조 내지 제232조, 제268조 및 제278조의 규정을 준용한다.

제287조(변론준비절차를 마친 뒤의 변론) ①법원은 변론준비절차를 마친 경우에는 첫 변론기일을 거친 뒤 바로 변론을 종결할 수 있도록 하여야 하며, 당사자는 이에 협력하여야 한다.

②당사자는 변론준비기일을 마친 뒤의 변론기일에서 변론준비기일의 결과를 진술하여야 한다.

③법원은 변론기일에 변론준비절차에서 정리된 결과에 따라서 바로 증거조사를 하여야 한다.

제3장 증거
제1절 총칙

제288조(불요증사실) 법원에서 당사자가 자백한 사실과 현저한 사실은 증명을 필요로 하지 아니한다. 다만, 진실에 어긋나는 자백은 그것이 착오로 말미암은 것임을 증명한 때에는 취소할 수 있다.

제289조(증거의 신청과 조사) ①증거를 신청할 때에는 증명할 사실을 표시하여야 한다.

②증거의 신청과 조사는 변론기일 전에도 할 수 있다.

제290조(증거신청의 채택여부) 법원은 당사자가 신청한 증거를 필요하지 아니하다고 인정한 때에는 조사하지 아니할 수 있다. 다만, 그것이 당사자가 주장하는 사실에 대한 유일한 증거인 때에는 그러하지 아니하다.

제291조(증거조사의 장애) 법원은 증거조사를 할 수 있을지, 언제 할 수 있을지 알 수 없는 경우에는 그 증거를 조사하지 아니할 수 있다.

제292조(직권에 의한 증거조사) 법원은 당사자가 신청한 증거에 의하여 심증을 얻을 수 없거나, 그 밖에 필요하다고 인정한 때에는 직권으로 증거조사를 할 수 있다.

제293조(증거조사의 집중) 증인신문과 당사자신문은 당사자의 주장과 증거를 정리한 뒤 집중적으로 하여야 한다.

제294조(조사의 촉탁) 법원은 공공기관·학교, 그 밖의 단체·개인 또는 외국의 공공기관에게 그 업무에 속하는 사항에 관하여 필요한 조사 또는 보관중인 문서의 등본·사본의 송부를 촉탁할 수 있다.

제295조(당사자가 출석하지 아니한 경우의 증거조사) 증거조사는 당사자가 기일에 출석하지 아니한 때에도 할 수 있다.

제296조(외국에서 시행하는 증거조사) ①외국에서 시행할 증거조사는 그 나라에 주재하는 대한민국 대사·공사·영사 또는 그 나라의 관할 공공기관에 촉탁한다.

②외국에서 시행한 증거조사는 그 나라의 법률에 어긋나더라도 이 법에 어긋나지 아니하면 효력을 가진다.

제297조(법원 밖에서의 증거조사) ①법원은 필요하다고 인정할 때에는 법원 밖에서 증거조사를 할 수 있다. 이 경우 합의부원에게 명하거나 다른 지방법원 판사에게 촉탁할 수 있다.
②수탁판사는 필요하다고 인정할 때에는 다른 지방법원 판사에게 증거조사를 다시 촉탁할 수 있다. 이 경우 그 사유를 수소법원과 당사자에게 통지하여야 한다.

제298조(수탁판사의 기록송부) 수탁판사는 증거조사에 관한 기록을 바로 수소법원에 보내야 한다.

제299조(소명의 방법) ①소명은 즉시 조사할 수 있는 증거에 의하여야 한다.
②법원은 당사자 또는 법정대리인으로 하여금 보증금을 공탁하게 하거나, 그 주장이 진실하다는 것을 선서하게 하여 소명에 갈음할 수 있다.
③제2항의 선서에는 제320조, 제321조 제1항·제3항·제4항 및 제322조의 규정을 준용한다.

제300조(보증금의 몰취) 제299조제2항의 규정에 따라 보증금을 공탁한 당사자 또는 법정대리인이 거짓 진술을 한 때에 법원은 결정으로 보증금을 몰취(沒取)한다.

제301조(거짓 진술에 대한 제재) 제299조제2항의 규정에 따라 선서한 당사자 또는 법정대리인이 거짓 진술을 한 때에 법원은 결정으로 200만원이하의 과태료에 처한다.

제302조(불복신청) 제300조 및 제301조의 결정에 대하여는 즉시항고를 할 수 있다.

제2절 증인신문

제303조(증인의 의무) 법원은 특별한 규정이 없으면 누구든지 증인으로 신문할 수 있다.

제304조(대통령·국회의장·대법원장·헌법재판소장의 신문) 대통령·국회의장·대법원장 및 헌법재판소장 또는 그 직책에 있었던 사람을 증인으로 하여 직무상 비밀에 관한 사항을 신문할 경우에 법원은 그의 동의를 받아야 한다.

제305조(국회의원·국무총리·국무위원의 신문) ①국회의원 또는 그 직책에 있었던 사람을 증인으로 하여 직무상 비밀에 관한 사항을 신문할 경우에 법원은 국회의 동의를 받아야 한다.
②국무총리·국무위원 또는 그 직책에 있었던 사람을 증인으로 하여 직무상 비밀에 관한 사항을 신문할 경우에 법원은 국무회의의 동의를 받아야 한다.

제306조(공무원의 신문) 제304조와 제305조에 규정한 사람 외의 공무원 또는 공무원이었던 사람을 증인으로 하여 직무상 비밀에 관한 사항을 신문할 경우에 법원은 그 소속 관청 또는 감독관청의 동의를 받아야 한다.

제307조(거부권의 제한) 제305조와 제306조의 경우에 국회·국무회의 또는 제306조의 관청은 국가의 중대한 이익을 해치는 경우를 제외하고는 동의를 거부하지 못한다.

제308조(증인신문의 신청) 당사자가 증인신문을 신청하고자 하는 때에는 증인을 지정하여 신청하여야 한다.

제309조(출석요구서의 기재사항) 증인에 대한 출석요구서에는 다음 각 호의 사항을 적어야 한다.
1.당사자의 표시

2.신문 사항의 요지

3. 출석하지 아니하는 경우의 법률상 제재

제310조(증언에 갈음하는 서면의 제출) ①법원은 증인과 증명할 사항의 내용 등을 고려하여 상당하다고 인정하는 때에는 출석·증언에 갈음하여 증언할 사항을 적은 서면을 제출하게 할 수 있다.

②법원은 상대방의 이의가 있거나 필요하다고 인정하는 때에는 제1항의 증인으로 하여금 출석·증언하게 할 수 있다.

제311조(증인이 출석하지 아니한 경우의 과태료 등) ①증인이 정당한 사유 없이 출석하지 아니한 때에 법원은 결정으로 증인에게 이로 말미암은 소송비용을 부담하도록 명하고 500만원이하의 과태료에 처한다.

②법원은 증인이 제1항의 규정에 따른 과태료의 재판을 받고도 정당한 사유 없이 다시 출석하지 아니한 때에는 결정으로 증인을 7일 이내의 감치(監置)에 처한다.

③법원은 감치재판기일에 증인을 소환하여 제2항의 정당한 사유가 있는지 여부를 심리하여야 한다.

④감치에 처하는 재판은 그 재판을 한 법원의 재판장의 명령에 따라 법원공무원 또는 국가경찰공무원이 경찰서유치장·교도소 또는 구치소에 유치함으로써 집행한다. <개정 2006. 2. 21.>

⑤감치의 재판을 받은 증인이 제4항에 규정된 감치시설에 유치된 때에는 당해 감치시설의 장은 즉시 그 사실을 법원에 통보하여야 한다.

⑥법원은 제5항의 통보를 받은 때에는 바로 증인신문기일을 열어야 한다.

⑦감치의 재판을 받은 증인이 감치의 집행중에 증언을 한 때에는 법원은 바로 감치결정을 취소하고 그 증인을 석방하도록 명하여야 한다.

⑧제1항과 제2항의 결정에 대하여는 즉시항고를 할 수 있다. 다만, 제447조의 규정은 적용하지 아니한다.

⑨제2항 내지 제8항의 규정에 따른 재판절차 및 그 집행 그 밖에 필요한 사항은 대법원규칙으로 정한다.

제312조(출석하지 아니한 증인의 구인) ①법원은 정당한 사유 없이 출석하지 아니한 증인을 구인(拘引)하도록 명할 수 있다.

②제1항의 구인에는 형사소송법의 구인에 관한 규정을 준용한다.

제313조(수명법관·수탁판사에 의한 증인신문) 법원은 다음 각 호 가운데 어느 하나에 해당하면 수명법관 또는 수탁판사로 하여금 증인을 신문하게 할 수 있다.

1.증인이 정당한 사유로 수소법원에 출석하지 못하는 때

2.증인이 수소법원에 출석하려면 지나치게 많은 비용 또는 시간을 필요로 하는 때

3.그 밖의 상당한 이유가 있는 경우로서 당사자가 이의를 제기하지 아니하는 때

제314조(증언거부권) 증인은 그 증언이 자기나 다음 각 호 가운데 어느 하나에 해당하는 사람이 공소제기 되거나 유죄판결을 받을 염려가 있는 사항 또는 자기나 그들에게 치욕이 될 사항에 관한 것인 때에는 이를 거부할 수 있다. <개정 2005.3.31.>

1.증인의 친족 또는 이러한 관계에 있었던 사람

2.증인의 후견인 또는 증인의 후견을 받는 사람

제315조(증언거부권) ①증인은 다음 각 호 가운데 어느 하나에 해당하면 증언을 거부할 수 있다.

1.변호사·변리사·공증인·공인회계사·세무사·의료인·약사, 그 밖에 법령에 따라 비밀을 지킬 의무가 있는 직책 또는 종교의 직책에 있거나 이러한 직책에 있었던 사람이 직무상 비밀에 속하는 사항에 대하여 신문을 받을 때

2.기술 또는 직업의 비밀에 속하는 사항에 대하여 신문을 받을 때
②증인이 비밀을 지킬 의무가 면제된 경우에는 제1항의 규정을 적용하지 아니한다.

제316조(거부이유의 소명) 증언을 거부하는 이유는 소명하여야 한다.

제317조(증언거부에 대한 재판) ①수소법원은 당사자를 심문하여 증언거부가 옳은 지를 재판한다.
②당사자 또는 증인은 제1항의 재판에 대하여 즉시항고를 할 수 있다.

제318조(증언거부에 대한 제재) 증언의 거부에 정당한 이유가 없다고 한 재판이 확정된 뒤에 증인이 증언을 거부한 때에는 제311조제1항, 제8항 및 제9항의 규정을 준용한다.

제319조(선서의 의무) 재판장은 증인에게 신문에 앞서 선서를 하게 하여야 한다. 다만, 특별한 사유가 있는 때에는 신문한 뒤에 선서를 하게 할 수 있다.

제320조(위증에 대한 벌의 경고) 재판장은 선서에 앞서 증인에게 선서의 취지를 밝히고, 위증의 벌에 대하여 경고하여야 한다.

제321조(선서의 방식) ①선서는 선서서에 따라서 하여야 한다.
②선서서에는 "양심에 따라 숨기거나 보태지 아니하고 사실 그대로 말하며, 만일 거짓말을 하면 위증의 벌을 받기로 맹세합니다."라고 적어야 한다.
③재판장은 증인으로 하여금 선서서를 소리 내어 읽고 기명날인 또는 서명하게 하며, 증인이 선서서를 읽지 못하거나 기명날인 또는 서명하지 못하는 경우에는 참여한 법원사무관등이나 그 밖의 법원공무원으로 하여금 이를 대신하게 한다.
④증인은 일어서서 엄숙하게 선서하여야 한다.

제322조(선서무능력) 다음 각 호 가운데 어느 하나에 해당하는 사람을 증인으로 신문할 때에는 선서를 시키지 못한다.

1.16세 미만인 사람

2.선서의 취지를 이해하지 못하는 사람

제323조(선서의 면제) 제314조에 해당하는 증인으로서 증언을 거부하지 아니한 사람을 신문할 때에는 선서를 시키지 아니할 수 있다.

제324조(선서거부권) 증인이 자기 또는 제314조 각호에 규정된 어느 한 사람과 현저한 이해관계가 있는 사항에 관하여 신문을 받을 때에는 선서를 거부할 수 있다.

제325조(조서에의 기재) 선서를 시키지 아니하고 증인을 신문한 때에는 그 사유를 조서에 적어야 한다.

제326조(선서거부에 대한 제재) 증인이 선서를 거부하는 경우에는 제316조 내지 제318조의 규정을 준용한다.

제327조(증인신문의 방식) ①증인신문은 증인을 신청한 당사자가 먼저 하고, 다음에 다른 당사자가 한다.

②재판장은 제1항의 신문이 끝난 뒤에 신문할 수 있다.

③재판장은 제1항과 제2항의 규정에 불구하고 언제든지 신문할 수 있다.

④재판장이 알맞다고 인정하는 때에는 당사자의 의견을 들어 제1항과 제2항의 규정에 따른 신문의 순서를 바꿀 수 있다.

⑤당사자의 신문이 중복되거나 쟁점과 관계가 없는 때, 그 밖에 필요한 사정이 있는 때에 재판장은 당사자의 신문을 제한할 수 있다.

⑥합의부원은 재판장에게 알리고 신문할 수 있다.

제327조의2(비디오 등 중계장치에 의한 증인신문) ①법원은 다음 각호의 어느 하나에 해당하는 사람을 증인으로 신문하는 경우 상당하다고 인정하는 때에는 당사자의 의견을 들어 비디오 등 중계장치에 의한 중계시설을 통하여 신문할 수 있다.

1.증인이 멀리 떨어진 곳 또는 교통이 불편한 곳에 살고 있거나 그

밖의 사정으로 말미암아 법정에 직접 출석하기 어려운 경우

2.증인이 나이, 심신상태, 당사자나 법정대리인과의 관계, 신문사항의 내용, 그 밖의 사정으로 말미암아 법정에서 당사자 등과 대면하여 진술하면 심리적인 부담으로 정신의 평온을 현저하게 잃을 우려가 있는 경우

②제1항에 따른 증인신문은 증인이 법정에 출석하여 이루어진 증인신문으로 본다.

③제1항에 따른 증인신문의 절차와 방법, 그 밖에 필요한 사항은 대법원규칙으로 정한다. [본조신설 2016.3.29.]

제328조(격리신문과 그 예외) ①증인은 따로따로 신문하여야 한다.

②신문하지 아니한 증인이 법정(法廷)안에 있을 때에는 법정에서 나가도록 명하여야 한다. 다만, 필요하다고 인정한 때에는 신문할 증인을 법정 안에 머무르게 할 수 있다.

제329조(대질신문) 재판장은 필요하다고 인정한 때에는 증인 서로의 대질을 명할 수 있다.

제330조(증인의 행위의무) 재판장은 필요하다고 인정한 때에는 증인에게 문자를 손수 쓰게 하거나 그 밖의 필요한 행위를 하게 할 수 있다.

제331조(증인의 진술원칙) 증인은 서류에 의하여 진술하지 못한다. 다만, 재판장이 허가하면 그러하지 아니하다.

제332조(수명법관·수탁판사의 권한) 수명법관 또는 수탁판사가 증인을 신문하는 경우에는 법원과 재판장의 직무를 행한다.

제3절 감정

제333조(증인신문규정의 준용) 감정에는 제2절의 규정을 준용한다. 다만, 제311조 제2항 내지 제7항, 제312조, 제321조제2항, 제327조 및 제327조의2는 그러하지 아니하다. <개정 2016.3.29.>

제334조(감정의무) ①감정에 필요한 학식과 경험이 있는 사람은 감정할 의무를 진다.

②제314조 또는 제324조의 규정에 따라 증언 또는 선서를 거부할 수 있는 사람과 제322조에 규정된 사람은 감정인이 되지 못한다.

제335조(감정인의 지정) 감정인은 수소법원·수명법관 또는 수탁판사가 지정한다.

제335조의2(감정인의 의무) ①감정인은 감정사항이 자신의 전문분야에 속하지 아니하는 경우 또는 그에 속하더라도 다른 감정인과 함께 감정을 하여야 하는 경우에는 곧바로 법원에 감정인의 지정 취소 또는 추가 지정을 요구하여야 한다.

②감정인은 감정을 다른 사람에게 위임하여서는 아니 된다.

[본조신설 2016.3.29.]

제336조(감정인의 기피) 감정인이 성실하게 감정할 수 없는 사정이 있는 때에 당사자는 그를 기피할 수 있다. 다만, 당사자는 감정인이 감정사항에 관한 진술을 하기 전부터 기피할 이유가 있다는 것을 알고 있었던 때에는 감정사항에 관한 진술이 이루어진 뒤에 그를 기피하지 못한다.

제337조(기피의 절차) ①기피신청은 수소법원·수명법관 또는 수탁판사에게 하여야 한다.

②기피하는 사유는 소명하여야 한다.

③기피하는 데 정당한 이유가 있다고 한 결정에 대하여는 불복할 수 없고, 이유가 없다고 한 결정에 대하여는 즉시항고를 할 수 있다.

제338조(선서의 방식) 선서서에는 "양심에 따라 성실히 감정하고, 만일 거짓이 있으면 거짓감정의 벌을 받기로 맹세합니다."라고 적어야 한다.

제339조(감정진술의 방식) ①재판장은 감정인으로 하여금 서면이나 말로써 의견을 진술하게 할 수 있다.

②재판장은 여러 감정인에게 감정을 명하는 경우에는 다 함께 또는 따로따로 의견을 진술하게 할 수 있다.

③법원은 제1항 및 제2항에 따른 감정진술에 관하여 당사자에게 서면 이나 말로써 의견을 진술할 기회를 주어야 한다. <신설 2016.3.29.>

제339조의2(감정인신문의 방식) ① 감정인은 재판장이 신문한다.

②합의부원은 재판장에게 알리고 신문할 수 있다.

③당사자는 재판장에게 알리고 신문할 수 있다. 다만, 당사자의 신문 이 중복되거나 쟁점과 관계가 없는 때, 그 밖에 필요한 사정이 있는 때에는 재판장은 당사자의 신문을 제한할 수 있다.

[본조신설 2016.3.29.]

제339조의3(비디오 등 중계장치 등에 의한 감정인신문) ①법원은 다음 각 호의 어느 하나에 해당하는 사람을 감정인으로 신문하는 경우 상 당하다고 인정하는 때에는 당사자의 의견을 들어 비디오 등 중계장 치에 의한 중계시설을 통하여 신문하거나 인터넷 화상장치를 이용하 여 신문할 수 있다.

1.감정인이 법정에 직접 출석하기 어려운 특별한 사정이 있는 경우

2.감정인이 외국에 거주하는 경우

②제1항에 따른 감정인신문에 관하여는 제327조의2 제2항 및 제3항 을 준용한다. [본조신설 2016.3.29.]

제340조(감정증인) 특별한 학식과 경험에 의하여 알게 된 사실에 관한 신 문은 증인신문에 관한 규정을 따른다. 다만, 비디오 등 중계장치 등에 의 한 감정증인신문에 관하여는 제339조의3을 준용한다. <개정 2016.3.29.>

제341조(감정의 촉탁) ①법원이 필요하다고 인정하는 경우에는 공공기 관·학교, 그 밖에 상당한 설비가 있는 단체 또는 외국의 공공기관에 감정을 촉탁할 수 있다. 이 경우에는 선서에 관한 규정을 적용하지 아니한다.

②제1항의 경우에 법원은 필요하다고 인정하면 공공기관·학교, 그 밖의 단체 또는 외국 공공기관이 지정한 사람으로 하여금 감정서를 설명하게 할 수 있다.

③ 제2항의 경우에는 제339조의3을 준용한다. <신설 2016.3.29.>

제342조(감정에 필요한 처분) ①감정인은 감정을 위하여 필요한 경우에는 법원의 허가를 받아 남의 토지, 주거, 관리중인 가옥, 건조물, 항공기, 선박, 차량, 그 밖의 시설물 안에 들어갈 수 있다.

②제1항의 경우 저항을 받을 때에는 감정인은 국가경찰공무원에게 원조를 요청할 수 있다. <개정 2006.2.21.>

제4절 서증

제343조(서증신청의 방식) 당사자가 서증(書證)을 신청하고자 하는 때에는 문서를 제출하는 방식 또는 문서를 가진 사람에게 그것을 제출하도록 명할 것을 신청하는 방식으로 한다.

제344조(문서의 제출의무) ①다음 각 호의 경우에 문서를 가지고 있는 사람은 그 제출을 거부하지 못한다.

1.당사자가 소송에서 인용한 문서를 가지고 있는 때

2.신청자가 문서를 가지고 있는 사람에게 그것을 넘겨 달라고 하거나 보겠다고 요구할 수 있는 사법상의 권리를 가지고 있는 때

3.문서가 신청자의 이익을 위하여 작성되었거나, 신청자와 문서를 가지고 있는 사람 사이의 법률관계에 관하여 작성된 것인 때. 다만, 다음 각목의 사유 가운데 어느 하나에 해당하는 경우에는 그러하지 아니하다.

　가. 제304조 내지 제306조에 규정된 사항이 적혀있는 문서로서 같은 조문들에 규정된 동의를 받지 아니한 문서

　나. 문서를 가진 사람 또는 그와 제314조 각호 가운데 어느 하나의 관계에 있는 사람에 관하여 같은 조에서 규정된 사항이 적혀 있는 문서

다. 제315조제1항 각호에 규정된 사항 중 어느 하나에 규정된 사항이 적혀 있고 비밀을 지킬 의무가 면제되지 아니한 문서
②제1항의 경우 외에도 문서(공무원 또는 공무원이었던 사람이 그 직무와 관련하여 보관하거나 가지고 있는 문서를 제외한다)가 다음 각호의 어느 하나에도 해당하지 아니하는 경우에는 문서를 가지고 있는 사람은 그 제출을 거부하지 못한다.
1.제1항 제3호나 목 및 다목에 규정된 문서
2.오로지 문서를 가진 사람이 이용하기 위한 문서

제345조(문서제출신청의 방식) 문서제출신청에는 다음 각 호의 사항을 밝혀야 한다.
1.문서의 표시
2.문서의 취지
3.문서를 가진 사람
4.증명할 사실
5.문서를 제출하여야 하는 의무의 원인

제346조(문서목록의 제출) 제345조의 신청을 위하여 필요하다고 인정하는 경우에는, 법원은 신청대상이 되는 문서의 취지나 그 문서로 증명할 사실을 개괄적으로 표시한 당사자의 신청에 따라, 상대방 당사자에게 신청내용과 관련하여 가지고 있는 문서 또는 신청내용과 관련하여 서증으로 제출할 문서에 관하여 그 표시와 취지 등을 적어 내도록 명할 수 있다.

제347조(제출신청의 허가여부에 대한 재판) ①법원은 문서제출신청에 정당한 이유가 있다고 인정한 때에는 결정으로 문서를 가진 사람에게 그 제출을 명할 수 있다.
②문서제출의 신청이 문서의 일부에 대하여만 이유 있다고 인정한 때에는 그 부분만의 제출을 명하여야 한다.
③제3자에 대하여 문서의 제출을 명하는 경우에는 제3자 또는 그가 지정하는 자를 심문하여야 한다.

④법원은 문서가 제344조에 해당하는지를 판단하기 위하여 필요하다고 인정하는 때에는 문서를 가지고 있는 사람에게 그 문서를 제시하도록 명할 수 있다. 이 경우 법원은 그 문서를 다른 사람이 보도록 하여서는 안 된다.

제348조(불복신청) 문서제출의 신청에 관한 결정에 대하여는 즉시항고를 할 수 있다.

제349조(당사자가 문서를 제출하지 아니한 때의 효과) 당사자가 제347조제1항·제2항 및 제4항의 규정에 의한 명령에 따르지 아니한 때에는 법원은 문서의 기재에 대한 상대방의 주장을 진실한 것으로 인정할 수 있다.

제350조(당사자가 사용을 방해한 때의 효과) 당사자가 상대방의 사용을 방해할 목적으로 제출의무가 있는 문서를 훼손하여 버리거나 이를 사용할 수 없게 한 때에는, 법원은 그 문서의 기재에 대한 상대방의 주장을 진실한 것으로 인정할 수 있다.

제351조(제3자가 문서를 제출하지 아니한 때의 제재) 제3자가 제347조제1항·제2항 및 제4항의 규정에 의한 명령에 따르지 아니한 때에는 제318조의 규정을 준용한다.

제352조(문서송부의 촉탁) 서증의 신청은 제343조의 규정에 불구하고 문서를 가지고 있는 사람에게 그 문서를 보내도록 촉탁할 것을 신청함으로써도 할 수 있다. 다만, 당사자가 법령에 의하여 문서의 정본 또는 등본을 청구할 수 있는 경우에는 그러하지 아니하다.

제352조의2(협력의무) ①제352조에 따라 법원으로부터 문서의 송부를 촉탁 받은 사람 또는 제297조에 따른 증거조사의 대상인 문서를 가지고 있는 사람은 정당한 사유가 없는 한 이에 협력하여야 한다.
②문서의 송부를 촉탁 받은 사람이 그 문서를 보관하고 있지 아니하거나 그 밖에 송부촉탁에 따를 수 없는 사정이 있는 때에는 법원에 그 사유를 통지하여야 한다. [본조신설 2007.5.17.]

제353조(제출문서의 보관) 법원은 필요하다고 인정하는 때에는 제출되거나 보내 온 문서를 맡아 둘 수 있다.

제354조(수명법관·수탁판사에 의한 조사) ①법원은 제297조의 규정에 따라 수명법관 또는 수탁판사에게 문서에 대한 증거조사를 하게 하는 경우에 그 조서에 적을 사항을 정할 수 있다.

②제1항의 조서에는 문서의 등본 또는 초본을 붙여야 한다.

제355조(문서제출의 방법 등) ①법원에 문서를 제출하거나 보낼 때에는 원본, 정본 또는 인증이 있는 등본으로 하여야 한다.

②법원은 필요하다고 인정하는 때에는 원본을 제출하도록 명하거나 이를 보내도록 촉탁할 수 있다.

③법원은 당사자로 하여금 그 인용한 문서의 등본 또는 초본을 제출하게 할 수 있다.

④문서가 증거로 채택되지 아니한 때에는 법원은 당사자의 의견을 들어 제출된 문서의 원본·정본·등본·초본 등을 돌려주거나 폐기할 수 있다.

제356조(공문서의 진정의 추정) ①문서의 작성방식과 취지에 의하여 공무원이 직무상 작성한 것으로 인정한 때에는 이를 진정한 공문서로 추정한다.

②공문서가 진정한지 의심스러운 때에는 법원은 직권으로 해당 공공기관에 조회할 수 있다.

③외국의 공공기관이 작성한 것으로 인정한 문서에는 제1항 및 제2항의 규정을 준용한다.

제357조(사문서의 진정의 증명) 사문서는 그것이 진정한 것임을 증명하여야 한다.

제358조(사문서의 진정의 추정) 사문서는 본인 또는 대리인의 서명이나 날인 또는 무인(拇印)이 있는 때에는 진정한 것으로 추정한다.

제359조(필적 또는 인영의 대조) 문서가 진정하게 성립된 것인지 어떤지는 필적 또는 인영(印影)을 대조하여 증명할 수 있다.

제360조(대조용문서의 제출절차) ①대조에 필요한 필적이나 인영이 있는 문서, 그 밖의 물건을 법원에 제출하거나 보내는 경우에는 제343조, 제347조 내지 제350조, 제352조 내지 제354조의 규정을 준용한다.

②제3자가 정당한 사유 없이 제1항의 규정에 의한 제출명령에 따르지 아니한 때에 법원은 결정으로 200만원이하의 과태료에 처한다.

③제2항의 결정에 대하여는 즉시항고를 할 수 있다.

제361조(상대방이 손수 써야 하는 의무) ①대조하는 데에 적당한 필적이 없는 때에는 법원은 상대방에게 그 문자를 손수 쓰도록 명할 수 있다.

②상대방이 정당한 이유 없이 제1항의 명령에 따르지 아니한 때에는 법원은 문서의 진정여부에 관한 확인신청자의 주장을 진실한 것으로 인정할 수 있다. 필치(筆致)를 바꾸어 손수 쓴 때에도 또한 같다.

제362조(대조용문서의 첨부) 대조하는 데에 제공된 서류는 그 원본·등본 또는 초본을 조서에 붙여야 한다.

제363조(문서성립의 부인에 대한 제재) ①당사자 또는 그 대리인이 고의나 중대한 과실로 진실에 어긋나게 문서의 진정을 다툰 때에는 법원은 결정으로 200만원이하의 과태료에 처한다.

②제1항의 결정에 대하여는 즉시항고를 할 수 있다.

③제1항의 경우에 문서의 진정에 대하여 다툰 당사자 또는 대리인이 소송이 법원에 계속된 중에 그 진정을 인정하는 때에는 법원은 제1항의 결정을 취소할 수 있다.

제5절 검증

제364조(검증의 신청) 당사자가 검증을 신청하고자 하는 때에는 검증의 목적을 표시하여 신청하여야 한다.

제365조(검증할 때의 감정 등) 수명법관 또는 수탁판사는 검증에 필요하다고 인정할 때에는 감정을 명하거나 증인을 신문할 수 있다.

제366조(검증의 절차 등) ①검증할 목적물을 제출하거나 보내는 데에는 제343조, 제347조 내지 제350조, 제352조 내지 제354조의 규정을 준용한다.

②제3자가 정당한 사유 없이 제1항의 규정에 의한 제출명령에 따르지 아니한 때에는 법원은 결정으로 200만원이하의 과태료에 처한다. 이 결정에 대하여는 즉시항고를 할 수 있다.

③법원은 검증을 위하여 필요한 경우에는 제342조 제1항에 규정된 처분을 할 수 있다. 이 경우 저항을 받은 때에는 국가경찰공무원에게 원조를 요청할 수 있다. <개정 2006.2.21.>

제6절 당사자신문

제367조(당사자신문) 법원은 직권으로 또는 당사자의 신청에 따라 당사자 본인을 신문할 수 있다. 이 경우 당사자에게 선서를 하게 하여야 한다.

제368조(대질) 재판장은 필요하다고 인정한 때에 당사자 서로의 대질 또는 당사자와 증인의 대질을 명할 수 있다.

제369조(출석·선서·진술의 의무) 당사자가 정당한 사유 없이 출석하지 아니하거나 선서 또는 진술을 거부한 때에는 법원은 신문사항에 관한 상대방의 주장을 진실한 것으로 인정할 수 있다.

제370조(거짓 진술에 대한 제재) ①선서한 당사자가 거짓 진술을 한 때에는 법원은 결정으로 500만원이하의 과태료에 처한다.

②제1항의 결정에 대하여는 즉시항고를 할 수 있다.

③제1항의 결정에는 제363조 제3항의 규정을 준용한다.

제371조(신문조서) 당사자를 신문한 때에는 선서의 유무와 진술 내용을 조서에 적어야 한다.

제372조(법정대리인의 신문) 소송에서 당사자를 대표하는 법정대리인에 대하여는 제367조 내지 제371조의 규정을 준용한다. 다만, 당사자 본인도 신문할 수 있다.

제373조(증인신문 규정의 준용) 이 절의 신문에는 제309조, 제313조, 제319조 내지 제322조, 제327조와 제330조 내지 제332조의 규정을 준용한다.

제7절 그 밖의 증거

제374조(그 밖의 증거) 도면·사진·녹음테이프·비디오테이프·컴퓨터용 자기디스크, 그 밖에 정보를 담기 위하여 만들어진 물건으로서 문서가 아닌 증거의 조사에 관한 사항은 제3절 내지 제5절의 규정에 준하여 대법원규칙으로 정한다.

제8절 증거보전

제375조(증거보전의 요건) 법원은 미리 증거조사를 하지 아니하면 그 증거를 사용하기 곤란할 사정이 있다고 인정한 때에는 당사자의 신청에 따라 이 장의 규정에 따라 증거조사를 할 수 있다.

제376조(증거보전의 관할) ①증거보전의 신청은 소를 제기한 뒤에는 그 증거를 사용할 심급의 법원에 하여야 한다. 소를 제기하기 전에는 신문을 받을 사람이나 문서를 가진 사람의 거소 또는 검증하고자 하는 목적물이 있는 곳을 관할하는 지방법원에 하여야 한다.
②급박한 경우에는 소를 제기한 뒤에도 제1항 후단에 규정된 지방법원에 증거보전의 신청을 할 수 있다.

제377조(신청의 방식) ①증거보전의 신청에는 다음 각 호의 사항을 밝혀야 한다.

1.상대방의 표시

2.증명할 사실

3.보전하고자 하는 증거

4.증거보전의 사유

②증거보전의 사유는 소명하여야 한다.

제378조(상대방을 지정할 수 없는 경우) 증거보전의 신청은 상대방을 지정할 수 없는 경우에도 할 수 있다. 이 경우 법원은 상대방이 될 사람을 위하여 특별대리인을 선임할 수 있다.

제379조(직권에 의한 증거보전) 법원은 필요하다고 인정한 때에는 소송이 계속된 중에 직권으로 증거보전을 결정할 수 있다.

제380조(불복금지) 증거보전의 결정에 대하여는 불복할 수 없다.

제381조(당사자의 참여) 증거조사의 기일은 신청인과 상대방에게 통지하여야 한다. 다만, 긴급한 경우에는 그러하지 아니하다.

제382조(증거보전의 기록) 증거보전에 관한 기록은 본안소송의 기록이 있는 법원에 보내야 한다.

제383조(증거보전의 비용) 증거보전에 관한 비용은 소송비용의 일부로 한다.

제384조(변론에서의 재신문) 증거보전절차에서 신문한 증인을 당사자가 변론에서 다시 신문하고자 신청한 때에는 법원은 그 증인을 신문하여야 한다.

제4장 제소전화해(提訴前和解)의 절차

제385조(화해신청의 방식) ①민사상 다툼에 관하여 당사자는 청구의 취지·원인과 다투는 사정을 밝혀 상대방의 보통재판적이 있는 곳의 지방법원에 화해를 신청할 수 있다.

②당사자는 제1항의 화해를 위하여 대리인을 선임하는 권리를 상대방에게 위임할 수 없다.

③법원은 필요한 경우 대리권의 유무를 조사하기 위하여 당사자본인 또는 법정대리인의 출석을 명할 수 있다.

④화해신청에는 그 성질에 어긋나지 아니하면 소에 관한 규정을 준용한다.

제386조(화해가 성립된 경우) 화해가 성립된 때에는 법원사무관등은 조서에 당사자, 법정대리인, 청구의 취지와 원인, 화해조항, 날짜와 법원을 표시하고 판사와 법원사무관등이 기명날인 또는 서명한다. <개정 2017.10.31.>

제387조(화해가 성립되지 아니한 경우) ①화해가 성립되지 아니한 때에는 법원사무관등은 그 사유를 조서에 적어야 한다.

②신청인 또는 상대방이 기일에 출석하지 아니한 때에는 법원은 이들의 화해가 성립되지 아니한 것으로 볼 수 있다.

③법원사무관등은 제1항의 조서등본을 당사자에게 송달하여야 한다.

제388조(소제기신청) ①제387조의 경우에 당사자는 소제기신청을 할 수 있다.

②적법한 소제기신청이 있으면 화해신청을 한 때에 소가 제기된 것으로 본다. 이 경우 법원사무관등은 바로 소송기록을 관할법원에 보내야 한다.

③제1항의 신청은 제387조제3항의 조서등본이 송달된 날부터 2주 이내에 하여야 한다. 다만, 조서등본이 송달되기 전에도 신청할 수 있다.

④제3항의 기간은 불변기간으로 한다.

제389조(화해비용) 화해비용은 화해가 성립된 경우에는 특별한 합의가 없으면 당사자들이 각자 부담하고, 화해가 성립되지 아니한 경우에는 신청인이 부담한다. 다만, 소제기신청이 있는 경우에는 화해비용을 소송비용의 일부로 한다.

제3편 상소

제1장 항소

제390조(항소의 대상) ①항소(抗訴)는 제1심 법원이 선고한 종국판결에 대하여 할 수 있다. 다만, 종국판결 뒤에 양 쪽 당사자가 상고 (上告)할 권리를 유보하고 항소를 하지 아니하기로 합의한 때에는 그러하지 아니하다.

②제1항 단서의 합의에는 제29조 제2항의 규정을 준용한다.

제391조(독립한 항소가 금지되는 재판) 소송비용 및 가집행에 관한 재판에 대하여는 독립하여 항소를 하지 못한다.

제392조(항소심의 판단을 받는 재판) 종국판결 이전의 재판은 항소법원의 판단을 받는다. 다만, 불복할 수 없는 재판과 항고(抗告)로 불복할 수 있는 재판은 그러하지 아니하다.

제393조(항소의 취하) ①항소는 항소심의 종국판결이 있기 전에 취하할 수 있다.

②항소의 취하에는 제266조제3항 내지 제5항 및 제267조 제1항의 규정을 준용한다.

제394조(항소권의 포기) 항소권은 포기할 수 있다.

제395조(항소권의 포기방식) ①항소권의 포기는 항소를 하기 이전에는 제1심 법원에, 항소를 한 뒤에는 소송기록이 있는 법원에 서면으로 하여야 한다.

②항소권의 포기에 관한 서면은 상대방에게 송달하여야 한다.

③항소를 한 뒤의 항소권의 포기는 항소취하의 효력도 가진다.

제396조(항소기간) ①항소는 판결서가 송달된 날부터 2주 이내에 하여

야 한다. 다만, 판결서 송달 전에도 할 수 있다.

②제1항의 기간은 불변기간으로 한다.

제397조(항소의 방식, 항소장의 기재사항) ①항소는 항소장을 제1심 법원에 제출함으로써 한다.

②항소장에는 다음 각 호의 사항을 적어야 한다.

1.당사자와 법정대리인

2.제1심 판결의 표시와 그 판결에 대한 항소의 취지

제398조(준비서면규정의 준용) 항소장에는 준비서면에 관한 규정을 준용한다.

제399조(원심재판장등의 항소장심사권) ①항소장이 제397조 제2항의 규정에 어긋난 경우와 항소장에 법률의 규정에 따른 인지를 붙이지 아니한 경우에는 원심재판장은 항소인에게 상당한 기간을 정하여 그 기간 이내에 흠을 보정하도록 명하여야 한다. 원심재판장은 법원사무관등으로 하여금 위 보정명령을 하게 할 수 있다. <개정 2014.12.30.>

②항소인이 제1항의 기간 이내에 흠을 보정하지 아니한 때와, 항소기간을 넘긴 것이 분명한 때에는 원심재판장은 명령으로 항소장을 각하하여야 한다.

③제2항의 명령에 대하여는 즉시항고를 할 수 있다.[제목개정 2014.12.30.]

제400조(항소기록의 송부) ①항소장이 각하되지 아니한 때에 원심법원의 법원사무관등은 항소장이 제출된 날부터 2주 이내에 항소기록에 항소장을 붙여 항소법원으로 보내야 한다.

②제399조 제1항의 규정에 의하여 원심재판장등이 흠을 보정하도록 명한 때에는 그 흠이 보정된 날부터 1주 이내에 항소기록을 보내야 한다. <개정 2014.12.30.>

제401조(항소장부본의 송달) 항소장의 부본은 피항소인에게 송달하여야 한다.

제402조(항소심재판장등의 항소장심사권) ①항소장이 제397조 제2항의 규정에 어긋나거나 항소장에 법률의 규정에 따른 인지를 붙이지 아니하였음에도 원심재판장등이 제399조제1항의 규정에 의한 명령을 하지 아니한 경우, 또는 항소장의 부본을 송달할 수 없는 경우에는 항소심재판장은 항소인에게 상당한 기간을 정하여 그 기간 이내에 흠을 보정하도록 명하여야 한다. 항소심재판장은 법원사무관등으로 하여금 위 보정명령을 하게 할 수 있다. <개정 2014.12.30.>
②항소인이 제1항의 기간 이내에 흠을 보정하지 아니한 때, 또는 제399조 제2항의 규정에 따라 원심재판장이 항소장을 각하하지 아니한 때에는 항소심재판장은 명령으로 항소장을 각하하여야 한다.
③제2항의 명령에 대하여는 즉시항고를 할 수 있다.
[제목개정 2014.12.30.]

제403조(부대항소) 피항소인은 항소권이 소멸된 뒤에도 변론이 종결될 때까지 부대항소(附帶抗訴)를 할 수 있다.

제404조(부대항소의 종속성) 부대항소는 항소가 취하되거나 부적법하여 각하된 때에는 그 효력을 잃는다. 다만, 항소기간 이내에 한 부대항소는 독립된 항소로 본다.

제405조(부대항소의 방식) 부대항소에는 항소에 관한 규정을 적용한다.

제406조(가집행의 선고) ①항소법원은 제1심 판결 중에 불복신청이 없는 부분에 대하여는 당사자의 신청에 따라 결정으로 가집행의 선고를 할 수 있다.
②제1항의 신청을 기각한 결정에 대하여는 즉시항고를 할 수 있다.

제407조(변론의 범위) ①변론은 당사자가 제1심 판결의 변경을 청구하는 한도 안에서 한다.
②당사자는 제1심 변론의 결과를 진술하여야 한다.

제408조(제1심 소송절차의 준용) 항소심의 소송절차에는 특별한 규정

이 없으면 제2편제1장 내지 제3장의 규정을 준용한다.

제409조(제1심 소송행위의 효력) 제1심의 소송행위는 항소심에서도 그 효력을 가진다.

제410조(제1심의 변론준비절차의 효력) 제1심의 변론준비절차는 항소심에서도 그 효력을 가진다.

제411조(관할위반 주장의 금지) 당사자는 항소심에서 제1심 법원의 관할위반을 주장하지 못한다. 다만, 전속관할에 대하여는 그러하지 아니하다.

제412조(반소의 제기) ①반소는 상대방의 심급의 이익을 해할 우려가 없는 경우 또는 상대방의 동의를 받은 경우에 제기할 수 있다.
②상대방이 이의를 제기하지 아니하고 반소의 본안에 관하여 변론을 한 때에는 반소제기에 동의한 것으로 본다.

제413조(변론 없이 하는 항소각하) 부적법한 항소로서 흠을 보정할 수 없으면 변론 없이 판결로 항소를 각하할 수 있다.

제414조(항소기각) ①항소법원은 제1심 판결을 정당하다고 인정한 때에는 항소를 기각하여야 한다.
②제1심 판결의 이유가 정당하지 아니한 경우에도 다른 이유에 따라 그 판결이 정당하다고 인정되는 때에는 항소를 기각하여야 한다.

제415조(항소를 받아들이는 범위) 제1심 판결은 그 불복의 한도 안에서 바꿀 수 있다. 다만, 상계에 관한 주장을 인정한 때에는 그러하지 아니하다.

제416조(제1심 판결의 취소) 항소법원은 제1심 판결을 정당하지 아니하다고 인정한 때에는 취소하여야 한다.

제417조(판결절차의 위법으로 말미암은 취소) 제1심 판결의 절차가 법률에 어긋날 때에 항소법원은 제1심 판결을 취소하여야 한다.

제418조(필수적 환송) 소가 부적법하다고 각하한 제1심 판결을 취소하는 경우에는 항소법원은 사건을 제1심 법원에 환송(還送)하여야 한다. 다만, 제1심에서 본안판결을 할 수 있을 정도로 심리가 된 경우, 또는 당사자의 동의가 있는 경우에는 항소법원은 스스로 본안판결을 할 수 있다.

제419조(관할위반으로 말미암은 이송) 관할위반을 이유로 제1심 판결을 취소한 때에는 항소법원은 판결로 사건을 관할법원에 이송하여야 한다.

제420조(판결서를 적는 방법) 판결이유를 적을 때에는 제1심 판결을 인용할 수 있다. 다만, 제1심 판결이 제208조 제3항에 따라 작성된 경우에는 그러하지 아니하다.

제421조(소송기록의 반송) 소송이 완결된 뒤 상고가 제기되지 아니하고 상고기간이 끝난 때에는 법원사무관등은 판결서 또는 제402조의 규정에 따른 명령의 정본을 소송기록에 붙여 제1심 법원에 보내야 한다.

제2장 상고

제422조(상고의 대상) ①상고는 고등법원이 선고한 종국판결과 지방법원 합의부가 제2심으로서 선고한 종국판결에 대하여 할 수 있다.
②제390조제1항 단서의 경우에는 제1심의 종국판결에 대하여 상고할 수 있다.

제423조(상고이유) 상고는 판결에 영향을 미친 헌법·법률·명령 또는 규칙의 위반이 있다는 것을 이유로 드는 때에만 할 수 있다.

제424조(절대적 상고이유) ①판결에 다음 각 호 가운데 어느 하나의 사유가 있는 때에는 상고에 정당한 이유가 있는 것으로 한다.

1.법률에 따라 판결법원을 구성하지 아니한 때

2.법률에 따라 판결에 관여할 수 없는 판사가 판결에 관여한 때

3.전속관할에 관한 규정에 어긋난 때

4.법정대리권·소송대리권 또는 대리인의 소송행위에 대한 특별한 권한의 수여에 흠이 있는 때

5.변론을 공개하는 규정에 어긋난 때

6.판결의 이유를 밝히지 아니하거나 이유에 모순이 있는 때

②제60조 또는 제97조의 규정에 따라 추인한 때에는 제1항제4호의 규정을 적용하지 아니한다.

제425조(항소심절차의 준용) 상고와 상고심의 소송절차에는 특별한 규정이 없으면 제1장의 규정을 준용한다.

제426조(소송기록 접수의 통지) 상고법원의 법원사무관등은 원심법원의 법원사무관등으로부터 소송기록을 받은 때에는 바로 그 사유를 당사자에게 통지하여야 한다.

제427조(상고이유서 제출) 상고장에 상고이유를 적지 아니한 때에 상고인은 제426조의 통지를 받은 날부터 20일 이내에 상고이유서를 제출하여야 한다.

제428조(상고이유서, 답변서의 송달 등) ①상고이유서를 제출받은 상고법원은 바로 그 부본이나 등본을 상대방에게 송달하여야 한다.

②상대방은 제1항의 서면을 송달받은 날부터 10일 이내에 답변서를 제출할 수 있다.

③상고법원은 제2항의 답변서의 부본이나 등본을 상고인에게 송달하여야 한다.

제429조(상고이유서를 제출하지 아니함으로 말미암은 상고기각) 상고인이 제427조의 규정을 어기어 상고이유서를 제출하지 아니한 때에는 상고법원은 변론 없이 판결로 상고를 기각하여야 한다. 다만, 직권으로 조사하여야 할 사유가 있는 때에는 그러하지 아니하다.

제430조(상고심의 심리절차) ①상고법원은 상고장·상고이유서·답변서, 그 밖의 소송기록에 의하여 변론없이 판결할 수 있다.

②상고법원은 소송관계를 분명하게 하기 위하여 필요한 경우에는 특정한 사항에 관하여 변론을 열어 참고인의 진술을 들을 수 있다.

제431조(심리의 범위) 상고법원은 상고이유에 따라 불복신청의 한도 안에서 심리한다.

제432조(사실심의 전권) 원심판결이 적법하게 확정한 사실은 상고법원을 기속한다.

제433조(비약적 상고의 특별규정) 상고법원은 제422조 제2항의 규정에 따른 상고에 대하여는 원심판결의 사실확정이 법률에 어긋난다는 것을 이유로 그 판결을 파기하지 못한다.

제434조(직권조사사항에 대한 예외) 법원이 직권으로 조사하여야 할 사항에 대하여는 제431조 내지 제433조의 규정을 적용하지 아니한다.

제435조(가집행의 선고) 상고법원은 원심판결 중 불복신청이 없는 부분에 대하여는 당사자의 신청에 따라 결정으로 가집행의 선고를 할 수 있다.

제436조(파기환송, 이송) ①상고법원은 상고에 정당한 이유가 있다고 인정할 때에는 원심판결을 파기하고 사건을 원심법원에 환송하거나, 동등한 다른 법원에 이송하여야 한다.

②사건을 환송받거나 이송받은 법원은 다시 변론을 거쳐 재판하여야 한다. 이 경우에는 상고법원이 파기의 이유로 삼은 사실상 및 법률상 판단에 기속된다.

③원심판결에 관여한 판사는 제2항의 재판에 관여하지 못한다.

제437조(파기자판) 다음 각호 가운데 어느 하나에 해당하면 상고법원은 사건에 대하여 종국판결을 하여야 한다.

1.확정된 사실에 대하여 법령적용이 어긋난다 하여 판결을 파기하는

경우에 사건이 그 사실을 바탕으로 재판하기 충분한 때

2.사건이 법원의 권한에 속하지 아니한다 하여 판결을 파기하는 때

제438조(소송기록의 송부) 사건을 환송하거나 이송하는 판결이 내려졌을 때에는 법원사무관등은 2주 이내에 그 판결의 정본을 소송기록에 붙여 사건을 환송받거나 이송 받을 법원에 보내야 한다.

제3장 항고

제439조(항고의 대상) 소송절차에 관한 신청을 기각한 결정이나 명령에 대하여 불복하면 항고할 수 있다.

제440조(형식에 어긋나는 결정·명령에 대한 항고) 결정이나 명령으로 재판할 수 없는 사항에 대하여 결정 또는 명령을 한 때에는 항고할 수 있다.

제441조(준항고) ①수명법관이나 수탁판사의 재판에 대하여 불복하는 당사자는 수소법원에 이의를 신청할 수 있다. 다만, 그 재판이 수소법원의 재판인 경우로서 항고할 수 있는 것인 때에 한한다.

②제1항의 이의신청에 대한 재판에 대하여는 항고할 수 있다.

③상고심이나 제2심에 계속된 사건에 대한 수명법관이나 수탁판사의 재판에는 제1항의 규정을 준용한다.

제442조(재항고) 항고법원·고등법원 또는 항소법원의 결정 및 명령에 대하여는 재판에 영향을 미친 헌법·법률·명령 또는 규칙의 위반을 이유로 드는 때에만 재항고(再抗告)할 수 있다.

제443조(항소 및 상고의 절차규정준용) ①항고법원의 소송절차에는 제1장의 규정을 준용한다.

②재항고와 이에 관한 소송절차에는 제2장의 규정을 준용한다.

제444조(즉시항고) ①즉시항고는 재판이 고지된 날부터 1주 이내에 하여야 한다.

②제1항의 기간은 불변기간으로 한다.

제445조(항고제기의 방식) 항고는 항고장을 원심법원에 제출함으로써 한다.

제446조(항고의 처리) 원심법원이 항고에 정당한 이유가 있다고 인정하는 때에는 그 재판을 경정하여야 한다.

제447조(즉시항고의 효력) 즉시항고는 집행을 정지시키는 효력을 가진다.

제448조(원심재판의 집행정지) 항고법원 또는 원심법원이나 판사는 항고에 대한 결정이 있을 때까지 원심재판의 집행을 정지하거나 그 밖에 필요한 처분을 명할 수 있다.

제449조(특별항고) ①불복할 수 없는 결정이나 명령에 대하여는 재판에 영향을 미친 헌법위반이 있거나, 재판의 전제가 된 명령·규칙·처분의 헌법 또는 법률의 위반여부에 대한 판단이 부당하다는 것을 이유로 하는 때에만 대법원에 특별항고(特別抗告)를 할 수 있다.
②제1항의 항고는 재판이 고지된 날부터 1주 이내에 하여야 한다.
③제2항의 기간은 불변기간으로 한다.

제450조(준용규정) 특별항고와 그 소송절차에는 제448조와 상고에 관한 규정을 준용한다

.

제4편 재심

제451조(재심사유) ①다음 각 호 가운데 어느 하나에 해당하면 확정된 종국판결에 대하여 재심의 소를 제기할 수 있다. 다만, 당사자가 상소에 의하여 그 사유를 주장하였거나, 이를 알고도 주장하지 아니한 때에는 그러하지 아니하다.

1.법률에 따라 판결법원을 구성하지 아니한 때

2.법률상 그 재판에 관여할 수 없는 법관이 관여한 때

3.법정대리권·소송대리권 또는 대리인이 소송행위를 하는 데에 필요한 권한의 수여에 흠이 있는 때. 다만, 제60조 또는 제97조의 규정에 따라 추인한 때에는 그러하지 아니하다.

4.재판에 관여한 법관이 그 사건에 관하여 직무에 관한 죄를 범한 때

5.형사상 처벌을 받을 다른 사람의 행위로 말미암아 자백을 하였거나 판결에 영향을 미칠 공격 또는 방어방법의 제출에 방해를 받은 때

6.판결의 증거가 된 문서, 그 밖의 물건이 위조되거나 변조된 것인 때

7.증인·감정인·통역인의 거짓 진술 또는 당사자신문에 따른 당사자나 법정대리인의 거짓 진술이 판결의 증거가 된 때

8.판결의 기초가 된 민사나 형사의 판결, 그 밖의 재판 또는 행정처분이 다른 재판이나 행정처분에 따라 바뀐 때

9.판결에 영향을 미칠 중요한 사항에 관하여 판단을 누락한 때

10.재심을 제기할 판결이 전에 선고한 확정판결에 어긋나는 때

11.당사자가 상대방의 주소 또는 거소를 알고 있었음에도 있는 곳을 잘 모른다고 하거나 주소나 거소를 거짓으로 하여 소를 제기한 때

②제1항 제4호 내지 제7호의 경우에는 처벌받을 행위에 대하여 유죄의 판결이나 과태료부과의 재판이 확정된 때 또는 증거부족 외의 이유로 유죄의 확정판결이나 과태료부과의 확정재판을 할 수 없을 때에만 재심의 소를 제기할 수 있다.

③항소심에서 사건에 대하여 본안판결을 하였을 때에는 제1심 판결에 대하여 재심의 소를 제기하지 못한다.

제452조(기본이 되는 재판의 재심사유) 판결의 기본이 되는 재판에 제451조에 정한 사유가 있을 때에는 그 재판에 대하여 독립된 불복방법이 있는 경우라도 그 사유를 재심의 이유로 삼을 수 있다.

제453조(재심관할법원) ①재심은 재심을 제기할 판결을 한 법원의 전속관할로 한다.

②심급을 달리하는 법원이 같은 사건에 대하여 내린 판결에 대한 재심의 소는 상급법원이 관할한다. 다만, 항소심판결과 상고심판결에 각각 독립된 재심사유가 있는 때에는 그러하지 아니하다.

제454조(재심사유에 관한 중간판결) ①법원은 재심의 소가 적법한지 여부와 재심사유가 있는지 여부에 관한 심리 및 재판을 본안에 관한 심리 및 재판과 분리하여 먼저 시행할 수 있다.

②제1항의 경우에 법원은 재심사유가 있다고 인정한 때에는 그 취지의 중간판결을 한 뒤 본안에 관하여 심리·재판한다.

제455조(재심의 소송절차) 재심의 소송절차에는 각 심급의 소송절차에 관한 규정을 준용한다.

제456조(재심제기의 기간) ①재심의 소는 당사자가 판결이 확정된 뒤 재심의 사유를 안 날부터 30일 이내에 제기하여야 한다.

②제1항의 기간은 불변기간으로 한다.

③판결이 확정된 뒤 5년이 지난 때에는 재심의 소를 제기하지 못한다.

④재심의 사유가 판결이 확정된 뒤에 생긴 때에는 제3항의 기간은 그 사유가 발생한 날부터 계산한다.

제457조(재심제기의 기간) 대리권의 흠 또는 제451조제1항 제10호에 규정한 사항을 이유로 들어 제기하는 재심의 소에는 제456조의 규정을 적용하지 아니한다.

제458조(재심소장의 필수적 기재사항) 재심소장에는 다음 각 호의 사항을 적어야 한다.

1. 당사자와 법정대리인
2. 재심할 판결의 표시와 그 판결에 대하여 재심을 청구하는 취지
3. 재심의 이유

제459조(변론과 재판의 범위) ①본안의 변론과 재판은 재심청구이유의

범위 안에서 하여야 한다.

②재심의 이유는 바꿀 수 있다.

제460조(결과가 정당한 경우의 재심기각) 재심의 사유가 있는 경우라도 판결이 정당하다고 인정한 때에는 법원은 재심의 청구를 기각하여야 한다.

제461조(준재심) 제220조의 조서 또는 즉시항고로 불복할 수 있는 결정이나 명령이 확정된 경우에 제451조제1항에 규정된 사유가 있는 때에는 확정판결에 대한 제451조 내지 제460조의 규정에 준하여 재심을 제기할 수 있다.

제5편 독촉절차

제462조(적용의 요건) 금전, 그 밖에 대체물(代替物)이나 유가증권의 일정한 수량의 지급을 목적으로 하는 청구에 대하여 법원은 채권자의 신청에 따라 지급명령을 할 수 있다. 다만, 대한민국에서 공시송달 외의 방법으로 송달할 수 있는 경우에 한한다.

제463조(관할법원) 독촉절차는 채무자의 보통재판적이 있는 곳의 지방법원이나 제7조 내지 제9조, 제12조 또는 제18조의 규정에 의한 관할법원의 전속관할로 한다.

제464조(지급명령의 신청) 지급명령의 신청에는 그 성질에 어긋나지 아니하면 소에 관한 규정을 준용한다.

제465조(신청의 각하) ①지급명령의 신청이 제462조 본문 또는 제463조의 규정에 어긋나거나, 신청의 취지로 보아 청구에 정당한 이유가 없는 것이 명백한 때에는 그 신청을 각하하여야 한다. 청구의 일부에 대하여 지급명령을 할 수 없는 때에 그 일부에 대하여도 또한 같다.

②신청을 각하하는 결정에 대하여는 불복할 수 없다.

제466조(지급명령을 하지 아니하는 경우) ①채권자는 법원으로부터 채무자의 주소를 보정하라는 명령을 받은 경우에 소제기신청을 할 수 있다.
②지급명령을 공시송달에 의하지 아니하고는 송달할 수 없거나 외국으로 송달하여야 할 때에는 법원은 직권에 의한 결정으로 사건을 소송절차에 부칠 수 있다.
③제2항의 결정에 대하여는 불복할 수 없다.

제467조(일방적 심문) 지급명령은 채무자를 심문하지 아니하고 한다.

제468조(지급명령의 기재사항) 지급명령에는 당사자, 법정대리인, 청구의 취지와 원인을 적고, 채무자가 지급명령이 송달된 날부터 2주 이내에 이의신청을 할 수 있다는 것을 덧붙여 적어야 한다.

제469조(지급명령의 송달) ①지급명령은 당사자에게 송달하여야 한다.
②채무자는 지급명령에 대하여 이의신청을 할 수 있다.

제470조(이의신청의 효력) ①채무자가 지급명령을 송달받은 날부터 2주 이내에 이의신청을 한 때에는 지급명령은 그 범위 안에서 효력을 잃는다.
②제1항의 기간은 불변기간으로 한다.

제471조(이의신청의 각하) ①법원은 이의신청이 부적법하다고 인정한 때에는 결정으로 이를 각하하여야 한다.
②제1항의 결정에 대하여는 즉시항고를 할 수 있다.

제472조(소송으로의 이행) ①채권자가 제466조 제1항의 규정에 따라 소제기신청을 한 경우, 또는 법원이 제466조 제2항의 규정에 따라 지급명령신청사건을 소송절차에 부치는 결정을 한 경우에는 지급명령을 신청한 때에 소가 제기된 것으로 본다.
②채무자가 지급명령에 대하여 적법한 이의신청을 한 경우에는 지급명령을 신청한 때에 이의신청된 청구목적의 값에 관하여 소가 제기된 것으로 본다.

제473조(소송으로의 이행에 따른 처리) ①제472조의 규정에 따라 소가 제기된 것으로 보는 경우, 지급명령을 발령한 법원은 채권자에게 상당한 기간을 정하여, 소를 제기하는 경우 소장에 붙여야 할 인지액에서 소제기신청 또는 지급명령신청시에 붙인 인지액을 뺀 액수의 인지를 보정하도록 명하여야 한다.

②채권자가 제1항의 기간 이내에 인지를 보정하지 아니한 때에는 위 법원은 결정으로 지급명령신청서를 각하하여야 한다. 이 결정에 대하여는 즉시항고를 할 수 있다.

③제1항에 규정된 인지가 보정되면 법원사무관 등은 바로 소송기록을 관할법원에 보내야 한다. 이 경우 사건이 합의부의 관할에 해당되면 법원사무관등은 바로 소송기록을 관할법원 합의부에 보내야 한다.

④제472조의 경우 독촉절차의 비용은 소송비용의 일부로 한다.

제474조(지급명령의 효력) 지급명령에 대하여 이의신청이 없거나, 이의신청을 취하하거나, 각하결정이 확정된 때에는 지급명령은 확정판결과 같은 효력이 있다.

제6편 공시최고절차

제475조(공시최고의 적용범위) 공시최고(公示催告)는 권리 또는 청구의 신고를 하지 아니하면 그 권리를 잃게 될 것을 법률로 정한 경우에만 할 수 있다.

제476조(공시최고절차를 관할하는 법원) ①공시최고는 법률에 다른 규정이 있는 경우를 제외하고는 권리자의 보통재판적이 있는 곳의 지방법원이 관할한다. 다만, 등기 또는 등록을 말소하기 위한 공시최고는 그 등기 또는 등록을 한 공공기관이 있는 곳의 지방법원에 신청할 수 있다.

②제492조의 경우에는 증권이나 증서에 표시된 이행지의 지방법원이 관할한다. 다만, 증권이나 증서에 이행지의 표시가 없는 때에는 발행인의 보통재판적이 있는 곳의 지방법원이, 그 법원이 없는 때에는 발행 당시에 발행인의 보통재판적이 있었던 곳의 지방법원이 각각 관할한다.

③제1항 및 제2항의 관할은 전속관할로 한다.

제477조(공시최고의 신청) ①공시최고의 신청에는 그 신청의 이유와 제권판결(除權判決)을 청구하는 취지를 밝혀야 한다.

②제1항의 신청은 서면으로 하여야 한다.

③법원은 여러 개의 공시최고를 병합하도록 명할 수 있다.

제478조(공시최고의 허가여부) ①공시최고의 허가여부에 대한 재판은 결정으로 한다. 허가하지 아니하는 결정에 대하여는 즉시항고를 할 수 있다.

②제1항의 경우에는 신청인을 심문할 수 있다.

제479조(공시최고의 기재사항) ①공시최고의 신청을 허가한 때에는 법원은 공시최고를 하여야 한다.

②공시최고에는 다음 각 호의 사항을 적어야 한다.

　1.신청인의 표시

　2.공시최고기일까지 권리 또는 청구의 신고를 하여야 한다는 최고

　3.신고를 하지 아니하면 권리를 잃게 될 사항

　4.공시최고기일

제480조(공고방법) 공시최고는 대법원규칙이 정하는 바에 따라 공고하여야 한다.

제481조(공시최고기간) 공시최고의 기간은 공고가 끝난 날부터 3월 뒤로 정하여야 한다.

제482조(제권판결전의 신고) 공시최고기일이 끝난 뒤에도 제권판결에

앞서 권리 또는 청구의 신고가 있는 때에는 그 권리를 잃지 아니한다.

제483조(신청인의 불출석과 새 기일의 지정) ①신청인이 공시최고기일에 출석하지 아니하거나, 기일변경신청을 하는 때에는 법원은 1회에 한하여 새 기일을 정하여 주어야 한다.

②제1항의 새 기일은 공시최고기일부터 2월을 넘기지 아니하여야 하며, 공고는 필요로 하지 아니한다.

제484조(취하간주) 신청인이 제483조의 새 기일에 출석하지 아니한 때에는 공시최고신청을 취하한 것으로 본다.

제485조(신고가 있는 경우) 신청이유로 내세운 권리 또는 청구를 다투는 신고가 있는 때에는 법원은 그 권리에 대한 재판이 확정될 때까지 공시최고절차를 중지하거나, 신고한 권리를 유보하고 제권판결을 하여야 한다.

제486조(신청인의 진술의무) 공시최고의 신청인은 공시최고기일에 출석하여 그 신청을 하게 된 이유와 제권판결을 청구하는 취지를 진술하여야 한다.

제487조(제권판결) ①법원은 신청인이 진술을 한 뒤에 제권판결신청에 정당한 이유가 없다고 인정할 때에는 결정으로 신청을 각하하여야 하며, 이유가 있다고 인정할 때에는 제권판결을 선고하여야 한다.

②법원은 제1항의 재판에 앞서 직권으로 사실을 탐지할 수 있다.

제488조(불복신청) 제권판결의 신청을 각하한 결정이나, 제권판결에 덧붙인 제한 또는 유보에 대하여는 즉시항고를 할 수 있다.

제489조(제권판결의 공고) 법원은 제권판결의 요지를 대법원규칙이 정하는 바에 따라 공고할 수 있다.

제490조(제권판결에 대한 불복소송) ①제권판결에 대하여는 상소를 하지 못한다.

②제권판결에 대하여는 다음 각 호 가운데 어느 하나에 해당하면 신청인에 대한 소로써 최고법원에 불복할 수 있다.

1.법률상 공시최고절차를 허가하지 아니할 경우일 때

2.공시최고의 공고를 하지 아니하였거나, 법령이 정한 방법으로 공고를 하지 아니한 때

3.공시최고기간을 지키지 아니한 때

4.판결을 한 판사가 법률에 따라 직무집행에서 제척된 때

5.전속관할에 관한 규정에 어긋난 때

6.권리 또는 청구의 신고가 있음에도 법률에 어긋나는 판결을 한 때

7.거짓 또는 부정한 방법으로 제권판결을 받은 때

8.제451조제1항 제4호 내지 제8호의 재심사유가 있는 때

제491조(소제기기간) ①제490조 제2항의 소는 1월 이내에 제기하여야 한다.

②제1항의 기간은 불변기간으로 한다.

③제1항의 기간은 원고가 제권판결이 있다는 것을 안 날부터 계산한다. 다만, 제490조 제2항 제4호·제7호 및 제8호의 사유를 들어 소를 제기하는 경우에는 원고가 이러한 사유가 있음을 안 날부터 계산한다.

④이 소는 제권판결이 선고된 날부터 3년이 지나면 제기하지 못한다.

제492조(증권의 무효선고를 위한 공시최고) ①도난·분실되거나 없어진 증권, 그 밖에 상법에서 무효로 할 수 있다고 규정한 증서의 무효선고를 청구하는 공시최고절차에는 제493조 내지 제497조의 규정을 적용한다.

②법률상 공시최고를 할 수 있는 그 밖의 증서에 관하여 그 법률에 특별한 규정이 없으면 제1항의 규정을 적용한다.

제493조(증서에 관한 공시최고신청권자) 무기명증권 또는 배서(背書)로 이전할 수 있거나 약식배서(略式背書)가 있는 증권 또는 증서에 관하여는 최종소지인이 공시최고절차를 신청할 수 있으며, 그 밖의 증

서에 관하여는 그 증서에 따라서 권리를 주장할 수 있는 사람이 공시최고절차를 신청할 수 있다.

제494조(신청사유의 소명) ①신청인은 증서의 등본을 제출하거나 또는 증서의 존재 및 그 중요한 취지를 충분히 알리기에 필요한 사항을 제시하여야 한다.

②신청인은 증서가 도난·분실되거나 없어진 사실과, 그 밖에 공시최고절차를 신청할 수 있는 이유가 되는 사실 등을 소명하여야 한다.

제495조(신고최고, 실권경고) 공시최고에는 공시최고기일까지 권리 또는 청구의 신고를 하고 그 증서를 제출하도록 최고하고, 이를 게을리 하면 권리를 잃게 되어 증서의 무효가 선고된다는 것을 경고하여야 한다.

제496조(제권판결의 선고) 제권판결에서는 증권 또는 증서의 무효를 선고하여야 한다.

제497조(제권판결의 효력) 제권판결이 내려진 때에는 신청인은 증권 또는 증서에 따라 의무를 지는 사람에게 증권 또는 증서에 따른 권리를 주장할 수 있다.

제7편 판결의 확정 및 집행정지

제498조(판결의 확정시기) 판결은 상소를 제기할 수 있는 기간 또는 그 기간 이내에 적법한 상소제기가 있을 때에는 확정되지 아니한다.

제499조(판결확정증명서의 부여자) ①원고 또는 피고가 판결확정증명서를 신청한 때에는 제1심 법원의 법원사무관등이 기록에 따라 내어 준다.

②소송기록이 상급심에 있는 때에는 상급법원의 법원사무관등이 그 확정부분에 대하여만 증명서를 내어 준다.

제500조(재심 또는 상소의 추후보완신청으로 말미암은 집행정지) ①재심 또는 제173조에 따른 상소의 추후보완신청이 있는 경우에 불복

하는 이유로 내세운 사유가 법률상 정당한 이유가 있다고 인정되고, 사실에 대한 소명이 있는 때에는 법원은 당사자의 신청에 따라 담보를 제공하게 하거나 담보를 제공하지 아니하게 하고 강제집행을 일시정지 하도록 명할 수 있으며, 담보를 제공하게 하고 강제집행을 실시하도록 명하거나 실시한 강제처분을 취소하도록 명할 수 있다.

②담보 없이 하는 강제집행의 정지는 그 집행으로 말미암아 보상할 수 없는 손해가 생기는 것을 소명한 때에만 한다.

③제1항 및 제2항의 재판은 변론없이 할 수 있으며, 이 재판에 대하여는 불복할 수 없다.

④상소의 추후보완신청의 경우에 소송기록이 원심법원에 있으면 그 법원이 제1항 및 제2항의 재판을 한다.

제501조(상소제기 또는 변경의 소제기로 말미암은 집행정지) 가집행의 선고가 붙은 판결에 대하여 상소를 한 경우 또는 정기금의 지급을 명한 확정판결에 대하여 제252조제1항의 규정에 따른 소를 제기한 경우에는 제500조의 규정을 준용한다.

제502조(담보를 공탁할 법원) ①이 편의 규정에 의한 담보의 제공이나 공탁은 원고나 피고의 보통재판적이 있는 곳의 지방법원 또는 집행법원에 할 수 있다.

②담보를 제공하거나 공탁을 한 때에는 법원은 당사자의 신청에 따라서 증명서를 주어야 한다.

③이 편에 규정된 담보에는 달리 규정이 있는 경우를 제외하고는 제122조·제123조·제125조 및 제126조의 규정을 준용한다.

부   칙 <법률 제14966호, 2017.10.31.>

제1조(시행일) 이 법은 공포한 날부터 시행한다.

제2조(적용례) 이 법의 개정규정은 이 법 시행 후 최초로 조서 또는 그 밖의 서면을 작성하거나 재판서·조서의 정본·등본·초본을 교부하는 경우부터 적용한다.

민사소송 등에서의 전자문서
이용 등에 관한 법률

(약칭: 민소전자문서법)

[시행 2014.12.1.] [법률 제12586호, 2014.5.20., 일부개정]

제1조(목적) 이 법은 민사소송 등에서 전자문서 이용에 대한 기본 원칙과 절차를 규정함으로써 민사소송 등의 정보화를 촉진하고 신속성, 투명성을 높여 국민의 권리 실현에 이바지함을 목적으로 한다.

제2조(정의) 이 법에서 사용하는 용어의 뜻은 다음과 같다 <개정 2014.5.20., 2020.6.9.>

1."전자문서"란 컴퓨터 등 정보처리능력을 가진 장치에 의하여 전자적인 형태로 작성되거나 변환되어 송신·수신 또는 저장되는 정보를 말한다.

2."전산정보처리시스템"이란 제3조 각 호의 어느 하나에 해당하는 법률에 따른 절차(이하 "민사소송등"이라 한다)에 필요한 전자문서를 작성·제출·송달하거나 관리하는 데에 이용되는 정보처리능력을 가진 전자적 장치 또는 체계로서 법원행정처장이 지정하는 것을 말한다.

3."전자서명"이란 「전자서명법」 제2조제2호에 따른 전자서명(서명자의 실지명의를 확인할 수 있는 것을 말한다)과 「전자정부법」 제2조제9호에 따른 행정전자서명을 말한다.

4."사법전자서명"이란 「전자정부법」 제2조제9호의 행정전자서명으로서 법관·사법보좌관 또는 법원서기관·법원사무관·법원주사·법원주사보(이하 "법원사무관등"이라 한다)가 민사소송등에서 사용하는 것을 말한다.

[시행일 : 2020.12.10.] 제2조

제3조(적용 범위) 이 법은 다음 각 호의 법률에 따른 절차에 적용한다. <개정 2014.5.20.>

1.「민사소송법」

2.「가사소송법」

3.「행정소송법」

4.「특허법」(제9장에 한정한다)

5.「민사집행법」

6.「채무자 회생 및 파산에 관한 법률」

7.「비송사건절차법」

8.제1호부터 제7호까지의 법률을 적용하거나 준용하는 법률

제4조(전산정보처리시스템의 운영) 법원행정처장은 전산정보처리시스템을 설치·운영한다.

제5조(전자문서에 의한 민사소송 등의 수행) ①당사자, 소송대리인, 그 밖에 대법원규칙으로 정하는 자는 민사소송 등에서 법원에 제출할 서류를 전산정보처리시스템을 이용하여 이 법에서 정하는 바에 따라 전자문서로 제출할 수 있다.

②이 법에 따라 작성·제출·송달·보존하는 전자문서는 다른 법률에 특별한 규정이 있는 경우를 제외하고 제3조 각 호의 법률에서 정한 요건과 절차에 따른 문서로 본다.

제6조(사용자등록) ①전산정보처리시스템을 이용하려는 자는 대법원규칙으로 정하는 바에 따라 사용자등록을 하여야 한다.

②제1항에 따라 사용자등록을 한 자(이하 "등록사용자"라 한다)는 대법원규칙으로 정하는 절차 및 방법에 따라 사용자등록을 철회할 수 있다.

③법원행정처장은 다음 각 호의 어느 하나에 해당하는 사유가 있는 경우에는 등록사용자의 사용을 정지하거나 사용자등록을 말소할 수 있다.

1.등록사용자의 동일성이 인정되지 아니하는 경우

2.사용자등록을 신청하거나 사용자정보를 변경할 때 거짓의 내용을 입력한 경우

3.다른 등록사용자의 사용을 방해하거나 그 정보를 도용하는 등 전산정보처리시스템을 이용한 민사소송 등의 진행에 지장을 준 경우

4.고의 또는 중대한 과실로 전산정보처리시스템에 장애를 일으킨 경우

5.그 밖에 대법원규칙으로 정하는 사유가 있는 경우

④제3항에 따른 등록사용자의 사용 정지 및 사용자등록 말소의 구체적인 절차와 방법은 대법원규칙으로 정한다.

제7조(전자서명) ① 제5조에 따라 법원에 전자문서를 제출하려는 자는 제출하는 전자문서에 전자서명을 하여야 한다. 다만, 대법원규칙으로 정하는 경우에는 그러하지 아니하다.

② 법관·사법보좌관 또는 법원사무관등은 재판서, 조서 등을 전자문서로 작성하거나 그 서류를 전자문서로 변환하는 경우에 대법원규칙으로 정하는 바에 따라 사법전자서명을 하여야 한다. <개정 2014.5.20.>

③ 제1항의 전자서명과 제2항의 사법전자서명은 민사소송 등에 적용되거나 준용되는 법령에서 정한 서명, 서명날인 또는 기명날인으로 본다.

제8조(문서제출방법) 등록사용자로서 전산정보처리시스템을 이용한 민사소송 등의 진행에 동의한 자는 법원에 제출할 서류를 전산정보처리시스템을 이용하여 대법원규칙으로 정하는 바에 따라 전자문서로 제출하여야 한다. 다만, 다음 각 호의 어느 하나에 해당하는 경우로서 대법원규칙으로 정하는 사유가 있는 경우에는 그러하지 아니하다.

1.전산정보처리시스템에 장애가 있는 경우

2.전자문서로 제출하는 것이 현저히 곤란하거나 적합하지 아니한 경우

제9조(전자문서의 접수) ①전산정보처리시스템을 이용하여 제출된 전자문서는 전산정보처리시스템에 전자적으로 기록된 때에 접수된 것으로 본다.

②법원사무관등은 제1항에 따라 전자문서가 접수된 경우에는 대법원 규칙으로 정하는 바에 따라 즉시 그 문서를 제출한 등록사용자에게 접수사실을 전자적으로 통지하여야 한다.

제10조(사건기록의 전자문서화) ①법관·사법보좌관 또는 법원사무관등은 민사소송 등에서 재판서, 조서 등을 전자문서로 작성하거나 그 서류를 전자문서로 변환하여 전산정보처리시스템에 등재하여야 한다. <개정 2014.5.20.>

②법원사무관등은 대법원규칙으로 정하는 사유가 없으면 전자문서가 아닌 형태로 제출된 서류를 전자문서로 변환하고 사법전자서명을 하여 전산정보처리시스템에 등재하여야 한다.

③제1항과 제2항에 따라 변환되어 등재된 전자문서는 원래의 서류와 동일한 것으로 본다.

④전자문서가 아닌 형태로 제출된 서류를 전자문서로 변환·등재하는 절차와 방법은 대법원규칙으로 정하되, 원래의 서류와 동일성이 확보되도록 기술적 조치를 하여야 한다.

제11조(전자적 송달 또는 통지) ①법원사무관등은 송달이나 통지를 받을 자가 다음 각 호의 어느 하나에 해당하는 경우에는 전산정보처리시스템에 의하여 전자적으로 송달하거나 통지할 수 있다.

1.미리 전산정보처리시스템을 이용한 민사소송 등의 진행에 동의한 등록사용자로서 대법원규칙으로 정하는 자인 경우

2.전자문서를 출력한 서면이나 그 밖의 서류를 송달받은 후 등록사용자로서 전산정보처리시스템을 이용한 민사소송 등의 진행에 동의한 자인 경우

3.등록사용자가 국가, 지방자치단체, 그 밖에 그에 준하는 자로서 대법원규칙으로 정하는 자인 경우

②소송대리인이 있는 경우에는 제1항의 송달 또는 통지는 소송대리인에게 하여야 한다.

③제1항에 따른 송달은 법원사무관등이 송달할 전자문서를 전산정보처리시스템에 등재하고 그 사실을 송달받을 자에게 전자적으로 통지하는 방법으로 한다.

④제3항의 경우 송달받을 자가 등재된 전자문서를 확인한 때에 송달된 것으로 본다. 다만, 그 등재사실을 통지한 날부터 1주 이내에 확인하지 아니하는 때에는 등재사실을 통지한 날부터 1주가 지난날에 송달된 것으로 본다.

⑤전산정보처리시스템의 장애로 인하여 송달받을 자가 전자문서를 확인할 수 없는 기간은 제4항 단서의 기간에 산입하지 아니한다. 이 경우 전자문서를 확인할 수 없는 기간의 계산은 대법원규칙으로 정하는 바에 따른다.

제12조(전자문서를 출력한 서면에 의한 송달) ①법원사무관등은 다음 각 호의 어느 하나에 해당하는 경우에는 전자문서를 전산정보처리시스템을 통하여 출력하여 그 출력한 서면을 「민사소송법」에 따라 송달하여야 한다. 이 경우 법원사무관등은 대법원규칙으로 정하는 바에 따라 전자문서를 제출한 등록사용자에게 전자문서의 출력서면을 제출하게 할 수 있다.

1.송달을 받을 자가 「민사소송법」 제181조, 제182조 또는 제192조에 해당하는 경우

2.송달을 받을 자가 제11조 제1항 각 호의 어느 하나에 해당하지 아니하는 경우

3.대법원규칙으로 정하는 전산정보처리시스템의 장애나 그 밖의 사유가 있는 경우

②법원사무관등이 등재된 전자문서를 출력하여 그 출력서면을 당사자에게 송달한 때에는 그 출력서면은 등재된 전자문서와 동일한 것으로 본다.

③ 제1항에 따라 전자문서를 출력하는 절차와 방법은 대법원규칙으로 정하되, 전자문서와 동일성이 확보되도록 기술적 조치를 하여야 한다.

제13조(증거조사에 관한 특례) ①전자문서에 대한 증거조사는 다음 각 호의 구분에 따른 방법으로 할 수 있다.

　1.문자, 그 밖의 기호, 도면·사진 등에 관한 정보에 대한 증거조사: 전자문서를 모니터, 스크린 등을 이용하여 열람하는 방법

　2.음성이나 영상정보에 대한 증거조사: 전자문서를 청취하거나 시청하는 방법

②전자문서에 대한 증거조사에 관하여는 그 성질에 반하지 아니하는 범위에서 「민사소송법」 제2편 제3장 제3절부터 제5절까지의 규정을 준용한다.

제14조(상고심절차에 관한 특례) ①「상고심절차에 관한 특례법」 제5조 제3항에 따른 판결 원본의 교부, 영수일자의 부기와 날인, 송달은 전산정보처리시스템을 이용하여 전자적인 방법으로 한다.

②「상고심절차에 관한 특례법」 제6조 제2항에 정하여진 4개월의 기간은 상고사건이 대법원에 전자적인 방법으로 이관된 날부터 기산한다.

제15조(소송비용 등의 납부) ①등록사용자는 인지액 등 민사소송 등에 필요한 비용과 전산정보처리시스템 이용수수료를 대법원규칙으로 정하는 방식에 따라 전자적인 방법으로 낼 수 있다.

②전산정보처리시스템 이용수수료의 범위와 액수는 대법원규칙으로 정한다.

제16조(위임규정) 이 법에서 규정하는 사항 외에 민사소송 등에서의 전자문서 이용·관리 및 전산정보처리시스템의 운영에 필요한 사항은 대법원규칙으로 정한다.

부　칙 <법률 제12586호, 2014.5.20.>

제1조(시행일) 이 법은 2014년 12월 1일부터 시행한다.

제2조(다른 법률의 폐지) 독촉절차에서의 전자문서 이용 등에 관한 법률은 폐지한다.

제3조(독촉절차에 관한 경과조치) 이 법 시행 당시 종전의 「독촉절차
　　에서의 전자문서 이용 등에 관한 법률」에 따라 신청한 지급명령에
　　관하여는 종전의 「독촉절차에서의 전자문서 이용 등에 관한 법률」에
　　따른다.

▣ 편저 **전 덕 진** ▣

□ 경희대 법무대학원 졸업(법학석사)
□ 서울중앙지방검찰청
□ 김전지청 수사과장
□ 법무부 법무과, 법조인력과
□ 서울고등검찰청 사건과장
□ 서울고등검찰청 소송사무 제1과장
□ 서울서부지방검찰청 사건과장
□ 법무부 법무연수원 4급 승진 역량교육 강사(2018~2019)
□ 논문 : 법규명령과 행정규칙의 구별에 관한 고찰

국가소송실무개요

초판 1쇄 인쇄 2020년 9월 05일
초판 1쇄 발행 2020년 9월 10일

편 저 전덕진
발행인 김현호
발행처 법문북스
공급처 법률미디어

주소 서울 구로구 경인로 54길4(구로동 636-62)
전화 02)2636-2911~2, 팩스 02)2636-3012
홈페이지 www.lawb.co.kr
등록일자 1979년 8월 27일
등록번호 제5-22호

ISBN 978-89-7535-860-9 (93360)
정가 24,000원

▌역자와의 협약으로 인지는 생략합니다.
▌파본은 교환해 드립니다.
▌이 책의 내용을 무단으로 전재 또는 복제할 경우 저작권법 제136조에 의해 5년 이하의 징역 또
는 5,000만원 이하의 벌금에 처하거나 이를 병과할 수 있습니다.

이 도서의 국립중앙도서관 출판예정도서목록(CIP)은 서지정보유통지원시스템 홈페이지(http://seoji.nl.go.kr)와 국가자료
종합목록 구축시스템(http://kolis-net.nl.go.kr)에서 이용하실 수 있습니다. (CIP제어번호 : CIP2020035689)

법률서적 명리학서적 외국어서적 서예·한방서적 등

최고의 인터넷 서점으로

각종 명품서적만을 제공합니다

각종 명품서적과 신간서적도 보시고

법률 · 한방 · 서예 등 정보도

얻으실 수 있는

핵심법률서적 종합 사이트

www.lawb.co.kr

(모든 신간서적 특별공급)

대표전화 (02) 2636 - 2911

이 책은 국가소송에서 유리한 당사자적 소송지위를
선점해 승소할 수 있도록 도움을 주고, 또한 정당한
피해배상을 받는데 유익한 도우미가 되겠다는 것이
주된 목적이다.

93360

9 788975 358609
ISBN 978-89-7535-860-9

24,000원